诚信为本 操守为重

坚持准则 不做假账

——与学习会计的同学共勉

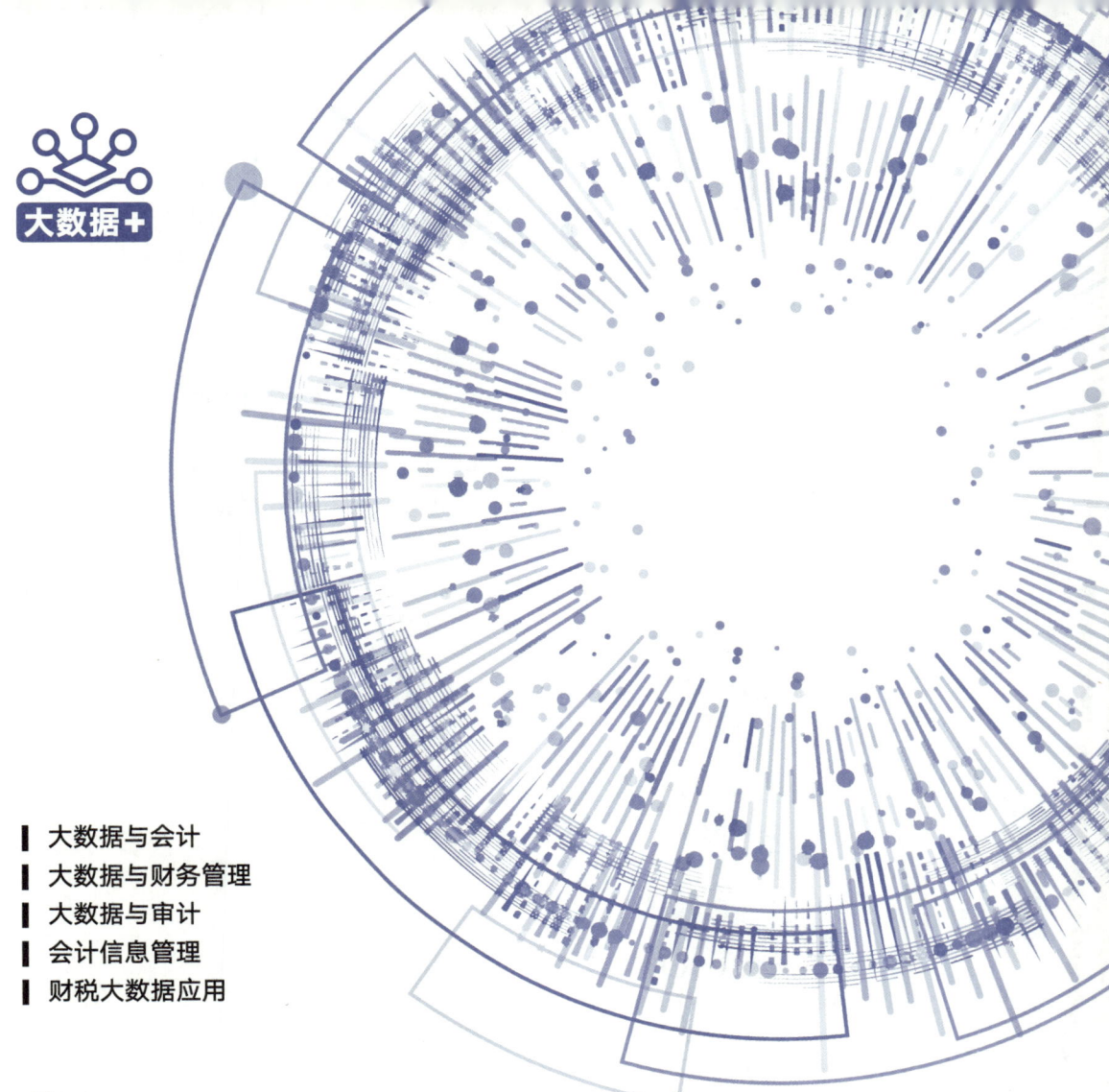

大数据+

- 大数据与会计
- 大数据与财务管理
- 大数据与审计
- 会计信息管理
- 财税大数据应用

"十四五"职业教育国家规划教材

高等职业教育财经类专业群 **数智化财经** 系列教材

iCVE 智慧职教 高等职业教育在线开放课程新形态一体化教材

审计基础与实务

（第二版）

主　编　张军平

副主编　张洪涛

中国教育出版传媒集团

高等教育出版社·北京

内容提要

本书是"十四五"职业教育国家规划教材，也是高等职业教育财经类专业群数智化财经系列教材之一。本书第一版曾获陕西省职业教育类优秀教材特等奖。

本书在统筹兼顾学生认知规律和审计工作过程系统化课改理念的基础上，借鉴注册会计师和初级审计师的职业资格标准，搭建以注册会计师财务报表审计为核心的知识体系，设计了 10 个项目，每个项目包括 2~5 个典型任务，重点任务以经典案例贯穿，充分体现岗位引领、能力本位、项目导向、任务驱动、资源拓展、教学做一体化的职教特色。

本书设计的 10 个项目分别是：认知审计、了解审计工作环境、熟知审计工作逻辑、熟悉财务报表审计的工作过程、销售与收款循环审计、采购与付款循环审计、生产与存货循环审计、人力资源与工薪循环审计、货币资金审计、完成审计工作与出具审计报告。其中，前 3 个项目为审计基础部分，后 6 个项目为审计实务部分，项目 4 为审计基础部分与审计实务部分的衔接内容。

本书配有教学课件、电子教案和参考答案等教学资源，授课教师请登录"高等教育出版社产品信息检索系统"（xuanshu.hep.com.cn）免费下载。本书还配有智慧职教平台的"审计实务"在线开放课程，并精选部分资源以二维码的形式在书中体现，用户可以扫描书中二维码学习相关资源。

本书适合于高等职业教育专科、本科院校及应用型本科院校大数据与会计、大数据与审计及其他相关专业的教学，也可作为从事审计工作的专业人士的参考书。

图书在版编目（CIP）数据

审计基础与实务 / 张军平主编. -- 2 版. -- 北京：高等教育出版社，2024. 9. -- ISBN 978-7-04-062980-4

Ⅰ. F239.0

中国国家版本馆CIP数据核字第2C24JT8672号

审计基础与实务（第二版）
SHENJI JICHU YU SHIWU

| 策划编辑 | 贾玉婷 | 责任编辑 | 贾玉婷 | 封面设计 | 李树龙 | 版式设计 | 马 云 |
| 责任绘图 | 马天驰 | 责任校对 | 刘娟娟 | 责任印制 | 赵 佳 | | |

出版发行	高等教育出版社		网　　址	http://www.hep.edu.cn
社　　址	北京市西城区德外大街4号			http://www.hep.com.cn
邮政编码	100120		网上订购	http://www.hepmall.com.cn
印　　刷	辽宁虎驰科技传媒有限公司			http://www.hepmall.com
开　　本	787mm×1092mm　1/16			http://www.hepmall.cn
印　　张	23.5			
字　　数	440千字		版　　次	2013年 7 月第 1 版
插　　页	1			2024年 9 月第 2 版
购书热线	010-58581118		印　　次	2024年 9 月第 1 次印刷
咨询电话	400-810-0598		定　　价	49.80元

本书如有缺页、倒页、脱页等质量问题，请到所购图书销售部门联系调换

版权所有　侵权必究

物 料 号　62980-00

第二版前言

目前，随着产业升级和经济结构调整不断加快，各行各业对高素质技能人才需求越来越迫切。审计是党和国家监督治理体系的重要组成部分，注册会计师独立审计是市场监督体系的重要制度安排。审计在推进国家治理体系和治理能力现代化的进程中具有十分重要的作用。因此，以党的二十大精神和习近平总书记关于审计工作的重要指示批示为指导，编写职业教育特色鲜明的高质量审计教材，对培养审计专业人才、推动新时代审计工作高质量发展具有十分重要的现实意义。为此，本书编写团队在应用中国特色高水平高职院校课程建设成果的基础上，汲取相关院校课程建设的智慧，结合编者多年审计课程教学的经验，精心编写并修订了这本基于审计工作过程系统化的教学做一体化的教材。

"审计基础与实务"是一门理论性、应用性和综合性较强的课程。怎样全方位激发学生对审计职业的热情，持续调动学生对审计基础与实务课程的学习兴趣，使学生在老师指导下自主轻松地学习这门课程，以习得审计基础知识、培养审计职业能力与培育审计职业素养，本书在以下方面做了一些创新和探索：

（1）在课程思政融入方面，围绕党的二十大报告提出的"全面贯彻党的教育方针，落实立德树人根本任务，培养德智体美劳全面发展的社会主义建设者和接班人"要求，设置"职业素养提升"栏目，将价值塑造、知识传授和能力培养三者融为一体，引导学生塑造正确的世界观、人生观、价值观，树立崇高的职业理想。

（2）在教材体系方面，打破传统的章节模式，统筹兼顾学生的认知规律、审计工作过程和课程培养目标，围绕审计基础与审计实务的核心内容，共安排了10个项目；每个项目又设计了2~5个典型任务，重点任务通过经典案例贯穿，并体现最新智能审计内容，最终体现了项目导向、任务驱动、案例教学的课程改革理念。

（3）在内容选取方面，以最新发布的中国注册会计师执业准则和企业会计准则为指导，参考最新初级审计师"审计理论与实务"、注册会计师"审计"等考试大纲的要求，搭建了现代风险导向审计模式下、以注册会计师通用目的编

制基础的财务报表审计为核心的知识体系，充分体现了"双证融通、生涯拓展"的内容特色。

（4）在内容安排方面，按照先成型后成业的审计职业生涯发展规律，首先通过认知审计、了解审计工作环境、熟知审计要素和熟悉财务报表审计工作过程的认知顺序展开，以培养审计从业能力；然后通过对销售与收款、采购与付款、生产与存货、人力资源与工薪这4个业务循环和货币资金的重大错报风险的识别、评估与应对来出具审计报告，以构建初级审计职业能力。

（5）在编写体例方面，每个项目均设有学习目标、任务导航、学习任务等栏目；每个学习任务中根据具体情况设计了案例导入、任务分析、知识准备、案例解析、任务检查等栏目；在知识准备中还穿插有小资料、小思考、小知识及体现课程思政的"职业素养提升"栏目，力求以教学做一体化的教学组织方法，提升教学效果。

（6）在资源配套方面，本书同步建设有"审计实务"在线开放课程和省级资源库"审计实务"课程，并精选优质资源制作成二维码放在书中，供读者随扫随学。

本书由杨凌职业技术学院张军平担任主编，河南开放大学张洪涛担任副主编，杨凌职业技术学院杜龙、李青和希格玛会计师事务所（特殊普通合伙）张晔参与编写修订。全书具体分工如下：张军平负责项目1至项目6，杜龙负责项目7，张洪涛负责项目8，李青负责项目9，张晔负责项目10，全书由张军平统筹定稿。在本书编写过程中，得到了广大专家、同仁和读者的关心、帮助和指导，在此，谨向对本书编写和出版给予支持的朋友们致以诚挚的谢意。

由于编者水平有限，加之时间仓促，书中难免存在不足之处，恳请广大读者批评指正，并将意见和建议及时反馈给我们，以便今后修订和完善（编者邮箱：2573665792@qq.com）。

编　者

2024 年 8 月

第一版前言

随着高等职业教育"十二五"规划纲要的颁布实施，高等职业教育步入规模稳定、注重质量、发展内涵的基本成熟阶段，在专业与课程建设方面，开发"能力本位、工学结合、校企合作、持续发展、共享共建"的教学资源库，已成为提高人才培养质量的重要举措。为此，我们在应用国家示范院校课程建设成果的基础上，汲取兄弟院校课程建设的智慧，结合作者多年从事审计课程教学的经验，精心编写了这本基于审计工作过程系统化的项目导向、任务驱动、教学做一体化的教材。

本教材分为 11 个项目，包括：认知审计；了解审计工作环境、熟知审计要素、熟悉财务报表审计的工作过程；销售与收款循环审计；采购与付款循环审计；生产与存货循环审计；人力资源与工薪循环审计；投资与筹资循环审计；货币资金审计；完成审计工作与出具审计报告。

审计基础与实务是一门理论性、应用性、综合性较强的课程。怎样全方位激发学生对审计职业的热情，持续调动学生对审计基础与实务课程的学习兴趣，使学生在老师指导下自主轻松地学习这门课程，以习得审计基础知识、培养审计职业能力与培育审计职业素养，本教材在以下方面做了一些创新与探索：

（1）教材体系上，打破传统的章节模式，统筹兼顾学生的认知规律、审计工作过程和课程培养目标，共安排了 11 个项目，每个项目又设计了 2~5 个典型任务；每个任务通过典型案例贯穿，最终体现了项目导向、任务驱动、案例教学的课程改革理念。

（2）内容选取上，以最新发布的中国注册会计师执业准则与企业会计准则为指导，参考 2012 年初级审计师"审计理论与实务"和注册会计师"审计"的考试大纲的要求，搭建现代风险导向审计模式下、以注册会计师通用目的编制基础的财务报表审计为核心的学习平台，充分体现"双证融通、生涯拓展"。

（3）内容安排上，按照先成型后成业的审计职业生涯发展规律，先通过认知审计、了解审计工作环境、熟知审计要素和熟悉财务报表审计的工作过程，以培养审计从业能力；然后通过对 5 个业务循环和货币资金的重大错报风险的评估与应对、出具审计报告和验资，以建构初级审计职业能力。

（4）编写体例上，每个项目均设有任务导航、学习目标、学习任务、项目小结、能力训练，每个学习任务中根据具体情况设计了案例导入、任务分析、知识准备、案例解析、任务检查；知识准备中穿插小资料、小思考、小知识，力求以教学做一体化的教学组织方法，提升教学效果。

（5）版式设计上，本书图表文并茂。

由于编者水平有限，加之时间仓促，书中不足之处在所难免，恳请广大读者批评指正，并将意见和建议及时反馈给我们，以便今后修订和完善。

编　者

2013 年 3 月

目　录

项目1

认知审计

1

学习目标 ▶▶▶

素养目标

- 通过了解我国审计的发展历史与未来趋势，感受"大智移云"时代的审计创新，激发传承审计文化的责任与担当意识，坚定审计制度自信与文化自信，增强专业认同感与自豪感；
- 激发热爱祖国审计事业、扎根一线审计岗位的家国情怀。

知识目标

- 熟悉国家审计机关和内部审计机构的设置、职责和权限；
- 掌握会计师事务所的设立条件与业务范围；
- 掌握审计的定义、职能、作用及分类；
- 了解审计过程及其内容；
- 熟悉审计模式和审计组织方式。

能力目标

- 能够鉴别经济生活中三种类型的审计组织及其人员；
- 能够以审计入门者的角色解读审计工作。

任务导航 ▶▶▶

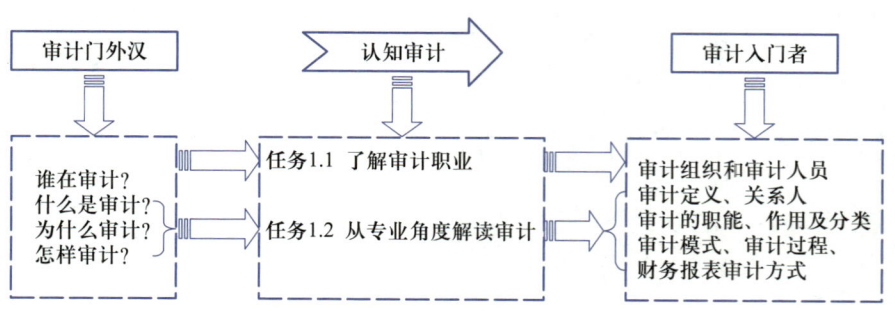

任务 1.1　了解审计职业

【任务分析】

我国的审计组织体系由国家审计机关、内部审计机构和会计师事务所组成，与之相对应，在这三种审计组织工作的审计人员分别是国家审计人员、内部审计人员和注册会计师。

所以，了解审计职业，主要包括三部分内容：① 认识国家审计机关与国家审计人员；② 了解内部审计机构与内部审计人员；③ 认识会计师事务所与注册会计师。

【知识准备】

一、国家审计机关与国家审计人员

（一）国家审计机关

国家审计机关，是代表国家依法行使审计监督权的行政机关，是由国家授权开展工作，并体现国家意志的审计组织。它是国家政权的一个组成部分，是国家政治结构中的一个重要环节，属于上层建筑范畴。

为加强党中央对审计工作的领导，构建集中统一、全面覆盖、权威高效的审计监督体系，更好地发挥审计监督作用，组建中央审计委员会和地方各级审计委员会。中央审计委员会作为党中央决策议事协调机构，审议决定全国审计领域重大事项。中央审计委员会办公室设在审计署，接受中央审计委员的直接领导，承担中央审计委员会具体工作，包括：研究提出审计领域坚持党的领导、加强党的建设的政策建议；协调推进和督促落实党中央和中央审计委员会决策部署；组织研究审计工作战略、规划、重大政策和改革方案；研究提出年度审计项目计划；组织协调军地审计协作有关事项等。省、市、县党委也设立相应的审计委员会，即地方各级审计委员会，以贯彻执行中央审计委员会的决定，审议决定本行政区域内的审计工作重大事项。

1. 国家审计机关的设置

根据《中华人民共和国宪法》和《中华人民共和国审计法》，国务院和县级以上地方各级人民政府设立审计机关，审计机关是本级人民政府的组成部分和职能部门，在本级人民政府行政首长和上一级审计机关的领导下开展审计工作，向本级人

民政府和上一级审计机关负责并报告工作，其履行职责所必需的经费应当列入预算并予以保证。我国国家审计机关分为最高审计机关和地方审计机关两个层级。

（1）最高审计机关——中华人民共和国审计署（简称"审计署"）。审计署成立于1983年9月15日，隶属于国务院。审计署在国务院总理领导下，主管全国的审计工作。审计长是审计署的行政首长。

（2）地方审计机关——县级以上各级人民政府设立的审计机关。地方审计机关是在省、自治区、直辖市、设区的市、自治州、县、自治县、不设区的市、市辖区的人民政府设立的审计机关，分别在省长、自治区主席、市长、州长、县长、区长和上一级审计机关的领导下，负责本行政区域内的审计工作，对本级人民政府和上一级审计机关负责并报告工作，审计业务以上级审计机关领导为主。

地方审计机关根据工作需要，经本级人民政府批准，可以在其审计管辖范围内设立派出机构。派出机构根据审计机关的授权，依法进行审计工作。

2. 国家审计机关的基本任务、具体职责与权限

我国国家审计机关的基本任务是，对国务院各部门和地方各级人民政府及其各部门的财政收支、国有的金融机构和企业事业组织的财务收支，以及其他依法应当接受审计的财政收支、财务收支的真实、合法和效益，依法进行审计监督。国家审计机关执行审计业务，应当具备下列资格条件：

（1）符合法定的审计职责和权限。

（2）有职业胜任能力的审计人员。

（3）建立适当的审计质量控制制度。

（4）必需的经费和其他工作条件。

我国国家审计机关的具体职责有：

（1）对本级政府各部门（含直属单位）和下级政府预算的执行情况和决算以及其他财政收支情况进行审计监督，并向本级人民政府和上一级审计机关提出审计结果报告。

（2）审计署对中央银行的财务收支进行审计监督。

（3）对国家的事业组织和使用财政资金的其他事业组织的财务收支进行审计监督。

（4）对国有企业、国有金融机构和国有资本占控股地位或者主导地位的企业、金融机构的资产、负债、损益以及其他财务收支情况进行审计监督。

（5）对政府投资和以政府投资为主的建设项目的预算执行情况和决算，对其他关系国家利益和公共利益的重大公共工程项目的资金管理使用和建设运营情况进行审计监督。

（6）对国有资源、国有资产进行审计监督。

（7）对国际组织和外国政府援助、贷款项目的财务收支进行审计监督。

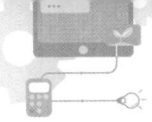

（8）对被审计单位贯彻落实国家重大经济社会政策措施情况进行审计监督。

（9）对其他法律、行政法规规定应当由审计机关进行审计的事项，依照《审计法》和有关法律、行政法规进行监督。

（10）可以对被审计单位依法应当接受审计的事项进行全面审计，也可以对其中的特定事项进行专项审计。

（11）对与国家财政收支有关的特定事项，向有关地方、部门、单位进行专项审计调查，并向本级人民政府和上一级审计机关报告审计调查结果。

（12）对履行审计监督职责中发现的经济社会运行中存在的风险隐患，及时向本级人民政府报告或者向有关主管机关、单位通报。

（13）根据被审计单位的财政、财务隶属关系或者国有资源、国有资产监督管理关系，确定审计管辖范围。

（14）对被审计单位的内部审计工作进行业务指导和监督。

（15）核查社会审计机构审计的单位依法属于被审计单位的，审计机关有权对该社会审计机构出具的相关审计报告进行核查。

我国国家审计机关的权限有：

（1）有权要求被审计单位按照审计机关的规定提供财务、会计资料以及与财政收支、财务收支有关的业务、管理等资料，包括电子数据和有关文档。

（2）有权检查被审计单位的财务、会计资料以及与财政收支、财务收支有关的业务、管理等资料和资产，有权检查被审计单位信息系统的安全性、可靠性、经济性。

（3）有权就审计事项的有关问题向有关单位和个人进行调查，并取得有关证明材料。经审计机关负责人批准，有权查询被审计单位在金融机构的账户以及有关单位、个人在金融机构与审计事项相关的存款。

（4）有权制止被审计单位转移、隐匿、篡改、毁弃财务、会计资料以及与财政收支、财务收支有关的业务、管理等资料，以及转移、隐匿、故意毁损所持有的违反国家规定取得的资产的行为；必要时，经审计机关负责人批准，有权封存有关资料和违反国家规定取得的资产；需要时，向人民法院提出申请冻结其中在金融机构的有关存款。

（5）建议有关主管机关、单位纠正被审计单位所执行的上级主管机关、单位有关财政收支、财务收支的规定与法律、行政法规相抵触的部分，有关主管机关、单位不予纠正的，审计机关应当提请有权处理的机关、单位依法处理。

（6）在保守国家秘密、工作秘密、商业秘密、个人隐私和个人信息，以及遵守法律、行政法规和国务院的有关规定的前提下，可以向政府有关部门通报或者向社会公布审计结果。

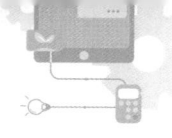

（7）有权制止被审计单位正在进行的违反国家规定的财政收支、财务收支行为；制止无效的，经审计机关负责人批准，通知财政部门和有关主管机关、单位暂停拨付与违反国家规定的财政收支、财务收支行为直接有关的款项，已经拨付的，暂停使用。

（8）履行审计监督职责时，可以提请公安、财政、自然资源、生态环境、海关、税务、市场监督管理等机关予以协助。

（二）国家审计人员

国家审计人员是指各级国家审计机关中接受国家委托，依法行使审计监督权，从事审计事务的人员。国家审计人员包括审计署的审计长、副审计长，地方各级审计厅、局的厅、局长，以及其他各级审计机关的领导人员和非领导职务的一般工作人员。审计长是国家审计署的行政首长，由国务院总理提名，全国人民代表大会常务委员会决定，由国家主席任命；审计长每届任期 5 年，可以连任。副审计长 4 名，协助审计长的工作，并对审计长负责。

国家审计机关应当建设信念坚定、为民服务、业务精通、作风务实、敢于担当、清正廉洁的高素质专业化审计队伍。国家审计机关应当加强对审计人员遵守法律和执行职务情况的监督，督促审计人员依法履职尽责。国家审计机关和审计人员应当依法接受监督。

审计人员执行审计业务，应当具备下列职业要求：

（1）遵守法律法规和国家审计准则。

（2）恪守审计职业道德。

（3）保持应有的审计独立性。

（4）具备必需的职业胜任能力。

（5）其他职业要求。

国家审计人员应当具备与其从事的审计工作相适应的专业知识和业务能力。国家审计机关根据工作需要，可以聘请具有与审计事项相关专业知识的人员参加审计工作。

国家审计人员实行专业技术资格制度，包括高级（高级审计师）、中级（中级审计师）和初级（助理审计师和审计员）三级专业技术职务。审计专业技术资格实行国家统一考试制度。审计专业技术初、中级资格考试科目与内容均为：① 审计专业相关知识，包括宏观经济学基础、企业财务管理、企业财务会计、法律。② 审计理论与实务，包括审计理论与方法、企业财务审计。审计专业高级资格考试科目为：经济理论与宏观经济政策、审计理论与审计案例分析。

二、内部审计机构与内部审计人员

（一）内部审计机构

内部审计机构是对部门、单位实施内部审计监督，按照一定标准检查会计账目及其相关资料，查证单位内部各项财务收支和经济活动的真实性、合法性和效益性的专门组织。

1. 内部审计机构的设置

内部审计机构在组织内部的设置，直接影响内部审计职能在组织中的地位及其权威性，直接关系到内部审计为组织增加价值功能的充分发挥。根据《第1101号——内部审计基本准则》，各类组织应当设置与其目标、性质、规模、治理结构等相适应的内部审计机构，并配备具有相应资格的内部审计人员。根据《审计署关于内部审计工作的规定》，依法属于审计机关审计监督对象的单位应当依照有关法律法规、本规定和内部审计职业规范，结合本单位实际情况，建立健全内部审计制度，明确内部审计工作的领导体制、职责权限、人员配备、经费保障、审计结果运用和责任追究等。

国家机关、国有企业、事业单位、社会团体等单位的内部审计机构或者履行内部审计职责的内设机构，应当在本单位党组织、主要负责人（或国有企业董事会）的直接领导下开展内部审计工作，向其负责并报告工作。国有企业应当按照有关规定建立总审计师制度。总审计师协助党组织、董事会（或者主要负责人）管理内部审计工作。

根据所隶属企业领导的层次不同，内部审计机构的设置模式通常包括：

（1）财务总监领导模式。

（2）总经理领导模式。

（3）监事会领导模式。

（4）董事会或董事会下设的审计委员会领导模式。

（5）审计委员会与总经理双重领导模式。

2. 内部审计机构的职责

根据《审计署关于内部审计工作的规定》，内部审计机构或者履行内部审计职责的内设机构应当按照国家有关规定和本单位的要求，履行下列职责：

（1）对本单位及所属单位贯彻落实国家重大政策措施情况进行审计。

（2）对本单位及所属单位发展规划、战略决策、重大措施以及年度业务计划执行情况进行审计。

（3）对本单位及所属单位财政财务收支进行审计。

（4）对本单位及所属单位固定资产投资项目进行审计。

（5）对本单位及所属单位的自然资源资产管理和生态环境保护责任的履行情况进行审计。

（6）对本单位及所属单位的境外机构、境外资产和境外经济活动进行审计。

（7）对本单位及所属单位经济管理和效益情况进行审计。

（8）对本单位及所属单位内部控制及风险管理情况进行审计。

（9）对本单位内部管理的领导人员履行经济责任情况进行审计。

（10）协助本单位主要负责人督促落实审计发现问题的整改工作。

（11）对本单位所属单位的内部审计工作进行指导、监督和管理。

（12）国家有关规定和本单位要求办理的其他事项。

3. 内部审计机构的权限

内部审计机构或者履行内部审计职责的内设机构应具有下列权限：

（1）要求被审计单位按时报送发展规划、战略决策、重大措施、内部控制、风险管理、财政财务收支等有关资料（含相关电子数据，下同），以及必要的计算机技术文档。

（2）参加单位有关会议，召开与审计事项有关的会议。

（3）参与研究制定有关的规章制度，提出制定内部审计规章制度的建议。

（4）检查有关财政财务收支、经济活动、内部控制、风险管理的资料、文件和现场勘察实物。

（5）检查有关计算机系统及其电子数据和资料。

（6）就审计事项中的有关问题，向有关单位和个人开展调查和询问，取得相关证明材料。

（7）对正在进行的严重违法违规、严重损失浪费行为及时向单位主要负责人报告，经同意后，有权作出临时制止决定。

（8）对可能转移、隐匿、篡改、毁弃会计凭证、会计账簿、会计报表以及与经济活动有关的资料，经批准后，有权予以暂时封存。

（9）提出纠正、处理违法违规行为的意见和改进管理、提高绩效的建议。

（10）对违法违规和造成损失浪费的被审计单位和人员，给予通报批评或者提出追究责任的建议。

（11）对严格遵守财经法规、经济效益显著、贡献突出的被审计单位和个人，可以向单位党组织、董事会（或者主要负责人）提出表彰建议。

4. 内部审计机构与组织中其他机构的关系

（1）与治理层的关系。内部审计机构接受审计委员会的领导和监督，为审计委员会提供有价值的信息，共同促进内部审计在组织治理中的作用。

（2）与执行管理层的关系。内部审计机构应与执行管理层建立有效的沟通机

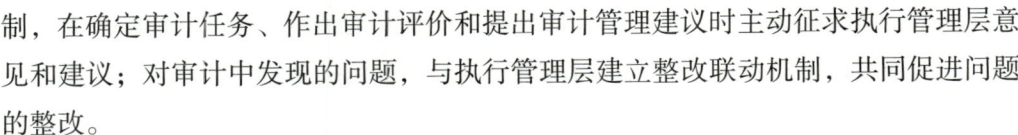

制，在确定审计任务、作出审计评价和提出审计管理建议时主动征求执行管理层意见和建议；对审计中发现的问题，与执行管理层建立整改联动机制，共同促进问题的整改。

（3）与外部审计的关系。内部审计机构既要协助外部审计工作，也要基于自身的功能定位，注意从外部审计吸取有效经验，促进内部审计业务的提升。为外部审计提供协助服务时应防止泄露商业秘密。

（4）与被审计单位的关系。内部审计机构要在尊重对方的前提下开展审计工作，同时也要防止审计小组成员与被审计单位关系过于密切，独立性受到威胁，影响审计工作的效果。

（5）与国家审计机关的关系。国家机关、事业单位、社会团体等单位，应当将内部审计工作计划、工作总结、审计报告、整个情况，以及审计中发现的重大违纪违法问题线索等资料报送同级审计机关备案。审计机关应当对单位报送的备案资料进行分析，将其作为编制年度审计项目计划的参考依据。

（二）内部审计人员

内部审计人员是指在部门、单位设置的独立的内部审计机构中，专职从事审计工作的人员。

内部审计人员应当保持独立性、客观性和应有的职业谨慎，遵守职业道德，履行保密义务，具备从事审计工作所需要的专业能力，并通过继续教育加以保持和提高。内部审计机构负责人应当具备审计、会计、经济、法律或者管理等工作背景。

内部审计机构应当根据工作需要，合理配备内部审计人员。除涉密事项外，可以根据内部审计工作需要向社会购买审计服务，并对采用的审计结果负责。

（三）中国内部审计协会

中国内部审计协会是由具有一定内部审计力量的企事业单位、社会团体和从事内部审计工作的人员自愿结成的全国性、行业性、非营利性社会组织。该协会的宗旨是服务、管理、宣传、交流。协会接受业务主管单位审计署和社团登记管理机关民政部的业务指导和监督管理。截至 2023 年年底，中国内部审计协会共有单位会员 519 家，个人会员 2 365 人。

三、会计师事务所和注册会计师

（一）会计师事务所

1. 会计师事务所的组织形式

会计师事务所是依法设立并承办注册会计师业务的机构。会计师事务所主要有普通合伙会计师事务所、特殊普通合伙会计师事务所、有限责任会计师事务所和独资会计师事务所四种组织形式。

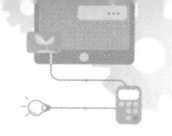

　　根据《会计师事务所执业许可和监督管理办法》的规定，我国会计师事务所可以采用普通合伙、特殊普通合伙或者有限责任公司^①形式。会计师事务所从事证券服务业务和经法律、行政法规规定的关系公众利益的其他特定业务，应当采用普通合伙或者特殊普通合伙形式，接受财政部的监督。

　　（1）普通合伙会计师事务所。普通合伙会计师事务所是由 2 名以上符合规定条件的合伙人，以书面协议形式，共同出资、共同执业，以各自财产对会计师事务所的债务承担连带责任的会计师事务所。普通合伙会计师事务所应当建立风险基金，或向保险机构投保执业保险。普通合伙会计师事务所申请执业许可，应当具备下列条件：① 拥有 2 名以上符合规定条件的合伙人；② 有书面合伙协议；③ 有经营场所。

　　（2）特殊普通合伙会计师事务所。特殊普通合伙会计师事务所申请执业许可，应当具备以下条件：① 拥有 15 名以上由注册会计师担任且符合规定条件的合伙人；② 有 60 名以上注册会计师；③ 有书面合伙协议；④ 有经营场所；⑤ 法律、行政法规或者财政部依授权规定的其他条件。特殊普通合伙会计师事务所的特点是：一个合伙人或者数个合伙人在执业活动中因故意或者重大过失造成合伙企业债务的，应当承担无限责任或者无限连带责任，其他合伙人以其在合伙企业中的财产份额为限承担责任。合伙人在执业活动中非因故意或者重大过失造成的合伙企业债务以及合伙企业的其他债务，由全体合伙人承担无限连带责任。

　　（3）有限责任会计师事务所。有限责任会计师事务所是由注册会计师发起设立，承办注册会计师业务并承担有限责任的会计师事务所。有限责任会计师事务所申请执业许可，应当具备以下条件：拥有 5 名以上符合规定条件的股东；有不少于人民币 30 万元的注册资本；有股东共同制定的公司章程；有经营场所。

　　2. 成为会计师事务所的合伙人或者股东的条件

　　根据《会计师事务所执业许可和监督管理办法》的规定，会计师事务所的合伙人或股东，应具备下列条件：

　　（1）具有注册会计师执业资格。

　　（2）成为合伙人（股东）前 3 年内没有因为执业行为受到行政处罚。

　　（3）最近连续 3 年在会计师事务所从事审计业务且在会计师事务所从事审计业务时间累计不少于 10 年或者取得注册会计师执业资格后最近连续 5 年在会计师事务所从事审计业务。

　　（4）成为合伙人（股东）前 3 年内没有因欺骗、贿赂等不正当手段申请会计师事务所执业许可而被省级财政部门作出不予受理、不予批准或者撤销会计师事务所执业许可的决定。

---

① 即有限责任会计师事务所。

（5）在境内有稳定住所，每年在境内居留不少于 6 个月，且最近连续居留已满 5 年。

另外，根据《其他专业资格人员担任特殊普通合伙会计师事务所合伙人暂行办法》，不具有注册会计师执业资格，但具有中国资产评估师、中国税务师、中国造价工程师职业资格的人员，符合下列条件的，也可以担任特殊普通合伙会计师事务所的合伙人（以下简称其他专业资格合伙人）：

（1）在会计师事务所专职工作。

（2）未受过刑事处罚。

（3）成为合伙人前 3 年内未因执业行为受到行政处罚。

（4）取得上述职业资格后最近连续 5 年从事与该资格相关的工作。

（5）在境内有稳定住所，每年在境内居留不少于 6 个月，且最近连续居留已满 5 年。

需要强调的是，其他专业资格合伙人虽然可以担任特殊普通合伙会计师事务所履行内部特定管理职责或者从事咨询业务的合伙人，但不得担任会计师事务所首席合伙人、执行合伙事务的合伙人和分所负责人，不得以任何形式对该会计师事务所实施控制。其他专业资格合伙人在特殊普通合伙会计师事务所合伙人总数中的比例，以及在合伙人管理委员会总人数中的比例均不得超过 20%。其他专业资格合伙人所持有的合伙财产份额不得超过会计师事务所合伙财产的 20%，且任一其他专业资格合伙人所持有的合伙财产份额均不得位居合伙人合伙财产份额前 5 位。

3. 会计师事务所的从业人员

会计师事务所的从业人员包括助理审计员、审计员、高级审计员、项目经理、高级项目经理、合伙人或股东。

4. 会计师事务所的业务范围

我国会计师事务所可以承办的业务分为鉴证业务和相关服务两类。鉴证业务包括审计、审阅和其他鉴证业务。相关服务包括税务代理、代编财务信息、对财务信息执行商定程序、管理咨询等。鉴证业务的审计业务包括审查企业财务报表，出具审计报告；验证企业资本，出具验证报告；办理企业合并、分立、清算事宜中的审计业务，出具有关报告；法律、行政法规规定的其他审计业务。

（二）注册会计师

注册会计师是指依法取得注册会计师证书并接受委托从事审计和会计咨询、会计服务业务的执业人员。

1. 注册会计师考试

国家实行注册会计师全国统一考试制度。根据《中华人民共和国注册会计师法》（简称《注册会计师法》）及《注册会计师全国统一考试办法》的规定，符合下

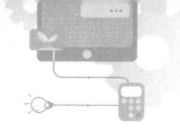
列条件的中国公民，可以报名参加注册会计师全国统一考试：

（1）具有完全民事行为能力。

（2）具有高等专科以上学校毕业学历，或者具有会计或者相关专业中级以上技术职称。

注册会计师全国统一考试分为专业阶段和综合阶段两个阶段。专业阶段考试设会计、审计、财务成本管理、公司战略与风险管理、经济法、税法 6 个科目，主要测试考生是否具备注册会计师执业所需要的专业知识，是否掌握基本的职业技能和职业道德。综合阶段考试设职业能力综合测试科目，主要测试考生是否具备在职业环境中综合运用专业知识，坚持正确的职业价值观，遵从职业道德规范，保持正确的职业态度，有效解决实务问题的能力。考生在通过专业阶段考试的全部科目后，才能参加综合阶段考试。

报名人员可以在一次考试中同时报考专业阶段考试的 6 个科目，也可以选择报考部分科目。具有会计或者相关专业高级技术职称的人员，可以申请免去专业阶段考试 1 个专长科目的考试。

每科考试均实行百分制，60 分为成绩合格分数线。专业阶段考试的单科考试合格成绩 5 年内有效。对在连续 5 个年度考试中取得专业阶段考试全部科目考试合格成绩的考生，财政部注册会计师考试委员会颁发注册会计师全国统一考试专业阶段考试合格证书。对取得综合阶段考试科目考试合格成绩的考生，财政部注册会计师考试委员会颁发注册会计师全国统一考试全科考试合格证书。

按照《香港特别行政区、澳门特别行政区、台湾地区居民及外国人参加注册会计师全国统一考试办法》，香港特别行政区、澳门特别行政区、台湾地区居民及按照互惠原则确认的外国人，具有完全民事行为能力，且符合规定条件的，也可以申请参加注册会计师全国统一考试。

2. 注册会计师的注册

根据《注册会计师注册办法》的规定，具备下列条件之一，并在中国境内从事审计业务工作 2 年以上者，可以向省级注册会计师协会申请注册并取得国务院财政部门统一制定的注册会计师证书：

（1）参加注册会计师全国统一考试成绩合格。

（2）经依法认定或者考核具有注册会计师资格。

注册申请人有下列情形之一的，不予注册：

（1）不具有完全民事行为能力的。

（2）因受刑事处罚，自刑罚执行完毕之日起至申请注册之日止不满 5 年的。

（3）因在财务、会计、审计、企业管理或者其他经济管理工作中犯有严重错误受行政处罚、撤职以上处分，自处罚、处分决定生效之日起至申请注册之日止不满

2 年的。

（4）受吊销注册会计师证书的处罚，自处罚决定生效之日起至申请注册之日止不满 5 年的。

（5）因以欺骗、贿赂等不正当手段取得注册会计师证书而被撤销注册，自撤销注册决定生效之日起至申请注册之日止不满 3 年的。

（6）不在会计师事务所专职执业的。

（7）年龄超过 70 周岁的。

注册会计师有下列情形之一的，由所在地的省级注册会计师协会撤销注册，收回注册会计师证书：

（1）完全丧失民事行为能力的。

（2）受刑事处罚的。

（3）自行停止执行注册会计师业务满 1 年的。

（4）以欺骗、贿赂等不正当手段取得注册会计师证书的。

（三）注册会计师协会

注册会计师协会是由注册会计师组成的社会团体，依法取得社会团体法人资格。注册会计师应当加入注册会计师协会。注册会计师协会应当支持注册会计师依法执行业务，维护其合法权益，向有关方面反映其意见和建议。注册会计师协会应当对注册会计师的任职资格和执业情况进行年度检查。注册会计师协会的会员分为个人会员和单位会员，个人会员又分为执业会员和非执业会员。

中国注册会计师协会是注册会计师的全国组织。中国注册会计师协会依法拟订注册会计师执业准则、规则，报国务院财政部门批准后施行。中国注册会计师协会的章程由全国会员代表大会制定，并报国务院财政部门备案。截至 2023 年 12 月 31 日，中国注册会计师协会有单位会员（会计师事务所）10 665 家（包括分所）；执业会员（注册会计师）102 017 人，非执业会员 262 514 人；全行业从业人员超过 40 万人，服务 5 000 余家 A 股上市公司，420 万家行政企事业单位。

省、自治区、直辖市注册会计师协会是注册会计师的地方组织，省、自治区、直辖市注册会计师协会的章程由省、自治区、直辖市会员代表大会制定，并报省、自治区、直辖市人民政府财政部门备案。

国务院财政部门和省、自治区、直辖市人民政府财政部门，依法对注册会计师、会计师事务所和注册会计师协会进行监督、指导。

【任务检查】

1. 简述国家审计机关和内部审计机构的设置。

2. 简述我国会计师事务所的组织形式和业务范围。

从专业角度解读审计

【任务分析】

我国"审计"一词最早见于宋代。从词义上解释，"审"为审查，"计"为会计账目，审计就是审查会计账目。《现代汉语词典》中，审计被界定为动词，指由专设机关依照法律对国家各级政府及金融机构、企业事业组织的重点项目和财务收支进行事前和事后的审查。"审计"一词的英文单词为"audit"，被注释为"查账"，兼有"旁听"的含义。《大不列颠百科全书》中，审计被解释为"对单位会计账目的检查"。上述对审计的解释，尽管体现了人们对审计认识的不断深入，但要对审计实践进行科学总结，并对审计这一客观事物的特有属性进行揭示，还需要从专业角度解读审计。

要从专业角度解读审计，需要：① 理解审计含义；② 了解审计模式；③ 明确审计过程；④ 了解财务报表审计方式。

【知识准备】

一、审计含义

（一）审计的定义

审计是由独立的专门机构和人员，接受委托或根据授权，依法对被审计单位的财务报表和其他资料及其所反映经济活动的真实性、合法性和效益性进行审查并提出结论的一种监督、鉴证和评价的活动。

从本质上说，审计是一种独立的经济监督。审计监督区别于其他经济监督的根本特征是独立性。审计独立性表现在组织机构、业务工作、经济来源和人员等方面的独立。

（二）审计关系人

任何一种审计活动都必须有审计人、被审计人和审计委托人（授权人）三方关系人。审计人（即第一关系人）是承担审计工作的专职机构与人员；被审计人（即第二关系人）通常是接受审计监督的财产经营管理者；审计委托人或授权人（即

动画：审计业务的三方关系

第三关系人）通常是财产所有者。这三个方面的关系人形成的审计关系如图 1-1
所示。

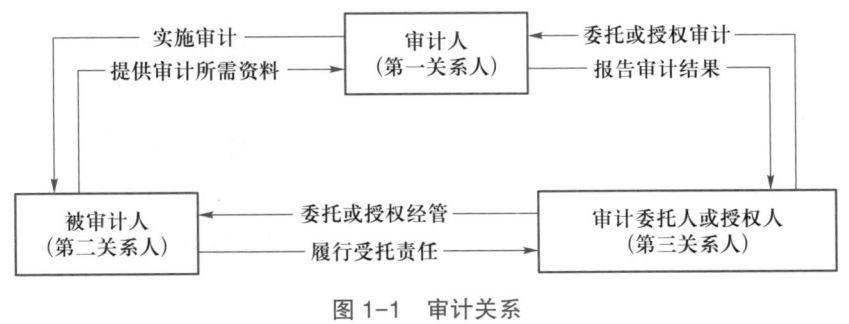

图 1-1　审计关系

（三）审计分类

1. 按审计主体分类

按审计主体分类，审计分为国家审计、注册会计师审计和内部审计。

（1）国家审计。国家审计又称政府审计，是指由国家审计机关代表国家依法对
国家重大政策措施贯彻落实情况，公共资金、国有资产、国有资源管理分配使用的
真实合法效益性，以及领导干部履行经济责任和自然资源资产管理及生态环境保护
责任情况所进行的独立监督。国家审计具有法定性、稳固性、强制性和权威性。国
家审计在经济社会中发挥着"公共资金的守护神""政策落实的督查员""权力运行
的紧箍咒""经济社会发展的重器""反腐败的利剑"等功能。

（2）注册会计师审计。注册会计师审计也称社会审计、民间审计或独立审计，
是指注册会计师接受委托，对被审计单位财务报表、内部控制的有效性等进行独立
检查并发表意见的活动。注册会计师审计具有受托审计、有偿性、独立性以及没有
管辖范围限制等特点，其审计意见具有法律效力和鉴证作用。注册会计师审计在经
济社会中发挥着"经济裁判"的功能。

（3）内部审计。内部审计是一种独立、客观的鉴证和咨询活动，它通过运用系
统、规范的方法，审查和评价组织的业务活动、内部控制和风险管理的适当性和有
效性，以促进组织完善治理、增加价值和实现目标。内部审计涉及范围广泛，审计
方式也较为灵活，一般是根据本部门和本单位经营管理的需要而定。内部审计具有
内向性、灵活度高等特点。相对于国家审计和注册会计师审计而言，内部审计的独
立性较弱。内部审计在经济社会中发挥着"经济医师"的功能。

2. 按审计内容分类

按审计内容分类，审计分为财政财务审计、合法合规审计和绩效审计。

（1）财政财务审计。财政财务审计是指对被审计单位的财政财务收支活动进行
的审计，其目的在于检查财政财务收支的真实性、完整性，维护各方的合法权益并

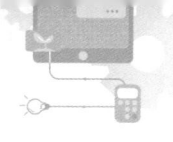

促进加强财政和财务管理。财政审计是指由国家审计机关对本级财政预算的执行情况和下级政府财政预算的执行情况和决算，以及其他财政收支情况的真实性、合法性所进行的审计。财务审计是指由国家审计机关、内部审计机构或会计师事务所对政府部门单位、金融机构、企业事业组织的财务收支及有关经济活动的真实性、合法性进行的审计监督。

（2）合法合规审计。合法合规审计主要是通过审计确定被审计单位在其财政财务收支及经营管理活动中是否遵循了国家的法律法规和组织的章程、政策。与财政财务审计相比较，合法合规审计更加突出合法性、合规性目标。

（3）绩效审计。绩效审计是也称效益审计，是指对被审计单位（或项目）资源管理和使用的有效性进行检查和评价的活动。所指的有效性包括：经济性、效率性、效果性。

（四）审计的职能

审计具有经济监督、经济评价和经济鉴证的职能。经济监督是审计最基本的职能，经济评价和经济鉴证是在经济监督职能基础上扩展而来的现代审计职能。经济监督就是监察和督促被审计单位的经济活动在规定范围之内，遵循正常的轨道运行；经济评价是审计人员在对被审计单位的经济活动进行审计后，就其预算、计划、方案和经济决策的可行性、执行情况、经济效益以及内部控制的健全性、有效性等做出评价，并有针对性地提出合理的意见和建议；经济鉴证是指通过审计人员的审计，对被审计单位的财务报表及其他经济资料进行检查和验证，确定其经营成果和财务状况是否真实、公允、合法、合规并出具书面证明，以增强其可信度，供有关利益关系人使用。

（五）审计的作用

审计的作用是指在审计实践中履行审计职能所产生的客观影响和实际效果。不同类型的审计，在社会中具有不同的作用。

（1）国家审计是宪法确立的一项政治制度安排。国家审计是国家治理的一项重要制度安排。国家审计是党和国家监督体系的重要组成部分，依法行使对权力的制约与监督，推进国家治理体系和治理能力现代化。国家审计在维护国家财政经济秩序、提高财政资金使用效益、促进廉政建设、保障经济社会健康发展等方面具有重要作用。

（2）注册会计师审计是市场经济体系重要的制度安排，是财会监督体系的重要组成部分。注册会计师审计在提高会计信息质量、维护市场经济秩序、推动企业改革、优化、资源配置等方面发挥着重要的作用。

（3）内部审计是部门、单位经济决策科学化、内部管理规范化、风险防控常态化的一项重要制度设计和内部自我约束机制。内部审计在促进组织合法经营运行、完善组织控制与风险管理、促进组织自我发展与实现目标等方面扮演着重要角色，发挥着越来越重要的作用。

二、审计模式

随着审计环境的变化，审计方法的发展经历了三种模式，即账项基础审计模式、制度基础审计模式和风险导向审计模式。

（一）账项基础审计模式

在审计发展的早期（19 世纪以前），由于企业组织结构简单、业务性质单一，审计主要是为了满足财产所有者对会计核算进行独立检查的要求，促使受托人（通常为经理或下属）在授权经营过程中做出诚实、可靠的行为。审计的重心在对会计凭证和账簿的详细检查上，旨在发现和防止错误与舞弊，审计方法是详细审计。由于当时获取审计证据的方法比较简单，审计人员将大部分精力投向会计凭证和账簿的详细检查，从方法论的角度讲，这种审计方法就是账项基础审计模式。

（二）制度基础审计模式

19 世纪即将结束时，会计和审计步入了快速发展时期。审计的重点从检查受托责任人对资产的有效使用转向检查企业的资产负债表和利润表，判断企业的财务状况、经营成果是否真实和公允。由于企业规模的日益扩大，经济活动和交易事项内容不断丰富、复杂，审计工作量迅速增大，而需要的审计技术日益复杂，使得详细审计难以实施，企业对审计费用难以承受。

为了进一步提高审计效率，审计的视角转向企业的内部控制，特别是会计信息赖以生成的内部控制，从而将内部控制与抽样审计结合起来。同时，审计职业界认为设计合理并且执行有效的内部控制可以保证财务报表的可靠性，防止重大错误和舞弊的发生。从 20 世纪 50 年代起，以控制测试为基础的抽样审计在西方国家得到广泛应用。这种方法被称作制度基础审计模式，其审计的起点是了解与测试被审计单位的内部控制。

（三）风险导向审计模式

进入 20 世纪 80 年代后，科学技术和政治经济发生急剧变化，导致企业竞争更加激烈、经营风险日益增加、倒闭事件不断发生，审计风险日益成为审计人员关注的焦点。

由于审计风险既受到企业固有风险因素的影响，如管理人员的品行和能力、行业所处环境、业务性质、容易产生错报的财务报表项目、容易遭受损失或被挪用的资产等导致的风险，又受到内部控制风险因素的影响，即账户余额或各类交易存在错报，内部控制未能防止、发现或纠正的风险，还受到注册会计师实施审计程序未能发现账户余额或各类交易存在错报风险的影响，审计职业界很快开发出了审计风

险模型：

$$审计风险 = 固有风险 \times 控制风险 \times 检查风险 = 重大错报风险 \times 检查风险$$

审计风险模型的出现，从理论上解决了以制度为基础采用抽样审计的随意性，又解决了审计资源的分配问题，即将审计资源分配到最容易导致财务报表出现重大错报的领域，从而实现在保证审计质量的前提下提高审计效率。这种以审计风险模型为基础进行的审计，称为风险导向审计模式。

职业素养提升

从计算机辅助审计到智能审计

计算机辅助审计是指使用计算机辅助审计技术和工具的审计。计算机辅助审计技术是指利用计算机和相关软件，使审计测试工作实现自动化的技术。计算机辅助审计技术通常分为两类，一类是用来测试程序和系统的，即面向系统的计算机辅助审计技术，包括平行模拟法、测试数据法、嵌入审计模块法、程序编码审查、程序代码比较和跟踪、快照等方法。另一类是用于分析电子数据的，即面向数据的计算机辅助审计技术，包括数据查询、账表分析、审计抽样、统计分析、数值分析等方法。常见的计算机辅助审计工具包括：① Excel、Access 等通用类工具；② SQL Server、Oracle 等数据库类工具；③ ACL、IDEA 等专业类工具。计算机辅助审计技术和工具不仅能够提高审计大量交易的效率，而且计算机不会像人员一样，受到劳累过度等因素的影响，可以使审计工作更高效。

智能审计是一种基于 RPA[①] 与机器学习等新一代关键 AI 技术、算法与工具的审计方式。它利用自动化和智能化的技术手段对审计过程中的大量数据进行分析和处理，以实现审计的自动化、高效化和精准化。智能审计通过数据挖掘和自然语言处理等技术，对审计对象的财务数据开展快速准确地分析，同时通过机器学习和深度学习等技术，发现潜在的风险和问题，并给出相应的解决方案和建议。智能审计可以大大提高审计的效率和质量，同时减少人为失误和错误概率，从而使审计工作更加科学、高效、准确和可信。采用人工智能技术的审计机器人不仅可以自动地完成复杂的审计流程，准确地检测事务性误差和异常，还可以实现审计任务的在线分配和监控，并且在数据安全保障方面也具有较强的能力。

---

① RPA 是机器人流程自动化（Robotic Process Automation）的简称，是一种软件机器人自动化应用程序。

三、审计过程

审计过程，是指审计工作从开始到结束的整个过程或步骤，一般包括三个主要的阶段，即准备阶段、实施阶段和终结阶段。不同审计主体或审计类型，其审计过程三个阶段的具体内容也有所不同，但基本上是相同的。下面主要介绍注册会计师审计过程，兼述国家审计过程和内部审计过程。

（一）注册会计师审计过程

在风险导向审计模式下，注册会计师审计过程大致可分为以下几个阶段的工作：

1. 接受业务委托

会计师事务所应当按照审计准则等职业准则的规定，谨慎决策是否接受或保持某客户关系和具体审计业务。在接受新客户的业务前，或决定是否保持现有业务或考虑接受现有客户的新业务时，会计师事务所应当执行有关客户接受与保持的程序，以获取以下信息：① 考虑客户的诚信，确保没有信息表明客户缺乏诚信；② 具有执行业务必备素质、专业胜任能力、时间和资源；③ 能够遵守相关职业道德要求。

会计师事务所执行客户接受与保持的程序，旨在识别和评估会计师事务所面临的风险。例如，如果注册会计师发现潜在客户正面临财务困难，或者发现现有客户在之前的业务中做出虚假陈述，那么可以认为接受与保持该客户的风险非常高，甚至是不可接受的。会计师事务所除考虑客户施加的风险外，还需要考虑自身执行业务的能力，如当工作需要时能否获得合适的具有相应资格的员工；能否获得专业化协助；是否存在任何利益冲突；能否对客户保持独立性等。

注册会计师需要做出的最重要决策之一就是接受与保持客户。一项低质量的决策会导致会计师事务所不能准确确定计酬的时间或未被支付的费用，增加项目负责人和员工的额外压力，使会计师事务所声誉遭受损失，或者涉及潜在的诉讼风险。

一旦决定接受业务委托，注册会计师应当与客户就审计约定条款达成一致意见。对于连续审计，注册会计师应当考虑是否需要根据具体情况修改业务约定条款，以及是否需要提醒客户注意现有的业务约定书。

接受业务委托的主要工作包括：了解和评价审计对象的可审性；决策是否考虑接受委托；商定业务约定条款；签订审计业务约定书等。

2. 计划审计工作

计划审计工作十分重要。如果没有恰当的审计计划，不仅无法获取充分、适当的审计证据，影响审计目标的实现，而且还会浪费有限的审计资源，影响审计工作的效率。因此，对于任何一项审计业务，注册会计师在执行具体审计程序之前，都

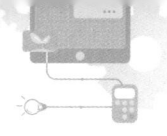

必须根据具体情况制订科学、合理的计划，使审计业务以有效的方式得以执行。一般来说，计划审计工作主要包括：在本期审计业务开始时开展初步业务活动；制定总体审计策略；制订具体审计计划等。需要指出的是，计划审计工作不是审计业务的一个孤立阶段，而是一个持续的、不断修正的过程，贯穿于整个审计业务的始终。

3. 识别和评估重大错报风险

审计准则规定，注册会计师必须实施风险评估程序，以此作为评估财务报表层次和认定层次重大错报风险的基础。风险评估程序是指注册会计师为了解被审计单位及其环境、适用的财务报告编制基础和内部控制体系各要素，以识别和评估财务报表层次和认定层次的重大错报风险（无论该错报由于舞弊还是错误导致）而实施的审计程序。风险评估程序是必要程序，了解被审计单位及其环境、适用的财务报告编制基础和内部控制体系各要素为注册会计师在许多关键环节做出职业判断提供了重要基础。了解被审计单位及其环境等方面的情况，实际上是一个连续和动态地收集、更新与分析信息的过程，贯穿于整个审计过程的始终。一般来说，其主要工作包括：了解被审计单位及其环境适用的财务报告编制基础和内部控制体系各要素；识别和评估财务报表层次以及各类交易、账户余额和披露认定层次的重大错报风险，包括确定需要特别考虑的重大错报风险（即特别风险）以及仅通过实质性程序无法应对的重大错报风险等。

4. 应对重大错报风险

注册会计师实施风险评估程序本身并不足以为发表审计意见提供充分、适当的审计证据，还应当实施进一步审计程序，包括实施控制测试（必要时或决定测试时）和实质性程序。因此，注册会计师在评估财务报表重大错报风险后，应当运用职业判断，针对评估的财务报表层次重大错报风险确定总体应对措施，并针对评估的认定层次重大错报风险设计和实施进一步审计程序，以将审计风险降至可接受的低水平。

5. 编制审计报告

注册会计师在完成进一步审计程序后，还应当按照有关审计准则的规定做好审计完成阶段工作，并根据获取的审计证据，合理运用职业判断，形成适当的审计意见。本阶段主要工作有：考虑持续经营假设、期后事项和或有事项；获取管理层和治理层声明；汇总审计差异，提请被审计单位调整或披露；复核审计工作底稿和财务报表；与管理层和治理层沟通；评价所有审计证据，形成审计意见；编制审计报告等。

（二）国家审计过程

根据国家审计准则的规定，国家审计过程通常包括审计计划、审计实施和审计报告三个阶段，每个阶段的内容和步骤如图1-2所示。与注册会计师审计过程相比

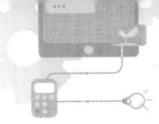

较，国家审计过程有其自身特点。其中，审计报告阶段的检查审计整改情况是国家审计特有的审计程序，下面予以简要说明。

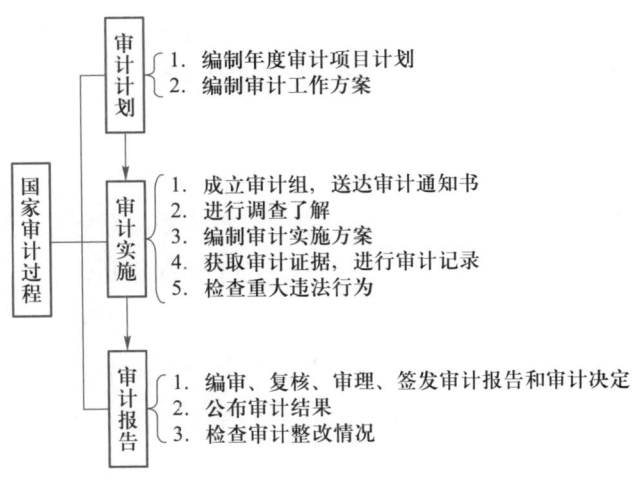

图 1-2　国家审计过程

审计机关在出具审计报告、做出审计决定后，审计机关指定的部门应当在规定的时间内检查或者了解被审计单位和其他有关单位对执行审计机关做出的处理处罚决定情况、审计机关要求自行纠正事项采取措施的情况、根据审计机关的审计建议采取措施的情况和审计机关移送处理事项采取措施的情况等进行整改的情况，并向审计机关提出检查报告。审计机关对被审计单位没有整改或者没有完全整改的事项，依法采取必要措施。

（三）内部审计过程

与国家审计一样，内部审计也需要制订年度审计项目计划。具体审计项目的审计程序分为准备、实施和终结三个阶段，如图 1-3 所示。但由于内部审计的特殊性，每一阶段都有着不同的要求。

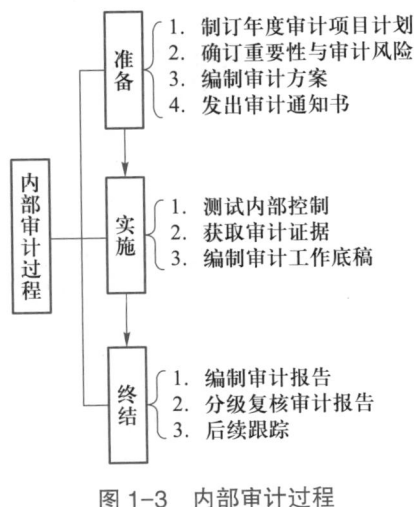

图 1-3　内部审计过程

21

四、财务报表审计方式

财务报表审计方式，亦即财务报表审计的组织方式。财务报表审计的组织方式大致有两种：一是对财务报表的每个账户余额或发生额单独进行审计，此方法称为账户法；二是将财务报表分成几个循环进行审计，即把紧密联系的交易种类和账户余额归入同一循环中，按业务循环组织实施审计，此方法称为循环法。

一般而言，账户法与多数被审计单位账户设置体系及财务报表格式相吻合，具有操作方便的优点，但它将紧密联系的相关账户（如存货和营业成本）人为地予以分割，容易造成整个审计工作的脱节和重复，不利于审计效率的提高；循环法则更符合被审计单位的业务流程和内部控制设计的实际情况，不仅可加深审计人员对被审计单位经济业务的理解，而且由于将特定业务循环涉及的财务报表项目分配给一个或数个审计人员，增强了审计人员分工的合理性，有助于提高审计工作的效率与效果。

由于不同企业的业务性质和规模不同，其业务循环的划分也会有所不同；即使是同一被审计单位，不同注册会计师也可能有不同的循环划分方法。一般而言，在财务报表审计中可将被审计单位的所有交易和账户余额划分为4个、5个、6个甚至更多个业务循环。对于一家中等规模以上的制造企业，通常将其交易和账户余额划分为销售与收款循环、采购与付款循环、生产与存货循环、人力资源与工薪循环、投资与筹资循环，本书项目5至项目8分别阐述上述各业务循环的审计。此外，由于货币资金与上述多个业务循环均密切相关，并且货币资金的相关业务和内部控制有着不同于其他业务循环和其他财务报表项目的鲜明特征，因此，本书的项目10专门介绍货币资金审计。

对控制测试通常应采用循环法实施。对交易和账户余额的实质性程序，既可采用账户法实施，也可采用循环法实施。但由于控制测试通常按循环法实施，为有利于实质性程序与控制测试的衔接，提倡采用循环法。

【任务检查】

1. 简述审计的定义、职能与作用。
2. 简述注册会计师审计过程各阶段的工作内容。
3. 简述三种审计模式的审计目标、审计技术和审计对象。
4. 简述账户法和循环法的异同。

能力训练 >>>

一、单项选择题

1. 下列各项中，超出国家审计机关职责范围的是（　　　）。

A. 对民营上市公司的财务收支进行审计

B. 对国有企业领导人员的经济责任进行审计

C. 对国有资本占主导地位的金融机构进行审计

D. 对其他单位受政府委托管理的社会捐赠资金的财务收支进行审计

2. 以下企业内部审计机构的设置模式中，独立性最弱的是（　　　）。

A. 董事会或董事会下设的审计委员会领导模式

B. 监事会领导模式

C. 总经理领导模式

D. 财务总监领导模式

3. 我国会计师事务所不允许采用的组织形式是（　　　）。

A. 普通合伙 　　　　　　　　B. 特殊普通合伙

C. 个人独资 　　　　　　　　D. 有限责任公司

4. 下列各项中，属于会计师事务所业务范围的是（　　　）。

A. 对未来事项可实现程度做出保证

B. 代行被审计单位的部分管理职能

C. 验证企业资本，出具验资报告

D. 对被审计单位违反会计准则的事项进行处罚

5. 审计的根本特征是（　　　）。

A. 客观性 　　　　　　　　　B. 独立性

C. 权威性 　　　　　　　　　D. 公正性

6. 相对于国家审计和注册会计师审计而言，内部审计具有（　　　）。

A. 较强的独立性 　　　　　　B. 较强的权威性

C. 显著的受托性 　　　　　　D. 较弱的独立性

7. 审计最基本的职能是（　　　）

A. 经济监督 　　　　　　　　B. 经济鉴证

C. 经济评价 　　　　　　　　D. 经济分析

8. 下列有关注册会计师审计、国家审计与内部审计的说法中，错误的是（　　　）。

A. 国家审计具有法定性、稳固性、强制性和权威性。

B. 注册会计师审计具有受托审计、有偿性、独立性较强的特点。

C. 内部审计具有内向性、灵活度高等特点

D. 注册会计师审计在执行业务时不能利用被审计单位的内部审计工作

二、多项选择题

1. 审计组织通常包括（　　　　　）。

A. 审计公司

B. 国家审计机关

C. 会计师事务所

D. 内部审计机构

2. 下列各项中，属于国家审计机关权限的有（　　　　　）。

A. 检查被审计单位财务收支电子数据系统

B. 参与研究制定被审计单位内部的规章制度

C. 建议有关部门纠正该部门制度中与法律、行政法规相抵触的规定

D. 向政府有关部门通报或者向社会公布审计结果

3. 我国会计师事务所可以从事的业务有（　　　　　）。

A. 审计业务

B. 审阅业务

C. 管理咨询服务

D. 税务服务

4. 申请注册并取得的注册会计师证书，应当具备的条件有（　　　　　）。

A. 参加注册会计师全国统一考试成绩合格

B. 在中国境内从事审计业务工作 2 年以上

C. 年龄不超过 70 周岁

D. 经依法认定或者考核具有注册会计师资格

5. 审计的独立性主要体现在（　　　　　）。

A. 组织上

B. 经费上

C. 人员上

D. 工作上

6. 按审计内容不同，可将审计分为（　　　　　）。

A. 外部审计

B. 绩效审计

C. 财政财务审计

D. 合法合规审计

7. 为适应审计环境的变化而经历的三种审计模式有（　　　　　）。

A. 账项基础审计模式

B. 制度基础审计模式

C. 风险导向审计模式

D. 供给导向审计模式

8. 注册会计师审计过程中，最能体现风险导向审计特征的阶段有（　　　　　）。

A. 计划审计工作

B. 识别和评估重大错报风险

C. 应对重大错报风险

D. 接受业务委托

9. 财务报表审计的组织方式有（　　　　　）。

A. 账户法

B. 项目法

C. 抽查法   D. 循环法

三、简答题

1. 讨论分析审计与会计的关系。

2. 泰信会计师事务所在 2024 年 2 月接受了以下不同委托，请指出它承办的以下三种审计业务的不同之处及相同之处（至少三处）。

（1）接受甲公司监事会委托，对甲公司提供内部审计服务；

（2）接受乙公司董事会委托，对乙公司 2023 年度财务报表进行审计；

（3）接受审计署委派，对某大型工程的资金运用情况进行审计。

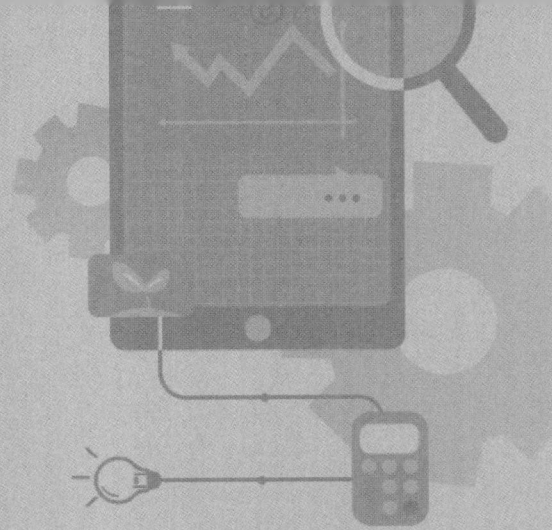

项目2
了解审计工作环境

2

学习目标 ▶▶▶

素养目标

◆ 树立遵纪守法和依法依规审计的意识；
◆ 培养遵循审计准则的毅力与坚持审计准则的魄力；
◆ 培养恪守基本审计职业道德的职业自律意识。

知识目标

◆ 掌握注册会计师职业道德的基本内容；
◆ 了解注册会计师执业准则的基本框架；
◆ 掌握注册会计师鉴证业务要素及其内容；
◆ 掌握注册会计师民事责任的内容；
◆ 熟悉审计法律诉讼防范的具体措施。

能力目标

◆ 能够判断注册会计师日常职业行为是否违背相关职业道德规范；
◆ 能够区分不同的鉴证业务类型，准确判断鉴证业务三方关系人，评价鉴证业务标准的适当性，出具鉴证报告；
◆ 能够准确界定注册会计师的不同法律责任，积极规避审计法律诉讼。

任务导航 ▶▶▶

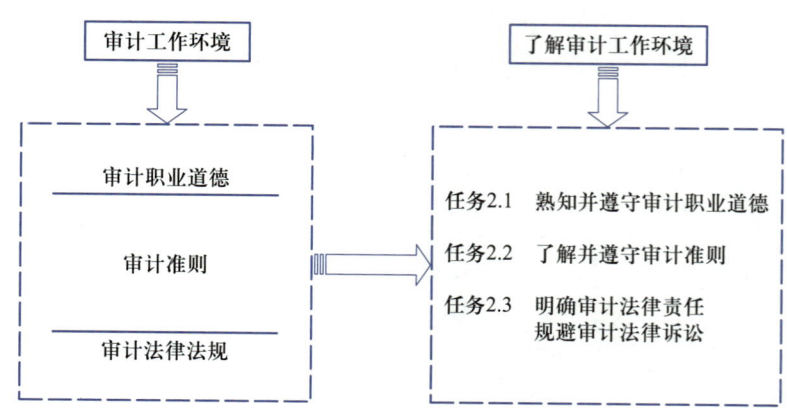

熟知并遵守审计职业道德

【任务分析】

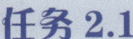

审计职业道德是审计从业人员（包括国家审计人员、内部审计人员和注册会计师）应当遵守的一种职业行为规范，是对审计从业人员的道德意识、道德修养等的基本要求。

为了能够熟知并遵守注册会计师审计职业道德，需要：① 熟悉注册会计师职业道德基本原则；② 理解注册会计师职业道德概念框架及其具体运用。

【知识准备】

一、注册会计师职业道德基本原则

中国注册会计师职业道德基本原则包括：诚信、独立、客观和公正、专业胜任能力和勤勉尽责、保密、良好职业行为。

（一）诚信

诚信原则要求注册会计师应当在所有职业关系和商业关系中，保持正直和诚实，秉公处事、实事求是。

（二）独立

注册会计师执行鉴证业务时，应当从实质上和形式上保持独立性，不得因任何利害关系影响其客观性。实质上的独立性是一种内心状态，要求注册会计师在提出结论时不受有损于职业判断的因素影响，能够诚实公正行事，并保持客观和职业怀疑态度；形式上的独立性，要求注册会计师避免出现重大的事实和情况，使得一个理性且掌握充分信息的第三方在权衡这些事实和情况后，很可能推定会计师事务所或项目组成员的诚信、客观或职业怀疑态度已经受到损害。

会计师事务所在承办鉴证业务时，应当从整体层面和具体业务层面采取措施，以保持会计师事务所和项目组的独立性。

（三）客观和公正

客观和公正原则要求注册会计师应当公正处事、实事求是，不得由于偏见、利益冲突或他人的不当影响而损害自己的职业判断。如果存在对职业判断产生过度不当影响的情形，注册会计师不得从事与之相关的职业活动。

视频：注册会计师职业道德基本原则

29

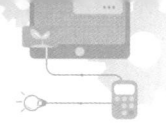

（四）专业胜任能力和勤勉尽责

专业胜任能力和勤勉尽责原则要求注册会计师通过教育、培训和执业实践获取和保持专业胜任能力。注册会计师应当持续了解并掌握当前法律、技术和实务的发展变化，将专业知识和技能始终保持在应有的水平，确保为客户提供具有专业水准的服务。在应用专业知识和技能时，注册会计师应当合理运用职业判断。

勤勉尽责要求注册会计师遵守法律法规、相关职业准则的要求并保持应有的职业怀疑，认真、全面、及时地完成工作任务。注册会计师应当采取适当措施，确保在其授权下从事专业服务的人员得到应有的培训和督导。在适当时，注册会计师应当使客户、工作单位和专业服务的其他使用者了解专业服务的固有局限。

（五）保密

注册会计师从事职业活动必须建立在为客户、为工作单位等利益相关方信息保密的基础上。保密原则要求注册会计师应当对职业活动中获知的涉密信息保密。根据该原则，注册会计师应当遵守下列要求：

（1）警觉无意中泄密的可能性，包括在社会交往中无意中泄密的可能性，特别要警觉无意中向关系密切的商业伙伴或近亲属泄密的可能性，近亲属是指配偶、父母、子女、兄弟姐妹、祖父母、外祖父母、孙子女、外孙子女。

（2）对所在会计师事务所、工作单位内部的涉密信息保密。

（3）对职业活动中获知的涉及国家安全的信息保密。

（4）对拟承接的客户、拟受雇的工作单位向其披露的涉密信息保密。

（5）在未经客户、工作单位授权的情况下，不得向会计师事务所、工作单位以外的第三方披露其所获知的涉密信息，除非法律法规或职业准则规定会员在这种情况下有权利或义务进行披露。

（6）不得利用因职业关系而获知的涉密信息为自己或第三方谋取利益。

（7）不得在职业关系结束后利用或披露因该职业关系获知的涉密信息。

（8）采取适当措施，确保下级员工以及为会员提供建议和帮助的人员履行保密义务。

注册会计师在下列情况下可以披露涉密信息：

（1）法律法规允许披露，并且取得客户或工作单位的授权。

（2）根据法律法规的要求，为法律诉讼、仲裁准备文件或提供证据，以及向有关监管机构报告发现的违法行为。

（3）法律法规允许的情况下，在法律诉讼、仲裁中维护自己的合法权益。

（4）接受注册会计师协会或监管机构的执业质量检查，答复其询问和调查。

（5）法律法规、执业准则和职业道德规范规定的其他情形。

（六）良好职业行为

注册会计师应当遵守相关法律法规，避免发生任何损害职业声誉的行为。在向公众传递信息以及推介自己和工作时，应当客观、真实、得体，不得损害职业形象。

注册会计师应当诚实、实事求是，不得有下列行为：

（1）夸大宣传提供的服务、拥有的资质或获得的经验。

（2）贬低或无根据地比较其他注册会计师的工作。

如果某些法律法规的规定与职业道德守则的相关条款不一致，注册会计师应当注意到这些差异。除非法律法规禁止，注册会计师应当按照较为严格的规定执行。

二、注册会计师职业道德概念框架及其具体运用

（一）职业道德概念框架的内涵

职业道德概念框架是指解决职业道德问题的思路和方法，用以指导注册会计师：① 识别对职业道德基本原则的不利影响；② 从性质和数量方面评价不利影响的严重程度；③ 必要时采取防范措施消除不利影响或将其降低至可接受的水平。职业道德概念框架适用于各种可能对职业道德基本原则产生不利影响的情形，其目的在于防止注册会计师认为"只要守则未明确禁止的情形就是允许"的情况出现。

（二）对遵循职业道德基本原则产生不利影响的因素及防范措施

1. 对遵循职业道德基本原则产生不利影响的因素

注册会计师对职业道德基本原则的遵循可能受到多种因素的不利影响。不利影响的性质和严重程度因注册会计师提供服务类型的不同而不同。可能对职业道德基本原则的遵循产生不利影响的因素包括自身利益、自我评价、过度推介、密切关系和外在压力。

（1）因自身利益导致不利影响的情形主要包括：

① 注册会计师在客户中拥有直接经济利益；

② 会计师事务所的收入过分依赖某一客户；

③ 会计师事务所以较低的报价获得新业务，而该报价过低，可能导致注册会计师难以按照适用的职业准则要求执行业务；

④ 注册会计师与客户之间存在密切的商业关系；

⑤ 注册会计师能够接触到涉密信息，而该涉密信息可能被用于谋取个人私利；

⑥ 注册会计师在评价所在会计师事务所以往提供的专业服务时，发现了重大错误。

（2）因自我评价导致不利影响的情形主要包括：

① 注册会计师在对客户提供财务系统的设计或实施服务后，又对系统的运行有

视频：对职业道德基本原则产生不利影响的因素

效性出具鉴证报告；

②注册会计师为客户编制用于生成有关记录的原始数据，而这些记录是鉴证业务的对象；

（3）因过度推介导致不利影响的情形主要包括：

①注册会计师推介鉴证客户的产品、股份或其他利益；

②当客户与第三方发生诉讼或纠纷时，注册会计师为该客户辩护。

③注册会计师站在客户的立场上影响某项法律法规的制定。

（4）因密切关系导致不利影响的情形主要包括：

①审计项目团队成员的近亲属担任审计客户的董事或高级管理人员；

②鉴证客户的董事、高级管理人员，或所处职位能够对鉴证对象施加重大影响的员工，最近曾担任注册会计师所在会计师事务所的项目合伙人；

③审计项目团队成员与审计客户之间存在长期业务关系。

近亲属包括主要近亲属和其他近亲属。主要近亲属是指配偶、父母或子女；其他近亲属是指兄弟姐妹、祖父母、外祖父母、孙子女、外孙子女。

审计项目团队成员是指所有审计项目组成员和会计师事务所中能够直接影响审计业务结果的其他人员，以及网络事务所中能够直接影响审计业务结果的所有人员。

（5）因外在压力导致不利影响的情形主要包括：

①注册会计师因对专业事项持有不同意见而受到客户解除业务关系或被会计师事务所解雇的威胁；

②由于客户对所沟通的事项更具有专长，注册会计师面临服从该客户判断的压力；

③注册会计师被告知，除非其同意审计客户某项不恰当的会计处理，否则计划中的晋升将受到影响；

④注册会计师接受了客户赠予的重要礼品，并被威胁将公开其收受礼品的事情。

2. 评价不利影响的严重程度

如果识别出对职业道德基本原则的不利影响，注册会计师应当在考虑专业服务性质和范围的基础上，从性质和数量两个方面综合评价该不利影响的严重程度是否处于可接受的水平。可接受的水平，是指会员针对识别出的不利影响实施理性且掌握充分信息的第三方测试之后，很可能得出其行为并未违反职业道德基本原则的结论时，该不利影响的严重程度所处的水平。如果存在多项不利影响，应当将多项不利影响组合起来一并考虑。

3. 应对不利影响

如果注册会计师确定识别出的不利影响超出可接受的水平，应当通过消除该不利影响或将其降低至可接受的水平来予以应对。

注册会计师应当通过采取下列措施应对不利影响：

（1）消除产生不利影响的情形，包括利益或关系；

（2）采取可行并有能力采取的防范措施将不利影响降低至可接受的水平；

（3）拒绝或终止特定的职业活动。

防范措施是指注册会计师为了将对职业道德基本原则的不利影响有效降低至可接受的水平而采取的行动，该行动可能是单项行动，也可能是一系列行动。防范措施随事实和情况的不同而有所不同。根据具体事实和情况，某些不利影响可能能够通过消除产生该不利影响的情形予以应对。然而，在某些情况下，产生不利影响的情形无法被消除，并且会员也无法通过采取防范措施将不利影响降低至可接受的水平，此时，不利影响仅能够通过拒绝、终止特定的职业活动或向工作单位提出辞职予以应对。

举例来说，在特定情况下可能能够应对不利影响的防范措施包括：

（1）向已承接的项目分配更多时间和有胜任能力的人员，可能能够应对因自身利益产生的不利影响；

（2）由项目组以外的适当复核人员复核已执行的工作或在必要时提供建议，可能能够应对因自我评价产生的不利影响；

（3）向鉴证客户提供非鉴证服务时，指派鉴证业务项目团队以外的其他合伙人和项目组，并确保鉴证业务项目组和非鉴证服务项目组分别向各自的业务主管报告工作，可能能够应对因自我评价、过度推介或密切关系产生的不利影响；

（4）由其他会计师事务所执行或重新执行业务的某些部分，可能能够应对因自身利益、自我评价、过度推介、密切关系或外在压力产生的不利影响；

（5）由不同项目组分别应对具有保密性质的事项，可能能够应对因自身利益产生的不利影响。

注册会计师应当就其已采取或拟采取的行动是否能够消除不利影响或将其降低至可接受的水平形成总体结论。在形成总体结论时，注册会计师应当复核所作出的重大判断或得出的结论，同时实施理性且掌握充分信息的第三方测试。

【任务检查】

1. 注册会计师职业道德基本原则包括哪些？

2. 可能对职业道德基本原则产生不利影响的因素有哪些？

任务 2.2　了解并遵守审计准则

【任务分析】

审计准则是指由国家有关部门或审计职业团体制定颁布的，用以规范审计组织和审计人员资格条件和执业行为、衡量和评价审计工作的尺度或标准。按审计主体和准则作用范围的不同，审计准则可分为国家审计准则、内部审计准则和注册会计师审计准则。注册会计师审计准则是注册会计师执业准则的重要组成部分。

为了能够了解并遵守审计准则，需要：① 了解注册会计师执业准则体系的构成；② 熟知注册会计师鉴证业务基本准则的内容。

【知识准备】

一、注册会计师执业准则

注册会计师执业准则是用来规范注册会计师执行业务的权威性标准。我国注册会计师执业准则体系受注册会计师职业道德守则统驭，包括注册会计师业务准则和会计师事务所质量管理准则。同时，每项执业准则都有配套的应用指南，以便为执业准则的实施提供更具操作性的指导意见。注册会计师执业准则体系如图 2-1 所示。

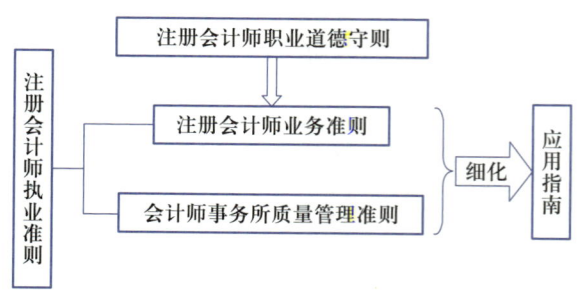

图 2-1　注册会计师执业准则体系

（一）注册会计师业务准则

注册会计师业务准则包括鉴证业务准则和相关服务准则，如图 2-2 所示。

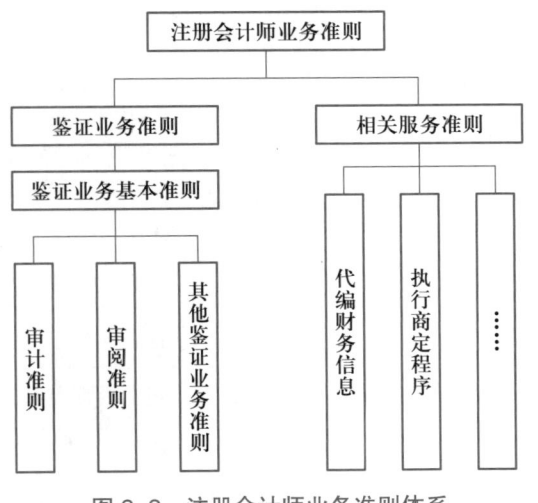

图 2-2　注册会计师业务准则体系

鉴证业务准则由鉴证业务基本准则统领，按照鉴证业务提供的保证程度和鉴证对象的不同，分为中国注册会计师审计准则、中国注册会计师审阅准则和中国注册会计师其他鉴证业务准则（分别简称为审计准则、审阅准则和其他鉴证业务准则）。

审计准则是整个执业准则体系的核心，用以规范注册会计师执行历史财务信息的审计业务。在提供审计服务时，注册会计师对所审计信息是否不存在重大错报提供合理保证，并以积极方式提出结论。

审阅准则用以规范注册会计师执行历史财务信息的审阅业务。在提供审阅服务时，注册会计师对所审阅信息是否不存在重大错报提供有限保证，并以消极方式提出结论。

其他鉴证业务准则用以规范注册会计师执行历史财务信息审计或审阅以外的其他鉴证业务，根据鉴证业务的性质和业务约定的要求提供有限保证或合理保证。

相关服务准则用以规范注册会计师代编财务信息、执行商定程序、提供管理咨询等其他服务。在提供相关服务时，注册会计师不提供任何程度的保证。

（二）会计师事务所质量管理准则

会计师事务所质量管理准则用以规范会计师事务所在执行各类业务时应当遵守的质量管理政策和程序，是对会计师事务所质量管理提出的制度要求。截至 2024年 8 月，会计师事务所质量管理准则有两个：《会计师事务所质量管理准则第 5101号——业务质量管理》《会计师事务所质量管理准则第 5102 号——项目质量复核》。

（三）注册会计师业务准则与会计师事务所质量管理准则的关系

1. 联系

（1）两者都是注册会计师执业规范体系的组成部分。

（2）两者都是为了保证执业质量。

（3）会计师事务所的质量管理准则是为了合理保证执业人员在执业过程中遵守业务准则。

2. 区别

注册会计师业务准则与会计师事务所质量管理准则的区别如表 2-1 所示。

表 2-1　注册会计师业务准则与会计师事务所质量管理准则的区别

主要区别	注册会计师业务准则	会计师事务所质量管理准则
性质	技术标准	管理标准
作用	按照标准指导具体业务工作，衡量工作质量的高低	建立内部控制制度，指导质量控制工作，衡量质量控制的有效性
内容	专业胜任能力和业务过程及报告质量的要求	各项质量控制应达到的要求
对象	执业人员的执业行为	会计师事务所的管理

二、注册会计师鉴证业务基本准则

注册会计师鉴证业务基本准则是鉴证业务准则的概念框架，旨在规范注册会计师执行鉴证业务，明确鉴证业务的目标和要素，确定审计准则、审阅准则、其他鉴证业务准则适用的鉴证业务类型。

（一）鉴证业务的定义

鉴证业务是指注册会计师对由责任方负责的鉴证对象或鉴证对象信息提出结论，以增强除责任方之外的预期使用者对鉴证对象信息信任程度的业务。

鉴证业务包括历史财务信息审计业务、历史财务信息审阅业务和其他鉴证业务。注册会计师执行历史财务信息审计业务、历史财务信息审阅业务和其他鉴证业务时，应当遵守该准则以及依据该准则制定的审计准则、审阅准则和其他鉴证业务准则。

（二）鉴证业务的分类

1. 按保证程度不同划分

鉴证业务按照保证程度不同，分为合理保证的鉴证业务和有限保证的鉴证业务。

合理保证的鉴证业务，是指注册会计师将鉴证业务风险降至该业务环境下可接受的低水平，以此作为以积极方式提出结论的基础。如在历史财务信息审计中，要求注册会计师将审计风险降至该业务环境下可接受的低水平，对审计后的历史财务信息提供高水平保证（合理保证），在审计报告中对历史财务信息采用积极方式提出结论。这种业务属于合理保证的鉴证业务。

有限保证的鉴证业务，是指注册会计师将鉴证业务风险降至该业务环境下可接受的水平，以此作为以消极方式提出结论的基础。如在历史财务信息审阅中，要求注册会计师将审阅风险降至该业务环境下可接受的水平（高于历史财务信息审计中可接受的低水平），对审阅后的历史财务信息提供低于高水平的保证（有限保证），在审阅报告中对历史财务信息采用消极方式提出结论。这种业务属于有限保证的鉴证业务。

2. 按预期使用者获取鉴证对象信息的方式不同划分

鉴证业务按照预期使用者获取鉴证对象信息的方式不同，分为基于责任方认定的业务和直接报告业务。

在基于责任方认定的业务中，责任方对鉴证对象进行评价或计量，鉴证对象信息以责任方认定的形式为预期使用者获取。如在财务报表审计中，被审计单位管理层（责任方）对财务状况、经营成果和现金流量（鉴证对象）进行确认、计量和列报（评价或计量）而形成的财务报表（鉴证对象信息）即为责任方的认定，该财务报表可为预期使用者获取，注册会计师针对财务报表出具审计报告。这种业务属于基于责任方认定的业务。

在直接报告业务中，注册会计师直接对鉴证对象进行评价或计量，或者从责任方获取对鉴证对象评价或计量的认定，而该认定无法为预期使用者获取，预期使用者只能通过阅读鉴证报告获取鉴证对象信息。如在内部控制鉴证业务中，注册会计师可能无法从管理层（责任方）获取其对内部控制有效性的评价报告（责任方认定），或虽然注册会计师能够获取该报告，但预期使用者无法获取该报告，注册会计师直接对内部控制的有效性（鉴证对象）进行评价并出具鉴证报告，预期使用者只能通过阅读该鉴证报告获得内部控制有效性的信息（鉴证对象信息）。这种业务属于直接报告业务。

（三）鉴证业务的承接与变更

1. 承接鉴证业务的条件

在接受业务委托前，注册会计师在初步了解业务环境后，认为拟承接的业务符合相关职业道德规范的要求，并且具备下列所有特征，才能将其作为鉴证业务并予以承接：① 鉴证对象适当；② 使用的标准适当且预期使用者能够获取该标准；③ 注册会计师能够获取充分、适当的证据以支持其结论；④ 注册会计师的结论以书面报告形式表述，且表述形式与提供的保证程度相适应；⑤ 该业务具有合理的目的。

当拟承接的业务不具备上述鉴证业务的所有特征，不能将其作为鉴证业务予以承接时，注册会计师可以提请委托人将其作为非鉴证业务（如商定程序、代编财务信息、管理咨询、税务咨询等相关服务业务），以满足预期使用者的需要。

2. 已承接鉴证业务的变更

对已承接的鉴证业务，当业务环境变化影响预期使用者的需求或导致预期使用者对该项业务的性质存在误解时，注册会计师可以应委托人的要求，考虑同意变更该项业务。但如果有迹象表明该变更要求与错误的、不完整的或者不能令人满意的信息有关，注册会计师不应当认为该变更是合理的。

如果没有合理理由，注册会计师不应将该项业务变更为非鉴证业务，或将合理保证的鉴证业务变更为有限保证的鉴证业务。

如果注册会计师不同意变更业务，委托人又不同意继续执行原鉴证业务，那么注册会计师应当考虑解除业务约定，并考虑有无义务向有关方（如委托单位董事会或股东会）说明解除业务约定的理由。

（四）鉴证业务要素

鉴证业务要素包括鉴证业务的三方关系、鉴证对象、标准、证据和鉴证报告。

1. 鉴证业务的三方关系

鉴证业务涉及的三方关系人包括注册会计师、责任方和预期使用者。三方之间的关系是，注册会计师对由责任方负责的鉴证对象或鉴证对象信息作出结论，以增强除责任方之外的预期使用者对鉴证对象信息的信任程度。

（1）注册会计师。注册会计师是执行鉴证业务的主体，如果鉴证业务涉及的特殊知识和技能超出了注册会计师的能力，注册会计师可以利用专家协助执行鉴证业务。在这种情况下，注册会计师应当确信包括专家在内的项目组整体已具备执行该项鉴证业务所需知识和技能，并充分参与该项鉴证业务和了解专家承担的工作。

（2）责任方。责任方的界定与所执行鉴证业务的类型有关。① 在直接报告业务中，责任方就是对鉴证对象负责的组织或人员。② 在基于责任方认定的业务中，责任方就是对鉴证对象信息负责并可能同时对鉴证对象负责的组织或人员。责任方可能是鉴证业务的委托人，也可能不是鉴证业务的委托人。

（3）预期使用者。预期使用者是指预期使用鉴证报告的组织或人员。责任方可能是预期使用者，但不是唯一的预期使用者。

如果鉴证业务服务于特定的使用者或具有特殊目的，注册会计师可以很容易地识别预期使用者。例如，企业向银行贷款，银行要求企业提供一份与贷款项目相关的预测性财务信息审核报告，那么，银行就是该鉴证报告的预期使用者。

注册会计师可能无法识别使用鉴证报告的所有组织和人员，尤其在各种可能的预期使用者对鉴证对象存在不同的利益需求时。此时，预期使用者主要是指那些与鉴证对象有重要和共同利益的主要利益相关者。例如，在上市公司财务报表审计中，预期使用者主要是指上市公司的股东。注册会计师应当根据法律法规的规定或与委托人签订的协议识别预期使用者。

2. 鉴证对象

在注册会计师提供的鉴证业务中，存在多种不同类型的鉴证对象。与之相对应，鉴证对象信息也具有多种不同的形式。

鉴证对象信息是按照标准对鉴证对象进行评价和计量的结果。如责任方按照会计准则和相关会计制度（标准）对其财务状况、经营成果和现金流量（鉴证对象）进行确认、计量、记录和报告（包括披露，下同）而形成的财务报表（鉴证对象信息）。

（1）鉴证对象与鉴证对象信息的形式主要包括：

① 当鉴证对象为财务业绩或状况时（如历史或预测的财务状况、经营成果和现金流量），鉴证对象信息是财务报表。② 当鉴证对象为非财务业绩或状况时（如企业的运营情况），鉴证对象信息可能是反映效率或效果的关键指标。③ 当鉴证对象为一种行为时（如遵守法律法规的情况），鉴证对象信息可能是对法律法规遵守情况或执行效果的声明。

（2）鉴证对象特征。鉴证对象具有不同的特征，可能表现为定性或定量、客观或主观、历史或预测、时点或期间。这些特征将对下列方面产生影响：① 按照标准对鉴证对象进行评价或计量的准确性。② 证据的说服力。

例如，当鉴证对象为遵守法规的情况时，它的特征是定性的；当鉴证对象为企业的财务业绩或状况时，它的特征就是定量的。当鉴证对象为企业未来的盈利能力时，它的特征是主观的、预测的；当鉴证对象为企业的历史财务状况时，它的特征就是客观的、历史的。当鉴证对象为企业注册资本的实收情况时，它的特征是时点的；当鉴证对象为企业内部控制过程时，它的特征就是期间的。

（3）适当的鉴证对象应当具备的条件。① 鉴证对象可以识别。② 不同的组织或人员对鉴证对象按照既定标准进行评价或计量的结果合理一致。③ 注册会计师能够收集与鉴证对象有关的信息，获取充分、适当的证据，以支持其提出适当的鉴证结论。

3. 标准

标准是指用于评价或计量鉴证对象的基准，当涉及列报时，还包括列报的基准（列报包括披露）。

标准是对所要发表意见的鉴证对象进行"度量"的一把"尺子"，责任方和注册会计师可以根据这把"尺子"对鉴证对象进行"度量"。

标准可以是正式的规定，如编制财务报表使用的会计准则和相关会计制度；可以是某些非正式的规定，如单位内部制定的行为准则或确定的绩效水平。

注册会计师在运用职业判断对鉴证对象作出合理一致的评价或计量时，需要有适当的标准。适当的标准应当具备相关性、完整性、可靠性、中立性和可理解性五个特征。

标准应当通过以下四种方式供预期使用者获取，以使预期使用者了解鉴证对象的评价或计量过程：① 公开发布；② 在陈述鉴证对象信息时以明确的方式表述；③ 在鉴证报告中以明确的方式表述；④ 常识理解，如计量时间的标准是小时或分钟。

4. 证据

注册会计师应当以职业怀疑态度计划和执行鉴证业务，获取有关鉴证对象信息是否不存在重大错报的充分、适当的证据。

注册会计师应当及时对制订的计划、实施的程序、获取的相关证据以及得出的结论做出记录。注册会计师在计划和执行鉴证业务，尤其在确定证据收集程序的性质、时间和范围时，应当考虑重要性、鉴证业务风险以及可获取证据的数量和质量。

5. 鉴证报告

注册会计师应当出具含有鉴证结论的书面报告，该鉴证结论应当说明注册会计师就鉴证对象信息获取的保证。

视频：内部审计规范

（1）鉴证结论的两种表述形式。在基于责任方认定的业务中，注册会计师的鉴证结论可以采用下列两种表述形式：① 明确提及责任方认定，如"我们认为，责任方作出的'根据 ×× 标准，内部控制在所有重大方面是有效的'这一认定是公允的"。② 直接提及鉴证对象和标准，如"我们认为，根据 ×× 标准，内部控制在所有重大方面是有效的"。

在直接报告业务中，注册会计师应当直接对鉴证对象进行评价并出具鉴证报告，明确提及鉴证对象和标准。

（2）作出鉴证结论的两种表达方式。作出鉴证结论的方式有两种——积极方式和消极方式，它们分别适用于合理保证的鉴证业务和有限保证的鉴证业务。

（3）注册会计师不能出具无保留结论报告的情况。在鉴证过程中如果出现下述情况，注册会计师应当根据其影响的重大与广泛程度出具保留结论、否定结论或无法提出结论的报告：① 工作范围受到限制；② 责任方认定未在所有重大方面作出公允表达；③ 鉴证对象信息存在重大错报；④ 标准或鉴证对象不适当。

在某些情况下，注册会计师应当考虑解除业务约定。

【任务检查】

1. 简述我国注册会计师执业准则体系。

2. 简述注册会计师鉴证业务要素。

任务 2.3 明确审计法律责任 规避审计法律诉讼

【任务分析】

审计法律责任，是指审计主体在履行审计职责的过程中因损害法律上的义务关系应承担的法律后果。

为了能够明确注册会计师的法律责任、规避审计法律诉讼，需要：① 理解注册会计师法律责任的成因；② 理解注册会计师承担法律责任的种类；③ 熟知我国注册会计师的法律责任的内容；④ 明确注册会计师规避法律诉讼的具体措施。

【知识准备】

一、注册会计师的法律责任

注册会计师在执行审计业务时，应当按照审计准则的要求审慎执业，保证执业质量，控制审计风险；否则，一旦出现审计失败，就有可能承担相应的法律责任。

（一）注册会计师法律责任的成因

1. 违约

所谓违约，是指合同的一方或几方未能达到合同条款的要求。当违约给他人造成损失时，注册会计师应承担违约责任。比如，会计师事务所在商定的时期内未能提交纳税申报表，或违反了与被审计单位订立的保密协议等。

2. 过失

所谓过失，是指在一定条件下缺少应具有的合理的谨慎。评价注册会计师的过失，是以其他合格注册会计师在相同条件下可做到的谨慎为标准的。当过失给他人造成损害时，注册会计师应负过失责任。通常将过失按程度不同分为普通过失和重大过失。

（1）普通过失。普通过失也称一般过失，通常是指没有保持职业上应有的合理的谨慎，对注册会计师而言则是指没有完全遵循专业准则的要求。比如，未按特定审计程序取得必要和充分的审计证据就出具审计报告的情况，可视为一般过失。

（2）重大过失。重大过失是指连起码的职业谨慎都不保持，对重要的业务或事务不加考虑；对注册会计师而言，则是指完全没有遵循专业准则或完全没有按专业准则的基本要求执行审计。

3. 欺诈

欺诈又称舞弊，是以欺骗或坑害他人为目的的一种故意的错误行为。作案具有不良动机是欺诈的重要特征，也是欺诈与普通过失和重大过失的主要区别之一。对于注册会计师而言，欺诈就是为了达到欺骗他人的目的，明知委托单位的财务报表有重大错报，却加以虚假陈述，出具无保留意见的审计报告。

（二）注册会计师承担法律责任的种类

注册会计师因违约、过失或欺诈给被审计单位或其他利害关系人造成损失的，按照有关法律和规定，可能被判负行政责任、民事责任或刑事责任。这三种责任可单处，也可并处。行政处罚对注册会计师个人来说，包括警告、暂停执业、吊销注册会计师证书；对会计师事务所而言，包括警告、没收违法所得、罚款、暂停执业、撤销等。民事责任主要是指赔偿受害人损失。刑事责任主要是指按有关法律程序判处一定时间的徒刑。一般来说，因违约和过失可能使注册会计师负行政责任和民事责任，因欺诈可能使注册会计师负民事责任和刑事责任。

（三）我国注册会计师的法律责任

近二十年来我国颁布的很多法律法规中，都有专门规定会计师事务所、注册会计师法律责任的条款，其中比较重要的有：《中华人民共和国注册会计师法》（简称《注册会计师法》）、《中华人民共和国公司法》（简称《公司法》）、《中华人民共和国证券法》（简称《证券法》）及《中华人民共和国刑法》（简称《刑法》）等。此外，为了正确审理涉及会计师事务所在审计业务活动中的民事侵权赔偿责任，维护社会公共利益和相关当事人的合法权益，根据《中华人民共和国民法典》（简称《民法典》）、《注册会计师法》《公司法》《证券法》《刑法》等法律，结合审判实践，最高人民法院相继出台了一系列相关司法解释。

1. 民事责任

（1）《民法典》的规定。《民法典》第 1165 条规定："行为人因过错侵害他人民事权益造成损害的，应当承担侵权责任。依照法律规定推定行为人有过错，其不能证明自己没有过错的，应当承担侵权责任。"

（2）《注册会计师法》的规定。《注册会计师法》在第 6 章"法律责任"中规定了注册会计师行政、刑事和民事责任。其中，关于民事责任的条款是第 42 条："会计师事务所违反本法规定，给委托人、其他利害关系人造成损失的，应当依法承担赔偿责任。"

（3）《证券法》的规定。《证券法》第 163 条规定："证券服务机构为证券的发行、上市、交易等证券业务活动制作、出具审计报告及其他鉴证报告、资产评估报告、财务顾问报告、资信评级报告或者法律意见书等文件，应当勤勉尽责，对所依据的文件资料内容的真实性、准确性、完整性进行核查和验证。其制作、出具的文

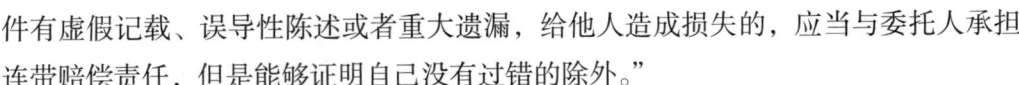

件有虚假记载、误导性陈述或者重大遗漏，给他人造成损失的，应当与委托人承担连带赔偿责任，但是能够证明自己没有过错的除外。"

（4）《公司法》的规定。2023 年 12 月 29 日新修订的《公司法》第 257 条第 2 款规定："承担资产评估、验资或者验证的机构因其出具的评估结果、验资或者验证证明不实，给公司债权人造成损失的，除能够证明自己没有过错的外，在其评估或者证明不实的金额范围内承担赔偿责任。"

（5）《最高人民法院关于审理涉及会计师事务所在审计业务活动中民事侵权赔偿案件的若干规定》的规定。它主要规定了会计师事务所侵权责任产生的事由、利害关系人的范围、诉讼当事人的列置、执业准则的法律地位、归责原则及举证分配、会计师事务所的连带责任和补充责任、认定会计师事务所过失责任的情形和过失认定的标准、会计师事务所免除和减轻赔偿责任的事由以及会计师事务所侵权赔偿顺位和赔偿责任范围等内容。

2. 行政责任

（1）《注册会计师法》的规定。《注册会计师法》第 39 条第 1 款规定："会计师事务所违反本法第二十条、第二十一条规定的，由省级以上人民政府财政部门给予警告，没收违法所得，可以并处违法所得一倍以上五倍以下的罚款；情节严重的，并可以由省级以上人民政府财政部门暂停其经营业务或者予以撤销。"

《注册会计师法》第 39 条第 2 款规定："注册会计师违反本法第二十条、第二十一条规定的，由省级以上人民政府财政部门给予警告；情节严重的，可以由省级以上人民政府财政部门暂停其执行业务或者吊销注册会计师证书。"

（2）《证券法》的规定。《证券法》第 213 条第 2 款、第 3 款规定："会计师事务所、律师事务所以及从事资产评估、资信评级、财务顾问、信息技术系统服务的机构违反本法第一百六十条第二款的规定，从事证券服务业务未报备案的，责令改正，可以处二十万元以下的罚款。证券服务机构违反本法第一百六十三条的规定，未勤勉尽责，所制作、出具的文件有虚假记载、误导性陈述或者重大遗漏的，责令改正，没收业务收入，并处以业务收入一倍以上十倍以下的罚款，没有业务收入或者业务收入不足五十万元的，处五十万元以上五百万元以下的罚款；情节严重的，并处暂停或者禁止从事证券服务业务。对直接负责的主管人员和其他直接责任人员给予警告，并处以二十万元以上二百万元以下的罚款。"

第 214 条规定："发行人、证券登记结算机构、证券公司、证券服务机构未按照规定保存有关文件和资料的，责令改正，给予警告，并处以十万元以上一百万元以下的罚款；泄露、隐匿、伪造、篡改或者毁损有关文件和资料的，给予警告，并处以二十万元以上二百万元以下的罚款；情节严重的，处五十万元以上五百万元以下的罚款，并处暂停、撤销相关业务许可或者禁止从事相关业务。对直接负责的

主管人员和其他直接责任人员给予警告，并处以十万元以上一百万元以下的罚款。"

（3）《公司法》的规定。《公司法》第 257 条第 1 款规定："承担资产评估、验资或者验证的机构提供虚假材料或者提供有重大遗漏的报告，由有关部门依照《中华人民共和国资产评估法》《中华人民共和国注册会计师法》等法律、行政法规的规定处罚。"

（4）《违反注册会计师法处罚暂行办法》的规定。该暂行办法第 4 条和第 5 条分别规定了对注册会计师的处罚种类和对会计师事务所的处罚种类。

3. 刑事责任

（1）《注册会计师法》的规定。《注册会计师法》第 39 条第 3 款规定："会计师事务所、注册会计师违反本法第二十条、第二十一条的规定，故意出具虚假的审计报告、验资报告，构成犯罪的，依法追究刑事责任。"

（2）《证券法》的规定。《证券法》第 219 条规定："违反本法规定，构成犯罪的，依法追究刑事责任。"

（3）《公司法》的规定。《公司法》第 264 条规定："违反本法规定，构成犯罪的，依法追究刑事责任。"

（4）《刑法》的规定。《刑法》第 229 条规定：承担资产评估、验资、验证、会计、审计、法律服务、保荐、安全评价、环境影响评价、环境监测等职责的中介组织的人员故意提供虚假证明文件，情节严重的，处五年以下有期徒刑或者拘役，并处罚金；有下列情形之一的，处五年以上十年以下有期徒刑，并处罚金：① 提供与证券发行相关的虚假的资产评估、会计、审计、法律服务、保荐等证明文件，情节特别严重的；② 提供与重大资产交易相关的虚假的资产评估、会计、审计等证明文件，情节特别严重的；③ 在涉及公共安全的重大工程、项目中提供虚假的安全评价、环境影响评价等证明文件，致使公共财产、国家和人民利益遭受特别重大损失的。

有前款行为，同时索取他人财物或者非法收受他人财物构成犯罪的，依照处罚较重的规定定罪处罚。

第 1 款规定的人员，严重不负责任，出具的证明文件有重大失实，造成严重后果的，处 3 年以下有期徒刑或者拘役，并处或者单处罚金。

（5）《违反注册会计师法处罚暂行办法》的规定。该暂行办法第 31 条规定："注册会计师和事务所的违法行为构成犯罪的，应当移交司法机关，依法追究刑事责任。"

二、规避审计法律诉讼

审计业界面对日益变化的经济、法律环境和日益高涨的法律责任风险，不仅不能退缩或消极对待，反而应该采取积极的态度，勇于承担责任并积极寻求科学和有

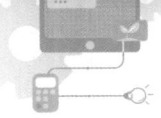

效的措施，减轻自己面临的法律责任风险，尽量规避审计法律诉讼的发生。

（一）审计人员减少过失和防止欺诈的措施

（1）增强执业独立性。

（2）保持执业谨慎。

（3）强化执业监督。

（二）注册会计师规避审计法律诉讼的具体措施

1. 严格遵循职业道德和专业标准的要求

注册会计师是否承担法律责任，关键在于注册会计师有无过失或欺诈行为。而判别注册会计师是否具有过失的关键在于注册会计师是否遵照专业标准的要求执业。因此，保持良好的职业道德，严格遵循专业标准的要求执业、出具报告，对于避免法律诉讼或在提起的诉讼中保护注册会计师具有无与伦比的重要性。

2. 建立、健全质量管理制度

会计师事务所不同于一般企业，质量管理是审计组织各项管理工作的核心。如果一个会计师事务所质量管理不严，则很有可能因为一个人或一个部门的过失导致整个会计师事务所遭受灭顶之灾。因此，会计师事务所必须建立、健全一套严密、科学的内部质量控制制度，并把这套制度推行到每一个人、每一个部门和每一项业务，使注册会计师按照专业标准的要求执业，保证整个会计师事务所的质量。

3. 与委托人签订业务约定书

法律规定注册会计师承办业务，会计师事务所应与委托人签订委托合同，即业务约定书。业务约定书有法律效力，它是确定注册会计师和委托人的责任的一份重要文件。会计师事务所无论承办何种业务，都要按照业务约定书准则的要求与委托人签订业务约定书，这样才能在发生审计法律诉讼时将一切纠纷减少到最低限度。

4. 审慎选择被审计单位

一是要选择正直的被审计单位。会计师事务所接受委托之前，一定要采取必要的措施对被审计单位的历史情况有所了解，评价被审计单位的品格，分辨清楚委托的真正目的，尤其是在执行特殊目的审计业务时更应如此。二是对陷入财务和法律困境的被审计单位，会计师事务所要予以特别关注。

5. 深入了解被审计单位的业务

在很多案件中，注册会计师之所以未能发现错误，一个重要的原因就是他们不了解被审计单位所在行业的情况即被审计单位的业务。会计是经济活动的综合反映，不熟悉被审计单位的经济业务和生产经营实务，仅局限于有关的会计资料，就可能发现不了其存在或潜藏的某些错误。

6. 提取风险基金或购买责任保险

我国《注册会计师法》规定了会计师事务所应当建立职业风险基金，办理职业保险。投保充分的责任保险是会计师事务所一项极重要的保护措施，尽管保险不能避免可能受到的审计法律诉讼，但能防止或减少诉讼失败使会计师事务所发生的财务损失。

7. 聘请熟悉注册会计师法律责任的律师

会计师事务所应尽可能聘请熟悉相关法规及注册会计师法律责任的律师。在执业过程中，如遇到重大法律问题，注册会计师应与本所的律师或外聘律师详细讨论所有潜在危险情况并仔细咨询律师的建议。一旦发生法律诉讼，也应请有经验的律师参加诉讼。

8. 按规定妥善保管审计工作底稿

按规定妥善保管好审计工作底稿，在案件审理中能够及时将审计工作底稿提交法院。这对于会计师事务所有效应对法律诉讼、规避法律责任风险具有重要意义。

【任务检查】

1. 简述我国注册会计师法律责任的主要内容。
2. 简述注册会计师避免法律诉讼的具体措施。

能力训练 ▶▶▶

一、单项选择题

1. 我国注册会计师执业准则体系不包括（　　）。

A. 相关服务准则　　　　　　　　　　B. 鉴证业务准则

C. 注册会计师职业道德守则　　　　　D. 会计师事务所质量管理准则

2. 在确定鉴证业务是基于责任方认定的业务还是直接报告业务时，下列说法中正确的是（　　）。

A. 在基于责任方认定的业务中，预期使用者只能通过阅读鉴证报告获取鉴证对象信息

B. 在直接报告业务中，注册会计师直接对责任方的认定作出结论

C. 在基于责任方认定的业务中，责任方只需对鉴证对象信息负责

D. 在直接报告业务中，鉴证报告中不体现责任方的认定

3. 在区别鉴证对象和鉴证对象信息时，下列说法中错误的是（　　）。

A. 在对遵守法律法规的情况提供鉴证服务时，鉴证对象可能是法律法规

B. 在对财务报表提供审计服务时，鉴证对象可能是财务状况、经营成果和现金流量

C. 在对运营情况提供鉴证服务时，鉴证对象信息可能是反映效率或效果的关键指标

D. 在对内部控制提供鉴证服务时，鉴证对象信息可能是关于内部控制有效性的认定

4. 在合理保证的直接报告业务中，注册会计师认为作出鉴证结论的方式正确的是（　　）。

A. 明确提及责任方和标准，如"我们认为，责任方作出的'根据 × 标准，内部控制在所有重大方面是有效的'这一认定是公允的"

B. 明确提及责任方，如"我们认为，责任方作出的'内部控制在所有重大方面是有效的'这一认定是公允的"

C. 明确提及鉴证对象，如"我们认为，内部控制在所有重大方面是有效的"

D. 明确提及鉴证对象和标准，如"我们认为，根据 × 标准，内部控制在所有重大方面是有效的"

5. 注册会计师的下列行为中，违反职业道德守则的是（　　）。

A. 注册会计师应按照业务约定和专业准则的要求完成委托业务

B. 注册会计师应当对执行业务过程中知悉的商业秘密保密，并不得利用其为自己或他人谋取利益

C. 除有关法规允许的情形外，会计师事务所不得以或有收费形式为客户提供各种鉴证服务

D. 注册会计师可以对其能够提供的服务、拥有的资质进行夸大宣传，但不得诋毁同行

6. 以下属于为将不利影响降低至可接受的水平而采取的防范措施的是（　　）。

A. 向已承接的项目分配更多时间和有胜任能力的人员

B. 建立惩戒机制，保障相关政策和程序得到遵守

C. 指派高级管理人员负责监督质量控制系统是否有效运行

D. 制订有关政策和程序，防止项目组以外的人员对业务结果施加不当影响

7. 注册会计师在执业过程中，出现（　　）的情形，可以作为减责事由。

A. 已经遵守执业准则、规则确定的工作程序并保持必要的职业谨慎，但仍未能发现被审计单位会计资料错误

B. 利害关系人明知会计师事务所出具的报告为不实报告而仍然使用的

C. 验资报告中注明"本报告仅供工商登记使用"

D. 为登记时未出资或者未足额出资的出资人出具不实报告，但出资人在登记后已补足出资

8. 对注册会计师而言，如果注册会计师根本没有遵循专业准则或没有按专业准

则的基本要求执行审计, 应当认定为 (   )。

    A. 普通过失
           B. 重大过失

    C. 欺诈
              D. 推定欺诈

9. 在审计中, 注册会计师严格按照审计准则执行了必要的程序, 并且保持了应有的职业谨慎, 仍未能发现库存现金等资产短缺, 此时应认定注册会计师 (   )。

    A. 负有违约责任
           B. 没有过失

    C. 负有重大过失
           D. 负有普通过失

二、多项选择题

1. 注册会计师鉴证业务准则包括 (   )。

    A. 相关服务准则
           B. 审计准则

    C. 审阅准则
             D. 其他鉴证业务准则

2. 鉴证业务要素包括 (   )。

    A. 鉴证业务的三方关系
         B. 鉴证对象

    C. 标准
              D. 证据

    E. 鉴证报告

3. 鉴证业务的三方关系人包括 (   )。

    A. 注册会计师
           B. 委托人

    C. 预期使用者
          D. 责任方

4. 注册会计师执行鉴证业务时, 应当从 (   ) 保持独立性。

    A. 实质上
           B. 心态上

    C. 形式上
            D. 语言上

5. 可能对职业道德基本原则产生不利影响的因素包括 (   )。

    A. 自身利益
           B. 自我评价

    C. 过度推介
           D. 密切关系

    E. 外在压力

6. 应对不利影响的措施包括 (   )。

    A. 消除不利影响的情形包括利益或关系

    B. 采取可行并有能力采取的防范措施将不利影响降至可接受的水平

    C. 拒绝或终止特定的职业活动

    D. 心理层面的防范措施

7. 可能导致注册会计师承担法律责任的事项有 (   )。

    A. 违约
           B. 过失

    C. 欺诈
           D. 行政责任

8. 注册会计师法律责任的类型有（　　　　　）。

A. 行政责任　　　　　　　　　　B. 批评

C. 刑事责任　　　　　　　　　　D. 民事责任

9. 下列关于会计师事务所和注册会计师法律责任的说法恰当的有（　　　　　）。

A. 违约、过失和欺诈是引起注册会计师法律责任的重要原因

B. 对会计师事务所来说，民事责任一般是指经济赔偿

C. 对注册会计师来说，行政责任包括警告、暂停执业、吊销注册会计师证书以及罚款

D. 一般来说，因违约和过失可能引起注册会计师的行政责任和民事责任，因欺诈可能引起注册会计师的民事责任和刑事责任

10. 属于注册会计师避免法律诉讼的对策有（　　　　　）。

A. 建立职业风险基金　　　　　　B. 出具管理建议书

C. 审慎选择被审计单位　　　　　D. 深入了解被审计单位业务

三、案例分析题

1. 信昶会计师事务所注册会计师 A 接受甲公司的委托，对甲公司管理层编制的下属子公司乙公司 IT 系统运行有效性的评价报告进行鉴证。甲公司拟将评价报告提交给其他预期使用者。

要求：

（1）指出该项鉴证业务属于表 2-2 中何种业务类型，直接在表格中的相应位置打√。

表 2-2　鉴证业务类型

分类序号	业务类型	请在相应位置打√
（1）	基于责任方认定的业务	
	直接报告业务	
（2）	历史财务信息鉴证业务	
	其他鉴证业务	

（2）请指出该项鉴证业务的责任方，并简要说明甲公司管理层、乙公司管理层和注册会计师 A 各自的责任。

（3）在评价乙公司 IT 系统运行有效性时，甲公司使用的是其自行制定的标准。请简要说明注册会计师 A 应当从哪些方面评价标准的适当性。

（4）在业务承接后，如果发现标准不适当，那么注册会计师 A 应当出具何种类

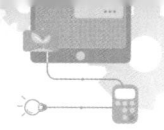

型的鉴证报告?

2. 信昶会计师事务所通过招投标程序接受委托，负责审计上市公司甲公司2023 年度财务报表，并委派注册会计师 A 为审计项目组负责人。在招投标阶段和审计过程中，信昶会计师事务所遇到下列与职业道德有关的事项：

（1）应邀投标时，信昶会计师事务所在其投标书中说明，如果中标，需与前任注册会计师沟通后，才能与甲公司签订审计业务约定书。

（2）签订审计业务约定书时，信昶会计师事务所根据有关部门的要求，与甲公司商定按六折收取审计费用，据此，审计项目组计划相应缩小审计范围，并就此事与甲公司治理层达成一致意见。

（3）签订审计业务约定书后，信昶会计师事务所发现甲公司与本会计师事务所另一常年审计客户乙公司存在直接竞争关系。信昶会计师事务所未将这一情况告知甲公司和乙公司。

（4）审计开始前，应甲公司要求，信昶会计师事务所指派一名审计项目组以外的员工根据甲公司编制的试算平衡表编制 2023 年度财务报表。

（5）审计过程中，适逢甲公司招聘高级管理人员，注册会计师 A 应甲公司的要求对可能录用人员的证明文件进行检查，并就是否录用形成书面意见。

要求：针对上述（1）~（5）项，分别指出信昶会计师事务所是否违反《中国注册会计师职业道德守则》，并简要说明理由。

项目3

熟知审计工作逻辑

3

 学习目标 ▶▶▶

素养目标

◆ 通过梳理审计工作逻辑，培养全局观与联系观的辩证思维；

◆ 通过审计工作底稿的编制与审核，培养"爱岗敬业、谨慎细心"的工作作风和"精益求精、追求卓越"的工匠精神；

◆ 通过了解现代审计抽样技术，培养"勤于探索、勇于实践"的创新精神。

知识目标

◆ 掌握财务报表审计的总目标，熟悉具体审计目标的内容；

◆ 熟悉审计证据的含义、特性与分类；

◆ 掌握获取审计证据的主要审计程序；

◆ 熟知审计抽样的概念、特征和适用条件；

◆ 掌握审计工作底稿编制、复核、归档与保存的要点；

◆ 熟悉注册会计师审计报告的作用和分类。

能力目标

◆ 能够根据被审计单位的认定确定具体审计目标；

◆ 能够正确评价审计证据的充分性和适当性；

◆ 能够运用检查、分析程序、函证和重新计算等方法获取审计证据；

◆ 能够编制、复核、归档审计工作底稿；

◆ 能够在控制测试和细节测试中正确应用审计抽样技术。

 任务导航 ▶▶▶

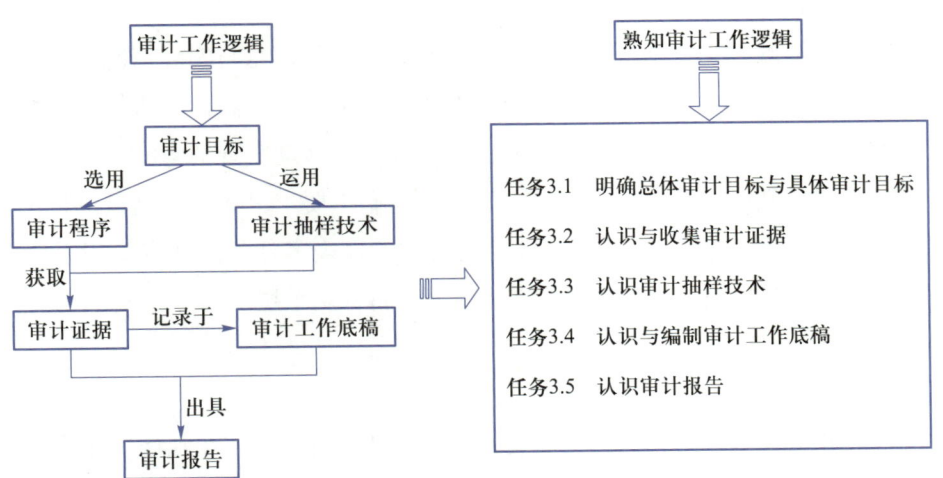

任务 3.1 明确总体审计目标与具体审计目标

【任务分析】

审计人员从事任何一个审计项目或任务，首先需要明确其审计目标。为了实现该审计目标，审计人员需要在后续的审计工作中选用一定的审计程序并运用现代审计技术获取充分、适当的审计证据并将其记录于审计工作底稿中。最后，审计人员根据审计证据和审计工作底稿出具审计报告，这表明该审计项目或任务已完成，其审计目标已实现。

审计目标是指在一定历史环境下，人们通过审计实践活动期望达到的境地或最终结果。审计目标通常可以划分为总体审计目标和具体审计目标。总体审计目标是指实施审计要实现的最终目的，具体审计目标是总体审计目标的细化，是针对具体审计项目确定的审计目的。

为了明确审计目标，需要：① 熟悉财务报表审计的总体目标；② 理解认定的含义；③ 熟悉管理层对其财务报表认定的内容；④ 熟悉由认定所确定的具体审计目标的内容。

【知识准备】

在我国，国家审计、内部审计和注册会计师审计对总体审计目标的表述不尽一致，但国家审计与内部审计的总体目标均可以概括为真实性、合法性和效益性。真实性是指反映财政收支、财务收支以及有关经济活动的信息与实际情况相符合的程度；合法性是指财政收支、财务收支以及有关经济活动遵守法律、法规或者规章的情况；效益性是指财政收支、财务收支以及有关经济活动实现的经济效益、社会效益和环境效益。其中，真实性是基础，合法性是基本要求，效益性是最终目标。在注册会计师审计中，财务报表审计目标包括财务报表审计的总体目标以及各类交易、账户余额、披露相关的审计目标即具体审计目标两个层次。

一、财务报表审计的总体目标

执行财务报表审计工作时，注册会计师的总体目标是：一是对财务报表整体是否不存在由于舞弊或错误导致的重大错报获取合理保证，使得注册会计师能够对财务报表是否在所有重大方面按照适用的财务报告编制基础编制发表审计意见；二是按照审计准则的规定，根据审计结果对财务报表出具审计报告，并与管理层和治理层沟通。

在任何情况下，如果不能获取合理保证，并且在审计报告中发表保留意见也不足以实现向预期使用者报告的目的，注册会计师应当按照审计准则的规定出具无法表示意见的审计报告，或者在法律法规允许的情况下终止审计业务或解除业务约定。

视频：认定
及其分类

注册会计师是否按照审计准则的规定执行了审计工作，取决于注册会计师在具体情况下实施的审计程序，由此获取的审计证据的充分性和适当性，以及根据总体目标和对审计证据的评价结果而出具审计报告的恰当性。

二、认定与具体审计目标

（一）认定

认定，是指管理层针对财务报表要素的确认计量和列报（包括披露）作出一系列明确或暗含的意思表达，注册会计师将其用于考虑可能发生的不同类型的错报。认定与审计目标密切相关，注册会计师的基本职责就是确定被审计单位管理层对其财务报表的认定是否恰当（是否存在重大错报）。注册会计师只要了解了认定，就很容易确定每个项目的具体审计目标。通过考虑可能发生的不同类型的潜在错报，注册会计师运用认定评估风险，并据此设计审计程序以应对评估的风险。

【小知识】

认定与财务报表审计的关系

在财务报表审计中，首先，管理层按照《企业会计准则》对本企业的财务状况、经营成果和现金流量进行确认、计量、记录和报告，形成审计前财务报表（认定），注册会计师获取该财务报表；其次，注册会计师根据适当的企业会计准则对被审计企业的财务状况、经营成果和现金流量再次进行确认、计量、记录和报告，并将结果（审计后财务报表）与审计前财务报表（认定）进行比较；最后，注册会计师针对经管理层调整后的财务报表提出审计意见并出具审计报告。

当管理层声明财务报表已按照适用的财务报告编制基础进行编制，在所有重大方面做出公允反映时，就意味着管理层对各类交易和事项、账户余额以及披露的确认、计量、列报以及相关的披露做出了认定。管理层在财务报表上的认定有些是明确表达的，有些则是暗含的。例如，管理层在资产负债表中列报存货及其金额，意味着做出了下列明确的认定：① 记录的存货是存在的；② 存货以恰当的金额包括在财务报表中，与之相关的计价或分摊调整已恰当记录。同时，管理层做出下列暗含的认定：① 所有应当记录的存货均已记录；② 记录的存货都由被审计单位拥有。

（二）管理层认定的种类、类别及其解释

管理层认定的种类、类别及其解释，如表3-1所示。

表3-1　管理层认定的种类、类别及其解释

认定的种类	认定的类别	认定的解释
关于所审计期间各类交易、事项及相关披露的认定	发生	记录或披露的交易和事项已发生，且这些交易和事项与被审计单位有关
	完整性	所有应当记录的交易和事项均已记录，所有应当包括在财务报表中的相关披露均已包括
	准确性	与交易和事项有关的金额及其他数据已恰当记录，相关披露已得到恰当计量和描述
	截止	交易和事项已记录于正确的会计期间
	分类	交易和事项已记录于恰当的账户
	列报	交易和事项已被恰当地汇总或分解且表述清楚，相关披露在适用的财务报告编制基础下是相关的、可理解的

续表

认定的种类	认定的类别	认定的解释
关于期末账户余额及相关披露的认定	存在	记录的资产、负债和所有者权益是存在的
	权利和义务	记录的资产由被审计单位拥有或控制，记录的负债是被审计单位应当履行的偿还义务
	完整性	所有应当记录的资产、负债和所有者权益均已记录，所有应当包括在财务报表中的相关披露均已包括
	准确性、计价和分摊	资产、负债和所有者权益以恰当的金额包括在财务报表中，与之相关的计价或分摊调整已恰当记录，相关披露已得到恰当计量和描述
	分类	资产、负债和所有者权益已记录于恰当的账户
	列报	资产、负债和所有者权益已被恰当地汇总或分解且表述清楚，相关披露在适用的财务报告编制基础下是相关的、可理解的

需要强调的是，注册会计师可以按照上述分类运用认定，也可按其他方式表述认定，但应涵盖上述所有方面。例如，注册会计师可以选择将关于各类交易、事项及相关披露的认定与有关账户余额及相关披露的认定综合运用。又如，当"发生"和"完整性"认定包含了对交易是否记录于正确会计期间的恰当考虑时，就可以不存在与交易和事项"截止"相关的单独认定。

（三）具体审计目标

具体审计目标是指注册会计师通过实施审计程序以确定管理层在财务报表中确认的各类交易、账户余额、披露层次认定是否恰当。具体审计目标是上述财务报表审计的总体目标在具体审计项目中的细化。具体审计目标包括一般审计目标和个别审计目标。一般审计目标是进行相关项目审计时均应达到的目标；个别审计目标也称项目审计目标，是按每个审计项目分别确定的目标，只适用于特定的审计项目，因此也称项目审计目标。

注册会计师只要了解了认定，就很容易确定每个项目的具体审计目标，并以此作为评估重大错报风险以及设计和实施进一步审计程序的基础。

1. 与所审计期间各类交易、事项及相关披露相关的审计目标

（1）发生。由"发生"认定推导的审计目标是确认已记录的交易是真实的。例如，如果没有发生销售交易，但在销售日记账中记录了一笔销售，则违反了该目标。

"发生"认定所要解决的问题是管理层是否把那些不曾发生的项目列入财务报表，它主要与财务报表组成要素的高估有关。

（2）完整性。由"完整性"认定推导的审计目标是确认已发生的交易确实已经记录。例如，如果发生了销售交易，但没有在销售明细账和总账中记录，则违反了该目标。

发生和完整性这两者强调的是不同的关注点。发生目标针对多记、虚构交易（高估），而完整性目标则针对漏记交易（低估）。

（3）准确性。由"准确性"认定推导出的审计目标是确认已记录的交易是按正确金额反映的，相关披露已得到恰当计量和描述。例如，如果在销售交易中，发出商品的数量与账单上的数量不符，或是开账单时使用了错误的销售价格，或是账单中的乘积或加总有误，或是在销售明细账中记录了错误的金额，均违反了该目标。

准确性与发生、完整性之间存在区别。例如，若已记录的销售交易是不应当记录的（如发出的商品是寄销商品），则即使发票金额是准确计算的，仍违反了发生目标。再如，若已入账的销售交易是对正确发出商品的记录，但金额计算错误，则违反了准确性目标，没有违反发生目标。在完整性与准确性之间也存在同样的关系。

（4）截止。由"截止"认定推导出的审计目标是确认接近于资产负债表日的交易记录于恰当的期间。例如，如果本期交易推到下期，或下期交易提到本期，均违反了截止目标。

（5）分类。由"分类"认定推导出的审计目标是确认被审计单位记录的交易经过适当分类。例如，如果将出售经营性固定资产所得的收入记录为营业收入，则导致交易分类的错误，违反了分类的目标。

（6）列报。由"列报"认定推导出的审计目标是确认被审计单位的交易和事项已被恰当地汇总或分解且表述清楚，相关披露在适用的财务报告编制基础下是相关的、可理解的。

2. 与期末账户余额及相关披露相关的审计目标

（1）存在。由"存在"认定推导的审计目标是确认记录的金额确实存在。例如，如果不存在某客户的应收账款，在应收账款明细表中却列入了对该客户的应收账款，则违反了存在目标。

（2）权利和义务。由"权利和义务"认定推导的审计目标是确认资产归属于被审计单位，负债属于被审计单位的义务。例如，将他人寄销商品列入被审计单位的存货中，违反了权利目标；将不属于被审计单位的债务记入账内，违反了义务目标。

（3）完整性。由"完整性"认定推导的审计目标是确认存在的金额均已记录，所有应包括在财务报表中的相关披露均已包括。例如，如果存在某客户的应收账款，而应收账款明细表中却没有列入，则违反了完整性目标。

（4）准确性、计价和分摊。资产、负债和所有者权益以恰当的金额包括在财

视频：认定审计目标、审计程序与审计证据的关系

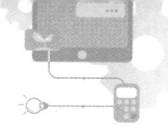

务报表中，与之相关的计价或分摊调整已恰当记录，相关披露已得到恰当计量和描述。

（5）分类。资产、负债和所有者权益已记录于恰当的账户。

（6）列报。资产、负债和所有者权益已被恰当地汇总或分解且表述清楚，相关披露在适用的财务报告编制基础下是相关的、可理解的。

通过上面介绍可知，认定是确定具体审计目标的基础。注册会计师通常将认定转化为能够通过审计程序予以实现的审计目标。针对财务报表每一项目表现出的各项认定，注册会计师相应地确定一项或多项审计目标，然后通过执行一系列审计程序获取充分、适当的审计证据以实现审计目标，因此，财务报表审计的过程就是获取支持管理层对财务报表认定的审计证据的过程。认定、审计目标和审计程序之间的关系举例如表3-2所示。

表3-2　认定、审计目标和审计程序之间的关系举例

认定	审计目标	审计程序
存在	资产负债表列示的存货存在	实施存货监盘程序
权利和义务	资产负债表中的固定资产确实为公司拥有	查阅所有权证书、购货合同、结算单和保险单
完整性	销售收入包括了所有已发货的交易	检查发货单和销售发票的编号以及销售明细账
准确性	销售业务是否基于正确的价格和数量，计算是否准确	比较价格清单与发票上的价格、发货单与销售订购单上的数量是否一致，重新计算发票上的金额
截止	销售业务记录在恰当的期间	比较上一年度最后几天和下一年度最初几天的发货单日期与记账日期
准确性、计价和分摊	以净值记录应收款项	检查应收账款账龄分析表、评估计提的坏账准备是否充足

【任务检查】

单项选择题

1. 如果把本期交易推到下期，或将下期交易提到本期，属于（　　）认定错误。

A. 发生 　　　　　　　　　　　　B. 完整性

C. 截止 　　　　　　　　　　　　D. 计价和分摊

2. 如果不存在某客户的应收账款，在应收账款明细表中却列入了对该客户的应

收账款，则属于（　　　）认定错误。

  A. 存在   B. 完整性

  C. 分类   D. 截止

任务 3.2　认识与收集审计证据

  审计人员应当获取充分、适当的审计证据，以得出合理的审计结论，作为形成审计意见的基础。因此，审计人员需要确定什么构成审计证据、如何获取审计证据、如何判断已收集的审计证据是否充分适当、收集的审计证据如何支持审计意见。

任务 3.2.1　认识审计证据

【任务分析】

  为了能够认识审计证据，需要：① 理解审计证据的含义；② 明确审计证据的不同类型；③ 能评价审计证据的充分性和适当性。

【知识准备】

一、审计证据的含义

  审计证据是指审计人员为了得出审计结论、形成审计意见而使用的所有信息，包括构成财务报表基础的会计记录中含有的信息和其他信息。审计证据的内容如表3-3所示。

表3-3　审计证据的内容

审计证据	会计记录中含有的信息	对初始分录的记录	如总账、明细账、记账凭证和未在记账凭证中反映的对财务报表的其他调整
		支持性记录	如支票、电子资金转账记录、发票、合同以及支持成本分配、计算、调节和披露的手工计算表和电子数据表

续表

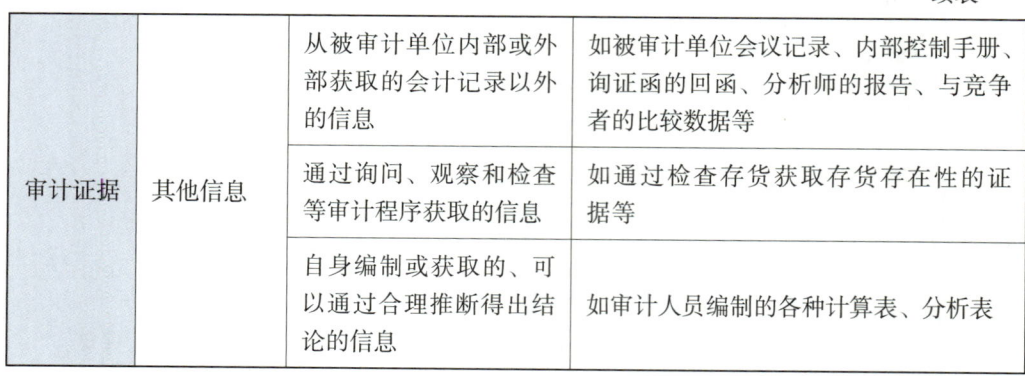

审计证据	其他信息	从被审计单位内部或外部获取的会计记录以外的信息	如被审计单位会议记录、内部控制手册、询证函的回函、分析师的报告、与竞争者的比较数据等
		通过询问、观察和检查等审计程序获取的信息	如通过检查存货获取存货存在性的证据等
		自身编制或获取的、可以通过合理推断得出结论的信息	如审计人员编制的各种计算表、分析表

二、审计证据的类型

审计证据按其来源不同，可分为亲历证据、内部证据和外部证据；审计证据按其形态不同，可分为实物证据、书面证据、口头证据、视听或电子证据、鉴定和勘验证据及环境证据。这里详述后一种分类。

（一）实物证据

实物证据是指以实物存在并以其外部特征和内在本质证明审计事项的证据。实物证据通常包括固定资产、存货、有价证券和现金等。实物证据是通过实际观察或盘点取得的，用以确定实物资产的存在性。例如，库存现金、存货、固定资产可以通过监盘的方式证明其是否确实存在。实物证据对于证明实物资产是否存在具有较强的证明力，但资产的所有权归属、资产的质量和分类还需取得其他的审计证据来确定。

（二）书面证据

书面证据是指以书面形式存在并以其记载内容证明审计事项的证据。例如，被审计单位的凭证、账簿、报表及其他核算资料、审计人员进行函询时的往来信件和有关人员出具的书面证明等。书面证据往往是审计证据中的主要部分，数量多、来源广。收集书面证据应注意其反映内容的真实程度和对证据的归类整理。

（三）口头证据

口头证据是指与审计事项有关的人员提供的言辞材料。例如，应审计人员的要求，审计事项知情人的陈述、被调查人的口头答复等。由于口头证据往往夹杂个人的观点和意见，有时会影响被调查事项的真实性，因而证明力较差。虽然审计人员不能单凭口头证据得出审计结论，但审计人员往往可以通过口头证据发掘出一些重要的线索，从而有利于对某些需审核的情况做进一步的调查，以收集到更可靠的证据。在取得口头证据时，应将其转换成书面记录，并取得提供证据者的签字盖章。

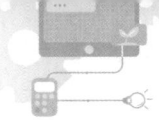

一般情况下，口头证据需要得到其他相应证据的支持。

（四）视听或电子证据

视听或电子证据是指以录音带、录像带、磁盘及其他电子计算机储存形式存在的用于证明审计事项的证据及相关数据。例如，与审计事项相关的当事人讲话的录音带、经济业务发生时现场的录像带、计算机中储存的资料等。随着数字化技术和审计技术方法的发展，此类证据已成为经常运用的审计证据。

（五）鉴定和勘验证据

鉴定和勘验证据是指因特殊需要审计机关指派或聘请专门人员对某些审计事项进行鉴定而产生的证据。这种证据实际上是书面证据的特殊形式。例如，对某些书面资料字迹的鉴定、票据真伪的鉴定、产品或工程质量的鉴定证明等。

（六）环境证据

环境证据是指对审计事项产生影响的各种环境状况。例如，被审计单位的地理位置、内部控制状况、管理状况、管理人员的素质、国内外政治经济形势等。环境证据一般不作为主要证据，但它可以帮助审计人员了解被审计单位和审计事项所处环境，为审计人员分析判断审计事项提供有用的信息，是审计人员必须掌握的资料。

三、审计证据的特征

审计人员应当保持职业怀疑态度，运用职业判断评价审计证据的充分性和适当性。

（一）审计证据的充分性

审计证据的充分性是对审计证据数量的衡量，主要与审计人员确定的样本量有关。例如，对某个审计项目实施某一选定的审计程序，从 200 个样本中获得的证据要比从 100 个样本中获得的证据更充分。获取的审计证据应当充分，要足以将与每个重要认定相关的审计风险限制在可接受的水平。

审计人员需要获取的审计证据的数量受其对重大错报风险评估的影响（评估的重大错报风险越高，需要的审计证据可能越多），并受审计证据质量的影响（审计证据的质量越高，需要的审计证据可能越少）。然而，审计人员仅靠获取更多的审计证据可能无法弥补其质量的缺陷。

（二）审计证据的适当性

审计证据的适当性是对审计证据质量的衡量，即审计证据在支持审计意见所依据的结论方面具有相关性和可靠性。相关性和可靠性是审计证据适当性的核心内容，只有相关且可靠的审计证据才是高质量的。

1. 审计证据的相关性

审计证据的相关性是指用作审计证据的信息与审计程序的目的和考虑的相关认

视频：审计证据的特征

定之间的逻辑联系。

　　用作审计证据的信息的相关性可能受测试方向的影响。例如，如果某审计程序的目的是测试应付账款的多计错报，则测试已记录的应付账款可能是相关的审计程序；如果某审计程序的目的是测试应付账款多计错报，则测试已记录的应付账款很可能不是相关的审计程序，相关的审计程序可能是测试期后支出、未支付发票、供应商结算单以及发票未到的收货报告单等。

　　特定的审计程序可能只为某些认定提供相关的审计证据，而与其他认定无关。例如，检查期后应收账款收回的记录和文件可以提供有关存在和计价的审计证据，但未必提供与截止测试相关的审计证据。类似地，有关某一特定认定（如存货的"存在"认定）的审计证据，不能替代与其他认定（如该存货的"准确性计价和分摊"认定）相关的审计证据。但另一方面，不同来源或不同性质的审计证据可能与同一认定相关。

　　2. 审计证据的可靠性

　　审计证据的可靠性是指审计证据的可信程度。审计证据的可靠性受其来源和性质的影响，并取决于获取审计证据的具体环境。审计人员在判断审计证据的可靠性时，通常会考虑下列原则：

　　（1）从外部独立来源获取的审计证据比从其他来源获取的审计证据更可靠。从外部独立来源获取的审计证据有银行询证函回函、应收账款询证函回函、保险公司等机构出具的证明等。从其他来源获取的审计证据有被审计单位内部的会计记录、会议记录等。

　　（2）内部控制有效时内部生成的审计证据比内部控制薄弱时内部生成的审计证据更可靠。例如，如果与销售业务相关的内部控制有效，审计人员就能从销售发票和发货单中取得比内部控制不健全时更加可靠的审计证据。

　　（3）直接获取的审计证据比间接获取或推论得出的审计证据更可靠。例如，审计人员观察某项内部控制的运行得到的证据比询问被审计单位该项内部控制的运行情况得到的证据更可靠。

　　（4）以文件、记录形式（无论是纸质、电子或其他介质）存在的审计证据比口头形式的审计证据更可靠。例如，会议的同步书面记录比会后的口头表述更可靠。

　　（5）从原件获取的审计证据比从传真件或复印件获取的审计证据更可靠。

　　审计人员在按照上述原则评价审计证据的可靠性时，还应当注意可能出现的重要例外情况。例如，审计证据虽然是从独立的外部来源获得的，但如果该证据是由不知情者或不具备资格者提供的，那么审计证据也可能是不可靠的。同样，如果审计人员不具备评价证据的专业能力，那么即使是直接获取的证据，也可能不可靠。

3. 充分性和适当性之间的关系

充分性和适当性是审计证据的两个重要特征，两者缺一不可，只有充分且适当的审计证据才是有证明力的。审计人员需要获取的审计证据的数量也受审计证据质量的影响。审计证据质量越高，需要的审计证据数量可能越少。

审计人员可以考虑获取审计证据的成本与所获取信息的有用性之间的关系，但不应以获取审计证据存在困难和成本问题为由减少不可替代的审计程序。

【任务检查】

某审计人员在对应收账款进行审计时收集到如下审计证据：

（1）被审计单位销售发票；

（2）被审计单位应收账款、销售收入等明细分类账及总分类账；

（3）被审计单位对应收账款存在性的声明；

（4）被审计单位债务人寄来的对账单；

（5）审计人员对被审计单位债务人进行函证，债务人的回函。

要求：将上述审计证据按可靠程度的强弱依次排列，并说明原因。

任务 3.2.2　实施审计程序以获取审计证据

【任务分析】

审计程序是指审计人员在审计过程中的某个时间，对将要获得的某类审计证据如何进行收集的详细指令。为了获取充分、适当的审计证据，审计人员可根据需要单独或综合运用检查、观察、询问、函证、重新计算、重新执行和分析程序 7 种审计程序。

【知识准备】

一、检查

检查是指审计人员对被审计单位内部或外部生成的，以纸质、电子或其他介质形式存在的记录或文件进行审查，或对资产实物进行审查。

检查记录或文件可获得可靠程度不同的审计证据，审计证据的可靠性取决于记录或文件的来源和性质。而在检查内部记录或文件时，其可靠性则取决于生成该记录或文件的内部控制的有效性。将检查用作控制测试的一个例子，是检查记录以获

取关于授权的审计证据。

某些文件是表明一项资产存在的直接审计证据，如构成金融工具的股票或债券，但检查此类文件并不一定能提供有关所有权或计价的审计证据。此外，检查已执行的合同可以提供与被审计单位运用会计政策（如收入确认）相关的审计证据。

检查文件或记录时，根据取证顺序与会计核算过程的关系，检查会计资料的方法可分为顺查法和逆查法。顺查法是指取证顺序与会计核算过程相一致的方法，即按照会计核算过程的先后顺序，依次审查凭证、账簿和报表的审计方法。顺查法一般适用于规模小、业务量少的被审计单位。逆查法是指按照与会计核算过程相反顺序依次进行审查的方法。逆查法主要适用于规模较大、业务量多、内部控制较好的被审计单位。

检查有形资产可为其"存在"认定提供可靠的审计证据，但不一定能够为"权利和义务"或"准确性、计价和分摊"等认定提供可靠的审计证据。对个别存货项目进行的检查，可与存货监盘一同实施。

如果资产实物检查日不是该资产实物的结账日，审计人员应根据检查日与结账日之间该资产实物的变动记录，将资产实物检查日的数量调节至结账日，然后再与结账日该资产实物的结存数量进行比较。

二、观察

观察是指审计人员察看相关人员正在从事的活动或执行的程序。例如，对客户执行的存货盘点或控制活动进行观察。观察可以获得执行有关过程或程序相关的审计证据，但观察所获审计证据仅限于观察发生的时点，并且被观察人员的行为可能因被观察而受到影响，这也会使观察所获审计证据受到限制。

三、询问

询问是指审计人员以书面或口头方式，向被审计单位内部或外部的知情人员征询财务信息和非财务信息，并对答复进行评价的过程。作为其他审计程序的补充，询问广泛应用于整个审计过程中。

知情人员对询问的答复可能为审计人员提供尚未获悉的信息或佐证证据，也可能为审计人员提供与已获取的其他信息存在重大差异的信息，如关于被审计单位管理层凌驾于控制之上的可能性的信息。在某些情况下，对询问的答复为审计人员修改审计程序或实施追加的审计程序提供了基础。

针对某些事项，审计人员可能认为有必要向管理层和治理层（如适用）获取书面声明，以证实其对口头询问的答复。

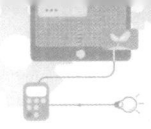

四、函证

视频：什么是函证？

函证是指审计人员直接从第三方（被询证者）获取书面答复以作为审计证据的过程。书面答复可以采用纸质、电子或其他介质等形式。

审计人员应当对银行存款、借款及与金融机构往来的其他重要信息实施函证，也应当对应收账款实施函证。此外，审计人员可以根据具体情况和实际需要对下列内容（包括但不限于）实施函证：① 交易性金融资产；② 应收票据；③ 其他应收款；④ 预付账款；⑤ 由其他单位代为保管、加工或销售的存货；⑥ 长期股权投资；⑦ 应付账款；⑧ 预收账款；⑨ 保证、抵押或质押；⑩ 或有事项；⑪ 重大或异常的交易。

审计人员可采用积极的或消极的函证方式实施函证，也可将两种方式结合使用。积极的函证方式要求被询证者在所有情况下必须回函，确认询证函所列示信息是否正确，或填列询证函要求的信息。消极的函证方式只要求被询证者仅在不同意询证函列示信息的情况下才予以回函。积极的函证方式通常比消极的函证方式提供的审计证据更可靠。

五、重新计算

重新计算是指审计人员对记录或文件中的数据计算的准确性进行核对。重新计算可通过手工或电子方式进行。重新计算通常包括计算销售发票和存货的总金额、加总日记账和明细账、计算检查折旧费用和预付费用、计算检查应纳税额等。

六、重新执行

重新执行是指审计人员独立执行原作为被审计单位内部控制组成部分的程序或控制。例如，审计人员利用被审计单位的银行存款日记账和银行对账单重新编制银行存款余额调节表，并与被审计单位编制的银行存款余额调节表进行比较。

七、分析程序

分析程序是指审计人员通过研究不同财务数据之间以及财务数据与非财务数据之间的内在关系，对财务信息作出评价。分析程序还包括在必要时对识别出的、与其他相关信息不一致或与预期差异重大的波动或关系进行调查。

分析程序常用作风险评估程序、实质性程序和在审计结束或临近结束时对财务报表进行总体复核。

🔍 职业素养提升

构建集中统一、全面覆盖、权威高效的审计监督体系，
有力有效地服务保障党和国家工作大局

2023年5月23日下午，第二十届中央审计委员会第一次会议召开。习近平总书记在会上发表重要讲话强调，在强国建设、民族复兴新征程上，审计担负重要使命，要立足经济监督定位，聚焦主责主业，更好发挥审计在推进党的自我革命中的独特作用。做好新一届中央审计委员会工作，要坚持以习近平新时代中国特色社会主义思想为指导，深入学习贯彻党的二十大精神，完整、准确、全面贯彻新发展理念，聚焦全局性、长远性、战略性问题，加强审计领域战略谋划与顶层设计，进一步推进新时代审计工作高质量发展，以有力有效的审计监督服务保障党和国家工作大局。

会议指出，做好新时代新征程审计工作，总的要求是在构建集中统一、全面覆盖、权威高效的审计监督体系，更好发挥审计监督作用上聚焦发力。要如臂使指，增强审计的政治属性和政治功能，把党中央部署把握准、领会透、落实好。要如影随形，对所有管理使用公共资金、国有资产、国有资源的地方、部门和单位的审计监督权无一遗漏、无一例外，形成常态化、动态化震慑。要如雷贯耳，坚持依法审计，做实研究型审计，发扬斗争精神，增强斗争本领，打造经济监督的"特种部队"；做好与其他监督的贯通协同，形成监督合力。

根据该会议精神，我国审计总体工作目标就是要构建集中统一、全面覆盖、权威高效的审计监督体系。新时代的我国审计战略新定位，可总结为"三重""两特"。"三重"：审计是监督体系的重要组成部分；是推动国家治理体系和治理能力现代化的重要力量；在强国建设、民族复兴新征程上担负着重要使命。"两特"：一是审计要聚焦主责主业，打造经济监督的"特种部队"；二是在推进党的自我革命中能发挥独特作用。新征程下的我国审计工作的新要求是如臂使指、如影随形和如雷贯耳。新时代的审计工作应该遵循的新原则有：① 坚持围绕党和国家的中心工作开展审计；② 坚持围绕总体国家安全观开展审计；③ 坚持围绕以人民为中心的发展思想开展审计；④ 坚持围绕促进党的自我革命开展审计。

【任务检查】

审计人员对某企业现金业务审查时，发现某出纳员在审计期间有3张未经批准而私自借出现金的白条，金额合计为5 000元，经过盘点证明白条所列现金5 000

元确实不在库。审计人员由此认定该出纳员挪用库存现金 5 000 元，该出纳员亦承认这一事实。请问：该审计事项中，审计人员运用了哪些审计程序？获取的审计证据有哪些？它们属于何种类型的审计证据？

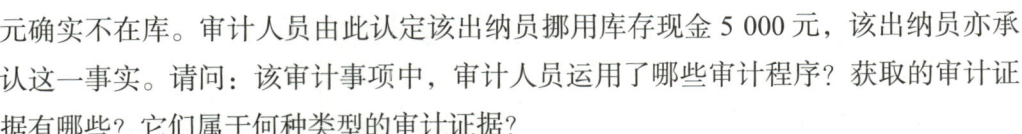

任务 3.3 / 认识审计抽样技术

【任务分析】

认识审计抽样时，需要：① 理解审计抽样的定义；② 明确不同类型的抽样风险对审计工作的不同影响，熟悉非抽样风险的产生原因及防范措施；③ 区分统计抽样和非统计抽样；④ 熟知固定样本抽样、停走抽样和发现抽样的特点和使用条件；⑤ 熟知均值法、差额法、比率法和货币单元抽样的使用条件与计算公式。

【知识准备】

一、审计抽样的定义

审计抽样是指审计人员对具有审计相关性的总体中低于 100% 的项目实施审计程序，使所有抽样单元都有被选取的机会，为审计人员针对整个总体得出结论提供合理基础。

（1）审计抽样的特征。审计抽样应当具备 3 个基本特征：① 对具有审计相关性的总体中低于 100% 的项目实施审计程序；② 所有抽样单元都有被选取的机会；③ 可以根据样本项目的测试结果推断出有关总体的结论。

（2）审计抽样的适用条件。审计事项包含的项目数量较多，审计人员需要在合理的时间内以合理的成本对审计事项某一方面的总体特征作出结论时，可以进行审计抽样。

（3）审计抽样适用程序。① 风险评估程序通常不涉及审计抽样；② 当控制的运行留下轨迹时，审计人员可以考虑使用审计抽样实施控制测试；③ 在实施细节测试时，审计人员可以使用审计抽样获取审计证据，以验证有关财务报表金额的一项或多项认定（如应收账款的"存在"认定），或对某些金额做出独立估计（如存货的价值）。

二、抽样风险和非抽样风险

使用审计抽样时，审计风险既可能受到抽样风险的影响，也可能受到非抽样风险的影响。抽样风险和非抽样风险通过影响重大错报风险的评估和检查风险的确定而影响审计风险。

（一）抽样风险

视频：抽样风险的防范

抽样风险是指审计人员根据样本得出的结论，不同于对整个总体实施与样本同样的审计程序得出的结论可能性。

控制测试中的抽样风险包括：① 信赖过度风险。信赖过度风险是指推断的控制有效性高于其实际有效性的可能性，也可以说，尽管样本结果支持审计人员计划信赖内部控制的程度，但实际偏差率不支持该信赖程度的风险。② 信赖不足风险。信赖不足风险是指推断的控制有效性低于其实际有效性的可能性，也可以说，尽管样本结果不支持审计人员计划信赖内部控制的程度，但实际偏差率支持该信赖程度的风险。

在实施细节测试时，审计人员也要关注两类抽样风险：① 误受风险。误受风险是指审计人员推断某一重大错报不存在而实际上存在的可能性。② 误拒风险。误拒风险是指审计人员推断某一重大错报存在而实际上不存在的可能性。

上述风险，可能影响审计的效率或效果，相较于影响审计效率的抽样风险，审计人员更应关注影响审计效果的抽样风险。抽样风险对审计工作的影响如表 3-4 所示。

表 3-4　抽样风险对审计工作的影响

审计测试	抽样风险种类	概念	对审计工作的影响
控制测试	信赖过度风险（坏当好）	推断的控制有效性高于其实际有效性的可能性	效果（后怕）
	信赖不足风险（好当坏）	推断的控制有效性低于其实际有效性的可能性	效率（后悔）
细节测试	误受风险（坏当好）	推断某一重大错报不存在而实际上存在的可能性	效果（后怕）
	误拒风险（好当坏）	推断某一重大错报存在而实际上不存在的可能性	效率（后悔）

只要使用了审计抽样，就会存在抽样风险。抽样风险与样本规模呈反方向变动，一般样本规模越小，抽样风险越大。所以审计人员可以通过扩大样本规模来降

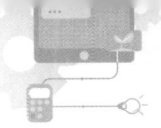

低抽样风险。

（二）非抽样风险

非抽样风险是指审计人员由于任何与抽样风险无关的原因而得出错误结论的可能性。审计人员即使对某类交易或账户余额的所有项目实施某种审计程序，也可能仍未发现重大错报或控制失效。在审计过程中，可能导致非抽样风险的原因主要包括下列情形：

（1）审计人员选择的总体不适合于测试目标。例如，审计人员在测试销售收入"完整性"认定时将主营业务收入日记账界定为总体。

（2）审计人员未能适当地定义误差（包括控制偏差或错报），导致审计人员未能发现样本中存在的偏差或错报。例如，审计人员在测试现金支付授权控制的有效性时，未将签字人未得到适当授权的情况界定为控制偏差。

（3）审计人员选择了不适于实现特定目标的审计程序。例如，审计人员依赖应收账款函证来揭露未入账的应收账款。

（4）审计人员未能适当地评价审计发现的情况。例如，审计人员错误解读审计证据可能导致没有发现误差。审计人员对所发现误差的重要性判断有误，从而忽略了重要的误差，也可能导致得出不恰当的结论。

非抽样风险是人为错误造成的，对审计效率与效果可能都有影响。虽然审计人员难以量化非抽样风险，但通过采取适当的质量管理政策和程序，对审计工作进行适当的指导、监督和复核，仔细设计审计程序，以及对审计人员实务的适当改进，可以将非抽样风险降至可以接受的水平。

三、统计抽样和非统计抽样

审计人员在运用审计抽样时，既可以使用统计抽样方法，也可以使用非统计抽样方法，这取决于审计人员的职业判断。

统计抽样是指同时具备下列特征的抽样方法：① 随机选取样本；② 运用概率论评价样本结果，包括计量抽样风险。不同时具备前述两个特征的抽样方法为非统计抽样。

统计抽样的优点在于能够客观地计量抽样风险，并通过调整样本规模精确地控制风险，有助于审计人员高效地设计样本，计量所获取证据的充分性，以及定量评价样本结果。但统计抽样也可能发生额外的成本。

非统计抽样尽管无法精确地测定出抽样风险，但如果设计适当，也能将抽样风险降至可接受水平。

不管是统计抽样还是非统计抽样，这两种方法都要求审计人员在设计、实施和评价样本时运用职业判断。另外，对选取的样本项目实施的审计程序通常与使用的抽样方法无关。

四、统计抽样在控制测试中的应用

统计抽样在控制测试中的应用如表 3-5 所示。

表 3-5　统计抽样在控制测试中的应用

类型		特点	使用条件
属性抽样	固定样本抽样	审计人员对一个确定规模的样本实施检查,且等到某一确定规模的样本被全部选取、审查完以后,才做出审计结论	预计总体偏差率较大
	停走抽样	从预计总体偏差率为零开始,通过边抽样边评估来完成审计工作	预计总体偏差率较小甚至为零
发现抽样		检查样本时,一旦发现一个偏差就立即停止抽样;若没有发现偏差,则可以得出总体可以接受的结论	预计控制高度有效时。适合于查找重大舞弊或非法行为

注:属性抽样是一种用来对总体中某一事件发生率得出结论的统计抽样方法。属性抽样在审计中最常见的用途是测试某一设定控制的偏差率,以支持审计人员评估的控制有效性。在属性抽样中,设定控制的每一次发生或偏离都被赋予同样的权重,而不管交易金额的大小。

五、统计抽样在细节测试中的应用

审计人员在细节测试中使用的统计抽样方法主要包括变量抽样和货币单元抽样,如表 3-6 所示。变量抽样是一种用来对总体金额得出结论的统计抽样方法。变量抽样通常要回答下列问题:金额是多少或账户是否存在重大错报。

表 3-6　细节测试中使用的统计抽样方法

类型		计算公式或说明	使用条件
变量抽样	均值法	样本审定金额的平均值=样本审定金额÷样本规模 估计的总体金额=样本审定金额的平均值×总体规模 推断的总体错报=总体账面金额−估计的总体金额	总体已进行分层,预计没有差异或只有少量差异
	差额法	样本平均错报=(样本账面金额−样本实际金额)÷样本规模 推断的总体错报=样本平均错报×总体规模	样本项目存在错报,且发现错报金额与项目的数量紧密相关
	比率法	比率=样本审定金额÷样本账面金额 估计的总体金额=总体账面金额×比率 推断的总体错报=总体账面金额−估计的总体金额	样本项目存在错报,且发现错报金额与项目的金额紧密相关

续表

类型	计算公式或说明	使用条件
货币单元抽样	一种运用属性抽样原理对货币金额而不是对发生率得出结论的统计抽样方法，是以货币单位作为抽样单元进行选样的一种方法。 总体中的每个货币单位被选中的机会相同，所以总体中某一项目被选中的概率等于该项目的金额与总体金额的比率	① 总体的错报率很低（低于 10%），且总体规模在 2 000 个以上；② 总体中任一项目的错报不能超过该项目的账面金额

【任务检查】

1. 审计抽样通常在哪些审计程序中使用？
2. 什么是抽样风险？什么是非抽样风险？它们对审计工作有何影响？

任务 3.4　认识与编制审计工作底稿

【任务分析】

认识与编制审计工作底稿，需要：① 理解审计工作底稿的含义与性质；② 明确审计工作底稿的编制要求，熟悉审计工作底稿包括的要素；③ 熟知审计工作底稿复核与归档的要点。

【知识准备】

一、审计工作底稿的含义与性质

（一）审计工作底稿的含义

审计工作底稿是指审计人员对制订的审计计划、实施的审计程序、获取的相关审计证据以及得出的审计结论做出的记录。审计工作底稿是审计证据的载体，是审计人员在审计过程中形成的审计工作记录和获取的资料。审计工作底稿形成于审计过程，也反映整个审计过程。

审计工作底稿有助于审计项目组计划和执行审计工作，它提供了审计工作实际

执行情况的记录，是形成审计报告和审计决定的基础；审计工作底稿可用于项目质量控制复核、监督审计组织对审计准则的遵循情况等。

（二）审计工作底稿的性质

1. 审计工作底稿的存在形式

审计工作底稿可以以纸质、电子或其他介质形式存在。在实务中，为便于审计组织内部进行质量管理和外部执业质量检查或调查，以电子或其他介质形式存在的审计工作底稿应转换成纸质形式的审计工作底稿，并与其他纸质形式的审计工作底稿一并归档，并应能通过打印等方式，转换成纸质形式的审计工作底稿。

2. 审计工作底稿通常包括的内容

审计工作底稿通常包括总体审计策略、具体审计计划、分析表、问题备忘录、重大事项概要、询证函回函和声明、核对表、有关重大事项的往来函件（包括电子邮件）。审计人员还可以将被审计单位文件记录的摘要或复印件（如重大的或特定的合同和协议）作为审计工作底稿的一部分。此外，审计工作底稿通常还包括业务约定书、管理建议书及项目组内部或项目组与被审计单位举行的会议记录、与其他人士（如其他审计人员、律师、专家等）的沟通文件及错报汇总表等。但是，审计工作底稿并不能代替被审计单位的会计记录。

二、编制审计工作底稿

（一）审计工作底稿的编制要求

审计人员编制的审计工作底稿，应当使得未曾接触该项审计工作的有经验的专业人士清楚地了解：

（1）按照审计准则和相关法律法规的规定实施的审计程序的性质、时间安排和范围。

（2）实施审计程序的结果和获取的审计证据。

（3）审计中遇到的重大事项和得出的结论，以及在得出结论时作出的重大职业判断。

（二）审计工作底稿的要素

通常，审计工作底稿包括下列全部或部分要素：

（1）审计工作底稿的标题。每张审计工作底稿应当包括被审计单位的名称、审计项目的名称以及资产负债表日或审计工作底稿覆盖的会计期间（如果与交易相关）。

（2）审计过程记录。在记录审计过程时，应当特别注意以下几个重点：① 在记录实施审计程序的性质、时间安排和范围时，审计人员应当记录测试的具体项目或事项的识别特征；② 记录重大事项及相关重大职业判断；③ 记录针对重大事项如

视频：审计工作底稿的编制要求

何处理矛盾或不一致的情况。

（3）审计结论。在记录审计结论时需注意，在审计工作底稿中记录的审计程序和审计证据是否足以支持得出的审计结论。

（4）审计标识及其说明。审计工作底稿中可使用各种审计标识，但应说明其含义，并保持前后一致。表 3-7 列举了一些常用的审计标识及其含义。

表 3-7 常用的审计标识及其含义

审计标识	含义	审计标识	含义
∧	纵加核对	<	横加核对
B	与上年结转数核对一致	T	与原始凭证核对一致
G	与总分类账核对一致	S	与明细账核对一致
C	已发询证函	C\	已收回询证函

（5）索引号及编号。通常，审计工作底稿需要注明索引号及编号，相关审计工作底稿之间需要保持清晰的勾稽关系。在实务中，审计人员可以按照记录的审计工作的内容层次进行编号。例如，固定资产汇总表的编号为 C1，按类别列示的固定资产明细表的编号为 C1-1，以及列示单个固定资产原值及累计折旧的明细表编号，包括房屋建筑物（编号为 C1-1-1）、机器设备（编号为 C1-1-2）、运输工具（编号为 C1-1-3）及其他设备（编号为 C1-1-4）。相互引用时，需要在审计工作底稿中交叉注明索引号。

（6）编制者姓名及编制日期。通常，编制者为执行该审计工作的人员，编制日期为完成该项审计工作的日期。

（7）复核者姓名及复核日期。在需要项目质量控制复核的情况下，还需要注明项目质量控制复核人员及复核的日期。

（8）其他应说明事项。

表 3-8 应收账款替代测试表是进一步审计程序工作底稿的范例。

表 3-8 应收账款替代测试表　　　　　　　　金额单位：元

被审计单位：	ABC 公司	索引号：	ZD6
项目：	应收账款——A 公司替代测试	所审计会计期间：	2023 年度
编制：	史　辉	复核：	吴　华
日期：	2024 年 2 月 20 日	日期：	2024 年 2 月 24 日
一、期初余额 100 000			
二、借方发生额 1 500 000			

入账金额				检查内容（用"√""×"表示）			
序号	日期	凭证号	金额	①	②	③	……
1	2023−01−25	1 月 256#	350 000	√	√	√	
2	2023−06−28	6 月 300#	500 000	√	√	√	
3	2023−11−25	11 月 155#	350 000	√	√	√	
小计			1 200 000				
全年借方发生额合计			1 500 000				
测试金额占全年借方发生额的比例			80%				

三、贷方发生额 1 300 000

入账金额				检查内容（用"√""×"表示）			
序号	日期	凭证号	金额	①	②	③	……
1	2023−03−03	3 月 16#	350 000	√	√	√	
2	2023−07−12	7 月 126#	400 000	√	√	√	
3	2023−08−22	8 月 15#	100 000	√	√	√	
4	2023−12−15	12 月 216#	350 000	√	√	√	
小计			1 200 000				
全年贷方发生额合计			1 300 000				
测试金额占全年贷方发生额的比例			92%				
四、期末余额			300 000				

五、期后收款检查
2024 年 1 月已收回 20 万元

检查内容说明：① 原始凭证是否齐全；② 记账凭证与原始凭证是否相符；③ 账务处理是否正确

审计说明：

经测试，未发现重大异常

三、复核审计工作底稿

（一）项目组成员实施的复核

项目组成员实施的复核包括以下工作。

（1）由项目组内经验较多的人员（包括项目合伙人）复核经验较少人员的工作。

（2）复核人员应当知悉并能够解决重大的会计和审计问题，考虑其重要程度并适当修改总体审计策略和具体审计计划。

（3）复核工作至少应当由具备同等专业胜任能力的人员完成。

（4）对工作底稿实施的复核必须留下证据，一般由复核者在相关的审计工作底稿上签名并署明日期。

（二）项目质量控制复核

审计人员在出具审计报告前，会计师事务所等审计机构应当指定专门的机构或人员对审计项目组执行的审计实施项目质量控制进行复核。项目质量控制复核应当包括客观评价下列事项：

（1）项目组做出的重大判断。

（2）在准备审计报告时得出的结论。

四、归档审计工作底稿

（一）审计工作底稿归档的期限

审计工作底稿的归档期限为审计报告日后 60 天内。如果审计人员未能完成审计业务，审计工作底稿的归档期限为审计业务中止后的 60 天内。

（二）审计工作底稿归档期的变动

在归档期间，审计人员可以做出以下审计工作底稿的事务性变动：

（1）删除或废弃被取代的审计工作底稿。

（2）对审计工作底稿进行分类、整理和交叉索引。

（3）对审计档案归整工作的完成核对表签字认可。

（4）记录在审计报告日前获取的、与审计项目组相关成员进行讨论并达成一致意见的审计证据。

（三）审计工作底稿归档后的变动

审计人员发现有必要修改现有审计工作底稿或增加新的审计工作底稿的情形主要有以下两种：

（1）审计人员已实施了必要的审计程序，取得了充分、适当的审计证据并得出了恰当的审计结论，但审计工作底稿的记录不够充分。

（2）审计报告日后，发现例外情况要求审计人员实施新的或追加审计程序，或导致审计人员得出新的结论。

如果发现有必要修改现有审计工作底稿或增加新的审计工作底稿，无论修改或增加的性质如何，审计人员均应当记录下列事项：

（1）修改或增加审计工作底稿的理由。

（2）修改或增加审计工作底稿的时间和人员，以及复核的时间和人员。

（四）审计工作底稿的保存期限

会计师事务所应当自审计报告日起，对审计工作底稿至少保存 10 年。如果审计人员未能完成审计业务，会计师事务所应当自审计业务中止日起，对审计工作底稿至少保存 10 年。在完成最终审计档案的归整工作后，注册会计师不应在规定的保存期届满前删除或废弃任何性质的审计工作底稿。

【任务检查】

1. 审计工作底稿的编制要求是什么？
2. 审计工作底稿通常包括哪些要素？

任务 3.5　认识审计报告

【任务分析】

审计报告是具体承办审计事项的审计人员或审计组织在实施审计后，就审计工作的结果向其委托人、授权人或其他法定报告对象提交的书面文件。

在认识审计报告时，需要：① 理解注册会计师审计报告的含义、特征和类型；② 熟悉国家审计报告的含义和基本要素；③ 了解内部审计报告的含义和基本要素。

【知识准备】

一、注册会计师审计报告

（一）注册会计师审计报告的含义及特征

注册会计师审计报告是指注册会计师根据审计准则的规定，在执行审计工作的基础上，对财务报表发表审计意见的书面文件。注册会计师审计报告是注册会计师在完成审计工作后向委托人提交的最终产品，具有以下特征：

（1）注册会计师应当按照审计准则的规定执行审计工作。

（2）注册会计师在实施审计工作的基础上才能出具审计报告。

（3）注册会计师通过对财务报表发表意见履行业务约定书约定的责任。

（4）注册会计师应当以书面形式出具审计报告。

总之，注册会计师应根据审计证据得出的结论清楚表达对财务报表的意见。注册会计师一旦在审计报告上签名并盖章，就表明对其出具的审计报告负责。注册会计师应当将已审计的财务报表附于审计报告之后，以便于财务报表使用者正确理解和使用审计报告，并防止被审计单位替换、更改已审计的财务报表。

（二）注册会计师审计报告的作用

注册会计师签发的审计报告，主要具有鉴证、保护和证明三方面的作用。

1. 鉴证作用

注册会计师签发的审计报告，不同于国家审计和内部审计的审计报告，它是以超然独立的第三者身份对被审计单位财务报表的合法性、公允性发表意见。这种意见具有鉴证作用，得到了政府、投资者和其他利益相关者的普遍认可。

2. 保护作用

注册会计师通过审计，可以对被审计单位财务报表出具不同类型审计意见的审计报告，以提高财务报表信息使用者对财务报表的信赖程度，能够在一定程度上对被审计单位的债权人和股东及其他利害关系人的利益起到保护作用。

3. 证明作用

审计报告是对注册会计师审计任务完成情况及其结果所作的总结，它可以表明审计工作的质量并明确注册会计师的审计责任。因此，审计报告可以对审计工作质量和注册会计师的审计责任起证明作用。

（三）注册会计师审计报告的类型

注册会计师审计报告按照审计意见的类型可以分为无保留意见审计报告和非无保留意见审计报告，非无保留意见审计报告包括保留意见、否定意见和无法表示意见的审计报告。

当注册会计师认为财务报表在所有重大方面按照适用的财务报告编制基础编制并实现公允反映时，应出具无保留意见审计报告。

当存在下列情形之一时，注册会计师应当按照《中国注册会计师审计准则第1502号——在审计报告中发表非无保留意见》的规定，出具非无保留意见审计报告：

（1）根据获取的审计证据，得出财务报表整体存在重大错报的结论。

（2）无法获取充分、适当的审计证据，不能得出财务报表整体不存在重大错报的结论。

（四）注册会计师审计报告的基本要素

注册会计师审计报告应当包括下列基本要素：

（1）标题。

（2）收件人。

（3）审计意见。

（4）形成审计意见的基础。

（5）管理层对财务报表的责任。

（6）注册会计师对财务报表审计的责任。

（7）注册会计师的签名和盖章。

（8）会计师事务所的名称、地址和盖章。

（9）报告日期。

二、国家审计报告与内部审计报告

（一）国家审计报告

1. 国家审计报告的含义

我国的国家审计报告是审计机关实施审计后，对被审计单位的财政收支、财务收支的真实、合法、效益发表审计意见的书面文件。

根据《审计法》的规定，我国的国家审计报告包括审计组的审计报告和审计机关的审计报告。这两种审计报告在报告主体、报告对象、报告格式、法律效力等方面的区别如表 3-9 所示。

表 3-9　审计组的审计报告与审计机关的审计报告的区别

项目	审计组的审计报告	审计机关的审计报告
报告主体	由审计组提出的审计报告，并以审计机关名义征求被审计对象的意见	由审计机关按照规定程序对前者进行审议后提出的审计报告
报告对象	审计组向审计机关提出的审计报告	审计机关对外出具的审计报告
报告格式	反映的是审计机关的初步意见，落款为审计组，并由审计组组长签名，征求被审计对象意见时，报告要注明"征求意见稿"，不编号	反映的是审计机关的最终意见，落款为派出审计组的审计机关，并由审计机关按照公文发文字号编制规则编号
法律效力	审计组向审计机关提出的内部审计文书，并应当征求被审计对象的意见	审计机关对外出具的具有法律效力的审计文书，应当送达被审计单位

2. 国家审计报告的基本要素

审计机关的审计报告（审计组的审计报告）的基本要素有：

（1）标题。

（2）文号（审计组的审计报告不含此项）。

（3）被审计单位名称。

（4）审计项目名称。

（5）内容。

（6）审计机关名称（审计组名称及审计组组长签名）。

（7）签发日期（审计组向审计机关提交报告的日期）。

（二）内部审计报告

1. 内部审计报告的含义

内部审计报告是指内部审计人员根据审计计划对审计事项实施审计后，作出审计结论，提出审计意见和审计建议的书面文件。

2. 内部审计报告的基本要素

根据我国内部审计准则的有关规定，内部审计报告应当包括以下基本要素：

（1）标题。

（2）收件人。

（3）正文，包括审计概况、审计依据、审计发现、审计结论、审计意见和审计建议。

（4）附件。

（5）签章。

（6）报告日期。

（7）其他。

【任务检查】

1. 注册会计师审计报告的类型有哪些？

2. 国家审计报告与内部审计报告的基本要素有何不同？

能力训练 >>>

一、单项选择题

1. （   ）是指管理层针对财务报表要素的确认、计量和列报（包括披露）作出一系列明确或暗含的意思表达，注册会计师将其用于考虑可能发生的不同类型的错报。

A. 审计目标   B. 认定

C. 管理层责任   D. 治理层责任

2. 下列各项中，属于期末账户余额相关的完整性认定的是（   ）。

A. 资产负债表所列存货均存在并可供使用

B. 所有应当记录的存货均已记录

C. 当期的全部销售交易均已登记入账

D. 期末已按成本与可变现净值孰低的原则计提了存货跌价准备

3. 丙公司将 2024 年度的主营业务收入列入 2023 年度的财务报表，则其 2024 年度财务报表存在错误的认定是（　　　）。

A. 发生　　　　　　　　　　　　B. 计价与分摊

C. 分类　　　　　　　　　　　　D. 完整性

4. 审计证据的（　　　）是对审计证据数量的衡量。

A. 充分性　　　　　　　　　　　B. 适当性

C. 客观性　　　　　　　　　　　D. 公正性

5. （　　　）是指注册会计师直接从第三方（被询证者）获取书面答复以作为审计证据的过程。

A. 询问　　　　　　　　　　　　B. 函证

C. 检查　　　　　　　　　　　　D. 观察

6. 有关抽样风险与非抽样风险的下列表述中，审计人员不能认同的是（　　　）。

A. 信赖不足风险与误拒风险会降低审计效率

B. 信赖过度风险与误受风险会影响审计效果

C. 非抽样风险对审计工作的效率和效果都有影响

D. 审计抽样只与审计风险中的检查风险相关

7. 审计人员从总体规模为 1 000 个、账面价值为 300 000 元的存货项目中选取 200 个项目（账面价值为 50 000 元）进行检查，确定其审定金额为 50 500 元。如果采用比率法，审计人员推断的存货总体错报为（　　　）元。

A. 500　　　　　　　　　　　　B. 2 500

C. 3 000　　　　　　　　　　　D. 47 500

8. 审计工作底稿的归档期限为审计报告日后（　　　）天内。

A. 15　　　　　　　　　　　　　B. 30

C. 45　　　　　　　　　　　　　D. 60

9. 会计师事务所应当自审计报告日起，对审计工作底稿至少保存（　　　）年。

A. 3　　　　　　　　　　　　　　B. 5

C. 10　　　　　　　　　　　　　D. 15

10. 注册会计师审计报告的作用不包括（　　　）作用。

A. 鉴证　　　　　　　　　　　　B. 惩罚

C. 保护　　　　　　　　　　　　D. 证明

二、多项选择题

1. 财务报表审计的总体目标是对被审计单位财务报表的（　　　　　）发表意见。

A. 合法性   B. 公允性

C. 真实性   D. 效益性

2. 一般来说，具体审计目标是根据（   ）来确定的。

A. 总体审计目标   B. 会计准则

C. 被审计单位管理层认定   D. 审计准则

3. 审计证据的适当性是对审计证据质量的衡量，其核心内容包括（   ）。

A. 充分性   B. 风险性

C. 相关性   D. 可靠性

4. 下列项目中，审计人员根据被审计单位的具体情况可能实施函证程序的有（   ）。

A. 其他应收款   B. 或有事项

C. 固定资产   D. 交易性金融资产

5. 审计抽样中的信赖不足风险与误拒风险，可能导致的结果有（   ）。

A. 扩大审计程序   B. 增加审计成本

C. 形成错误结论   D. 发表有保留的审计意见

6. 统计抽样在控制测试中应用而形成的审计抽样方法有（   ）。

A. 固定样本抽样   B. 停走抽样

C. 变量抽样   D. 发现抽样

7. 如果审计人员决定在对应收账款实施细节测试时使用统计抽样方法，而且预计将会发现少量的差异，则会考虑使用的统计抽样方法有（   ）。

A. 比率法   B. 均值法

C. 差额法   D. 货币单元抽样

8. 注册会计师在（   ）时可以使用审计抽样。

A. 实施风险评估程序

B. 对留下运行轨迹的控制实施控制测试

C. 实施实质性分析程序

D. 实施细节测试

9. 对审计工作底稿的复核包括（   ）。

A. 项目组成员实施的复核

B. 被审计单位管理层实施的复核

C. 注册会计师协会实施的复核

D. 项目质量控制复核

10. 注册会计师出具的审计报告中，非无保留意见的审计报告包括（   ）。

A. 保留意见的审计报告

B. 否定意见的审计报告

C. 带强调事项段的无保留意见的审计报告

D. 无法表示意见的审计报告

三、案例分析题

1. 表 3-10 列示了财务报表审计的具体审计目标，其中包括一般审计目标和应收账款项目审计目标。请根据认定、一般审计目标和项目审计目标的相互关系，在表 3-11 的适当位置填列：

（1）与一般审计目标正确对应的认定；

（2）与一般审计目标正确对应的应收账款项目审计目标的英文大写字母。

表 3-10　一般审计目标与应收账款项目审计目标

一般审计目标	应收账款项目审计目标
记录的金额确实存在	A. 应收账款的增减与公司销售业务和回款进度存在逻辑关系，无迹象表明有重大错报
已存在的金额均已记录	B. 年末销售截止是恰当的
资产归属于被审计单位	C. 应收账款已恰当地按客户名称予以分类
资产、负债和所有者权益以恰当的金额包括在财务报表中，与之相关的计价或分摊调整已恰当记录	D. 应收账款总额余额与各明细账余额合计一致
接近于资产负债表日的交易记录于恰当的期间	E. 所有符合销售收入确认条件的赊销金额已记入"应收账款"账户
已记录的交易是按正确金额反映的	F. 所有应收账款均已按既定的会计政策计提坏账准备
财务信息和其他信息已被公允披露，且金额恰当	G. 资产负债表日，所有已记录的应收账款存在
财务信息已被恰当地列报和描述，且披露内容表述清晰	H. 所有大额应收账款已通过函证和其他程序被证实属于公司

表 3-11　认定、一般审计目标对应的应收账款项目审计目标

认定	一般审计目标	应收账款项目审计目标
	记录的金额确实存在	
	已存在的金额均已记录	
	资产归属于被审计单位	

续表

认定	一般审计目标	应收账款项目审计目标
	资产、负债和所有者权益以恰当的金额包括在财务报表中，与之相关的计价或分摊调整已恰当记录	
	接近于资产负债表日的交易记录于恰当的期间	
	已记录的交易是按正确金额反映的	
	财务信息和其他信息已被公允披露，且金额恰当	
	财务信息已被恰当地列报和描述，且披露内容表述清晰	

2. 审计人员在对 F 公司 2023 年度财务报表进行审计时，收集到以下 6 组审计证据：

（1）收料单与购货发票；

（2）销货发票副本与产品出库单；

（3）领料单与材料成本计算表；

（4）工资计算单与工资发放单；

（5）存货盘点表与存货监盘记录；

（6）银行询证函回函与银行对账单。

要求：请分别说明每组审计证据中哪项审计证据较为可靠，并简要说明理由。

3. 飞达股份有限公司 2023 年 12 月 31 日库存材料明细账结存数量：甲材料 6 400 千克，乙材料 8 800 千克，丙材料 4 500 千克。2024 年 1 月 15 日上午上班前，审计人员李明受托对该公司的库存材料进行盘点，盘点结果如下：甲材料 6 080 千克，乙材料 8 570 千克，丙材料 4 140 千克。又查阅材料仓库卡片，2024 年 1 月 1 日至 14 日收付记录如表 3-12 所示。

表 3-12 飞达股份有限公司库存材料收付记录

2024 年 1 月 1 日至 14 日　　　　　　　　　　单位：千克

材料名称	甲材料	乙材料	丙材料
收入数量	12 400	14 300	6 400
发出数量	11 720	13 930	6 660

要求：根据 2024 年 1 月 15 日的实际盘点结果，用调节法核实该公司 2023 年 12 月 31 日的库存材料数量，并与原明细账结存数量核对，检查原账面记录的真实性和正确性。

项目4

熟悉财务报表审计的工作过程

4

🎯 学习目标 ❯❯❯

素养目标

- ◆ 培养"质疑、警觉、审慎、客观"的审计职业怀疑态度；
- ◆ 培养识别、防范、应对与化解审计风险的意识。

知识目标

- ◆ 熟悉初步业务活动的目的和内容；
- ◆ 熟悉审计计划的内容及编制；
- ◆ 理解重要性的含义及重要性水平的确定；
- ◆ 掌握审计风险的组成要素及相互关系；
- ◆ 熟悉重要性和审计风险的相互关系；
- ◆ 熟悉被审计单位及其环境和适用的财务报告编制基础的内容；
- ◆ 熟悉内部控制的含义、组成要素及对其了解的程序；
- ◆ 掌握识别和评估重大错报风险的审计程序；
- ◆ 熟悉针对评估的重大错报风险采取的总体应对措施；
- ◆ 掌握控制测试和实质性程序的性质、时间安排和范围。

能力目标

- ◆ 能够在开展初步业务活动的基础上编制审计业务约定书；
- ◆ 能够制定总体审计策略和具体审计计划；
- ◆ 能够确定重要性水平并应用重要性和审计风险模型；
- ◆ 能够在了解被审计单位及其环境等方面的基础上识别与评估两个层次的重大错报风险；
- ◆ 能够在整体层面和流程层面了解内部控制以识别内部控制重大缺陷并提出合理建议；
- ◆ 能够合理应对报表层次与认定层次重大错报风险。

任务导航 >>>

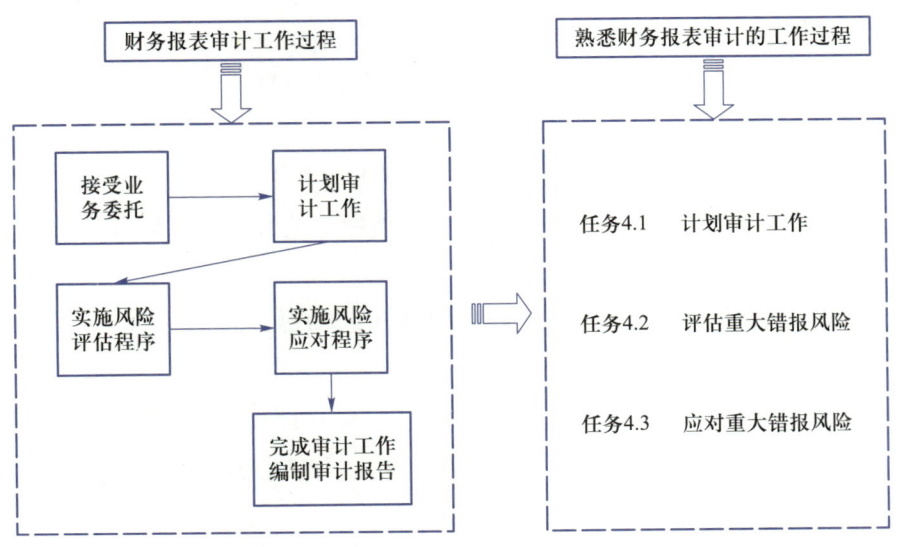

任务 4.1
计划审计工作

计划审计工作对于注册会计师顺利完成审计工作和控制审计风险具有非常重要的意义。在计划审计工作时，注册会计师需要：① 开展初步业务活动；② 制定总体审计策略和具体审计计划；③ 考虑审计重要性、审计风险及其相互关系；④ 评价审计过程中识别出的错报。

任务 4.1.1　开展初步业务活动

【任务分析】

注册会计师在接受新客户的审计业务前，或决定是否保持现有审计业务或考虑接受现有客户的新审计业务时，应当开展初步业务活动，以识别与评估会计师事务所面临的风险。

为顺利开展初步业务活动，注册会计师应当：① 明确初步业务活动的目的和内容；② 熟悉审计业务约定书的基本内容及需要特殊考虑的事宜。

视频：初步
业务活动的
步骤

【知识准备】

一、初步业务活动的目的和内容

（一）初步业务活动的目的

注册会计师在本期审计业务开始时，需要开展初步业务活动，以实现以下三个主要目的：

（1）确保注册会计师具备执行业务所需独立性和能力。

（2）确保不存在因管理层诚信问题而可能影响注册会计师接受或保持该项业务意愿的事项。

（3）确保与被审计单位不存在对业务约定条款的误解。

（二）初步业务活动的内容

注册会计师在本期审计业务开始时应当开展下列初步业务活动：

（1）针对客户关系和审计业务的接受与保持，实施相应的质量管理。

（2）评价遵守相关职业道德要求的情况。

（3）就审计业务约定条款与被审计单位达成一致意见。

在做出保持或建立客户关系及接受或承接具体审计业务的决策后，注册会计师应当按照审计准则的规定，在审计业务开始前，与被审计单位就审计业务约定条款达成一致意见，签订或修改审计业务约定书，以避免双方对审计业务的理解产生分歧。

二、审计业务约定书

审计业务约定书是指会计师事务所与被审计单位签订的，用以记录和确认审计业务的委托与受托关系、审计目标和范围、双方的责任以及报告的格式等事项的书面协议。会计师事务所承接任何审计业务，都应与被审计单位签订审计业务约定书。

（一）审计业务约定书的基本内容

审计业务约定书的具体内容和格式因被审计单位的不同而不同，但应当包括以下主要内容：

（1）财务报表审计的目标与范围；

（2）注册会计师的责任；

（3）管理层的责任；

（4）指出用于编制财务报表所适用的财务报告编制基础；

（5）提及注册会计师拟出具的审计报告的预期形式和内容，以及在特定情况下对出具的审计报告可能不同于预期形式和内容的说明。

（二）审计业务约定书的特殊考虑

（1）对于连续审计，注册会计师应当考虑是否需要根据具体情况修改审计业务约定书的条款，以及是否需要提醒被审计单位注意现有的条款。

（2）审计业务约定条款的变更。在完成审计业务前，如果被审计单位或委托人要求注册会计师将审计业务变更为保证程度较低的业务，注册会计师应当确定是否存在合理理由予以变更，如果没有合理的理由，注册会计师就不应同意变更业务。如果注册会计师不同意变更审计业务约定条款，而管理层又不允许继续执行原审计业务，则注册会计师应当：① 在适用的法律法规允许的情况下，解除审计业务约定；② 确定是否有约定义务或其他义务向治理层、所有者或监管机构等报告该事项。如果因环境变化对审计服务的需求产生影响、对原来要求的审计业务的性质存在误解而导致审计业务的变更，通常是合理变更。

（三）审计业务约定书的格式

在实务中，审计业务约定书可以采用合同式或信函式两种格式。尽管格式不同，但其实质内容是相同的。

🔧 职业素养提升

现代信息技术环境下的审计方式

进入信息化时代以来，随着微电子技术、计算机技术和通信技术的发展，围绕信息的产生、收集、存储、处理、检索和传递，形成了一个全新的、用以开发和利用信息资源的高技术群，它包括微电子技术、通信技术、计算机技术、各类软件及系统集成技术、机器人技术、人工智能技术等现代信息技术。尽管这些现代信息技术并不会改变审计人员制定审计目标、实施风险评估和了解内部控制的原则性要求，但它们对审计线索、审计技术手段、审计内容、审计人员等方面产生了深远的影响。

现代信息技术在审计中的广泛应用，形成了以下两种典型的审计方式：① 绕过计算机进行审计。当面临不太复杂的信息技术环境时，如在信息技术并不对传统审计线索产生重大影响的情况下，审计人员可采取传统方式进行审计，即"绕过计算机进行审计"。在此情形下，审计人员虽然仍需了解信息技术一般控制和信息处理控制，但不需要测试其运行有效性，即不依赖其降低评估的控制风险水平，更多的审计工作将依赖非信息技术类审计方法。② 穿过计算机进行审计。当面临较为复杂的信息技术环境时，"绕过计算机进行审计"就不可行，转而需要"穿过计算机进行审计"。这时，审计人员需要更多地运用各项审计技术和审计工具开展具体的审计工作。

【任务检查】

单项选择题

1. 在本期审计业务开始时，注册会计师应当开展的初步业务活动是（　　）。

A. 就审计范围与被审计单位管理层沟通

B. 获取被审计单位管理层声明书

C. 就审计责任与被审计单位治理层沟通

D. 评价遵守相关职业道德要求的情况

2. 会计师事务所承接任何审计业务，都应与被审计单位签订（　　）。

A. 审计通知书　　　　　　　　　　　B. 审计报告

C. 审计业务约定书　　　　　　　　　D. 审计准则

任务 4.1.2　制订总体审计策略和具体审计计划

【任务分析】

审计计划分为总体审计策略和具体审计计划两个层次。图 4-1 列示了审计计划的这两个层次。注册会计师应当针对总体审计策略识别的不同事项，制订具体审计计划，并考虑通过有效利用审计资源以实现审计目标。

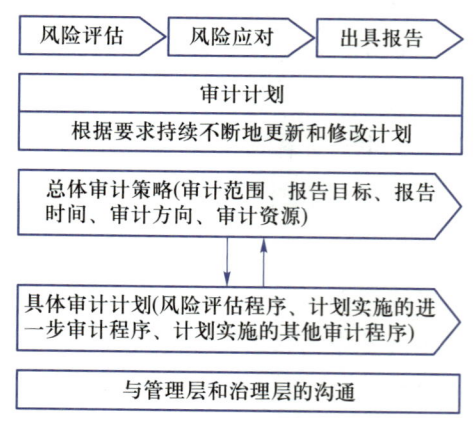

图 4-1　审计计划的两个层次

为了顺利完成制订总体审计策略和具体审计计划这项工作任务，注册会计师应当：① 熟知总体审计策略和具体审计计划的内容，掌握其编制方法；② 明确审计过程中对计划的更改。

【知识准备】

一、总体审计策略

总体审计策略用以确定审计范围、时间和方向，并指导具体审计计划的制订。在制订总体审计策略时，应当考虑审计范围、报告目标、时间安排、审计方向、审计资源等事项，同时应考虑这些事项对具体审计计划的影响。

二、具体审计计划

具体审计计划的内容包括为获取充分、适当的审计证据以将审计风险降至可接受的低水平，项目组成员拟实施的审计程序的性质、时间安排和范围。具体审计计划应当包括风险评估程序、计划实施的进一步审计程序和计划实施的其他审计程序。

1. 风险评估程序

风险评估程序的具体审计计划应当包括，为了充分识别和评估财务报表重大错报风险，注册会计师计划实施的风险评估程序的性质、时间安排和范围。

2. 计划实施的进一步审计程序

计划实施的进一步审计程序的具体审计计划应当包括，针对评估的认定层次的重大错报风险，注册会计师计划实施的进一步审计程序的性质、时间安排和范围，进一步审计程序包括控制测试和实质性程序。

3. 计划实施的其他审计程序

计划实施的其他审计程序可以包括上述计划实施的进一步审计程序的具体审计计划中没有涵盖的、根据其他审计准则的要求注册会计师应当执行的既定程序。例如，舞弊、法律法规、持续经营、关联方等方面的特定项目。

三、审计过程中对计划的更改

计划审计工作并非审计业务的一个孤立阶段，而是一个持续的、不断修正的过程，贯穿于整个审计业务的始终。由于未预期事项、条件的变化或在实施审计程序中获取的审计证据等原因，注册会计师应当在审计过程中对总体审计策略和具体审计计划作出更新和修改。

四、指导、监督与复核

注册会计师应当制订计划，以确定对项目组成员工作的指导、监督以及对其工作进行复核的性质、时间安排和范围。

【任务检查】

单项选择题

1. 下列有关计划审计工作的说法中，错误的是（　　）。

A. 在制订总体审计策略时，注册会计师应当考虑初步业务活动的结果

B. 注册会计师制订的具体审计计划应当包括风险评估程序、计划实施的进一步审计程序和计划实施的其他审计程序

C. 注册会计师在制订审计计划时，应当确定对项目组成员的工作进行复核的性质、时间安排和范围

D. 具体审计计划通常不影响总体审计策略

2. 下列各项中，属于具体审计计划的是（　　）。

A. 签订审计业务约定书

B. 确定重要性水平

C. 确定风险评估程序的性质、时间安排和范围

D. 确定审计资源的规划与调配

3. 下列各项中，不应当包括在具体审计计划中的是（　　）。

A. 确定执行审计业务所必需的审计资源的性质、时间安排和范围

B. 计划实施的风险评估程序的性质、时间安排和范围

C. 计划实施的控制测试的性质、时间安排和范围

D. 计划实施的实质性程序的性质、时间安排和范围

任务 4.1.3　评价审计过程中识别出的错报

【任务分析】

为了恰当评价审计过程中识别出的错报，注册会计师应当：① 理解错报的定义；② 了解明显微小的错报；③ 区分事实错报、判断错报和推断错报；④ 对审计过程识别出的错报进行考虑对审计意见的影响。

【知识准备】

一、错报的定义

错报是指某一财务报表项目的金额、分类或列报，与按照适用的财务报告编制基础应当列示的金额、分类或列报之间存在的差异；或根据注册会计师的判断，为

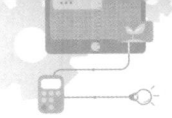

使财务报表在所有重大方面实现合法、公允的反映，需要对金额、分类或列报做出的必要调整。

错报常常由下列事项导致：

（1）收集或处理用以编制财务报表的数据时出现错误。

（2）遗漏某项金额或披露，包括不充分或不完整的披露，以及为满足特定财务报告编制基础的披露目标而被要求作出的披露（如适用）。

（3）由于疏忽或明显误解有关事实导致作出不正确的会计估计。

（4）注册会计师认为管理层对会计估计作出不合理的判断或对会计政策作出不恰当的选择和运用。

（5）信息的分类、汇总或分解不恰当。

财务报表中存在的错报，按照是否被识别或发现，可分为未识别错报和已识别错报。已识别错报，按照是否需要累积，可分为无需累积的已识别错报和累积识别出的错报。无需累积的已识别错报，也称为明显微小的错报。

二、明显微小的错报

明显微小的错报是指低于某一金额的错报，这类错报不需要累积，因为注册会计师认为这些错报的汇总数明显不会对财务报表产生重大影响。这些明显微小的错报，无论单独或者汇总起来，从规模、性质或其发生的环境来看都是明显微不足道的。如果不确定一个或多个错报是否明显微小，就不能认为这些错报是明显微小的。

注册会计师在制定总体审计策略时，需要确定一个明显微小错报的临界值，低于该临界值的错报视为明显微小的错报，可以不累积。在确定明显微小错报的临界值时，需要注册会计师运用职业判断并考虑以下因素：

（1）以前年度审计中识别出的错报（包括已更正和未更正错报）的数量和金额。

（2）重大错报风险的评估结果。

（3）被审计单位治理层和管理层对注册会计师与其沟通错报的期望。

（4）被审计单位的财务指标是否勉强达到监管机构的要求或投资者的期望。

注册会计师对上述因素的考虑，实际上是在确定审计过程中对错报的过滤程度。注册会计师的目标是要确保不累积的错报（即低于临界值的错报）连同累积的未更正错报不会汇总成为重大错报。如果注册会计师预期被审计单位存在数量较多、金额较小的错报，可能考虑采用较低的临界值，以避免大量低于临界值的错报积少成多构成重大错报。如果注册会计师预期被审计单位错报数量较少，则可能采用较高的临界值。

注册会计师可能将明显微小错报的临界值确定为财务报表整体重要性的3%～5%，也可能更低或更高一些，但通常不超过财务报表整体重要性的10%，除

非注册会计师认为有必要单独为重分类错报确定一个更高的临界值。

三、累积识别出的错报

累积识别出的错报通常是指通过注册会计师在审计过程中累积的高于明显微小错报临界值的已识别错报。

为了帮助注册会计师评价审计过程中累积识别出的错报的影响以及与管理层和治理层沟通错报事项，注册会计师通常将累计识别出的错报区分为事实错报、判断错报和推断错报。

（一）事实错报

事实错报是毋庸置疑的错报。这类错报产生于被审计单位收集和处理数据的错误、对事实的忽略或误解或故意舞弊行为。例如，注册会计师在实施细节测试时发现最近购入存货的实际价值为 15 000 元，但账面记录的金额却为 10 000 元。因此，存货和应付账款分别被低估了 5 000 元，这里被低估的 5 000 元就是已识别的对事实的具体错报。

（二）判断错报

判断错报是由于注册会计师认为管理层对会计估计做出不合理的判断或不恰当地选择和运用会计政策而导致的差异。这类错报产生于两种情况：① 管理层和注册会计师对会计估计值的判断差异。例如，由于管理层对财务报表中某一项目做出的估计值超出了注册会计师确定的一个合理范围，导致出现判断差异。② 管理层和注册会计师对选择和运用会计政策的判断差异。例如，注册会计师认为管理层选用会计政策造成错报，管理层却认为选用会计政策适当，导致出现判断差异。

（三）推断错报

注册会计师对总体存在的错报做出的最佳估计数，涉及根据在审计样本中识别出的错报来推断总体的错报。推断错报通常是指通过测试样本估计出的总体的错报减去在测试中发现的已经识别的具体错报。例如，应收账款年末余额为 2 000 万元，注册会计师抽查 10% 样本发现金额有 100 万元的高估，高估部分为账面金额的 20%，据此注册会计师推断总体的错报金额为 400（即 2 000×20%）万元，那么上述 100 万元就是已识别的具体错报，其余 300 万元即为推断错报。

四、对审计过程识别出的错报的考虑

（一）考虑可能存在其他错报

错报可能不会孤立发生，一项错报的发生还可能表明存在其他错报。例如，注册会计师识别出由于内部控制失效而导致的错报，或被审计单位广泛运用不恰当的假设或评估方法而导致的错报，均可能表明还存在其他错报。

（二）考虑导致错报未被发现的原因

抽样风险和非抽样风险可能导致某些错报未被发现。如果审计过程中累积错报的汇总数接近计划审计工作时确定的重要性水平，则表明可能存在比可接受的低水平风险更大的风险，即可能未被发现的错报连同审计过程中累积错报的汇总数，可能超过重要性水平。

（三）考虑错报产生的原因

注册会计师可能要求管理层检查某类交易、账户余额或披露，以使管理层了解注册会计师识别出的错报的产生原因，并要求管理层采取措施以确定这些交易、账户余额或披露实际发生错报的金额，以及对财务报表作出适当的调整。例如，在从审计样本中识别出的错报推断总体错报时，注册会计师可以提出这些要求。

🔍 职业素养提升

保持适当职业怀疑与合理运用职业判断：审计人员的两项基本修炼

职业怀疑是指注册会计师执行审计业务的一种态度，包括采取质疑的思维方式，对可能表明由于舞弊或错误导致错报的迹象保持警觉，以及对被审计单位治理层和管理层、审计证据进行审慎客观地评价。职业怀疑要求注册会计师具有批判和质疑的精神，寻求事物真相，不应不假思索全盘接受被审计单位提供的证据和解释，不应轻易相信过分理想的结果或太多巧合的情况，要摒弃"存在即合理"的逻辑思维。在计划和实施审计工作时，注册会计师应当保持职业怀疑，认识到可能存在导致财务报表发生重大错报的情形。职业怀疑是注册会计师综合技能不可或缺的一部分，是保证审计质量的关键要素。保持职业怀疑有助于注册会计师恰当运用职业判断，提高审计程序设计及执行的有效性，降低审计风险。

职业判断，是指在审计准则、财务报告编制基础和职业道德要求的框架下，注册会计师综合运用相关知识、技能和经验，作出适合审计业务具体情况、有根据的行动决策。职业判断是注册会计师行业的精髓，注册会计师执业的各个环节都需要运用职业判断。注册会计师职业判断需要在相关法律法规、职业标准的框架下作出，并以具体事实和情况为依据。职业判断能力是注册会计师胜任能力的核心，通常来说，具备丰富的知识、经验和良好的专业技能，保持独立、客观、公正和适当的职业怀疑，有助于提高注册会计师的职业判断能力。

【引思明理】职业怀疑存在于审计全过程，是职业判断的重要组成部分，保持独立性可以增强注册会计师在审计中保持客观公正、职业怀疑的能力。保持适当职业怀疑，有助于注册会计师塑造自己的思维框架，合理运用职业判断。保持适当职业怀疑并合理运用职业判断，是注册会计师审计工作的常态，也是干好审计工作的

两个基本要求，或者说是两项基本修炼。

【任务检查】

多项选择题

1. 下列各项因素中，注册会计师在确定明显微小错报的临界值时通常需要考虑的有（　　　　　）。

A. 以前年度审计中识别出的错报的数量和金额

B. 财务报表使用者的经济决策受错报影响的程度

C. 重大错报风险的评估结果

D. 被审计单位的财务指标是否勉强达到监管机构的要求

2. 下列有关明显微小错报的说法中，正确的有（　　　　　）。

A. 明显微小错报的汇总数不会对财务报表产生重大影响

B. 明显微小错报的金额的数量级小于不重大错报的金额的数量级

C. 如果不确定一个或多个错报是否明显微小，就不能认为这些错报是明显微小的

D. 注册会计师不需要累积明显微小的错报

任务 4.1.4　考虑审计重要性、审计风险及其相互关系

【任务分析】

在计划审计工作时，注册会计师应当考虑导致财务报表发生重大错报的原因，并在了解被审计单位及其环境的基础上，确定一个可接受的重要性水平，即首先为财务报表层次确定重要性水平，以发现在金额上的重大错报。必要时，注册会计师还应当评估特定类别交易、账户余额及披露认定层次的重要性，以便确定进一步审计程序的性质、时间安排和范围，将审计风险降至可接受的低水平。

在考虑审计重要性、审计风险及其相互关系时，注册会计师应当：① 理解重要性的概念并能确定重要性水平；② 理解审计风险的含义并能应用审计风险模型。

【知识准备】

一、重要性

（一）重要性的概念

通常而言，重要性概念可从下列方面理解：

（1）如果合理预期错报（包括漏报）单独或汇总起来可能影响财务报表使用者依据财务报表做出的经济决策，则通常认为相关错报是重大的。

（2）对重要性的判断是根据具体环境做出的，并受错报的金额或者性质的影响，或者受到两者共同作用的影响。

视频：财务报表整体重要性水平的确定

（3）判断某事项对财务报表使用者来说是否重大，是在考虑财务报表使用者整体共同的财务信息需求的基础上做出的。由于不同财务报表使用者对财务信息的需求可能差异很大，因此不考虑错报对个别财务报表使用者可能产生的影响。

（二）重要性水平的确定

重要性水平是指从金额（数量）上来衡量错报的重大程度。在计划审计工作时，注册会计师应当确定一个合理的重要性水平，以发现在金额上的重大错报。注册会计师在确定计划的重要性水平时，需要考虑对被审计单位及其环境等方面情况的了解、财务报表各项目的性质及其相互关系、财务报表各项目的金额及其波动幅度。同时，应当从性质和数量两个方面合理确定重要性水平。

1. 从性质方面考虑重要性

在某些情况下，金额相对较少的错报可能对财务报表产生重大影响。例如，一项不重大的违法支付或没有遵循某项法律规定的行为，但该支付或违法行为可能导致一项重大的或有负债、重大的资产损失或收入损失，就应该认为上述事项是重大的。可能构成重要性的因素有：① 对财务报表使用者需求的感知，即财务报表使用者对财务报表的哪一方面最感兴趣；② 获利能力趋势；③ 因没有遵守贷款契约、合同约定、法规条款和法定的或常规的报告要求而产生错报的影响；④ 计算管理层报酬、奖金等的依据；⑤ 由于错误或舞弊而使一些账户项目对损失的敏感性；⑥ 重大或有负债；⑦ 通过一个账户处理大量的复杂的和相同性质的个别交易；⑧ 关联方交易；⑨ 可能的违法行为、违约和利益冲突；⑩ 财务报表项目的重要性、性质、复杂性和组成。

2. 从数量方面考虑重要性

（1）财务报表整体的重要性。在制订总体审计策略时，注册会计师应当确定财务报表整体的重要性，以其作为评价财务报表是否公允反映的标准。

确定财务报表整体的重要性时，通常需要注册会计师运用职业判断，先选择一个基准，再乘以某一百分比。

适当的基准取决于被审计单位的具体情况，包括各类报告收益（如税前利润、营业收入、毛利润和费用总额）以及所有者权益或净资产。对于以营利为目的的实体，通常以经常性业务的税前利润作为基准。如果经常性业务的税前利润不稳定，则选用其他基准可能更加合适，如毛利润或营业收入。

为选定的基准确定百分比需要注册会计师运用职业判断。百分比和选定的基准

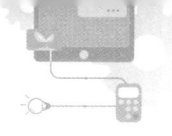

之间存在一定的联系，如经常性业务的税前利润对应的百分比通常比营业收入对应的百分比要高。例如，对以营利为目的的制造行业实体，注册会计师可能认为经常性业务的税前利润的 5% 是适当的；对非营利组织，注册会计师可能认为总收入或费用总额的 1% 是适当的。百分比无论是高一些还是低一些，只要符合具体情况，就都是适当的。

（2）特定类别交易、账户余额或披露的重要性水平。根据被审计单位的特定情况，下列因素可能表明存在一个或多个特定类别的交易、账户余额或披露，其发生的错报金额虽然低于财务报表整体的重要性，但合理预期将影响财务报表使用者依据财务报表做出的经济决策：① 法律法规或适用的财务报告编制基础是否影响财务报表使用者对特定项目（如关联方交易、管理层和治理层的薪酬）计量或披露的预期；② 与被审计单位所处行业相关的关键性披露（如制药企业的研究与开发成本）；③ 财务报表使用者是否特别关注财务报表中单独披露的业务的特定方面（如新收购的业务）。

在根据被审计单位的特定情况考虑是否存在上述交易、账户余额或披露时，注册会计师可能发现了解治理层和管理层的看法和预期是有用的。

3. 实际执行的重要性

实际执行的重要性，是指注册会计师确定的低于财务报表整体重要性的一个或多个金额，旨在将未更正和未发现错报的汇总数超过财务报表整体重要性的可能性降至适当的低水平。如果适用，则实际执行的重要性还指注册会计师确定的低于特定类别的交易、账户余额或披露重要性水平的一个或多个金额。

通常而言，实际执行的重要性通常为财务报表整体重要性的 50%～75%。选择较低的百分比来确定实际执行的重要性的情况：① 首次接受委托的项目；② 连接审计项目，以前年度审计调整较多；③ 项目总体风险较高（如处于高风险行业、管理层能力欠缺、面临较大市场竞争压力或业绩压力等）。选择较高百分比来确定实际执行的重要性的情况：① 连续审计项目，以前年度审计调整较少；② 项目总体风险为低到中等（如处于非高风险行业、管理层有足够能力、面临较低的市场竞争压力和业绩压力等）。③ 以前期间的审计经验表明内部控制运行有效。

4. 审计过程中修改重要性

由于存在下列原因，注册会计师可能需要修改财务报表整体的重要性和特定类别的交易、账户余额或披露的重要性水平（如适用）：① 审计过程中情况发生重大变化（如决定处置被审计单位的一个重要组成部分）；② 获取新信息；③ 通过实施进一步审计程序，注册会计师对被审计单位及其经营的了解发生变化（例如，注册会计师在审计过程中发现，实际财务成果与最初确定财务报表整体的重要性时使用的预期财务成果相比存在很大差异），此时就需要修改重要性。

二、审计风险

审计风险是指当财务报表存在重大错报时，注册会计师发表不恰当审计意见的可能性。审计业务是一种保证程度高的鉴证业务，可接受的审计风险应当足够低，以使注册会计师能够合理保证所审计的财务报表不含有重大错报。

视频：重大错报风险的层次与种类

审计风险取决于重大错报风险和检查风险。审计风险、重大错报风险和检查风险之间的关系用数学模型表示如下：

$$审计风险 = 重大错报风险 \times 检查风险$$

（一）重大错报风险

重大错报风险是指财务报表在审计前存在重大错报的可能性。重大错报风险与被审计单位的风险相关，且独立存在于财务报表的审计。在设计审计程序以确定财务报表整体是否存在重大错报时，注册会计师应当从财务报表层次和各类交易、账户余额和披露认定层次考虑重大错报风险。

1. 财务报表层次的重大错报风险

财务报表层次重大错报风险与财务报表整体存在广泛联系，它可能影响多项认定。此类风险通常与控制环境有关，但也可能与其他因素有关，如经济萧条。此类风险难以被界定于某类交易、账户余额和披露的具体认定，但增大了认定层次发生重大错报的可能性，与注册会计师考虑由舞弊引起的风险尤其相关。

2. 各类交易、账户余额和披露认定层次的重大错报风险

注册会计师应同时考虑各类交易、账户余额和披露认定层次的重大错报风险，考虑的结果直接有利于注册会计师确定认定层次上实施的进一步审计程序的性质、时间安排和范围。注册会计师在各类交易、账户余额和披露认定层次获取审计证据，以便能够在审计工作完成时，以可接受的低审计风险水平对财务报表整体发表意见。

认定层次的重大错报风险又可进一步细分为固有风险和控制风险。它们之间的关系用数学模型表示如下：

$$重大错报风险 = 固有风险 \times 控制风险$$

（1）固有风险。固有风险是指在不考虑控制的情况下，某类交易、账户余额或披露的某一认定易于发生错报（该错报单独或连同其他错报可能是重大的）的可能性。某些类别的交易、账户余额和披露及其认定的固有风险较高。例如，复杂的计算比简单的计算更可能出错；受重大计量不确定性影响的会计估计发生错报的可能性较大；技术进步可能导致某项产品陈旧，进而导致存货易于发生高估错报（"准确、计价和分摊"认定）。

（2）控制风险。控制风险是指某类交易、账户余额或披露的某一认定发生错报，该错报单独或连同其他错报是重大的，但没有被内部控制及时防止或发现并纠正的可能性。控制风险取决于与财务报表编制有关的内部控制的设计和运行的有效性。由于控制的固有局限性，某种程度的控制风险始终存在。

在评估认定层次的重大错报风险时，注册会计师既可以对固有风险和控制风险进行单独评估，也可以对两者进行合并评估。

（二）检查风险

检查风险是指如果存在某一错报，该错报单独或连同其他错报可能是重大的，注册会计师为将审计风险降至可接受的低水平而实施程序后没有发现这种错报的风险。

检查风险取决于审计程序设计的合理性和执行的有效性。由于注册会计师通常并不对所有交易、账户余额和披露进行检查，以及其他原因，检查风险不可能降为零。其他原因包括注册会计师可能选择了不恰当的审计程序、审计过程执行不当，或者错误解读了审计结论。这些其他因素可以通过适当计划、在项目组成员之间进行恰当的职责分配、保持职业怀疑态度以及监督、指导和复核项目中人员执行的审计工作得以解决。

（三）检查风险与重大错报风险的反向关系

在既定的审计风险水平下，注册会计师针对某一认定确定的可接受的检查风险水平与注册会计师对认定层次重大错报风险的评估结果呈反向关系。评估的重大错报风险越高，可接受的检查风险越低；评估的重大错报风险越低，可接受的检查风险越高。检查风险与重大错报风险的反向关系用数学模型表示如下：

可接受的检查风险水平 = 可接受的（既定的）审计风险水平 ÷ 重大错报风险的评估结果

假设针对某一认定，注册会计师将可接受的审计风险水平设定为 5%，注册会计师实施风险评估程序后将重大错报风险评估为 25%，根据此模型，可接受的检查风险则为 20%。当然，在实务中，注册会计师不一定用绝对数量表达这些风险水平，也会选用"高""中""低"等文字描述。

注册会计师应当合理设计审计程序的性质、时间安排和范围，并有效执行审计程序，以控制检查风险。

三、重要性与审计风险的关系

重要性与审计风险之间存在反向关系。重要性水平越高，注册会计师面临的审计风险越低；重要性水平越低，注册会计师面临的审计风险越高。注册会计师面临的审计风险越高，越要求注册会计师收集更多、更有效的审计证据，以将审计风险降至可接受的低水平，因此，重要性和审计证据数量之间也是反向变动关系。

值得注意的是，注册会计师不能通过不合理地人为调高重要性水平来降低其面临的审计风险。因为重要性是依据重要性概念中所述判断标准确定的，而不是由主观愿意的审计风险水平决定的。

重要性水平、审计证据数量与审计风险之间的关系如表 4-1 所示。

表 4-1　重要性水平、审计证据数量与审计风险之间的关系

重要性水平	面临的审计风险	审计证据数量	实际审计风险（对审计工作的影响）
∞	0	0	后怕（效果）→法院
0	∞	∞	后悔（效率）→医院
越高（越低）	越低（越高）	越少（越多）	……

【任务检查】

单项选择题

1. 理解和运用重要性要站在（　　）的角度去判断。

A. 被审计单位管理层　　　　　　B. 注册会计师

C. 财务报表使用者　　　　　　　D. 被审计单位治理层

2. 通常而言，实际执行的重要性通常为财务报表整体重要性的（　　）。

A. 50%～75%　　　　　　　　　B. 20%～35%

C. 40%～55%　　　　　　　　　D. 30%～45%

3. 下列与重大错报风险相关的表述中正确的是（　　）。

A. 重大错报风险是因错误使用审计程序产生的

B. 重大错报是假定在不考虑控制的情况下，某一认定发生重大错报的可能性

C. 重大错报风险独立于财务报表审计而存在

D. 重大错报风险可以通过合理实施审计程序予以控制

任务 4.2　评估重大错报风险

风险导向审计模式下，注册会计师在审计过程中围绕重大错报风险的识别、评估和应对，计划和实施审计工作。评估与应对重大错报风险的基本流程如图 4-2

所示。

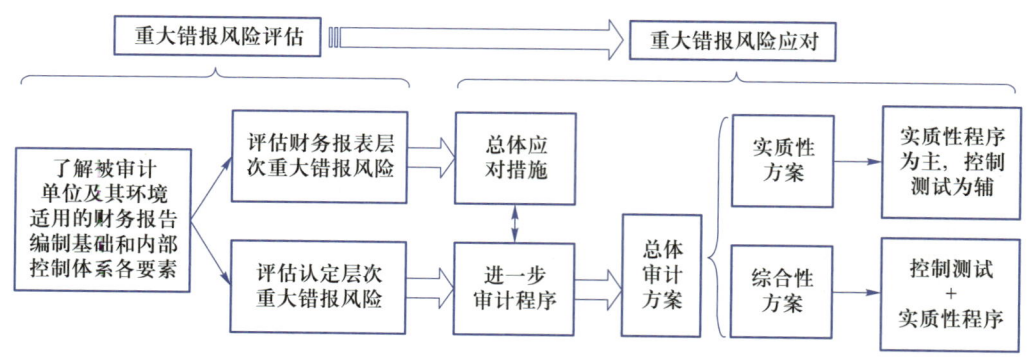

图 4-2　评估与应对重大错报风险的基本流程

按照评估与应对重大错报风险的基本流程，注册会计师应当了解被审计单位及其环境、适用的财务报告编制基础和内部控制体系各要素，实施风险评估程序，以识别和评估财务报表层次以及各类交易、账户余额和披露认定层次的重大错报风险，并针对评估的财务报表层次重大错报风险确定总体应对措施，针对评估的各类交易、账户余额和披露认定层次重大错报风险设计和实施进一步审计程序，以将审计风险降至可接受的低水平。

在评估重大错报风险时，注册会计师应当：① 初步认识重大错报风险的识别与评估；② 了解被审计单位及其环境和适用的财务报告编制基础；③ 了解被审计单位内部控制体系各要素；④ 实施审计程序以识别和评估重大错报风险。

任务 4.2.1　初识重大错报风险的识别与评估

【任务分析】

重大错报风险的识别和评估是审计风险控制流程的起点。在初步认识重大错报风险的识别与评估时，注册会计师需要：① 了解重大错报风险识别与评估的概念；② 明确风险评估的内容；③ 熟悉项目组内部讨论的目标和内容。

【知识准备】

一、重大错报风险识别与评估的概念

重大错报风险的识别与评估是指注册会计师通过实施风险识别与评估程序，以识别和评估被审计单位财务报表层次和认定层次重大错报风险的过程。其中，重大错报风险的识别是指找出财务报表层次和认定层次的重大错报风险；重大错报风险

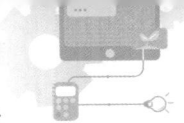

的评估是指对重大错报发生的可能性及其后果的严重程度进行评估。

注册会计师应当实施重大错报风险识别与评估程序，以了解被审计单位及其环境、适用的财务报告编制基础和内部控制体系各要素，为识别和评估财务报表层次和认定层次重大错报风险，设计进一步审计程序提供依据。

二、重大错报风险识别与评估程序和信息来源

重大错报风险识别与评估程序是指注册会计师为识别和评估财务报表层次以及认定层次的重大错报风险而设计和实施的审计程序。注册会计师应当依据实施这些程序所获取的信息，识别和评估重大错报风险。注册会计师在设计和实施这些程序时，不应当偏向于获取佐证性的审计证据，也不应当排斥相矛盾的审计证据。

注册会计师应当完成下列工作，以了解被审计单位及其环境等方面的情况。

1. 询问被审计单位管理层和被审计单位内部其他人员

注册会计师首先应该考虑向管理层和负责财务报告的人员询问下列事项，以获取了解被审计单位及其环境等方面情况的重要信息。

（1）管理层所关注的主要问题，如新的竞争对手、主要客户和供应商的流失、新的税收法规的实施以及经营目标或战略的变化等。

（2）被审计单位最近的财务状况、经营成果和现金流量。

（3）可能影响财务报告的交易和事项，或者目前发生的重大会计处理问题，如重大的购并事宜等。

（4）被审计单位发生的其他重要变化，如所有权结构、组织结构的变化，以及内部控制的变化等。

除此之外，注册会计师还可以通过询问被审计单位内部的其他不同层级和职责的人员获取信息，以为识别和评估重大错报风险提供不同的视角。例如：① 直接询问治理层，可能有助于注册会计师了解治理层对管理层编制财务报表的监督程度。② 直接询问负责生成、处理或记录复杂、异常交易的员工，可能有助于注册会计师评价被审计单位选择和运用某些会计政策的恰当性。③ 直接询问内部法律顾问，可能有助于注册会计师了解诸如诉讼、遵守法律法规的情况、影响被审计单位的舞弊或舞弊嫌疑、产品保证、售后责任、与业务合作伙伴的安排（如合营企业）以及合同条款的含义等事项的有关信息。④ 直接询问营销人员，可能有助于注册会计师了解被审计单位的营销策略、销售趋势变化或与客户的合同安排等。⑤ 直接询问风险管理职能部门的人员，可能有助于注册会计师了解可能影响财务报告的经营和监管风险。⑥ 直接询问信息技术人员，可能有助于注册会计师了解系统变更或控制失效的情况，或与信息技术相关的其他风险。⑦ 直接询问适当的内部审计人员（如有），可能有助于注册会计师在识别和评估重大错报风险时了解被审计单位及其环境和内

部控制体系。

2. 实施分析程序

分析程序是指注册会计师通过研究不同财务数据之间，以及财务数据与非财务数据之间的内在关系，对财务信息作出评价。实施分析程序有助于注册会计师识别不一致的情形、异常的交易或事项，以及可能对审计产生影响的金额、比率和趋势。识别出的异常或未预期到的关系可以帮助注册会计师识别重大错报风险，特别是由舞弊导致的重大错报风险。

注册会计师在将分析程序用于重大错报风险识别与评估时，可以同时使用财务信息和非财务信息，如分析销售额（财务信息）与卖场的面积（非财务信息）或已出售商品数量（非财务信息）之间的关系；也可以使用高度汇总的数据。因此，实施分析程序的结果能初步显示发生重大错报的可能性。例如，在对许多被审计单位（包括业务模式、流程和信息系统较不复杂的被审计单位）进行审计时，注册会计师可以对相关信息进行简单比较，如中期账户余额或月度账户余额与以前的期间余额相比发生的变化，以发现潜在风险的较高领域。

3. 观察和检查

观察和检查程序可以支持对管理层和其他相关人员的询问结果，并可以提供有关被审计单位及其环境等方面情况的信息。注册会计师应当实施下列观察和检查程序。

（1）观察被审计单位的经营活动。例如，观察被审计单位人员正在从事的生产活动和内部控制活动，可以增加注册会计师对被审计单位人员如何进行生产经营活动及实施内部控制的了解。

（2）检查内部文件、记录和内部控制手册。例如，检查被审计单位的经营计划、策略、章程，与其他单位签订的合同、协议，各业务流程操作指引和内部控制手册等，了解被审计单位组织结构和内部控制制度的建立健全情况。

（3）阅读由管理层和治理层编制的报告。例如，阅读被审计单位年度和中期财务报告，股东大会、董事会、高级管理层相关会议的会议记录或纪要，管理层的讨论和分析资料，对重要经营环节和外部因素的评价，被审计单位内部的管理报告以及其他特殊目的报告（如新投资项目的可行性分析报告）等，了解自上一期审计结束至本期审计期间被审计单位发生的重大事项。

（4）实地察看被审计单位的生产经营场所和厂房设备。通过现场访问和实地察看被审计单位的生产经营场所和厂房设备，可以帮助注册会计师了解被审计单位的性质及其经营活动。在实地察看被审计单位的厂房和办公场所的过程中，注册会计师有机会与被审计单位的管理层和担任不同职责的员工进行交流，可以增强注册会计师对被审计单位的经营活动及其重大影响因素的了解。

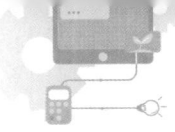

（5）追踪交易在财务报告信息系统中的处理过程（穿行测试）。这是注册会计师了解被审计单位业务流程及其相关控制时经常使用的审计程序。通过追踪某笔或某几笔交易在业务流程中如何生成、记录、处理和报告，以及相关控制程序如何执行，注册会计师可以确定被审计单位的交易流程和相关控制的信息是否与之前通过其他程序所获得的信息相一致，并确定相关控制是否得到执行。

三、重大错报风险识别与评估程序的使用

注册会计师在财务报表审计中应当实施上述风险评估程序，但是在了解被审计单位及其环境、适用的财务报告编制基础和内部控制体系各要素的每一方面时无须实施上述所有程序。例如，在了解被审计单位内部控制体系各要素时通常不使用分析程序。但是，在对被审计单位及其环境和适用的财务报告编制基础了解的整个过程中，注册会计师通常会实施上述的所有程序。

注册会计师在实施相关程序时，可以使用自动化工具和技术，例如，对大批量数据（如总账、明细账或其他经营数据）进行自动化分析，使用远程观察工具（如无人机）观察或检查资产等。

四、其他审计程序和信息来源

1. 其他审计程序

除采用上述程序从被审计单位内部获取信息以外，如果根据职业判断认为从被审计单位外部获取的信息有助于识别重大错报风险，注册会计师应当实施其他审计程序以获取这些信息。例如，直接或间接从特定外部机构（如监管机构）获取被审计单位的公开信息，如被审计单位发布的新闻稿、分析师或投资者会议的材料、分析师报告或与交易活动有关的信息等。又如，询问被审计单位聘请的外部法律顾问、专业评估师、投资顾问和财务顾问等。不论内部和外部信息的来源如何，注册会计师都需要考虑用作审计证据的信息的相关性和可靠性。

2. 其他信息来源

（1）业务承接或保持阶段的信息。注册会计师应当考虑在评价客户关系和审计业务接受或保持过程中获取的信息是否与识别重大错报风险相关。通常，对于新的审计业务，注册会计师应在业务承接阶段对被审计单位及其环境等方面情况形成一个初步的了解，以确定是否承接该业务。对于连续审计业务，也应在每年的续约过程中对上年审计作总体评价，并更新对被审计单位的了解和风险评估结果，以确定是否续约。注册会计师还应当考虑在向被审计单位提供其他服务（如执行中期财务报表审阅业务）时所获得的经验是否有助于识别重大错报风险。

（2）前期审计的信息。对于连续审计业务，如果拟利用以往与被审计单位交往

的经验和以前审计中实施的审计程序获取信息，注册会计师应当确定被审计单位及其环境等方面情况自以前审计后是否已发生变化，并评价这些经验和信息是否依然相关和可靠。例如，通过前期审计获取的有关被审计单位组织结构、生产经营活动和内部控制的审计证据，以及有关以往的错报和错报是否得到及时更正的信息，可以帮助注册会计师评估本期财务报表的重大错报风险。

值得注意的是，被审计单位及其环境等方面情况的变化可能导致此类信息在本期审计中已不具有相关性。例如，注册会计师前期已经了解了内部控制的设计和执行情况，但被审计单位及其环境等方面的情况可能在本期发生变化，导致内部控制也发生相应变化。在这种情况下，注册会计师需要实施询问和其他适当的审计程序（如穿行测试），以确定该变化是否可能影响此类信息在本期审计中的相关性。

五、项目组内部的讨论

项目组内部的讨论在所有业务阶段都非常必要，可以保证所有事项都得到恰当的考虑。通过安排具有较多经验的成员（如项目合伙人）参与项目组内部的讨论，其他成员可以分享其见解和从以往的被审计单位获取的经验。

1. 讨论的要求

项目合伙人和项目组其他关键成员应当讨论被审计单位财务报表易于发生重大错报的可能性，以及如何根据被审计单位的具体情况运用适用的财务报告编制基础。项目合伙人应当确定要向未参与讨论的项目组成员通报哪些事项。

2. 讨论的目的

项目组内部进行的上述讨论可以达到下列目的：

（1）使经验较丰富的项目组成员（包括项目合伙人）有机会分享其根据对被审计单位的了解形成的见解，共享信息有助于增进所有项目组成员对项目的了解。

（2）使项目组成员能够讨论被审计单位面临的经营风险，固有风险因素如何影响各类交易、账户余额和披露易于发生错报的可能性，以及财务报表易于发生由舞弊或错误导致的重大错报的方式和领域。

（3）帮助项目组成员更好地了解在各自负责的领域中潜在的财务报表重大错报，并了解各自实施的审计程序的结果可能如何影响审计的其他方面，包括对确定进一步审计程序的性质、时间安排和范围的影响。特别是可以帮助项目组成员基于各自对被审计单位性质和情况的了解，进一步考虑相矛盾的信息。

（4）为项目组成员交流和分享在审计过程中获取的、可能影响重大错报风险评估结果或应对这些风险的审计程序的新信息提供基础。

3. 讨论的内容

讨论的内容和范围受项目组成员的职位、经验和所需要的信息的影响。项目组

讨论内容例示如表 4-2。

表 4-2　项目组讨论内容例示

讨论的目的	讨论的内容
分享了解的信息	（1）被审计单位的性质、管理层对内部控制的态度、从以往审计业务中获得的经验、重大经营风险因素。 （2）已了解的影响被审计单位的外部和内部舞弊因素，可能为管理层或其他人员实施下列行为提供动机或压力：① 实施舞弊；② 实施构成犯罪的舞弊提供机会；③ 利用企业文化或环境，寻找使舞弊行为合理化的理由；④ 侵占资产（考虑管理层对接触现金或其他易被侵占资产的员工实施监督的情况）。 （3）确定财务报表哪些项目易于发生重大错报，表明管理层倾向于高估或低估收入的迹象。 （4）可能存在的与披露相关的重大错报风险领域
分享审计思路和方法	（1）管理层可能如何编报和隐藏虚假财务报告，如凌驾于内部控制之上。根据对识别的舞弊风险因素的评估，设想可能的舞弊场景对审计很有帮助。例如，销售经理可能通过高估收入实现达到奖励水平的目的，它可以通过修改收入确认政策来实现。 （2）出于个人目的侵占或挪用被审计单位的资产行为如何发生。 （3）考虑：① 管理层进行高估或低估账目的方法，包括对准备和估计进行操纵以及变更会计政策等；② 用于应对评估风险可能的审计程序或方法
为项目组指明审计方向	（1）强调在审计过程中保持职业怀疑态度的重要性。不应将管理层当成完全诚实，也不应将其作为罪犯对待。 （2）列示表明可能存在舞弊可能性的迹象。例如：① 识别警示信号（红旗）并予以追踪；② 一个不重要的金额（如增长的费用）可能表明存在很大的问题，如管理层诚信。 （3）决定如何增加拟实施审计程序的性质、时间安排和范围的不可预见性。 （4）总体考虑：每个项目组成员拟执行的审计工作部分、需要的审计方法、特殊考虑、时间、记录要求，如果出现问题应联系的人员，审计工作底稿复核，以及其他预期事项。 （5）强调对表明管理层不诚实的迹象保持警觉的重要性

　　项目组应当讨论被审计单位面临的经营风险、财务报表容易发生错报的领域以及发生错报的方式，特别是由于舞弊导致重大错报的可能性。讨论的内容和范围受项目组成员的职位、经验和所需要的信息的影响。

　　4. 参与讨论的人员

　　注册会计师应当运用职业判断确定项目组内部参与讨论的成员。项目组的关键成员应当参与讨论，如果项目组需要拥有信息技术或其他特殊技能的专家，这些专家也应根据需要参与讨论。参与讨论人员的范围受项目组成员的职责经验和信息需要的影响。例如，在跨地区审计中，每个重要地区项目组的关键成员都应该参加讨论，但不要求所有成员每次都参加项目组的讨论。

5. 讨论的时间

项目组应当根据审计的具体情况，在整个审计过程中持续交换有关财务报表发生重大错报可能性的信息。

6. 讨论的方式

项目组在讨论时应当强调，要在整个审计过程中保持职业怀疑，警惕重大错报可能发生的迹象，并对这些迹象进行严格追踪。

【任务检查】

一、单项选择题

1. 下列关于风险识别与评估的说法中，正确的是（　　　）。

A. 重大错报风险识别的目的在于找出财务报表层次重大错报风险

B. 所有被审计单位均需要进行重大错报风险识别与评估

C. 有经验的注册会计师在风险评估时通常无须运用职业判断

D. 注册会计师应当识别出所有舞弊或错误导致的重大错报风险

2. 下列不属于在实施重大错报风险识别与评估时实施的审计工作是（　　　）。

A. 询问　　　　　　　　　　　　B. 重新计算

C. 观察和检查　　　　　　　　　D. 分析

二、多项选择题

1. 以下关于项目组内部讨论的说法中，正确的有（　　　　　）。

A. 项目组成员可以通过项目组内部讨论来交流信息和分享见解

B. 项目组应当讨论被审计单位面临的经营风险

C. 需要运用职业判断确定项目组内部参与讨论的成员

D. 项目组内部讨论通常贯穿于整个审计过程

2. 下列有关将分析程序用作重大错报风险识别与评估程序的说法中，正确的有（　　　　　）。

A. 在所有的审计业务中均应当将分析程序用作重大错报风险识别与评估程序

B. 注册会计师在将分析程序用作重大错报风险识别与评估程序时，可以使用高度汇总的数据

C. 注册会计师在将分析程序用作风险评估程序时，可以同时使用财务信息和非财务信息

D. 重大错报风险识别与评估的每个方面均适合采用分析程序

任务 4.2.2　了解被审计单位及其环境和适用的财务报告编制基础

【任务分析】

在了解被审计单位及其环境和适用的财务报告编制基础时，注册会计师应当：① 明确被审计单位及其环境、适用的财务报告编制基础和内部控制体系各要素的总体要求；② 熟知被审计单位及其环境和适用的财务报告编制基础的内容；③ 理解被审计单位及其环境的内容与重大错报风险的联系。

【知识准备】

一、基本规定

（一）总体要求

了解被审计单位及其环境、适用的财务报告编制基础和内部控制体系各要素是一个连续和动态地收集、更新与分析信息的过程，贯穿于整个审计过程的始终。

了解被审计单位及其环境等方面是必要的审计程序，特别是为注册会计师在下列关键环节做出职业判断提供重要基础：

（1）确定重要性水平，并随着审计工作的进程评估对重要性水平的判断是否仍然适当。

（2）考虑会计政策的选择和运用是否恰当，以及财务报表的列报是否适当。

（3）识别与财务报表中金额或披露相关的需要特别考虑的领域，包括关联方交易、管理层运用持续经营假设的合理性，或交易是否具有合理的商业目的等。

（4）确定在实施分析程序时所使用的预期值。

（5）设计和实施进一步审计程序，以将审计风险降至可接受的低水平。

（6）评价所获取审计证据的充分性和适当性。

（二）确定被审计单位及其环境等方面的了解程度

注册会计师应当运用职业判断确定被审计单位及其环境等方面需要了解的程度。评价了解的程度是否恰当，关键是看注册会计师获得的了解是否足以为识别、评估财务报表层次及认定层次重大错报风险和设计进一步审计程序提供依据。如果足以为之提供依据，那么了解的程度就是恰当的。当然，要求注册会计师对被审计单位及其环境等方面了解的程度，要低于管理层为经营管理企业而对被审计单位及其环境等方面需要了解的程度。

（三）了解被审计单位及其环境等方面的内容

注册会计师应当实施重大错报风险识别与评估程序，以了解下列三个方面的内容。

（1）被审计单位及其环境，包括：① 组织结构、所有权和治理结构、业务模式（包括该业务模式利用信息技术的程度）。② 行业形势、法律环境、监管环境和其他外部因素。③ 财务业绩的衡量标准，包括内部和外部使用的衡量标准。

（2）适用的财务报告编制基础、会计政策以及变更会计政策的原因。

注册会计师应当了解被审计单位在按照适用的财务报告编制基础编制财务报表时，固有风险因素怎样影响各项认定易于发生错报的可能性以及影响的程度。

（3）被审计单位内部控制体系各要素。

需要说明的是，上述了解的第（1）项中，第②点是被审计单位的外部因素，第①点是被审计单位的内部因素，第③点则既有外部因素也有内部因素。上述了解的各个方面可能会互相影响。例如，被审计单位的行业形势、法律环境、监管环境和其他外部因素可能影响被审计单位的目标、战略以及相关经营风险；而被审计单位的性质、目标、战略以及相关经营风险可能影响被审计单位对会计政策的选择和运用，以及内部控制的设计和执行。因此，注册会计师在对上述各个方面进行了解和评价时，应当考虑各因素之间的相互关系。

二、组织结构、所有权和治理的结构，以及业务模式

（一）组织结构

复杂的组织结构通常更有可能导致某些特定的重大错报风险。注册会计师应当了解被审计单位的组织结构，考虑复杂组织结构可能导致的重大错报风险，包括财务报表合并、商誉以及长期股权投资核算等问题，以及财务报表是否已对这些问题作了充分披露。例如，对于在多个地区拥有子公司、合营企业、联营企业或其他成员机构，或者存在多个业务分部和地区分部的被审计单位，不仅编制合并财务报表的难度增加，还存在其他可能导致重大错报风险的复杂事项，包括对于子公司、合营企业、联营企业和其他股权投资类别的判断及其会计处理等。

（二）所有权结构

注册会计师应当了解所有权结构以及所有者与其他人员或实体之间的关系，包括关联方。要考虑关联方关系是否已经得到识别，以及关联方交易是否得到恰当会计处理。例如，注册会计师应当了解被审计单位是国有企业、外商投资企业、民营企业还是其他类型的企业，还应当了解其股东的构成，及其所有者与其他人员或实体（如控股母公司控制的其他企业）之间的关系。同时，注册会计师可能需要对其控股母公司（股东）的情况作进一步的了解，包括控股母公司的所有权性质、管理

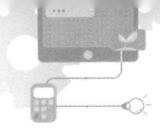

风格及其对被审计单位经营活动及财务报表可能产生的影响；控股母公司与被审计单位在资产、业务、人员、机构、财务等方面是否分开，是否存在占用资金等情况；控股母公司是否施加压力，要求被审计单位达到其设定的财务业绩目标。

注册会计师还应当了解所有者、治理层、管理层之间的区别。例如，在较不复杂的被审计单位中，所有者可能参与管理被审计单位，因此，其所有者、治理层、管理层之间可能只有很小的区别甚至没有区别。在某些上市实体企业中，这三者之间可能存在明确的区分。

（三）治理结构

良好的治理结构可以对被审计单位的经营和财务运作以及财务报告实施有效的监督，从而降低财务报表发生重大错报的风险。注册会计师应当了解被审计单位的治理结构。

注册会计师可以考虑下列事项，以了解治理结构。

（1）治理层人员是否参与对被审计单位的管理。

（2）董事会中的非执行人员（如有）是否与负责执行的管理层相分离。

（3）治理层人员是否在被审计单位法律上的组织结构下的组成部分中任职，如担任董事。

（4）治理层是否下设专门机构（如审计委员会）以及该专门机构的责任。

（5）治理层监督财务报告的责任，如批准财务报表。

注册会计师应当考虑治理层是否能够在独立于管理层的情况下对被审计单位事务（包括财务报告）作出客观判断。

（四）业务模式

注册会计师了解被审计单位的目标、战略和业务模式有助于从战略层面和整体层面了解被审计单位，并了解被审计单位承担和面临的经营风险以及可能对财务报表重大错报风险的产生的影响。

1. 经营风险的概念

经营风险是指可能对被审计单位实现目标和实施战略的能力产生不利影响的重要状况、事项、情况、作为（或不作为）所导致的风险，或由于制定不恰当的目标和战略而导致的风险。

不同的企业可能面临不同的经营风险，这取决于企业经营的性质、所处行业、外部监管环境、企业的规模和复杂程度。管理层有责任识别和应对这些风险。

2. 目标、战略、业务模式及经营风险和重大错报风险的关系

由于多数经营风险最终都会产生财务后果，从而影响财务报表，因此，注册会计师了解被审计单位的目标、战略和业务模式有助于从战略层面和整体层面了解被审计单位，并了解被审计单位承担和面临的经营风险，进而识别重大错报风险。

（1）业务模式与经营风险。不同业务模式的被审计单位可能以不同方式依赖对信息技术的使用。例如，被审计单位甲公司销售 A 产品，由最初的实体店销售模式转变为在线销售模式，即：① 在原先实体店销售模式下，甲公司依赖其库存和销售终端系统记录产品的销售；② 转变为在线销售模式后，甲公司所有销售交易均在信息技术环境中处理，包括通过网站发起交易。可见，在甲公司先后两种明显不同的业务模式下，其潜在的经营风险也有显著差异。

（2）导致财务报表产生重大错报风险的可能性有所增加的经营风险的来源。① 目标或战略不恰当，未能有效实施战略，环境的变化或经营的复杂性。② 未能认识到变革的必要性也可能导致经营风险。例如，开发新产品或服务可能失败；成功开拓了市场后，可能不足以支撑产品或服务；产品或服务存在瑕疵，可能导致法律责任及声誉方面的风险。③ 对管理层的激励和压力措施可能导致有意或无意的管理层偏向，并因此影响重大假设以及管理层或治理层预期的合理性。

（3）经营风险与重大错报风险。经营风险比财务报表重大错报风险范围更广，注册会计师没有责任了解或识别所有的经营风险，因为尽管多数经营风险最终都会导致财务后果，从而影响财务报表，但并非所有的经营风险都会导致重大错报风险。

3. 考虑事项

注册会计师并非需要了解被审计单位业务模式的所有方面。注册会计师在了解可能导致财务报表重大错报风险的业务模式、目标、战略及相关经营风险时，主要考虑下列事项：

（1）行业发展，例如，缺乏足以应对行业变化的人力资源和业务专长。

（2）开发新产品或提供新服务，这可能导致被审计单位的产品责任增加。

（3）被审计单位的业务扩张，被审计单位对市场需求的估计可能不准确。

（4）新的会计政策要求，被审计单位可能对其未完全执行或执行不当。

（5）监管要求，这可能导致法律责任增加。

（6）本期及未来的融资条件，例如，被审计单位由于无法满足融资条件而失去机会。

（7）信息技术的运用，例如，新的信息技术系统的实施将影响经营和财务报告。

（8）实施战略的影响，特别是由此产生的需要运用新的会计政策要求的影响。

4. 了解被审计单位的经营活动、投资活动和筹资活动

注册会计师在了解被审计单位业务模式时，包括了解下列活动。

（1）经营活动。了解被审计单位经营活动有助于注册会计师识别预期在财务报表中反映的主要交易类别、重要账户余额和披露，也有助于注册会计师了解影响财务报告的重要会计政策、交易或事项。

注册会计师可能需要考虑从下列方面了解经营活动：① 收入来源（包括主营业

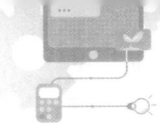

务的性质）、产品或服务以及市场的性质（包括产品或服务的种类、付款条件、利润率、市场份额、竞争者、定价政策、产品声誉、质量保证、营销策略和目标等）；② 业务的开展情况（如生产阶段与生产方法，易受环境风险影响的活动）；③ 联盟、合营与外包情况；④ 地区分布与行业细分；⑤ 生产设施、仓库和办公室的地理位置，存货存放地点和数量；⑥ 关键客户及货物和服务的重要供应商，劳动用工安排（包括是否存在退休金和其他退休福利、股票期权或激励性奖金安排以及与劳动用工事项相关的政府法规）；⑦ 研究与开发活动及其支出；⑧ 关联方交易。

（2）投资活动。了解被审计单位投资活动有助于注册会计师关注被审计单位在经营策略和方向上的重大变化。注册会计师可能需要考虑从下列方面了解投资活动：① 计划实施或近期已实施的并购或资产处置；② 证券与贷款的投资和处置；③ 资本性投资活动；④ 对未纳入合并范围的实体的投资，包括非控制合伙企业、合营企业和非控制特殊目的实体。

（3）筹资活动。了解被审计单位筹资活动有助于注册会计师评估被审计单位在融资方面的压力，并进一步考虑被审计单位在可预见未来的持续经营能力。注册会计师可能需要考虑从下列方面了解筹资活动：① 主要子公司和联营企业（无论是否纳入合并范围）的所有权结构；② 债务结构和相关条款，包括资产负债表外融资和租赁安排；③ 实际受益方（如实际受益方来自国内还是国外，其商业声誉和经验可能对被审计单位产生怎样的影响等）及关联方；④ 衍生金融工具的使用。

三、行业形势、法律环境、监管环境及其他外部因素

（一）行业形势

了解行业形势有助于注册会计师识别与被审计单位所处行业有关的重大错报风险。被审计单位经营所处的行业可能由于其经营性质或监管程度导致产生特定的重大错报风险。例如，在建造行业中，长期合同可能涉及对收入和费用作出重要估计，从而导致重大错报风险。在这种情况下，项目组中包括具有相关胜任能力的成员是很重要的。

注册会计师应当了解被审计单位的行业形势，主要包括：

（1）所处行业的市场与竞争，包括市场需求、生产能力和价格竞争。

（2）生产经营的季节性和周期性。

（3）与被审计单位产品相关的生产技术发展。

（4）能源供应与成本。

（二）法律环境与监管环境

被审计单位在日常经营管理活动中应当遵守相关法律法规和监管要求。注册会计师了解被审计单位法律环境与监管环境的主要原因有：

（1）某些法律法规或监管要求可能对被审计单位经营活动有重大影响，如不遵守将导致停业等严重后果。

（2）某些法律法规或监管要求（如环保法规等）规定了被审计单位某些方面的责任和义务。

（3）某些法律法规或监管要求决定了被审计单位需要遵循的行业惯例和核算要求。

注册会计师应当了解被审计单位所处的法律环境与监管环境，主要包括：

（1）适用的财务报告编制基础。

（2）受管制行业的法规框架，包括披露要求。

（3）对被审计单位经营活动产生重大影响的法律法规，如《中华人民共和国劳动法》。

（4）税收相关法律法规。

（5）目前对被审计单位开展经营活动产生影响的政府政策，如货币政策（包括外汇管制）、财政政策、财政刺激措施（如政府援助项目）、关税或贸易限制政策等。

（6）影响行业和被审计单位经营活动的环保要求。

（三）其他外部因素

注册会计师应当了解影响被审计单位的其他外部因素，主要包括总体经济情况、融资可获得性、利率、通货膨胀水平等。

（四）了解的重点和程度

注册会计师对上述外部因素了解的范围和程度，因被审计单位所处行业、规模以及其他因素（如市场地位）的不同而不同。注册会计师可以考虑将了解的重点放在对被审计单位的经营活动可能产生重要影响的关键外部因素，以及与前期相比发生的重大变化上。例如，对从事计算机硬件制造的被审计单位，注册会计师可能更关心硬件市场竞争和技术发展的情况；对金融行业的被审计单位，注册会计师可能更关心宏观经济走势以及财政、货币等方面的宏观经济政策；对化学化工行业的被审计单位，注册会计师可能更关心相关环保法规政策。

注册会计师应当考虑被审计单位所在行业的性质或监管程度是否可能导致特定的重大错报风险，并考虑项目组是否配备了具有相关知识和经验的成员。例如，建筑行业长期合同涉及收入和成本的估量计算，可能导致重大错报风险；银行监管机构对商业银行的资本充足率有专门规定，不能满足这一监管要求的商业银行可能有操纵财务报表的动机和压力。

四、被审计单位财务业绩的衡量标准

被审计单位管理层经常会衡量和评价关键业绩指标（包括财务指标和非财务指

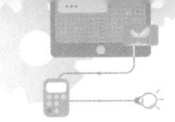

标）的完成情况，预算及差异分析报告，分部信息，分支机构、部门或其他层次的业绩报告，以及与竞争对手的业绩比较信息等。

（一）了解的作用

通过询问管理层等程序，了解用于评价被审计单位财务业绩的衡量标准，有助于注册会计师考虑这些内部或外部的衡量标准，是否会导致被审计单位面临实现业绩目标的压力。这些压力可能促使管理层采取某些措施，从而增加易于发生由管理层偏向或舞弊导致的错报的可能性。

此外，外部机构或人员（如信用机构、新闻媒体或其他媒体、税务机关、监管机构、资金提供方和分析师等）也可能评价和分析被审计单位的财务业绩。注册会计师可以考虑搜集这些可公开获取的信息，以帮助其进一步了解业务并识别相矛盾的信息。

（二）关注事项

1. 关注下列用于评价财务业绩的标准

（1）关键业绩指标（财务指标或非财务指标）、关键比率、趋势和经营统计数据。

（2）同期财务业绩比较分析。

（3）预算、预测、差异分析，分部信息与分部、部门或其他不同层次的业绩报告。

（4）员工业绩考核与激励性报酬政策。

（5）被审计单位与竞争对手的业绩比较。

2. 关注内部财务业绩衡量的结果

注册会计师应当关注被审计单位内部财务业绩衡量所显示的未预期到的结果或趋势、管理层的调查结果和纠正措施，以及相关信息是否显示财务报表可能存在重大错报。

3. 考虑财务业绩衡量指标的可靠性

如果拟利用被审计单位内部信息系统生成的财务业绩衡量指标，注册会计师应当考虑相关信息是否可靠，以及利用这些信息是否足以实现审计目标。如果注册会计师计划在审计中（如在实施分析程序时）利用财务业绩指标，应当考虑相关信息是否可靠，以及在实施审计程序时利用这些信息是否足以发现重大错报。

（三）需强调的内容

1. 考虑管理层是否面临实现某些关键财务业绩指标的压力

这些压力既可能源于需要达到市场分析师或股东的预期，也可能产生于需要实现管理层和员工期望的奖金目标。受压力影响的人员可能是高级管理人员（包括董事会），也可能是可编制、修改财务报表的其他管理人员（如子公司或分支机构管理人员）。

2. 评价管理层是否存在歪曲财务报表的动机和压力的其他情形

（1）企业或企业的一个主要组成部分是否有可能被出售。

（2）管理层是否希望维持或提升企业的股价或盈利走势，而热衷于采用过度激进的会计方法。

（3）基于纳税的考虑，股东或管理层是否有意采取不适当的方法使盈利最小化。

（4）企业是否持续增长和接近财务资源的最大限度。

（5）企业的业绩是否急剧下降，是否存在终止上市的风险。

（6）企业是否具备足够的可分配利润或现金流量，以维持目前的利润分配水平。

（7）如果公布欠佳的财务业绩，对重大未决交易（如企业合并或新业务合同的签订）是否可能产生不利影响。

（8）企业是否过度依赖银行借款，而财务业绩又可能达不到借款合同对财务指标的要求。

五、适用的财务报告编制基础、会计政策及变更会计政策的原因

（一）总体要求

注册会计师应当了解适用的财务报告编制基础、会计政策及变更会计政策的原因，并评价被审计单位的会计政策是否适当、是否与适用的财务报告编制基础一致。

（二）了解时需要考虑的事项

在了解被审计单位适用的财务报告编制基础，以及如何根据被审计单位及其环境的性质和情况运用该编制基础时，注册会计师可能需要考虑的事项包括以下几点。

1. 被审计单位与适用的财务报告编制基础相关的财务报告实务

（1）会计政策和行业特定惯例，包括特定行业财务报表中的"与相关认定相关的交易类别、账户余额和披露"（如银行业的贷款和投资、医药行业的研究与开发活动等）。

（2）收入确认。

（3）金融工具以及相关信用损失的会计处理。

（4）外币资产、负债与交易。

（5）异常或复杂交易（包括在有争议的或新兴领域的交易）的会计处理（如对加密货币的会计处理）。

2. 被审计单位对会计政策的选择和运用（包括发生的变化以及变化的原因）

（1）被审计单位用于确认、计量和列报（包括披露）重大和异常交易的方法；

（2）在缺乏权威性标准或共识的新兴（或有争议）领域采用重要会计政策产生的影响。

（3）环境变化，如适用的财务报告编制基础的变化或税制改革可能导致被审计单位的会计政策变更。

（4）新颁布的会计准则、法律法规在被审计单位采用的时间以及如何采用或遵守这些规定的具体操作。

（三）了解固有风险因素如何影响认定易于发生错报的可能性

1. 固有风险因素的概念

固有风险因素是指在不考虑内部控制的情况下，导致交易类别、账户余额和披露的某一认定易于发生错报（无论该错报是由舞弊还是错误导致）的因素。

固有风险因素可能是定性的，也可能是定量的，包括复杂性、主观性、不确定性以及由影响固有风险的管理层偏向或其他舞弊风险因素导致易于发生错报的其他因素。注册会计师应当了解被审计单位在按照适用的财务报告编制基础编制财务报表时，固有风险因素如何影响各项认定易于发生错报的可能性。

2. 了解固有风险因素的重要作用

了解固有风险因素如何影响认定易于发生错报的可能性，有助于注册会计师初步了解错报发生的可能性和重要程度，并帮助注册会计师识别认定层次的重大错报风险。

了解固有风险因素在何种程度上影响认定易于发生错报的可能性，还有助于注册会计师在评估固有风险时，评估错报发生的可能性和重要程度。

3. 与适用的财务报告编制基础要求的信息（以下简称所需信息）编制相关的固有风险因素

（1）复杂性。这是由信息的性质或编制所需信息的方式导致的，包括编制过程本身较为复杂的情况。例如，在作出会计估计时存在许多具有不同特征的潜在数据来源，那么数据的处理就会涉及很多相互关联的步骤，如果这些数据本身较难识别、获取、访问、了解或处理，自然会导致较高的复杂性。

（2）主观性。由于知识或信息的可获得性受到限制，客观编制所需信息的能力存在固有局限性，因此，管理层可能需要对采取的适当方法和财务报表中的相关信息作出选择或主观判断。由于编制所需信息的方法不同，适当地运用适用的财务报告编制基础可能也会导致不同结果。随着知识或数据受到更多的限制，具有适当知识和独立性的人员作出判断的主观性以及可能的判断结果的多样性也将有所增加。

（3）变化。随着时间的变化，被审计单位的经营、经济环境，以及所处行业或经营环境中其他方面的事项或情况（如会计、监管）也会产生变化，其影响反映在所需信息中。这些事项或情况的变化可能在财务报告期间之内，或不同期间之间发

生。例如，变化可能是由于适用的财务报告编制基础的要求、被审计单位及其业务模式或经营环境的变化导致的。这些变化可能影响管理层的假设和判断，包括管理层如何选择会计政策、如何作出会计估计或如何确定相关披露。

（4）不确定性。不能仅通过直接观察可验证的充分精确和全面的数据编制所需信息时，会导致不确定性。在这种情况下，需要运用所具备的知识并采用适当的方法，尽可能使用精确的、全面的可观察数据，以及能够被最适当的可用数据所支持的合理假设来编制信息。获取知识或数据的能力受到限制，且管理层不能控制这些限制（包括受到成本的限制），是产生不确定性的主要原因。该不确定性对编制所需信息的影响无法消除。例如，如果无法精确确定所需的货币金额并且在财务报表完成日之前无法确定估计的结果，就会导致估计不确定性。

（5）由影响固有风险的管理层偏向或其他舞弊风险因素导致易于发生错报的其他因素。管理层偏向的可能性是由管理层有意或无意地在信息编制过程中未保持中立所导致的。管理层偏向通常与特定情况相关，这些情况可能导致管理层在作出判断时未保持中立，从而导致重大错报，甚至导致舞弊。这些迹象包括影响固有风险的使管理层不保持中立的动机、压力及机会如预期利润目标或资本比率）。

如果管理层的判断主观性较高，则由管理层偏向导致易于发生错报的可能性也会有所提升。例如，在作出具有高度不确定性的会计估计时，可能涉及管理层的重大判断，与方法、数据和假设相关的结论可能反映出无意或故意的管理层偏向。

4. 固有风险因素对某类交易、账户余额和披露的影响

某类交易、账户余额和披露由于其复杂性或主观性而导致易于发生错报的可能性，通常与其变化或不确定性的程度密切相关。例如，如果被审计单位存在一项基于假设的会计估计，其选择涉及重大判断，则这项会计估计的计量可能受到主观性和不确定性的影响。

某类交易、账户余额和披露由于其复杂性或主观性而导致易于发生错报的可能性越大，注册会计师就越有必要保持职业怀疑。

某类交易、账户余额和披露由于其复杂性、主观性、变化或不确定性而导致易于发生错报，这些固有风险因素可能为管理层偏向（无论无意或有意）创造了机会，并影响由管理层偏向导致的易于发生错报的可能性。注册会计师对重大错报风险的识别和认定层次固有风险的评估，也受到固有风险因素之间相互关系的影响。

某些事项或情况如果会影响由管理层偏向因素导致易于发生错报的可能性，那么这些事项也可能影响由其他舞弊风险因素导致易于发生错报的可能性。

（四）可能表明财务报表存在重大错报风险的事项和情况

以下是按照固有风险因素分类，说明可能导致财务报表存在财务报表层次或认定层次重大错报风险的事项和情况（包括交易）的示例。这些事项和情况涵盖范围

广泛，但不一定完整，且并非所有的事项和情况都与每项审计业务相关。这些事项和情况按照对相关情形影响最大的固有风险因素分类列示。需要注意的是，由于固有风险因素之间的相互关系，以下事项和情况的示例也可能在不同程度上受到其他固有风险因素的影响。

1. 复杂性

（1）监管：在高度复杂的监管环境中开展业务。

（2）业务模式：存在复杂的联营或合资企业。

（3）适用的财务报告编制基础：涉及复杂过程的会计计量。

（4）交易：使用表外融资、特殊目的实体以及其他复杂的融资安排。

2. 主观性

（1）适用的财务报告编制基础：某项会计估计具有多种可能的衡量标准。例如，管理层确认折旧费用或建造收入和费用。

（2）适用的财务报告编制基础：管理层对非流动资产（如投资性不动产）的估值技术或模型的选择。

3. 变化

（1）经济情况：在经济不稳定（如货币贬值或发生通货膨胀）的国家或地区开展业务。

（2）市场：在不稳定的市场（如期货交易市场）开展业务。

（3）客户流失：持续经营和资产流动性方面出现问题，包括重要客户流失。

（4）行业模式：被审计单位经营所处的行业发生变化。

（5）业务模式：供应链发生变化。

（6）业务模式：开发新产品或提供新服务，或进入新的业务领域。

（7）地理：开辟新的经营场所。

（8）被审计单位组织结构：被审计单位发生变化，如发生重大收购、重组或其他非常规事项。

（9）被审计单位组织结构：拟出售分支机构或业务分部。

（10）人力资源的胜任能力：关键人员变动（包括核心执行人员的离职）。

（11）信息技术：信息技术环境发生变化。

（12）信息技术：安装新的与财务报告相关的重大信息技术系统。

（13）适用的财务报告编制基础：采用新的会计准则。

（14）资本：获取资本或借款的能力受到新的限制。

（15）监管：经营活动或财务业绩受到监管机构或政府机构的调查。

（16）监管：与环境保护相关的新立法的影响。

4. 不确定性

（1）报告：涉及重大计量不确定性（包括会计估计）的事项或交易及相关披露。

（2）报告：存在未决诉讼和或有负债（如售后质量保证、财务担保和环境补救）。

5. 由影响固有风险的管理层偏向或其他舞弊风险因素导致易于发生错报的其他因素

（1）报告：管理层和员工编制虚假财务报告的机会，包括遗漏披露应包含的重大信息或信息晦涩难懂。

（2）交易：从事重大的关联方交易。

（3）交易：发生大额的非常规或非系统性交易（包括公司间的交易和在期末发生大量收入的交易）。

（4）交易：按照管理层特定意图记录的交易（如债务重组、资产出售和交易性债券的分类）。

其他可能表明存在财务报表层次重大错报风险的事项或情况包括：

（1）缺乏具备会计和财务报告技能的员工。

（2）控制缺陷，尤其是内部环境、风险评估和内部监督中的控制缺陷和管理层未处理的内部控制缺陷。

（3）以往发生的错报或错误，或者在本期期末出现的重大会计调整。

【任务检查】

单项选择题

1. 下列有关注册会计师了解组织结构、所有权和治理结构、业务模式的说法中，错误的是（　　　）。

A. 了解被审计单位筹资活动，有助于注册会计师评估被审计单位在融资方面的压力，并进一步考虑被审计单位在可预见未来的持续经营能力

B. 了解被审计单位的目标、战略和业务模式有助于从战略层面和整体层面了解被审计单位，并了解被审计单位承担和面临经营风险

C. 了解被审计单位治理结构，有助于注册会计师关注被审计单位在经营策略和方向上的重大变化

D. 了解被审计单位经营活动，有助于注册会计师识别预期在财务报表中反映的主要交易类别、重要账户余额和披露

2. 下列有关经营风险对重大错报风险的影响的说法中，错误的是（　　　）。

A. 多数经营风险最终都会产生财务后果，从而可能导致重大错报风险

B. 注册会计师在识别和评估重大错报风险时，没有责任了解或识别所有的经营风险

C. 注册会计师需要了解被审计单位业务模式的所有方面

D. 不同的企业可能面临不同的经营风险，这取决于企业经营的性质、所处行业、外部监管环境、企业的规模和复杂程度

4.2.3　了解被审计单位内部控制体系各要素

【任务分析】

在了解被审计单位的内部控制时，注册会计师应当：① 理解内部控制的概念；② 熟知内部控制体系的要素；③ 理解与审计相关的直接控制与间接控制；④ 理解对被审计单位内部控制了解的性质和程度；⑤ 了解内部控制的人工和自动化成分及内部控制的局限性；⑥ 能从整体层面、业务流程层面和财务报告流程层面了解被审计单位内部控制体系各要素。

【知识准备】

一、内部控制概述

内部控制是指被审计单位为实现内部控制目标所制定的政策和程序。

（1）政策是指被审计单位为了实施内部控制而作出的应当或不应当采取某种措施的规定。政策是通过被审计人员采取相关行动或限制该人员采取与政策相冲突的相关行动而得以贯彻的。

（2）程序是指为执行政策而采取的行动。程序可能是通过正式文件或由管理层采取其他形式明确规定的，也可能是被审计单位组织文化中约定俗成的。程序还可能通过被审计单位的信息技术应用程序及信息技术环境的其他方面所允许的行动来实施。

内部控制体系是指由治理层、管理层和其他人员设计、执行和维护的体系，以合理保证被审计单位能够实现财务报告的可靠性，提高经营效率和效果，以及遵守适用的法律法规等目标。该体系包含五个相互关联的要素：① 内部（控制）环境；② 风险评估；③ 内部监督；④ 信息（系统）与沟通；⑤ 控制活动。

无论如何对内部控制要素进行分类，注册会计师都应当重点考虑被审计单位的某项内部控制是否能够以及如何防止或发现并纠正各类交易、账户余额和披露存在的重大错报。

二、直接控制和间接控制

（一）识别与审计相关的控制的方法

1. 总体要求

注册会计师需要了解和评价的内部控制，只是与财务报表审计相关的内部控制，并非被审计单位所有的内部控制。

2. 了解与财务报表审计相关的内部控制

（1）虽然大部分与审计相关的内部控制可能与财务报告相关，但并非所有与财务报告相关的内部控制都与审计相关，确定一项内部控制单独或连同其他内部控制是否与审计相关，需要注册会计师作出职业判断。

（2）被审计单位的目标和内部控制，与财务报告、经营及合规有关，但这些目标和内部控制并非都与注册会计师的风险评估相关。

（3）如果在设计和实施进一步审计程序时拟利用被审计单位内部生成的信息，针对该信息完整性和准确性的内部控制则可能与审计相关。

（4）如果与经营、合规目标相关的内部控制与注册会计师实施审计程序时评价或使用的数据相关，则这些内部控制也可能与审计相关。

（5）用于防止未经授权购买、使用或处置资产的内部控制，可能包括与财务报告和经营目标相关的控制。注册会计师对这些内部控制的考虑，通常仅限于与财务报告可靠性相关。

（6）被审计单位通常有一些与目标相关但与审计无关的内部控制，注册会计师无须对其加以考虑。例如，被审计单位可能依靠某一复杂的自动化控制系统提高经营活动的效率和效果（如航空公司用于维护航班时间表的自动化控制系统），但这些内部控制通常与审计无关。进一步讲，虽然内部控制应用于整个被审计单位或所有经营部门或业务流程，但是并非每个经营部门和业务流程的内部控制都与审计相关。

3. 判断一项控制单独或连同其他控制是否与审计相关时需考虑的事项

（1）重要性。

（2）相关风险的重要程度。

（3）被审计单位的规模。

（4）被审计单位业务的性质，包括组织结构和所有权特征。

（5）被审计单位经营的多样性和复杂性。

（6）适用的法律法规。

（7）内部控制的情况和适用的要素。

（8）作为内部控制组成部分的系统（包括使用服务机构）的性质和复杂性。

（9）一项特定控制（单独或连同其他控制）是否以及如何防止、发现并纠正重

大错报。

（二）直接控制和间接控制区分的依据及作用

1. 区分依据

与审计相关的内部控制，可以按照其对防止、发现或纠正认定层次错报发挥作用的方式，分为直接控制和间接控制。

2. 直接控制和间接控制的定义

直接控制是指足以精准防止、发现或纠正认定层次错报的内部控制，即对防止、发现或纠正认定层次错报产生直接影响。

间接控制是指不足以精准防止、发现或纠正认定层次错报的内部控制，即对防止、发现或纠正认定层次错报产生间接影响。

3. 内部控制体系要素的控制类型

内部控制体系要素的控制类型如表 4-3 所示。

表 4-3　内部控制体系要素的控制类型

序号	内部控制体系要素	控制类型	防止、发现或纠正认定层次错报
1	内部环境	主要是间接控制，但某些控制也可能是直接控制	间接控制虽不足以精确地防止、发现或纠正认定层次的错报，但可以支持其他控制
2	风险评估		
3	内部监督		
4	信息与沟通	主要为直接控制	足以精确地防止、发现或纠正认定层次的错报
5	控制活动		

4. 内部环境、风险评估和内部监督的作用

（1）内部环境为内部控制体系其他要素的运行奠定了总体基础。内部环境不能直接防止、发现并纠正错报，但其可能影响内部控制体系其他要素中控制的有效性。风险评估和内部监督也旨在支持整个内部控制体系。

（2）内部环境、风险评估和内部监督是被审计单位内部控制体系的基础，其运行中的任何缺陷都可能对财务报表的编制产生广泛的影响。

（3）注册会计师对内部环境、风险评估和内部监督等要素的了解和评价，更有可能影响其对财务报表层次重大错报风险的识别和评估，还有可能影响对认定层次重大错报风险的识别和评估。

三、了解内部控制的性质和程度

（一）了解内部控制的性质

注册会计师了解内部控制的目的是评价控制设计的有效性以及控制是否得到执

行。在评价控制设计的有效性以及控制是否得到执行时，注册会计师了解被审计单位内部控制体系各项要素，有助于其初步了解被审计单位如何识别和应对经营风险，以及识别和评估重大错报风险、设计和实施进一步审计程序，包括计划测试控制运行的有效性。例如，注册会计师了解被审计单位的内部环境、风险评估和内部监督要素，更有可能影响财务报表层次重大错报风险的识别和评估；又如，注册会计师了解被审计单位的信息与沟通以及控制活动要素，更有可能影响认定层次重大错报风险的识别和评估。

（二）了解内部控制的程度

1. 了解内部控制的程度的含义

了解内部控制的程度是指注册会计师在实施风险评估程序时，了解被审计单位内部控制的范围及深度。它包括评价内部控制设计的有效性并确定其是否得到执行，但不包括对内部控制是否得到一贯执行的测试。

注册会计师在了解内部控制时，应先评价内部控制设计的有效性，再确定其是否得到执行。评价内部控制设计的有效性，要考虑该内部控制单独或连同其他内部控制是否能够有效防止或发现并纠正重大错报。内部控制得到执行是指某项内部控制存在且正在被审计单位使用。

2. 为了解内部控制实施的程序

注册会计师通常实施下列风险评估程序，以获取有关内部控制设计有效性和内部控制是否得到执行的审计证据。

（1）询问被审计单位人员。

（2）观察特定控制的运用。

（3）检查文件和报告。

（4）追踪交易在财务报告信息系统中的处理过程（穿行测试）。

询问本身并不足以评价控制设计的有效性以及确定其是否得到执行，注册会计师应当将询问与其他风险评估程序结合使用。

3. 了解内部控制与测试内部控制运行有效性的关系

评价设计有效的内部控制是否得到执行，与测试内部控制运行的有效性（即控制是否得到一贯执行）是有区别的。前者是了解内部控制的目的，后者是测试内部控制的目的。

除非存在某些可以一以贯之的自动化内部控制，否则，注册会计师对内部控制的了解并不足以测试内部控制运行的有效性。例如，获取某一人工控制在某一时点得到执行的审计证据，并不能证明该内部控制在所审计期间内的其他时点也会有效运行。但是，信息技术可以使被审计单位持续一贯地对大量数据进行处理，提高被审计单位监督内部控制活动运行情况的能力，信息技术还可以通过对应用软件、数

据库、操作系统设置安全控制来实现有效的职责划分。由于信息技术处理流程的内在一贯性，实施审计程序确定某项自动化控制是否得到执行，也可能实现对内部控制运行有效性的测试，这取决于注册会计师对内部控制的评估和测试。

四、内部控制的人工和自动化成分

（一）考虑内部控制的人工和自动化特征及其影响

1. 内部控制的人工和自动化特征

（1）内部控制可能既包括人工成分，又包括自动化成分，在风险评估以及设计和实施进一步审计程序时，注册会计师应当考虑内部控制的人工和自动化特征及其影响。

（2）即使信息技术得到广泛使用，人工因素仍然会存在于这些系统之中。不同的被审计单位采用的内部控制系统中的人工控制和自动化控制的比例是不同的。

2. 内部控制的人工和自动化影响

（1）内部控制采用人工系统还是自动化系统，将影响交易生成、记录、处理和报告的方式。① 在以人工为主的系统中，内部控制一般包括批准和复核业务活动，编制调节表并对调节项目进行跟踪。② 当采用信息技术系统生成、记录、处理和报告交易时，交易的记录形式（如订购单、发票、装运单及相关的会计记录）可能是电子文档而不是纸质文件。

（2）信息技术系统中的控制。① 信息技术系统中的控制可能既有自动化控制（如嵌入计算机程序的控制），又有人工控制。② 人工控制可能独立于信息技术系统，利用信息技术系统生成的信息，也可能用于监督信息技术系统和自动化控制的有效运行或者处理例外事项。③ 如果采用信息技术系统处理交易和其他数据，系统和程序可能包括与财务报表重大账户认定相关的控制。被审计单位的性质和经营的复杂程度会对采用人工控制和自动化控制的成分组合产生影响。

（3）对审计的总体目标和范围的影响。无论被审计单位的经营环境是以人工为主还是完全自动化，亦或是人工和自动化要素的组合（即人工控制和自动化控制相结合），审计的总体目标和范围都没有区别。

（二）信息技术的优势及其对相关内部控制产生的特定风险

1. 信息技术的优势

信息技术通常在以下方面提高被审计单位内部控制的效率和效果：

（1）在处理大量的交易或数据时，一贯运用事先确定的业务规则，并进行复杂运算。

（2）提高信息的及时性、可获得性和准确性。

（3）促进对信息的深入分析。

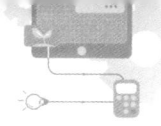

（4）提高对被审计单位的经营业绩及其政策和程序执行情况进行监督的能力。

（5）降低内部控制被规避的风险。

（6）通过对信息技术应用程序、数据库系统和操作系统执行安全控制，提高职责分离的有效性。

2. 信息技术对内部控制产生的特定风险

注册会计师应当从下列方面了解信息技术对内部控制产生的特定风险：

（1）所依赖的系统或程序不能正确处理数据，或处理了不正确的数据，或两种情况并存。

（2）未经授权访问数据，可能导致数据的毁损或对数据不恰当的修改，包括记录未经授权或不存在的交易，或不正确地记录了交易，多个用户同时访问同一数据库可能会造成特定风险。

（3）信息技术人员可能获得超越其职责范围的数据访问权限，因此破坏了系统应有的职责分工。

（4）未经授权改变主文档的数据。

（5）未经授权改变信息技术应用程序和信息技术环境的其他方面。

（6）未能对信息技术应用程序和信息技术环境的其他方面作出必要的修改。

（7）不恰当的人为干预。

（8）可能丢失数据或不能访问所需要的数据。

（三）人工控制的适用范围及相关内部控制风险

1. 人工控制的适用范围

内部控制的人工成分在处理下列需要主观判断或酌情处理的情形时可能更为适当。

（1）存在大额、异常或偶发的交易。

（2）存在难以界定、预计或预测的错误的情况。

（3）针对变化的情况，需要对现有的自动化控制进行人工干预。

（4）监督自动化控制的有效性。

2. 人工控制不适合的情形

相对于自动化控制，人工控制的可靠性较低。为此，注册会计师应当考虑人工控制在下列情形中可能是不适当的。

（1）存在大量的或重复发生的交易。

（2）事先可预计或预测的错误能够通过自动化处理得以防止或发现并纠正。

（3）用特定方法实施的控制可得到适当设计和自动化处理。

3. 人工控制的特定风险

由于人工控制由人执行，受人为因素的影响，所以也产生了特定风险。注册会

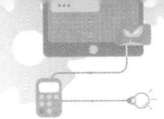

计师应当从下列方面了解人工控制产生的特定风险。

（1）人工控制可能更容易被规避、忽视或凌驾。

（2）人工控制可能不具有一贯性。

（3）人工控制可能更容易产生简单错误或失误。

五、内部控制的局限性

内部控制无论如何有效，都只能为被审计单位实现财务报告目标提供合理保证。内部控制实现目标的可能性受其固有限制的影响。这些限制包括以下几点。

（1）在决策时人为判断可能出现错误和因人为失误而导致内部控制失效。例如，内部控制的设计和修改可能存在失误。同样地，内部控制的运行可能无效，例如，由于负责复核信息的人员不了解复核的目的或没有采取适当的措施，内部控制生成的信息（如例外报告）没有得到有效使用。

（2）内部控制可能由于两个或更多的人员串通或管理层不当地凌驾于内部控制之上而被规避。例如，管理层可能与客户签订"背后协议"，修改标准的销售合同条款和条件，从而导致不适当的收入确认。再如，信息技术应用程序中的编辑控制旨在识别和报告超过赊销信用额度的交易，但这一控制可能被不当凌驾或不能得到执行。

（3）如果被审计单位内部行使控制职能的人员素质与岗位要求不匹配，也会影响内部控制功能的正常发挥。

（4）被审计单位实施内部控制的成本效益问题也会影响其效能，如当实施某项内部控制的成本大于其效果而发生损失时，就没有必要设置该控制环节或控制措施。

（5）内部控制一般都是针对经常而重复发生的业务设置的，如果出现不经常发生或未预计到的业务，原有的内部控制就可能不适用。

六、从整体层面和业务流程层面了解内部控制

（一）了解的总体要求

在实务中，注册会计师应当从被审计单位的整体层面和业务流程层面分别了解和评价被审计单位的内部控制。

（二）整体层面与业务流程层面内部控制的关系

内部控制的某些要素（如内部环境）更多地对被审计单位整体层面产生影响，而其他要素（如信息系统与沟通、控制活动）则可能更多地与特定业务流程相关。

整体层面的控制（包括对管理层凌驾于内部控制之上的控制）和信息技术一般控制通常在所有业务活动中普遍存在。业务流程层面控制主要是对工薪、销售和

采购等交易的控制。整体层面的控制对内部控制在所有业务流程中得到严格的设计和执行具有重要影响。整体层面的控制较差甚至可能使最好的业务流程层面控制失效。例如，被审计单位可能有一个有效的采购系统，但如果会计人员不胜任，仍然会发生大量错误，且其中一些错误可能导致财务报表存在重大错报。而且，管理层凌驾于内部控制之上（它们经常在企业整体层面出现）也是普遍存在的不良公司行为。

（三）了解的步骤

在初步计划审计工作时，注册会计师需要确定在被审计单位财务报表中存在重大错报风险的相关交易类别、账户余额和披露及相关认定。为实现此目的，通常采取下列步骤：

（1）确定被审计单位的重要业务流程和相关交易类别。

（2）了解相关交易类别的流程，并记录获得的了解。

（3）确定可能发生错报的环节。

（4）识别和了解相关控制。

（5）执行穿行测试，证实对交易流程和相关控制的了解。

（6）进行初步评价和风险评估。

在实务中，上述步骤可以同时进行。

（四）业务流程中的控制

业务流程中的控制通常划分为预防性控制和检查性控制。

1. 预防性控制

预防性控制通常用于正常业务流程的每一项交易，以防止错报的发生。在流程中防止错报是信息系统的重要目标。预防性控制可能是人工的，也可能是自动化的。预防性控制及其能防止的错报示例如表4-4所示。

表4-4　预防性控制及其防止的错报示例

序号	对控制的描述	控制用来防止的错报
1	计算机程序自动生成收货报告，同时也更新采购档案	防止出现购货漏记账的情况
2	在更新采购档案之前要有收货报告	防止记录了未收到购货的情况
3	销货发票上的价格根据价格清单上的信息确定	防止销货计价错误
4	系统将各凭证上的账户号码与会计科目表对比，然后进行一系列的逻辑测试	防止出现分类错报

2. 检查性控制

建立检查性控制的目的是发现流程中可能发生的错报（即尽管有预防性控制还

是会发生的错报）。被审计单位通过检查性控制监督其流程和相应的预防性控制能否有效地发挥作用。检查性控制通常是管理层用来监督实现流程目标的控制。检查性控制可以人工执行，也可以由信息系统自动执行。检查性控制及其防止的错报示例如表 4-5 所示。

表 4-5　检查性控制及其防止的错报示例

序号	对控制的描述	控制用来防止的错报
1	定期编制银行存款余额调节表，跟踪调查挂账的项目	在对其他项目进行审核的同时，查找：① 存入银行但没有记入银行存款日记账的现金收入，② 未记录的银行现金支付或虚构入账的不真实的银行现金收入或支付，③ 未及时入账或未正确汇总分类的银行现金收入或支付
2	将预算与实际费用间的差异列入计算机编制的报告，并由部门经理复核。记录所有超过预算 2% 的差异情况和解决措施	在对其他项目进行审核的同时，查找本月发生的重大分类错报或没有记录及没有发生的大笔收入、支出以及相关联的资产和负债项目
3	每天比较运出货物的数量和开票数量。如果发现差异就产生报告，由开票主管复核和追查	查找没有开票和记录的出库货物，以及与真实发货无关的发票
4	每季度复核应收账款贷方余额并找出原因	查找未予入账的发票和销售与现金收入中的分类错误

（五）执行穿行测试，证实对交易流程和相关控制的了解

1. 穿行测试的目的

为了解各类相关交易在业务流程中发生、处理和记录的过程，注册会计师通常会执行穿行测试。

2. 获取的证据

执行穿行测试可获得下列方面的证据。

（1）确认对业务流程的了解。

（2）确认对相关交易的了解是完整的，即在交易流程中所有与财务报表认定相关的可能发生错报的环节都已识别。

（3）确认所获取的有关流程中的预防性控制和检查性控制信息的准确性。

（4）评估控制设计的有效性。

（5）确认控制是否得到执行。

（6）确认之前所作书面记录的准确性。

需要注意的是，如果拟不信赖控制，注册会计师仍需要执行适当的审计程序，

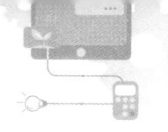

以确认以前对业务流程及可能发生错报环节了解的准确性和完整性。

注册会计师将穿行测试的情况记录于工作底稿时，记录的内容包括穿行测试中查阅的文件、穿行测试的程序以及注册会计师的发现和结论。

（六）初步评价和风险评估

1. 对控制的初步评价

在识别和了解控制后，注册会计师需要评价控制设计的合理性并确定其是否得到执行。注册会计师对控制的评价结论可能包括：

（1）所设计的控制单独或连同其他控制能够防止或发现并纠正重大错报，并得到执行。

（2）控制本身的设计是合理的，但没有得到执行。

（3）控制本身的设计就是无效的或缺乏必要的控制。

由于对控制的了解和评价是在穿行测试完成后但又在测试控制运行有效性之前进行的，因此，上述评价结论只是初步结论，仍可能随控制测试或实施实质性程序的结果而发生变化。

2. 风险评估需考虑的因素

注册会计师对控制的评价，进而对重大错报风险的评估，需考虑以下因素。

（1）账户特征及已识别的重大错报风险。如果已识别的重大错报风险水平为高（例如，复杂的发票计算或计价过程增加了开票错报的风险；经营的季节性特征增加了在旺季发生错报的风险），相关的控制应有较高的敏感度，即在错报率较低的情况下也能防止或发现并纠正错报。

（2）对被审计单位整体层面控制的评价。注册会计师应将对整体层面获得的了解和结论，同在业务流程层面获得的有关相关交易流程及其控制的证据结合起来考虑。

3. 在评价业务流程层面的控制要素时，考虑的影响因素

在评价业务流程层面的控制要素时，考虑的影响因素可能包括以下几点。

（1）管理层及执行控制的员工表现出来的胜任能力及诚信度。

（2）员工受监督的程度及员工流动的频繁程度。

（3）管理层凌驾于控制之上的潜在可能性。

（4）缺乏职责分离，包括信息技术系统中自动化的职责分离的情况。

（5）被审计期间内部审计人员或其他监督人员测试控制运行情况的程度。

（6）业务流程变更产生的影响，如变更期间控制程序的有效性是否受到了削弱。

（7）在被审计单位的风险评估工作中，所识别的与某项控制运行相关的风险，以及对该控制是否有进一步的监督。

注册会计师同时也要考虑：自己识别出的针对某控制的风险，是否也被被审计

单位识别出，及其是否采取了适当的措施降低该风险。

除非存在某些可以使控制得到一贯运行的自动化控制，注册会计师对控制的了解和评价并不能够代替对控制运行有效性的测试。例如，注册会计师获得了某一人工控制在某一时点得到执行的审计证据，但这并不能证明该控制在被审计期间内的其他时点也得到有效执行。

七、在财务报告流程层面了解内部控制

（一）财务报告流程的内容及评估事项

实务中，注册会计师还需要进一步了解有关信息从具体交易的业务流程过人总账、财务报表以及相关列报的流程，即财务报告流程及其控制。这一流程和控制与财务报表的列报认定直接相关。

1. 财务报告流程包括的内容

（1）将业务数据汇总记入总账的程序，即如何将重要业务流程的信息与总账和财务报告系统相连接。

（2）在总账中生成、记录和处理会计分录的程序。

（3）记录对财务报表常规和非常规调整的程序，如合并调整、重分类等。

（4）草拟财务报表和相关披露的程序。

2. 评估事项

在了解财务报告流程的过程中，注册会计师应当考虑对以下方面作出评估。

（1）主要的输入信息、执行的程序、主要的输出信息。

（2）每一财务报告流程要素中涉及信息技术的程度。

（3）管理层的哪些人员参与其中。

（4）记账分录的主要类型，如标准分录、非标准分录等。

（5）适当人员（包括管理层和治理层）对流程实施监督的性质和范围。

（二）与财务报表编制相关的内部控制

1. 与财务报表编制相关的内部环境

（1）应当实施的风险评估程序。为了解与财务报表编制相关的内部环境，注册会计师应当实施以下风险评估程序。

① 了解涉及下列方面的控制、流程和组织结构：管理层如何履行其管理职责，例如，被审计单位的组织文化，管理层是否重视诚信、道德和价值观；在治理层与管理层分离的体制下，治理层的独立性以及治理层监督内部控制体系的情况；被审计单位内部权限和职责的分配情况；被审计单位如何吸引、培养和留住具有胜任能力的人员；被审计单位如何使其人员致力于实现内部控制体系的目标。

② 评价下列方面的情况：在治理层的监督下，管理层是否营造并保持了诚实守

信和合乎道德的企业或组织文化；根据被审计单位的性质和复杂程度，内部环境是否为内部控制体系的其他要素奠定了适当的基础；识别出的内部环境方面的控制缺陷，是否会削弱被审计单位内部控制体系的其他要素。

③ 信息技术环境下，对内部控制评价的内容。在信息技术环境下，注册会计师应当重视对与被审计单位使用信息技术相关的内部环境的评价，包括：对信息技术的治理是否与被审计单位及其由信息技术支撑的业务经营的性质和复杂程度相称，包括被审计单位的技术平台或架构的复杂程度或成熟程度，以及被审计单位依赖信息技术应用程序支持财务报告的程度。与信息技术和资源分配相关的管理层组织结构，例如，被审计单位是否已营造了适当的信息技术环境并进行了必要的升级，在使用商业软件时是否未对软件进行修改或仅进行有限修改，以及是否雇用了充足的具有适当技术的人员。

（2）内部环境概述

内部环境包括治理职能和管理职能，以及治理层和管理层对内部控制体系及其重要性的态度、认识和行动。

内部环境设定了被审计单位的内部控制基调，影响员工的内部控制意识，并为被审计单位内部控制体系中其他要素的运行奠定了总体基础。良好的内部环境是实施有效内部控制的基础。

内部环境的内容包括：对诚信和道德价值观念的沟通与落实；对胜任能力的重视；治理层的参与程度；管理层的理念和经营风格；职权与责任的分配；人力资源政策与实务。

（3）内部环境与评估重大错报风险存在一定的关系，包括：内部环境对重大错报风险的评估具有广泛影响；令人满意的内部环境有助于降低发生舞弊的风险，但它不能绝对防止舞弊；有效的内部环境能为内部控制有效运行提供一定基础，但内部环境中存在的弱点可能削弱内部控制的有效性；内部环境本身并不能防止或发现并纠正各类交易、账户余额和披露认定层次的重大错报，注册会计师在评估重大错报风险时，应当一并考虑内部环境连同其他内部控制要素产生的影响。

2. 与财务报表编制相关的风险评估工作

（1）应当实施的风险评估程序。为了解被审计单位与财务报表编制相关的风险评估工作，注册会计师应当实施以下风险评估程序：

① 了解被审计单位的工作，包括：识别与财务报告目标相关的经营风险；评估这些风险的重要程度和发生的可能性；应对上述风险。

② 根据被审计单位的性质和复杂程度，评价其风险评估工作是否适合其具体情况。

如果注册会计师已经识别出重大错报风险，但管理层未能做到，注册会计师应

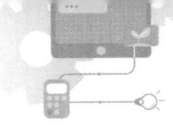

当：判断被审计单位风险评估工作是否应当识别出这些风险。如果注册会计师认为"是"，则应当了解被审计单位风险评估工作未能识别出这些风险的原因。考虑对注册会计师"评价其风险评估工作是否适合其具体情况"的影响。

（2）被审计单位风险评估概述。被审计单位风险评估包括识别与财务报告相关的经营风险，以及针对这些风险所采取的措施。

① 被审计单位可能产生风险的事项和情况

A. 监管及经营环境的变化。监管和经营环境的变化会导致竞争压力的变化，并产生显著不同的风险。

B. 新员工的加入。新员工可能对内部控制有不同的认识和关注点。

C. 使用新信息系统或对原系统进行升级。信息系统重大、快速的变化可能会引发与内部控制相关的风险。

D. 业务快速发展。快速的业务扩张可能会使内部控制难以应对，从而增加内部控制失效的风险。

E. 新技术。将新技术运用于生产过程和信息系统，可能引发与内部控制相关的风险。

F. 新业务模式、产品和活动。进入新的业务领域和发生新的交易，可能会带来新的与内部控制相关的风险。

G. 企业重组。企业重组可能产生裁员、监督及职责分离方面的变化，这些变化将影响与内部控制相关的风险。

H. 海外经营。海外扩张或收购会带来新的且往往是独特的风险，进而可能影响内部控制，如引发外币交易的风险。

I. 新的会计政策。采用新的会计政策（或变更会计政策）可能增加财务报表编制过程中的风险。

J. 使用信息技术。使用信息技术可能产生与下列事项相关的风险：维护处理的数据和信息的完整性、准确性和有效性；被审计单位的信息技术战略不能有效地支持其经营战略；被审计单位的信息技术环境的变化或中断，信息技术人员的流动，或被审计单位未对信息技术环境进行必要的更新或更新不及时。

② 被审计单位风险评估的作用。被审计单位风险评估的作用是识别、评估和管理影响其实现经营目标能力的各种风险。而针对财务报告目标的风险评估则包括识别与财务报告相关的经营风险，评估风险的重大性和发生的可能性，以及采取措施管理这些风险。例如，风险评估可能会涉及被审计单位如何考虑对某些交易未予记录的可能性，或者识别和分析财务报告中的重大会计估计发生错报的可能性。与财务报告相关的风险也可能与特定事项和交易有关。

（3）对风险评估的了解。注册会计师在对被审计单位整体层面的风险评估工作

133

进行了解和评估时，要考虑的主要因素可能包括：

① 被审计单位是否已建立并沟通其整体目标，并辅以具体策略和业务流程层面的计划。

② 被审计单位是否已建立风险评估，包括识别风险、估计风险的重大性、评估风险发生的可能性以及确定需要采取的应对措施。

③ 被审计单位是否已建立某种机制，以识别和应对可能对被审计单位产生重大且普遍影响的变化，如在金融机构中建立资产负债管理委员会，在制造型企业中建立期货交易风险管理组等。

④ 会计部门是否建立了某种流程，以识别会计政策的重大变化。

⑤ 当被审计单位业务操作发生变化并影响交易记录的流程时，是否存在沟通渠道以通知会计部门。

⑥ 风险管理部门是否建立了某种流程，以识别经营环境包括监管环境发生的重大变化。

（4）评价事项。

① 注册会计师可以通过了解被审计单位及其环境的其他方面信息，评价被审计单位风险评估工作的有效性。例如，在了解被审计单位的业务情况时，发现了某些经营风险，注册会计师应当了解管理层是否也意识到这些风险以及如何应对。

② 在对业务流程的了解中，注册会计师还可能进一步获得被审计单位有关业务流程的风险评估的信息。例如，在销售循环中，如果发现了销售的截止性错报的风险，注册会计师应当考虑管理层是否也识别了该错报风险以及如何应对该风险。

（5）评估重大错报风险。注册会计师应当询问管理层识别出的经营风险，并考虑这些风险是否可能导致重大错报。

评估与财务报表有关的风险因素，包括：在审计过程中，如果发现与财务报表有关的风险因素，注册会计师可通过向管理层询问和检查有关文件确定被审计单位的风险评估工作是否也发现了该风险。如果识别出管理层未能识别的重大错报风险，注册会计师应当考虑被审计单位为何没有识别出这些风险，以及其评估过程是否适合于具体环境，或者确定与风险评估相关的内部控制是否存在值得关注的问题或缺陷。

3. 与财务报表编制相关的信息系统与沟通

（1）应当实施的风险评估程序。为了解被审计单位与财务报表编制相关的信息系统与沟通，注册会计师应当实施以下风险评估程序：

① 了解被审计单位的信息处理活动（包括数据和信息），在这些活动中使用的资源，针对相关交易类别、账户余额和披露的信息处理活动的政策。具体包括：信息在被审计单位信息系统中的传递情况，包括交易如何生成，与交易相关的信息如

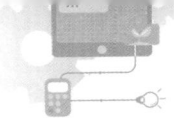

何进行记录、处理、更正、结转至总账、在财务报表中报告，以及其他方面的相关信息如何获取、处理、在财务报表中披露；与信息传递相关的会计记录、财务报表特定项目以及其他支持性记录；被审计单位的财务报告过程；与上述 3 点相关的被审计单位资源，包括信息技术环境。

② 了解被审计单位如何沟通与财务报表编制相关的重大事项，以及信息系统和内部控制体系其他要素中的相关报告责任。具体包括：被审计单位内部人员之间的沟通，包括就与财务报告相关的岗位职责和相关人员的角色进行的沟通；管理层与治理层之间的沟通；被审计单位与监管机构等外部各方的沟通。

③ 评价被审计单位的信息系统与沟通是否能够为被审计单位按照适用的财务报告编制基础编制财务报表提供适当的支持。

（2）与财务报表编制相关的信息系统的概念。与财务报表编制相关的信息系统由一系列的活动和政策、会计记录和支持性记录组成。被审计单位设计和建立这些活动、政策和记录是为了：

① 生成、记录和处理交易（及获取、处理和披露与交易以外的事项和情况相关的信息），以及为相关资产、负债和所有者权益明确受托责任。

② 解决不正确处理交易的问题（如自动生成暂记账户文件），以及及时按照程序清理暂记项目。

③ 处理并解释凌驾于控制之上或规避控制的情况。

④ 将从交易处理系统中获取的信息过入总账（例如，将明细账中的累计交易过入总账）。

⑤ 针对除交易以外的事项和情况获取并处理与财务报表编制相关的信息，如资产的折旧和摊销、可回收性的改变等。

⑥ 确保适用的财务报告编制基础规定披露的信息得到收集、记录、处理和汇总，并适当包含在财务报表中。

（3）对与财务报表编制相关的信息系统的了解。

① 被审计单位如何生成交易和获取信息，其中可能包括与被审计单位为应对合规目标和经营目标而设置的系统（被审计单位的政策）相关的信息，因为这类信息可能与财务报表编制相关。某些被审计单位的信息系统可能是高度集成的，其内部控制的设计可以同时实现财务报告、合规和经营这三个控制目标。

② 信息处理活动中使用的资源。

③ 与了解信息系统完整性、准确性和有效性风险相关的人力资源信息，包括从事相关工作人员的胜任能力；资源是否充分；职责分离是否适当。

注册会计师在了解信息与沟通要素中针对相关交易类别、账户余额和披露的信息处理活动的政策时，可以考虑以下事项：与需要处理的交易、其他事项和情况相

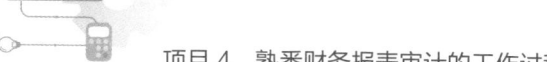

关的数据或信息；为维护数据或信息的完整性、准确性和有效性而进行的信息处理；信息处理过程中使用的信息流程、人员和其他资源。

　　了解被审计单位的业务流程（包括交易产生的方式），有助于注册会计师以适合被审计单位具体情况的方式了解信息系统。

　　了解信息系统实施的程序如下：向相关人员询问用于生成、记录、处理和报告交易的程序或被审计单位的财务报告过程；检查有关被审计单位信息系统的政策、流程手册或其他文件；观察被审计单位人员对政策或程序的执行情况；选取交易并追踪交易在信息系统中的处理过程（即实施穿行测试）。

　　（4）与财务报表编制相关的沟通概述。与财务报表编制相关的沟通包括使员工了解各自在与财务报告有关的内部控制方面的角色和职责，员工之间的工作联系，以及向适当级别的管理层报告例外事项的方式。相关沟通形式包括：

　　① 通过公开的渠道沟通，有助于确保例外情况得到报告和处理。

　　② 可以采用政策手册、会计和财务报告手册及备忘录等形式进行沟通，也可以采用电子或口头方式，以及通过管理层的直接行动来实现沟通。

　　（5）对与财务报表编制相关的沟通的了解。

　　注册会计师应当了解被审计单位内部如何对财务报告的岗位职责以及与财务报表编制相关的重大事项进行沟通。注册会计师还应当了解管理层与治理层（特别是审计委员会）之间的沟通，以及被审计单位与外部（包括与监管部门）的沟通。

　　了解的内容具体包括：① 管理层就员工的职责和控制责任是否进行了有效沟通；② 针对可疑的不恰当事项和行为是否建立了沟通渠道；③ 组织内部沟通的充分性是否能够使人员有效地履行职责；④ 对于与客户、供应商、监管者和其他外部人士的沟通，管理层是否及时采取适当的进一步行动；⑤ 被审计单位是否受到某些监管机构发布的监管要求的约束；⑥ 外部人士（如客户和供应商）在多大程度上获知被审计单位的行为守则。

　　4. 与财务报表编制相关的控制活动

　　（1）应当实施的风险评估程序。为了解与财务报表编制相关的控制活动，注册会计师应当实施以下风险评估程序。

　　① 识别用于应对认定层次重大错报风险的控制，包括：应对特别风险的控制；与会计分录相关的控制，这些会计分录包括用以记录非经常性的、异常的交易，以及用于调整的非标准会计分录；注册会计师拟测试运行有效性的控制，包括用于应对仅实施实质性程序不能提供充分、适当审计证据的重大错报风险的控制；注册会计师根据职业判断认为适当的、能够有助于其实现与认定层次重大错报风险有关目标的其他控制。

　　② 基于上述第①项中识别的控制，识别哪些信息技术应用程序，或是信息技术

环境的其他方面，可能面临运用信息技术导致的风险。

③ 针对上述第②项中识别的信息技术应用程序及信息技术环境的其他方面，进一步识别：运用信息技术导致的相关风险；被审计单位用于应对这些风险的信息技术一般控制。

④ 针对上述第①项以及第③项第二点识别出的每项控制：评价控制的设计是否有效，即这些控制能否应对认定层次重大错报风险或为其他控制的运行提供支持；询问被审计单位内部人员，并运用其他风险评估程序，以确定控制是否得到执行。

（2）与财务报表编制相关的控制活动概述。控制活动是指有助于确保管理层的指令得以执行的政策和程序。注册会计师应当按照审计准则的规定识别控制活动要素中的控制。这些控制包括信息处理控制和信息技术一般控制，两类控制均可能属于人工控制或自动化控制。管理层利用和依赖的与财务报告相关的自动化控制或涉及自动化方面的控制的程度越高，被审计单位执行信息技术一般控制（应对信息处理控制自动化方面的持续运行）可能就越重要。

与控制活动要素中的控制可能相关的事项如下：

① 授权和批准。有了授权才能确认交易是有效的（即交易具有经济实质或符合被审计单位的政策）。授权的形式通常为较高级别的管理层批准或验证并确定交易是否有效。例如，主管在复核某项费用是否合理且符合政策后批准该费用报告单。自动批准的一个举例是自动将发票单位成本与相关的采购订单单位成本（在预先确定的可容忍范围内）进行比较，单位成本在可容忍范围内的发票将自动批准付款，对单位成本超出可容忍范围的发票将进行标记以执行进一步调查。

② 调节。即将两项或多项数据要素进行比较。如果发现差异，则采取措施使数据相一致。调节通常应对所处理交易的完整性或准确性。

③ 验证。即将两个或多个项目互相进行比较，或将某个项目与政策进行比较，如果两个项目不匹配或者某个项目与政策不一致，则可能对其执行跟进措施。验证通常应对所处理交易的完整性、准确性或有效性。

④ 实物或逻辑控制。这包括应对资产安全的控制，以防止未经授权的访问、获取、使用或处置资产。实物或逻辑控制包括：保证资产的实物安全，包括恰当的安全保护措施，如针对接触资产和记录的安全设施；对计算机程序和数据文档设置接触或操作授权（即逻辑访问权限）；定期盘点并将盘点记录与控制记录相核对（如将会计记录与现金、有价证券和存货的定期盘点结果相比较）。旨在防止资产盗窃的实物控制与财务报表编制的可靠性相关，该相关程度取决于资产被侵占风险的高低。

⑤ 职责分离。即将交易授权、交易记录以及资产保管等不相容职责分配给不

同员工。职责分离旨在降低同一员工在正常履行职责过程中实施并隐瞒舞弊的可能性。例如，授权赊销的经理不能负责维护应收账款记录或处理现金收入。如果某个员工能够执行上述所有活动，则该员工可以创建难以被发现的虚假销售。类似地，销售人员也不应具有修改产品价格文件或佣金比率的权限。

（3）对控制活动的了解。

在了解控制活动时，注册会计师应当重点考虑一项控制活动单独或连同其他控制活动，是否能够以及如何防止或发现并纠正各类交易、账户余额和披露认定存在的重大错报。

注册会计师的工作重点是识别和了解针对重大错报风险更高的领域的控制活动。如果多项控制活动能够实现同一目标，注册会计师不必了解与该目标相关的每项控制活动。

了解和评估控制活动时考虑的主要因素如下：

① 被审计单位的主要经营活动是否都有必要的控制政策和程序。

② 管理层在预算、利润和其他财务及经营业绩方面是否都有清晰的目标，在被审计单位内部，是否对这些目标都加以清晰地记录和沟通，并且积极地对其进行监控。

③ 是否存在计划和报告系统，以识别与目标业绩的差异，并向适当层次的管理层报告该差异。

④ 是否由适当层次的管理层对差异进行调查，并及时采取适当的纠正措施。

⑤ 不同人员的职责应在何种程度上相分离，以降低舞弊和不当行为发生的风险。

⑥ 会计系统中的数据是否与实物资产定期核对。

⑦ 是否建立了适当的保护措施，以防止未经授权接触文件、记录和资产。

⑧ 是否存在信息安全职能部门负责监控信息安全政策和程序。

5. 对与财务报表编制相关的内部控制体系的监督

（1）应当实施的风险评估程序。

① 了解被审计单位实施的持续性评价和单独评价，以及识别控制缺陷的情况和整改的情况。

② 了解被审计单位的内部审计，包括内部审计的性质、职责和活动。

③ 了解被审计单位在监督内部控制体系的过程中所使用信息的来源，以及管理层认为这些信息足以信赖的依据。

④ 根据被审计单位的性质和复杂程度，评价被审计单位对内部控制体系的监督是否适合其具体情况。

（2）对与财务报表编制相关的内部控制体系的监督概述。

对与财务报表编制相关的内部控制体系的监督是指被审计单位评价内部控制在一段时间内运行有效性的过程，它还涉及及时评估控制的有效性并采取必要的补救措施。例如，管理层对是否定期编制银行存款余额调节表进行复核，内部审计人员评价销售人员是否遵守公司关于销售合同条款的政策，法律部门定期监控公司的道德规范和商务行为准则是否得以遵循等，都属于此类监督。

通常，管理层通过持续的监督活动、单独的评价活动或两者相结合实现对内部控制体系的监督。

① 持续的监督活动通常贯穿于被审计单位日常重复的活动中，包括常规管理和监督工作。例如，管理层在履行其日常管理活动时，取得内部控制持续发挥功能的信息。当业务报告、财务报告与他们获取的信息有较大差异时，会对有重大差异的报告提出疑问，并做必要的追踪调查和处理。

② 单独的评价活动。被审计单位可能使用内部审计人员或具有类似职能的人员，对内部控制的设计和执行进行专门的评价，以找出内部控制的优点和不足，并提出改进建议。

③ 利用与外部有关各方沟通或交流获取的信息，监督相关的控制活动。在某些情况下，外部信息可能显示内部控制存在的问题和需要改进之处。

注册会计师应当了解与被审计单位监督活动相关的信息来源，包括管理层在与外部有关各方沟通时获取的信息（如顾客的投诉和监管机构提出的意见），以及管理层认为信息具有相关性和可靠性的依据。如果拟利用被审计单位监督活动使用的信息（包括内部审计报告），注册会计师应当考虑该信息是否相关和可靠，是否足以实现审计目标。

（3）了解对内部控制体系的监督。

注册会计师在了解被审计单位如何监督内部控制体系时，可以考虑的相关事项包括：① 监督活动的设计，如监督是定期的还是持续的；② 监督活动的实施情况和频率；③ 对监督活动结果的定期评价，以确定控制是否有效；④ 如何通过适当的整改措施应对识别的缺陷，包括与负责采取整改措施的人员及时沟通缺陷。

注册会计师可以考虑被审计单位监督内部控制体系的过程如何实现对涉及使用信息技术的信息处理控制的监督。这些控制包括：

① 监督以下复杂信息技术环境的控制：评价信息处理控制的持续设计有效性，并根据情况的变化对其进行适当修改；评价信息处理控制的运行有效性。② 监督权限的控制，这些权限应用于实施职责分离的自动化信息处理控制中。③ 监督如何识别和应对与财务报告自动化相关的错误或控制缺陷的控制。

【任务检查】

多项选择题

1. 下列有关注册会计师了解内部控制的说法中，正确的有（　　　　　）。

A. 注册会计师在了解被审计单位内部控制时，应当确定其是否得到一贯执行

B. 注册会计师不需要了解被审计单位所有的内部控制

C. 注册会计师对内部控制的了解通常不足以测试控制运行的有效性

D. 注册会计师询问被审计单位人员不足以评价内部控制设计的有效性

2. 下列有关注册会计师了解被审计单位与财务报表编制相关的风险评估工作的说法中，正确的有（　　　　　）。

A. 如果被审计单位的风险评估过程符合其具体情况，了解风险评估过程有助于注册会计师识别财务报表重大错报风险

B. 在评价被审计单位的风险评估过程的设计和执行时，注册会计师应当了解管理层如何估计风险的重要性

C. 注册会计师可以通过了解被审计单位及其环境的其他方面的信息，评价被审计单位风险评估过程的有效性

D. 如果注册会计师识别出被审计单位管理层未能识别出的重大错报风险，应当将与风险评估过程相关的内部控制评估为存在值得关注的内部控制缺陷

3. 下列各项中，通常属于与财务报表编制相关的内部环境要素的有（　　　　　）。

A. 管理层对胜任能力的重视

B. 管理层如何识别和评估与财务报告相关的经营风险

C. 管理层的理念和经营风格

D. 被审计单位的人力资源政策与实务

4. 下列有关注册会计师考虑被审计单位与财务报表编制相关的内部环境对重大错报风险评估的影响的说法中，正确的有（　　　　　）。

A. 有效的内部环境有助于降低发生舞弊的风险

B. 有效的内部环境可以防止或发现并纠正认定层次的重大错报

C. 有效的内部环境可以增强注册会计师对内部控制的信赖程度

D. 薄弱的内部环境带来的风险可能对财务报表产生广泛影响

任务 4.2.4　识别和评估重大错报风险

【任务分析】

注册会计师通过实施重大错报风险的识别与评估程序获取对被审计单位及其环境等方面情况的了解，获取了可能导致财务报表发生重大错报的风险因素（事项或情况）以及内部控制对相关风险的抵销信息，识别和评估财务报表层次以及各类交易、账户余额和披露认定层次的重大错报风险，为设计和实施应对措施的提供依据。在识别和评估重大错报风险时，注册会计师应当：① 熟知识别和评估重大错报风险的步骤；② 识别和评估财务报表层次，以及各类交易、账户余额和披露认定层次的重大错报风险；③ 理解需要特别考虑的重大错报风险和仅实施实质性程序无法获取充分、适当审计证据的认定层次的重大错报风险。

【知识准备】

一、识别和评估财务报表层次以及认定层次的重大错报风险

（一）识别和评估重大错报风险的作用

注册会计师识别和评估重大错报风险能为风险应对提供方向性指引，有助于注册会计师确定总体应对措施和用于获取充分、适当的审计证据的进一步审计程序的性质、时间安排和范围，这些证据使其最终能够以可接受的低审计风险水平对财务报表发表审计意见。

（二）识别和评估重大错报风险的步骤

1. 利用实施风险评估程序所了解的信息

通过实施风险评估程序收集的信息可以作为审计证据，为注册会计师识别和评估重大错报风险奠定基础。例如，在评价识别的控制活动要素中的控制的设计并确定这些控制是否得到执行时获取的审计证据，可以作为支持风险评估的审计证据。

注册会计师还需要考虑利用执行有关客户关系和具体业务接受与保持的程序、以前审计以及通过其他途径所获取的与本期财务报表发生错报相关的信息。

2. 识别两个层次的重大错报风险

（1）要求分成两个层次识别。注册会计师应当利用了解获得的信息，判断确定某风险因素是与财务报表整体存在广泛的联系，并可能影响多项认定，进而识别该风险属于财务报表层次的重大错报风险，还是与财务报表整体不存在广泛联系，进而识别该风险为认定层次的重大错报风险。

（2）要求考虑的风险因素。注册会计师应当在考虑相关控制之前识别重大错

报风险（即固有风险），并以注册会计师对错报的初步考虑为基础，即错报的发生、错报如果发生将是重大的，均具有合理可能性。

3. 评估两个层次的重大错报风险

注册会计师在评估重大错报风险时，应当考虑相关控制的影响（即控制风险）。

在识别和评估两个层次的重大错报风险时，都应当考虑固有风险和控制风险两个因素的影响。审计准则要求，针对识别出的认定层次重大错报风险，注册会计师应当分别评估固有风险和控制风险。

4. 评价审计证据的适当性

注册会计师应当对实施风险评估程序获取的审计证据能否为识别和评估重大错报风险提供适当依据作出评价。

如果它不能提供适当依据，注册会计师应当实施追加的风险评估程序，直至获取的审计证据能够提供这样的依据。

在识别和评估重大错报风险时，注册会计师应当考虑通过实施风险评估程序获取的所有审计证据，无论这些证据是佐证性的还是相矛盾的。也就是说，注册会计师不应当偏向于获取、使用佐证性的审计证据，也不应当排斥、舍弃相矛盾的审计证据。

5. 修正识别或评估的结果

随着审计过程的推进，如果获取的新信息（如执行控制测试或实质性程序后获得的新信息）与之前识别或评估重大错报风险时所依据的审计证据不一致，注册会计师应当修正之前对重大错报风险的识别或评估结果，并考虑这种修正对风险应对的影响。

（三）识别和评估财务报表层次的重大错报风险

1. 识别财务报表层次重大错报风险

如果判断某风险因素对财务报表整体存在广泛联系，并可能影响多项认定，注册会计师应当将其识别为财务报表层次的重大错报风险。例如，在经济不稳定的国家和地区开展业务、资产的流动性出现问题、重要客户流失、融资能力受限等，都可能导致注册会计师对被审计单位的持续经营能力产生重大疑虑。又如，管理层缺乏诚信，或承受异常的压力，或凌驾于控制之上可能引发舞弊，这些风险也都与财务报表整体相关。

2. 评估财务报表层次重大错报风险

对于识别出的财务报表层次重大错报风险，注册会计师应当从下列两方面对其进行评估：

（1）评价这些风险对财务报表整体产生的影响。

（2）确定这些风险是否影响对认定层次风险的评估结果。

3. 考虑影响事项

（1）与财务报表存在广泛联系的风险，可能同时对认定产生广泛影响。注册会计师应当评价所识别的风险是否与财务报表存在广泛联系，这能够支持其对财务报表层次重大错报风险的评估。在其他情况下，注册会计师可能识别出多个易于发生错报的认定，并因此影响注册会计师对认定层次的重大错报风险的识别和评估。

例如，被审计单位面临经营亏损且资产流动性出现问题，并依赖于尚未获得保证的资金。在这种情况下，注册会计师可能需要使用财务报告编制基础中的清算基础，可能确定持续经营假设产生了财务报表层次的重大错报风险，这会对所有认定产生广泛影响。

（2）考虑对被审计单位内部控制体系各要素的了解。注册会计师对财务报表层次的重大错报风险的识别和评估，受到其对被审计单位内部控制体系各要素的了解的影响，特别是对内部环境、风险评估和内部监督（这三要素主要属于间接控制）的了解，以及按照《中国注册会计师审计准则第 1211 号——重大错报风险的识别和评估》相关规定实施相关评价的结果和按照该准则规定识别的控制缺陷的影响。

（3）考虑内部环境存在的缺陷或某些外部事项或情况的影响。财务报表层次的风险还可能源于内部环境存在的缺陷或某些外部事项或情况（如经济下滑）。

（4）考虑舞弊风险。由舞弊导致的重大错报风险，可能与注册会计师对财务报表层次重大错报风险的考虑尤其相关。例如，注册会计师通过询问被审计单位管理层了解到，其财务报表将用于申请贷款，从而确保被审计单位获得进一步融资以维持营运资本。注册会计师可能因此认为，影响固有风险的舞弊因素导致发生错报的可能性（即虚假财务报告风险导致的财务报表易于发生错报的可能性）更高。例如，被审计单位为了确保能够获得融资，会多计资产和收入并少计负债和费用。

4. 对风险应对的影响

注册会计师识别和评估财务报表层次重大错报风险，以确定风险是否对财务报表具有广泛的影响，有助于其决定是否需要按照《中国注册会计师审计准则第 1231 号——针对评估的重大错报风险采取的应对措施》的规定采取总体应对措施。

由于财务报表层次重大错报风险还可能影响个别认定，因此，识别和评估这些风险，还可以帮助注册会计师评估认定层次重大错报风险，并设计进一步审计程序，以应对该风险。

（四）识别和评估认定层次的重大错报风险

1. 识别认定层次的重大错报风险

（1）识别是否属于认定层次的重大错报风险。如果判断某固有风险因素可能导致某项认定发生重大错报，但与财务报表整体不存在广泛联系，注册会计师应当将其识别为认定层次的重大错报风险。例如，被审计单位存在复杂的联营或合资，这

一事项表明长期股权投资账户的认定可能存在重大错报风险。又如，被审计单位存在重大的关联方交易，该事项表明关联方及关联方交易的披露认定可能存在重大错报风险。

（2）识别确定相关认定和相关交易类别、账户余额和披露。注册会计师应当识别确定哪些认定是"相关认定"，进而确定哪些交易类别、账户余额和披露是"相关交易类别、账户余额和披露"。

如果注册会计师识别出交易类别、账户余额和披露的某项认定存在重大错报风险，那么，该项认定是相关认定。存在相关认定的交易类别、账户余额和披露则被称为相关交易类别、账户余额和披露。

识别确定相关认定及相关交易类别、账户余额和披露，应当依据其固有风险，而不考虑相关控制的影响。识别出相关认定及相关交易类别、账户余额和披露后，在评估认定层次的重大错报风险时，才应当考虑相关控制的影响。

确定相关认定和相关交易类别、账户余额和披露，为注册会计师确定按照审计准则的要求了解被审计单位信息系统的范围提供了基础，这些了解可以进一步帮助注册会计师识别和评估重大错报风险。

2. 评估认定层次的重大错报风险

（1）总体要求。对于识别出的认定层次的重大错报风险，注册会计师应当分别评估固有风险和控制风险。这样有利于注册会计师把认定层次的重大错报风险的评估工作做细做实（如可为设计和实施进一步审计程序提供适当依据），进而倒逼其按照审计准则要求把实施风险评估程序获取有关了解的基础工作做细做实，以避免在认定层次将固有风险和控制风险简单混合起来，作出粗略的、不适当的风险评估。

（2）评估固有风险。对于识别出的认定层次的重大错报风险，注册会计师应当通过评估错报发生的可能性和重要程度来评估固有风险。在评估时，注册会计师应当考虑：① 固有风险因素如何以及在何种程度上影响相关认定易于发生错报的可能性；② 财务报表层次的重大错报风险如何以及在何种程度上影响认定层次的重大错报风险中固有风险的评估。

注册会计师在评估错报发生的可能性和重要程度时，应当根据它们综合起来的影响程度确定所评估风险的固有风险等级，以帮助其设计进一步审计程序，应对重大错报风险。

评估识别的重大错报风险的固有风险，还有助于注册会计师识别和确定特别风险。

对于识别的认定层次的重大错报风险，固有风险因素会影响注册会计师评估错报发生的可能性和重要程度。某类交易、账户余额和披露越容易发生错报，评估的

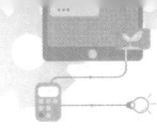

固有风险可能性就越高。注册会计师考虑固有风险因素在何种程度上影响认定易于发生错报的可能性，有助于其适当评估认定层次的重大错报风险的固有风险，并设计更精确的应对措施。

（3）评估控制风险。注册会计师在拟测试控制运行有效性的情况下，应当评估控制风险。如果拟不测试控制运行的有效性，则应当将固有风险的评估结果作为重大错报风险的评估结果。

（4）确定特别风险。特别风险，是指注册会计师识别出的符合下列特征之一的重大错报风险：① 根据固有风险因素对错报发生的可能性和错报的严重程度的影响，注册会计师将固有风险评估为达到或接近固有风险等级的最高级（上限）；② 根据其他审计准则的规定，注册会计师应当将其作为特别风险。

在确定特别风险时，注册会计师可能首先识别固有风险评估等级较高的重大错报风险，将其作为考虑哪些风险可能达到或接近固有风险等级上限的基础。

（5）两种特殊情形的处理。包括：① 仅实施实质性程序无法应对的重大错报风险。针对某些认定层次重大错报风险，仅实施实质性程序无法为其提供充分、适当的审计证据，注册会计师应当确定评估出的重大错报风险是否属于该类风险。对这类风险，注册会计师应当根据相关审计准则的规定，对相关控制的设计和执行进行了解和测试。② 对重大交易类别、账户余额和披露的考虑。按照《中国注册会计师审计准则第 1221 号——计划和执行审计工作时的重要性》的要求，识别并评估各类交易、账户余额和披露中存在的重大错报风险时需要考虑重要性和审计风险。

如果能够合理预期某类交易、账户余额和披露中信息的遗漏、错误陈述或含糊表达可能影响财务报表使用者依据财务报表整体作出的经济决策，则通常认为该类交易、账户余额和披露是重大的。

如果注册会计师未将重大交易类别、账户余额和披露确定为"相关交易类别、账户余额和披露"，则应当评价这样做是否适当。例如，注册会计师可能确定被审计单位披露的高管薪酬是重大披露，但对该披露未识别出重大错报风险即未识别出相关认定。

（6）两个层次间相互影响的处理。① 在评估识别的认定层次重大错报风险时，注册会计师可能认为某些重大错报风险与财务报表整体存在广泛联系，可能影响多项认定，在这种情况下，注册会计师可能更新对财务报表层次重大错报风险的识别。② 如果重大错报风险由于广泛影响多项认定而被识别为财务报表层次重大错报风险，并可以识别出受影响的特定认定，注册会计师应当在评估认定层次重大错报风险的固有风险时考虑这些风险。

（五）考虑财务报表的可审计性

如果通过对内部控制的了解发现下列情况，并对财务报表局部或整体的可审计

145

性产生疑问，注册会计师应当考虑出具保留意见或无法表示意见的审计报告：

（1）被审计单位会计记录的状况和可靠性存在重大问题，不能获取充分、适当的审计证据，以发表无保留意见。

（2）对管理层的诚信存在严重疑虑。必要时，注册会计师应当考虑解除业务约定。

二、评估固有风险等级

（一）总体要求

在评估与特定认定层次重大错报风险相关的固有风险等级时，注册会计师应当运用职业判断，确定错报发生的可能性和重要程度综合起来的影响程度。

（二）定义

固有风险等级是指注册会计师对固有风险水平在一个范围内作出的从低到高的判断。

（三）考虑因素

评估固有风险等级应当考虑被审计单位的性质和具体情况，并考虑评估的错报发生的可能性和重要程度以及固有风险因素。

1. 考虑错报发生的可能性

在考虑错报发生的可能性时，注册会计师应当基于对固有风险因素的考虑，评估错报发生的概率。

2. 考虑错报的重要程度

在考虑错报的重要程度时，注册会计师应当考虑错报的定性和定量两个方面，即注册会计师可能根据错报的金额大小、性质或情况，判断各类交易、账户余额和披露在认定层次的错报是重大的。

3. 考虑综合起来的影响程度

（1）注册会计师应使用错报发生的可能性和重要程度综合起来的影响程度，确定固有风险等级。综合起来的影响程度越高，评估的固有风险等级越高；反之亦然。

（2）评估的固有风险等级较高，并不意味着评估的错报发生的可能性和重要程度都较高。

（3）错报发生的可能性和重要程度在固有风险等级上的交集确定了评估的固有风险在固有风险等级中是较高还是较低。

（4）评估的固有风险等级较高也可能是错报发生的可能性和重要程度的不同组合导致的，例如，较低的错报发生的可能性和极高的重要程度可能导致评估的固有风险等级较高。

4. 将重大错报风险按固有风险等级的类别进行划分

为制定适当的应对策略，注册会计师可以基于其对固有风险的评估，将重大错报风险按固有风险等级的类别进行划分。

注册会计师可以以不同的方式描述这些等级类别（如最高、较高、中、低等），进行定性描述。

不管使用何种分类方法，如果旨在应对识别的认定层次的重大错报风险的进一步审计程序的设计和实施能够适当地应对固有风险的评估结果，并形成该评估结果的依据，那么注册会计师对固有风险等级的评估就是适当的。

三、需要特别考虑的重大错报风险

（一）特别风险的概念

特别风险是指注册会计师识别出的符合下列特征之一的重大错报风险：

（1）根据固有风险因素对错报发生的可能性和错报的严重程度的影响，注册会计师将固有风险评估为达到或接近固有风险等级的最高级。

（2）根据审计准则的规定，注册会计师应当将其作为特别风险。

（二）确定特别风险时考虑的事项

以下事项可能导致注册会计师评估认为重大错报风险具有较高的固有风险等级，进而将其确定为特别风险：

（1）交易具有多种可接受的会计处理，因此涉及主观性。

（2）会计估计具有高度不确定性或模型复杂。

（3）支持账户余额的数据收集和处理较为复杂。

（4）账户余额或定量披露涉及复杂的计算。

（5）对会计政策存在不同的理解。

（6）被审计单位业务的变化涉及会计处理发生的变化，如合并和收购。

需要注意的是，在判断哪些风险是特别风险时，注册会计师不应考虑识别出的控制对相关风险的抵消效果。

（三）非常规交易和判断事项导致的特别风险

日常的、不复杂的、经正规处理的交易不太可能产生特别风险。特别风险通常与重大的非常规交易和判断事项有关。

1. 非常规交易的含义和特征

非常规交易是指由于金额或性质异常而不经常发生的交易。例如，企业购并、债务重组、重大或有事项等。

由于非常规交易具有下列特征，与重大非常规交易相关的特别风险可能导致更高的重大错报风险：

（1）管理层更多地干预会计处理。

（2）数据收集和处理受到更多的人工干预。

（3）复杂的计算或会计处理方法。

（4）非常规交易的性质可能使被审计单位难以对由此产生的特别风险实施有效控制。

2. 判断事项

判断事项通常包括作出的会计估计（具有计量的重大不确定性）。如资产减值准备金额的估计、需要运用复杂估值技术确定的公允价值计量等。

由于下列原因，与重大判断事项相关的特别风险可能导致更高的重大错报风险。

（1）对涉及会计估计、收入确认等方面的会计原则存在不同理解。

（2）所要求的判断可能是主观和复杂的，或需要对未来事项作出假设。

（四）考虑与特别风险相关的控制

了解与特别风险相关的控制，有助于注册会计师制定有效的审计应对方案。对于特别风险，注册会计师应当评价相关控制的设计情况，并确定其是否已经得到执行。由于与重大非常规交易或判断事项相关的风险很少受到日常控制的约束，注册会计师应当了解被审计单位是否针对该特别风险设计和实施了控制。

例如，作出会计估计所依据的假设是否由管理层或专家进行复核，是否建立作出会计估计的正规程序，重大会计估计结果是否由治理层批准等。又如，管理层在收到重大诉讼事项的通知时采取的措施，包括这类事项是否提交适当的专家（如内部或外部的法律顾问）处理、是否对该事项的潜在影响作出评估、是否确定该事项在财务报表中的披露问题以及如何确定等。

如果管理层未能实施控制以恰当应对特别风险，注册会计师应当认为内部控制存在值得关注的内部控制缺陷，并考虑其对风险评估的影响。在此情况下，注册会计师应当就此类事项与治理层沟通。

四、仅实施实质性程序无法应对的重大错报风险

1. 总体要求

作为风险评估的一部分，如果认为仅实施实质性程序获取的审计证据无法应对认定层次的重大错报风险，注册会计师应当评价被审计单位针对这些风险设计的控制程序，并确定其执行情况。

2. 高度自动化处理的情况

在被审计单位对日常交易采用高度自动化处理的情况下，审计证据可能仅以电子形式存在，其充分性和适当性通常取决于自动化信息系统相关控制的有效性，注

册会计师应当考虑仅实施实质性程序不能获取充分、适当审计证据的可能性。

例如，某企业通过高度自动化的系统确定采购品的品种和数量，生成采购订购单，并通过系统中设定的收货确认和付款条件进行付款。除系统中的相关信息外，该企业没有其他有关订购单和收货的记录。在这种情况下，如果认为仅实施实质性程序不能获取充分、适当的审计证据，注册会计师应当考虑依赖的相关控制的有效性，并对其进行了解、评估和测试。

五、修正风险识别或评估结果

注册会计师对认定层次重大错报风险的识别或评估，可能随着审计过程中不断获取审计证据而作出相应的变化。

例如，注册会计师对重大错报风险的识别或评估可能基于预期控制运行有效这一判断，即相关控制可以防止或发现并纠正认定层次的重大错报。但在测试控制运行的有效性时，注册会计师获取的证据可能表明相关控制在被审计期间并未得到有效运行。

同样，在实施实质性程序后，注册会计师可能发现错报的金额和频率比在风险识别或评估时的预计值高。因此，如果通过实施进一步审计程序获取的审计证据与初始识别或评估获取的审计证据相矛盾，注册会计师应当修正风险识别或评估结果，并相应修改原计划实施的进一步审计程序。

因此，识别或评估重大错报风险与了解被审计单位及其环境等方面情况一样，也是一个连续和动态地收集、更新与分析信息的过程，贯穿于整个审计过程的始终。

【任务检查】

单项选择题

1. 下列各项因素中，不可能导致财务报表层次重大错报风险的是（　　　）。

A. 被审计单位信息技术一般控制薄弱

B. 被审计单位存在具有高度估计不确定性的会计估计

C. 被审计单位融资能力受限导致持续经营能力存在重大疑虑

D. 被审计单位管理层承受异常压力

2. 下列各项中，属于认定层次重大错报风险的是（　　　）。

A. 被审计单位治理层和管理层不重视内部控制

B. 被审计单位管理层凌驾于内部控制之上

C. 被审计单位大额应收账款可收回性具有高度不确定性

D. 被审计单位所处行业陷入严重衰退

3. 关于重大错报风险的表述中，注册会计师应当认定为特别风险的是（   ）。

A. 与重大资产余额相关的重大错报风险

B. 与管理层挪用资金相关的重大错报风险

C. 与关联方交易相关的重大错报风险

D. 与具有高度估计不确定性的会计估计相关的重大错报风险

4. 下列情形中，通常可能导致注册会计师对财务报表整体的可审计性产生疑问的是（   ）

A. 注册会计师对管理层的诚信存在重大疑虑

B. 注册会计师对被审计单位的持续经营能力产生重大疑虑

C. 注册会计师识别出与员工侵占资产相关的舞弊风险

D. 注册会计师识别出被审计单位严重违反税收法规的行为

5. 下列有关特别风险的说法中，正确的是（   ）。

A. 注册会计师在判断重大错报风险是否为特别风险时，应当考虑识别出的控制对于相关风险的抵销效果

B. 注册会计师应当将管理层凌驾于控制之上的风险评估为特别风险

C. 注册会计师应当了解并测试与特别风险相关的控制

D. 注册会计师应当对特别风险实施细节测试

任务 4.3

应对重大错报风险

注册会计师在识别与评估被审计单位的重大错报风险后，应当针对评估的财务报表层次重大错报风险确定总体应对措施，并针对评估的认定层次重大错报风险设计和实施进一步审计程序，以将审计风险降至可接受的低水平。

为完成"应对重大错报风险"这项任务，注册会计师应当：① 针对评估的重大错报风险确定应对方案；② 实施控制测试；③ 实施实质性程序。

任务 4.3.1 针对评估的重大错报风险确定应对方案

【任务分析】

针对评估的重大错报风险确定的应对方案主要包括：① 针对评估的财务报表层

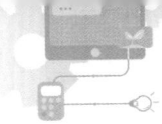

次重大错报风险确定总体应对措施；② 针对评估的认定层次重大错报风险设计并实施进一步审计程序。

针对评估的重大错报风险确定应对方案时，注册会计师应当：① 明确针对财务报表层次重大错报风险的总体应对措施；② 明确进一步审计程序的含义、要求、性质、时间安排和范围。

【知识准备】

一、针对财务报表层次重大错报风险的总体应对措施

注册会计师应对针对评估的财务报表层次重大错报风险确定下列总体应对措施：

（1）向项目组强调保持职业怀疑的必要性。

（2）分派更有经验或具有特殊技能的注册会计师，或利用专家的工作。

（3）对指导和监督项目组成员并复核其工作的性质、时间安排和范围作出调整。

（4）在选择拟实施的进一步审计程序时融入更多的不可预见的因素。在实务中，注册会计师可以通过以下方式提高审计程序的不可预见性：① 对某些以前未测试的低于设定的重要性水平或风险较小的账户余额和认定实施实质性程序；② 调整实施审计程序的时间，使其超出被审计单位的预期；③ 采取不同的审计抽样方法，使当年抽取的测试样本与以前有所不同；④ 选取不同的地点实施审计程序，或预先不告知被审计单位所选定的测试地点。

（5）总体审计策略或对拟实施的审计程序作出调整。财务报表层次的重大错报风险很可能源于薄弱的控制环境。如果控制环境存在缺陷，注册会计师在对拟实施审计程序的性质、时间安排和范围作出总体修改时应当考虑：① 在期末而非期中实施更多的审计程序（时间安排），因为控制环境的缺陷通常会削弱期中获得的审计证据的可信赖程度；② 通过实施实质性程序获取更广泛的审计证据（性质）；③ 增加拟纳入审计范围的经营地点的数量（范围）。

二、增加审计程序不可预见性的方法

1. 增加审计程序不可预见性的思路

注册会计师可以通过以下方法，提高审计程序的不可预见性。

（1）对某些以前未测试的低于设定的重要性水平或风险较小的账户余额和认定实施实质性程序。注册会计师可以关注以前未曾关注过的审计领域，尽管这些领域可能重要程度比较低。如果这些领域有可能被用于掩盖舞弊行为，注册会计师就要针对这些领域实施一些具有不可预见性的测试。

（2）调整实施审计程序的时间，使其超出被审计单位的预期。例如，如果注册

会计师在以前年度的大多数审计工作都在12月或年底前后进行，那么被审计单位就会了解注册会计师这一审计习惯，由此可能会把一些不适当的会计调整放在年度的其他时段，以避免引起注册会计师的注意。因此，注册会计师可以考虑调整实施审计程序时测试项目的时间，如从测试12月的项目调整到测试9月、10月或11月的项目。

（3）采取不同的审计抽样方法，使当年抽取的测试样本与以前有所不同。

（4）选取不同的地点实施审计程序，或预先不告知被审计单位所选定的测试地点。例如，在存货监盘程序中，注册会计师可以到未事先通知被审计单位的盘点现场进行监盘，使被审计单位没有机会事先安排或隐藏一些不想让注册会计师知道的情况。

2. 增加审计程序不可预见性的实施要点

（1）注册会计师需要与被审计单位的管理层事先沟通，要求实施具有不可预见性的审计程序，但不能告知其具体内容。注册会计师可以在签订审计业务约定书时明确提出这一要求。

（2）虽然对于不可预见性程度没有量化的规定，但审计项目组可以根据对舞弊风险的评估等确定具有不可预见性的审计程序，也可以汇总那些具有不可预见性的审计程序，并记录在审计工作底稿中。

（3）项目合伙人需要安排项目组成员有效地实施具有不可预见性的审计程序，但同时要避免使项目组成员处于困难境地。

3. 增加审计程序的不可预见性的示例

审计程序的不可预见性示例如表4-6所示。

表4-6　审计程序的不可预见性示例

序号	审计领域	一些可能适用的具有不可预见性的审计程序
1	存货	向以前审计过程中接触不多的被审计单位员工询问，如向采购、销售、生产等人员询问
		在不事先通知被审计单位的情况下，选择一些以前未曾到过的盘点地点进行存货监盘
2	销售和应收账款	向以前审计过程中接触不多或未曾接触过的被审计单位员工询问，如向负责处理大客户账户的销售人员询问
		改变实施实质性分析程序的对象，如对收入按细类进行分析
		针对销售和销售退回延长截止测试期间
		实施以前未曾考虑过的审计程序，例如： （1）函证确认销售条款或者选定销售额较不重要、以前未曾关注的销售交易，如对出口销售实施实质性程序。

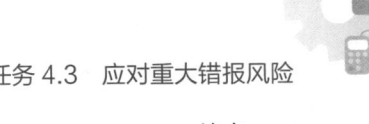

续表

序号	审计领域	一些可能适用的具有不可预见性的审计程序
2	销售和应收账款	（2）实施更细致的分析程序，如使用计算机辅助审计技术复核销售及客户账户。 （3）测试以前未曾函证过的账户余额，如金额为负或是零的账户，或者余额低于以前设定的重要性水平的账户。 （4）改变函证日期，即把所函证账户的截止日期提前或者推迟。 （5）对关联公司销售和相关账户余额，除进行函证外，可实施其他审计程序进行验证
3	采购和应付账款	如果以前未曾对应付账款余额普遍进行函证，可考虑直接向供应商函证确认余额；如果经常采用函证方式，则可考虑改变函证的范围或者时间
		对以前由于低于设定的重要性水平而未曾测试过的采购项目进行细节测试
		使用计算机辅助审计技术审阅采购和付款账户，以发现一些特殊项目，如是否有不同的供应商使用相同的银行账户
4	现金和银行存款	多选几个月的银行存款余额调节表进行测试
		对有大量银行账户的被审计单位，可考虑改变抽样方法
5	固定资产	对以前由于低于设定的重要性水平而未曾测试过的固定资产进行测试，如考虑实地盘查一些价值较低的固定资产，包括汽车和其他设备等

三、总体应对措施对拟实施进一步审计程序的总体审计方案的影响

财务报表层次重大错报风险难以限于某类交易、账户余额和披露的特点，意味着此类风险可能对财务报表的多项认定产生广泛影响，并相应增加注册会计师对认定层次重大错报风险的评估难度。因此，注册会计师评估的财务报表层次重大错报风险以及采取的总体应对措施，对拟实施进一步审计程序的总体审计方案具有重大影响。

拟实施进一步审计程序的总体审计方案包括实质性方案和综合性方案。其中，实质性方案是指注册会计师实施的进一步审计程序以实质性程序为主；综合性方案是指注册会计师在实施进一步审计程序时，将控制测试与实质性程序结合使用。当评估的财务报表的层次重大错报风险属于高风险水平（并相应采取更强调审计程序不可预见性以及更重视调整审计程序性质、时间和范围的总体应对措施）时，拟实施进一步审计程序的总体方案往往更倾向于实质性方案。

四、针对认定层次重大错报风险的进一步审计程序

1. 进一步审计程序的概念

相对于风险评估程序而言，进一步审计程序是指注册会计师针对评估的各类交

153

易、账户余额和披露认定层次重大错报风险实施的审计程序，包括控制测试和实质性程序。

2. 设计并实施进一步审计程序的要求

注册会计师应当针对评估的认定层次重大错报风险设计和实施进一步审计程序，包括审计程序的性质、时间安排和范围。

注册会计师应当根据对认定层次重大错报风险的评估结果，恰当选用实质性方案或综合性方案。无论选择何种方案，注册会计师都应当对所有重大的各类交易、账户余额和披露设计并实施实质性程序。

3. 设计进一步审计程序时的考虑因素

在设计进一步审计程序时，注册会计师应当考虑下列因素：① 风险的重要性；② 重大错报发生的可能性；③ 涉及的各类交易、账户余额和披露的特征；④ 被审计单位采用的特定控制的性质；⑤ 是否拟获取审计证据，以确定内部控制在防止或发现并纠正重大错报方面的有效性。

4. 进一步审计程序的性质、时间和范围

（1）进一步审计程序的性质。进一步审计程序的性质是指进一步审计程序的目的和类型。其中，进一步审计程序的目的包括通过实施控制测试以确定内部控制运行的有效性，通过实施实质性程序以发现认定层次的重大错报；进一步审计程序的类型包括检查、观察、询问、函证、重新计算、重新执行和分析程序。

（2）进一步审计程序的时间。进一步审计程序的时间是指注册会计师何时实施进一步审计程序，或审计证据适用的期间或时点。有关进一步审计程序的时间的选择问题，第一个层面是注册会计师选择在何时实施进一步审计程序的问题，第二个层面是选择获取什么期间或时点的审计证据的问题。

（3）进一步审计程序的范围。进一步审计程序的范围是指实施进一步审计程序（含控制测试和实质性程序）所涉及的数量多少，包括抽取的样本量，对某项控制活动的观察次数等。

【任务检查】

单项选择题

1. 当被审计单位的控制环境存在严重缺陷，需要对拟实施审计程序的性质、时间和范围做出总体修改时，下列做法中恰当的是（　　）。

A. 在期末实施更多的审计程序　　B. 主要依赖实质性程序获取审计证据

C. 主要依赖控制测试获取审计证据　　D. 增加实质性程序的样本量

2. 拟实施进一步审计程序的总体审计方案包括（　　）方案。

A. 总体应对 　　　　　　　　　B. 控制性

C. 综合性 　　　　　　　　　　D. 实质性

任务 4.3.2　实施控制测试

【任务分析】

为了获取关于控制防止或发现并纠正认定层次重大错报的有效性，注册会计师应当选择为相关交易、账户余额和披露的认定提供证据的内部控制进行测试。在实施控制测试时，注册会计师应当：① 理解控制测试的概念；② 明确控制测试的要求；③ 理解控制测试与了解内部控制的关系；④ 熟知控制测试的性质、时间和范围。

【知识准备】

一、控制测试的概念

控制测试是指用于评价内部控制在防止或发现并纠正认定层次重大错报方面的运行有效性的审计程序。

二、控制测试的要求

控制测试并非在任何情况下都需要实施。当存在下列情形之一时，注册会计师应当实施控制测试：① 在评估认定层次重大错报风险时，预期控制的运行是有效的；② 仅实施实质性程序并不能够提供认定层次充分、适当的审计证据。其中，前者主要是出于成本效益的考虑，而后者则是一种非此即彼的选择。

在被审计单位对日常交易采用高度自动化处理的情况下，审计证据可能仅以电子形式存在，其充分性和适当性通常取决于自动化信息系统相关控制的有效性，注册会计师应当考虑仅通过实质性程序不能获取充分、适当审计证据的可能性。

三、控制测试与了解内部控制的关系

（一）控制测试与了解内部控制的区别

1. 目的不同

控制测试的目的是测试控制运行的有效性。

了解内部控制的目的是评价控制设计，确定控制是否得到执行。

2. 需获取的审计证据不同

（1）在实施风险评估程序以获取控制是否得到执行的审计证据时，注册会计师

主要是确定某项控制是否存在，被审计单位是否正在使用。在了解控制是否得到执行时，注册会计师只需要抽取少量的交易进行检查或观察某几个时点即可。

（2）在测试控制运行的有效性时，注册会计师应当从以下方面获取关于控制是否有效运行的审计证据：① 控制在所审计期间的相关时点是如何运行的；② 控制是否得到一贯执行；③ 控制由谁或以何种方式执行、运行。

控制运行有效性强调的是控制能够在各个不同时点按照既定设计得以一贯执行。因此，在测试控制运行的有效性时，注册会计师需要抽取足够数量的交易进行检查，或对多个不同时点进行观察。

（二）控制测试与了解内部控制的联系

为评价控制设计和确定控制是否得到执行而实施的某些风险评估程序虽然并非专门为控制测试而设计，但可能提供有关控制运行有效性的审计证据。注册会计师可以考虑在评价控制设计和获取其得到执行的审计证据的同时测试控制运行的有效性，以提高审计效率，但应考虑这些审计证据是否足以实现控制测试的目的。

四、控制测试的性质

控制测试的性质是指控制测试所使用的审计程序的类型及其组合，包括询问、观察、检查和重新执行。

（一）询问

注册会计师可以向被审计单位的适当员工询问，获取与内部控制运行情况相关的信息。虽然询问是一种有效的手段，然而询问本身并不足以测试控制运行的有效性，注册会计师应将询问与检查或重新执行结合使用，以获取有关控制运行有效性的审计证据。

（二）观察

观察是测试不留下书面记录的控制（如职责分离）的运行情况的有效方法，如观察存货盘点控制的执行情况。观察也可运用于实物控制，如查看仓库门是否锁好，或空白支票是否妥善保管。通常情况下，注册会计师通过观察直接获取的证据比间接获取的证据更可靠。但是，注册会计师还要考虑其所观察到的控制在注册会计师不在场时可能未被执行的情况，即观察提供的证据仅限于观察发生的时点，本身并不足以测试控制运行的有效性。因此，将观察与检查或重新执行结合使用，可能会比仅实施观察更容易获取更高水平的保证。

（三）检查

检查非常适用对运行情况留有书面证据的控制。书面说明、复核时留下的记号，或其他记录在偏差报告中的标志，都可以被当作控制运行情况的证据。

（四）重新执行

例如，为了合理保证计价认定的准确性，被审计单位的一项控制是由复核人员核对销售发票上的价格与统一价格单上的价格是否一致。但是，要检查复核人员有没有认真执行核对，仅检查复核人员是否在相关文件上签字是不够的，注册会计师还需要自己选取一部分销售发票进行核对，这就是重新执行程序。

五、控制测试的时间

（一）控制测试时间的含义

控制测试的时间包括两层含义：一是何时实施控制测试；二是测试所针对的控制适用的时点或期间。

注册会计师应当根据控制测试的目的确定控制测试的时间，并确定拟信赖的相关控制的时点或期间。

（1）如果仅需要测试控制在特定时点的运行有效性（如对被审计单位期末存货盘点进行控制测试），注册会计师只要获取该时点控制运行有效性的审计证据就可以。

（2）如果需要获取控制在某一期间有效运行的审计证据，仅获取与时点相关的审计证据是不充分的，还应当辅以其他控制测试，包括测试被审计单位对控制的监督，以获取控制在该期间有效运行的审计证据。

（二）考虑利用已获取的有关控制在期中运行有效性的审计证据

如果已获取有关控制在期中运行有效性的审计证据，并拟利用该证据，注册会计师应当实施以下审计程序：

（1）获取这些控制在剩余期间变化情况的审计证据。

（2）确定针对剩余期间还需获取的补充审计证据。

（三）考虑利用以前审计获取的有关控制运行有效性的审计证据

注册会计师如果考虑利用以前审计获取的有关控制运行有效性的审计证据，主要应考虑拟信赖的以前审计中测试的控制在本期是否发生变化

（1）如果控制在本期发生变化，注册会计师应当考虑以前审计获取的有关控制运行有效性的审计证据是否与本期审计相关。

（2）如果拟信赖的控制自上次测试后已发生变化，注册会计师应当在本期审计中测试这些控制的运行有效性。

（3）如果拟信赖的控制自上次测试后未发生变化，且不属于旨在减轻特别风险的控制，注册会计师应当运用职业判断确定是否在本期审计中测试其运行有效性，以及本次测试与上次测试的时间间隔，但每 3 年至少对控制测试一次。

（4）如果确定评估的认定层次重大错报风险是特别风险，而且注册会计师拟信

赖旨在减轻特别风险的控制，鉴于特别风险的特殊性，不论该控制在本期是否发生变化，注册会计师都不应依赖以前审计获取的证据，而应在本期审计中测试这些控制的运行有效性。

六、控制测试的范围

控制测试的范围主要是指某项控制活动的测试次数。在确定控制测试的范围时，除考虑对控制的信赖程度外，注册会计师还可能考虑以下因素：

（1）在拟信赖期间，被审计单位执行控制的频率（正向）。

（2）在所审计期间，注册会计师拟信赖控制运行有效性的时间长度（正向）。

（3）控制的预期偏差（正向）。

（4）通过测试与认定相关的其他控制获取的审计证据的范围（反向）。

（5）拟获取的有关认定层次控制运行有效性的审计证据的相关性和可靠性（正向）。

【任务检查】

多项选择题

1. 应当实施控制测试的情形有（　　　　　）。

A. 在评估认定层次重大错报风险时，预期控制的运行是有效的

B. 控制设计合理，但没有得到执行

C. 仅实施实质性程序并不能够提供认定层次充分、适当的审计证据

D. 控制本身的设计不合理

2. 控制测试采用的审计程序有（　　　　　）。

A. 观察

B. 询问

C. 检查

D. 重新执行

3. 在确定控制测试的范围时，注册会计师通常考虑的主要因素有（　　　　　）。

A. 对控制运行的拟信赖程度

B. 控制的预期偏差

C. 信息技术的应用程序

D. 拟信赖控制运行有效性的时间长度

任务 4.3.3　实施实质性程序

【任务分析】

在实施实质性程序时，注册会计师应当：① 理解实质性程序的概念；② 明确

实质性程序的要求；③ 熟知实质性程序的性质、时间和范围。

【知识准备】

一、实质性程序的概念

实质性程序是指用于发现认定层次重大错报的审计程序，包括对各类交易、账户余额和披露的细节测试以及实质性分析程序。

二、实质性程序的要求

无论评估的重大错报风险结果如何，注册会计师都应当针对所有重大的各类交易、账户余额和披露实施实质性程序。

三、实质性程序的性质

实质性程序的性质是指实质性程序的类型及其组合。实质性程序的两种基本类型包括细节测试和实质性分析程序。

细节测试是对各类交易、账户余额和披露的具体细节进行测试，其目的在于直接识别财务报表认定是否存在错报。细节测试被用于获取与某些认定相关的审计证据，如存在或发生、完整性、准确性或计价等。

实质性分析程序从技术特征上仍然是分析程序，主要是通过研究数据间关系评价信息，只是将该技术方法用作实质性程序，即用以识别各类交易、账户余额和披露及相关认定是否存在错报。实质性分析程序通常更适用于在一段时间内存在可预期关系的大量交易。

四、实质性程序的时间

（一）实质性程序与控制测试的时间选择的异同

1. 共同点
这两类程序都面临着对期中审计证据和对以前审计获取的审计证据的考虑。

2. 差异

（1）在控制测试中，期中实施控制测试并获取期中关于控制运行有效性审计证据的做法更具有一种"常态"；而由于实质性程序的目的在于更直接地发现重大错报，在期中实施实质性程序时更需要考虑其成本效益的权衡。

（2）在本期控制测试中，拟信赖以前审计获取的有关控制运行有效性的审计证据，已经受到了很大的限制；而对于以前审计中通过实质性程序获取的审计证据，则采取了更加慎重的态度和更严格的限制。

159

（二）考虑是否在期中实施实质性程序

在绝大数情况下，注册会计师应在期末或接近期末时实施实质性程序，尤其在重大错报风险较高时；当然，如果在期中实施实质性程序更符合成本效益原则，也可以考虑在期中实施实质性程序。

（三）考虑利用期中实施实质性审计程序所获取的审计证据

（1）如果在期中实施了实质性程序，注册会计师应当针对剩余期间实施进一步的实质性程序，或将实质性程序和控制测试结合使用，以将期中测试得出的结论合理延伸至期末。

（2）如果拟将期中测试得出的结论延伸至期末，注册会计师应当考虑针对剩余期间仅实施实质性程序是否足够。如果认为实施实质性程序本身不充分，注册会计师还应测试剩余期间相关控制运行的有效性，或针对期末实施实质性程序。

（3）如果已识别出由于舞弊导致的重大错报风险，为将期中得出的结论延伸至期末而实施的审计程序通常是无效的，注册会计师应当考虑在期末或者接近期末实施实质性程序。

（四）考虑利用以前审计中实施实质性程序所获取的审计证据

只有当以前获取的审计证据及其相关事项未发生重大变动（如以前审计通过实质性程序测试过的某项诉讼在本期没有任何实质性进展）时，以前获取的审计证据才可能用作本期的有效审计证据。即便如此，如果拟利用以前审计中实施实质性程序获取的审计证据，注册会计师仍应当在本期实施审计程序，以确定这些审计证据是否具有持续相关性。

五、实质性程序的范围

在确定实质性程序的范围时，注册会计师应当考虑评估的认定层次重大错报风险和实施控制测试的结果。

（1）注册会计师评估的认定层次的重大错报风险越高，需要实施实质性程序的范围就越广。

（2）如果对控制测试结果不满意，注册会计师应当考虑扩大实质性程序的范围。

【任务检查】

多项选择题

1. 实质性程序的两种基本类型包括（　　　　　）。

A. 细节测试　　　　　　　　　　　　　B. 实质性分析程序

C. 穿行测试　　　　　　　　　　D. 重新执行

2. 以下有关实质性程序的说法中，正确的有（　　　　　）。

A. 针对完整性认定设计细节测试时，应当选择包含在财务报表金额中的项目

B. 细节测试适用于对各类交易、账户余额、披露认定的测试

C. 对在一段时期内存在可预期关系的大量交易，可以考虑实施实质性分析程序

D. 在实施实质性分析程序时，注册会计师应谨慎使用被审计单位编制的信息

3. 注册会计师在确定实质性程序的范围时需要重点考虑的因素有（　　　　　）。

A. 评估的认定层次的重大错报风险　　B. 实施控制测试的结果

C. 评估的报表层次的重大错报风险　　D. 了解内部控制的结果

能力训练 >>>

一、单项选择题

1. 在制订总体审计策略时，注册会计师应当考虑的主要因素是（　　）。

A. 推断的控制有效性高于其实际有效性的风险

B. 推断某一重大错报不存在而实际存在的风险

C. 审计范围

D. 推断某一重大错报存在而实际不存在的风险

2. 在确定财务报表整体的重要性时，下列各项中通常不适宜作为基准的是（　　）。

A. 持续经营产生的利润　　　　　B. 非经常性收益

C. 资产总额　　　　　　　　　　D. 营业收入

3. 在确定累积识别出的错报时，注册会计师不应将其包括在内的是（　　　）。

A. 事实错报　　　　　　　　　　B. 判断错报

C. 推断错报　　　　　　　　　　D. 明显微小的错报

4. 在了解被审计单位及其环境时，注册会计师可能实施的风险评估程序不包括（　　）。

A. 询问甲公司管理层和内部其他人员

B. 实地查看被审计单位生产经营场所和设备

C. 检查文件、记录和内部控制手册

D. 重新执行内部控制

5. （　　）主要是评价控制的设计，并确定其是否得到执行。

A. 了解内部控制　　　　　　　　B. 控制测试

C. 双重目的测试　　　　　　　　D. 实质性程序

6. 在了解被审计单位内部控制时，注册会计师最应当关注的是（　　）。

A. 内部控制是否按照管理层的意图实现了经营效率

B. 内部控制能否防止或发现并纠正错误或舞弊

C. 内部控制是否明确区分控制要素

D. 内部控制是否没有因串通而失效

7. 以下属于不相容职务的是（　　）。

A. 总经理与营销经理　　　　　　B. 出纳员与记录银行存款日记账

C. 记录日记账与记录总账　　　　D. 采购员与采购经理

8. 控制测试的目的是测试（　　）。

A. 财务报表认定是否正确　　　　B. 控制运行的有效性

C. 评价控制设计的合理性　　　　D. 控制是否得到执行

9. 用于发现认定层次重大错报的审计程序是（　　）。

A. 重新执行　　　　　　　　　　B. 控制测试

C. 了解内部控制　　　　　　　　D. 实质性程序

10. （　　）的目的在于直接识别财务报表认定是否存在错报。

A. 细节测试　　　　　　　　　　B. 实质性分析程序

C. 控制测试　　　　　　　　　　D. 了解内部控制

二、多项选择题

1. 具体审计计划应当包括（　　）。

A. 风险评估程序　　　　　　　　B. 计划实施的进一步审计程序

C. 审计方向　　　　　　　　　　D. 计划的其他审计程序

2. 以下关于重要性与审计风险、审计证据的关系表述中，正确的有（　　）。

A. 重要性与审计风险之间存在反向关系

B. 审计风险与审计证据之间存在正向关系

C. 重要性与审计证据之间存在反向关系

D. 审计风险可以通过人为调控重要性水平而予以控制

3. 在评价未更正错报的影响时，下列说法正确的有（　　）。

A. 未更正错报的金额不得超过明显微小错报的临界值

B. 注册会计师应当从金额和性质两方面确定未更正错报是否重大

C. 注册会计师应当要求被审计单位更正未更正错报

D. 注册会计师应当考虑与以前期间相关的未更正错报对相关类别的交易、账户余额或披露以及财务报表整体的影响

4. 注册会计师应当从（　　）方面了解被审计单位及其环境。

A. 相关行业状况、法律环境和监管环境及其他外部因素

B. 被审计单位的性质

C. 被审计单位对会计政策的选择和运用

D. 被审计单位的目标、战略以及相关经营风险

E. 对被审计单位财务业绩的衡量和评价

5. 下列活动中，注册会计师认为属于控制活动的有（   ）。

A. 授权　　　　　　　　　　B. 业绩评价

C. 风险评估　　　　　　　　D. 职责分离

6. 在识别和评估重大错报风险时，注册会计师可能实施的审计程序有（   ）。

A. 识别被审计单位的所有经营风险

B. 考虑识别的错报风险导致财务报表发生重大错报的可能性

C. 考虑识别的错报风险是否重大

D. 将识别的错报风险与认定层次可能发生错报的领域相联系

7. 在测试内部控制的运行有效性时，注册会计师应当获取的审计证据有（   ）。

A. 控制是否存在

B. 控制在所审计期间相关时点是如何运行的

C. 控制是否得到一贯执行

D. 控制由谁或以何种方式执行

8. 在确定控制测试的范围时，注册会计师通常考虑的主要因素有（   ）。

A. 对控制运行的拟信赖程度　　　B. 控制的预期偏差率

C. 信息技术的应用程序　　　　　D. 拟信赖控制运行有效性的时间长度

9. 注册会计师在确定实质性程序的范围时需要重点考虑的因素有（   ）。

A. 评估的认定层次的重大错报风险

B. 实施控制测试的结果

C. 评估的报表层次的重大错报风险

D. 了解内部控制的结果

10. 以下关于实质性程序的时间选择的说法正确的有（   ）。

A. 在期中实施实质性程序时更需要考虑其成本效益的权衡

B. 以前审计实施实质性程序获取的审计证据，通常对本期只有很弱的证据效力或没有证据效力

C. 应对舞弊导致的重大错报风险，注册会计师应考虑在期末或接近期末实施实质性程序

D. 拟利用以前审计实施实质性程序获取的审计证据，本期仍应实施审计程序

以确定该证据的持续相关性

三、案例分析题

1. 注册会计师 A 负责对常年审计客户甲公司的 2023 年度财务报表进行审计，撰写了总体审计策略和具体审计计划，部分内容摘录如下：

（1）初步了解 2023 年度甲公司及其环境未发生重大变化，拟信赖以往审计中对该公司管理层、治理层诚信水平形成的判断。

（2）因对甲公司内部审计师的客观性和专业胜任能力存有疑虑，拟不利用内部审计的工作。

（3）如对计划的重要性水平做出修正，拟通过修改计划实施的实质性程序的性质、时间和范围降低重大错报风险。

要求：针对上述事项（1）至（3），逐项指出注册会计师 A 拟订的计划是否存在不当之处。如有不当之处，简要说明理由。

2. 注册会计师 A 和注册会计师 B 对 XYZ 股份有限公司 2023 年度财务报表进行审计，其未经审计的有关财务报表项目名称和金额如表 4-7 所示。

表 4-7　XYZ 股份有限公司 2023 年度财务报表项目名称和金额

单位：万元

财务报表项目名称	金额	财务报表项目名称	金额
资产总计	180 000	利润总额	36 000
股东权益合计	88 000	净利润	24 120
主营业务收入	240 000		

要求：如果以资产总额、净资产（股东权益）、主营业务收入和净利润作为适当的基准，并假定资产总额、净资产（股东权益）、主营业务收入和净利润对应的百分比数值分别为 0.5%、1%、0.5%、5%，请代注册会计师 A 和注册会计师 B 计算确定 XYZ 股份有限公司 2023 年度财务报表层次的重要性水平（请列示计算过程）。

3. 注册会计师 A 在评估 W 公司的审计风险时，分别设计了如表 4-8 所示四种情况，以帮助确定可接受的检查风险水平。

表 4-8　W 公司审计风险情况

风险类别	情况一	情况二	情况三	情况四
可接受的审计风险	4%	4%	2%	2%
重大错报风险	100%	50%	100%	80%

请回答：

（1）上述四种情况下可接受的检查风险水平分别是多少？

（2）哪种情况需要注册会计师获取最多的审计证据？为什么？

4. 东方贸易公司 3 位员工必须分担下列工作：① 记录并保管总账；② 记录并保管应付账款明细账；③ 记录并保管应收账款明细账；④ 记录货币资金日记账；⑤ 保管并填写支票；⑥ 发出销货退回及折让的贷项通知单；⑦ 调节银行存款日记账与对账单；⑧ 保管并送存现金收入。

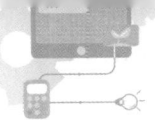

上述各项工作除⑥和⑦的工作量较小外，其余各项工作量大体相当。

要求：若 3 位员工能力相当，且只需要他们做上述工作，请说明应如何将这 8 项工作分配给 3 位员工，才能达到既工作量相当又符合内部控制的要求。

5. W 公司主要从事小型电子消费品的生产和销售，产品销售以 W 公司仓库为交货地点。W 公司日常交易采用自动化信息系统（以下简称系统）和手工控制相结合的方式进行。系统自 2023 年以来没有发生变化。W 公司产品主要销售给国内各主要城市的电子消费品经销商。注册会计师 A 和注册会计师 B 负责审计 W 公司 2021 年度财务报表。

资料一：注册会计师 A 和注册会计师 B 在审计工作底稿中记录了所了解的 W 公司及其环境的情况，部分内容摘录如下：

（1）在 2023 年度实现销售收入增长 10% 的基础上，W 公司董事会确定的 2024 年销售收入增长目标为 20%。W 公司管理层实行年薪制，总体薪酬水平根据上述目标的完成情况上下浮动。W 公司所处行业 2024 年的平均销售增长率是 12%。

（2）W 公司财务总监已在 W 公司工作超过 6 年，于 2024 年 9 月劳动合同到期后被 W 公司的竞争对手高薪聘请。由于工作压力大，W 公司会计部门人员流动频繁，除会计主管服务期超过 4 年外，其余人员的平均服务期均少于 2 年。

（3）W 公司的产品面临快速更新换代的压力，市场竞争激烈。为巩固市场占有率，W 公司于 2024 年 4 月将主要产品（C 产品）的销售价格下调了 8%～10%。另外，W 公司在 2024 年 8 月推出了 D 产品（C 产品的改良型号），市场表现良好，计划在 2025 年全面扩大产量，并在 2025 年 1 月停止 C 产品的生产。为了加快资金流转，W 公司于 2025 年 1 月针对 C 产品开始实施新一轮的降价促销，平均降价幅度达到 10%。

（4）W 公司销售的产品均由经客户认可的外部运输公司实施运输，运费由 W 公司承担，但运输途中风险仍由客户自行承担。由于受能源价格上涨的影响，2024 年的运输单价比上年平均上升了 15%，但运输商同意将运费结算周期从原来的 30 天延长至 60 天。

资料二：注册会计师 A 和注册会计师 B 在审计工作底稿中记录了获取的 W 公

司财务数据，部分内容摘录如表4-9所示。

表4-9　财务报表相关项目金额　　　　　　　　单位：万元

项目	2024		2023	
	C产品	D产品	C产品	D产品
产成品	2 000	1 800	2 500	0
存货跌价准备	0		0	
主营业务收入	18 500	8 000	20 000	0
主营业务成本	17 000	5 600	16 800	0
销售费用——运输费	1 200		1 150	

　　要求：针对资料一（1）~（4）项，结合资料二，假定不考虑其他条件，请逐项指出资料一所列事项是否可能表明存在重大错报风险。如果认为存在，请简要说明理由并分别说明该风险是属于财务报表层次还是认定层次。如果认为属于认定层次，请指出相关事项与何种交易或账户的何种认定相关。

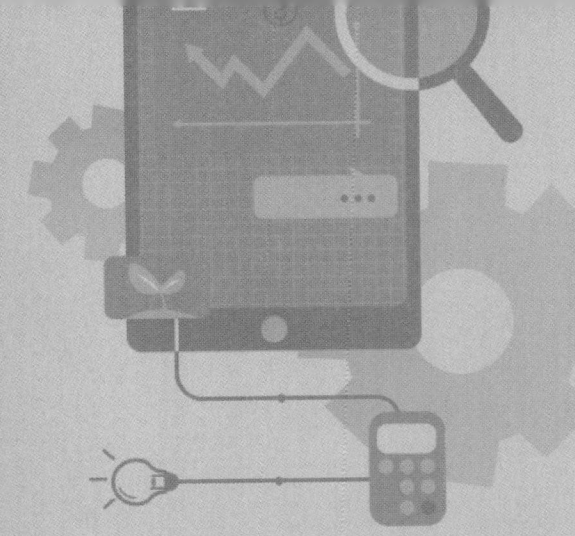

项目5
销售与收款循环审计

5

 学习目标 ▶▶▶

素养目标

◆ 通过对销售与收款循环典型错弊案例的讨论与剖析，引导学习者在审计中应保持职业怀疑，恪守"客观公正、诚信独立"的职业操守；

◆ 通过小组探究营业收入、应收账款的审计案例，培养"协作共进、和而不同"的合作意识，增强"与时俱进、勇于探索"的创新精神。

知识目标

◆ 理解销售交易的内部控制及对相关认定的影响；

◆ 熟悉销售交易常用的控制测试程序；

◆ 掌握销售交易的细节测试与截止测试；

◆ 掌握对主营业务收入确认与计量的检查；

◆ 熟悉主营业务收入、应收账款的实质性分析程序。

能力目标

◆ 能够评估销售与收款循环的重大错报风险；

◆ 能够对销售与收款循环实施控制测试；

◆ 能够对主营业务收入实施实质性程序；

◆ 能够对应收账款实施实质性程序。

任务导航 ▶▶▶

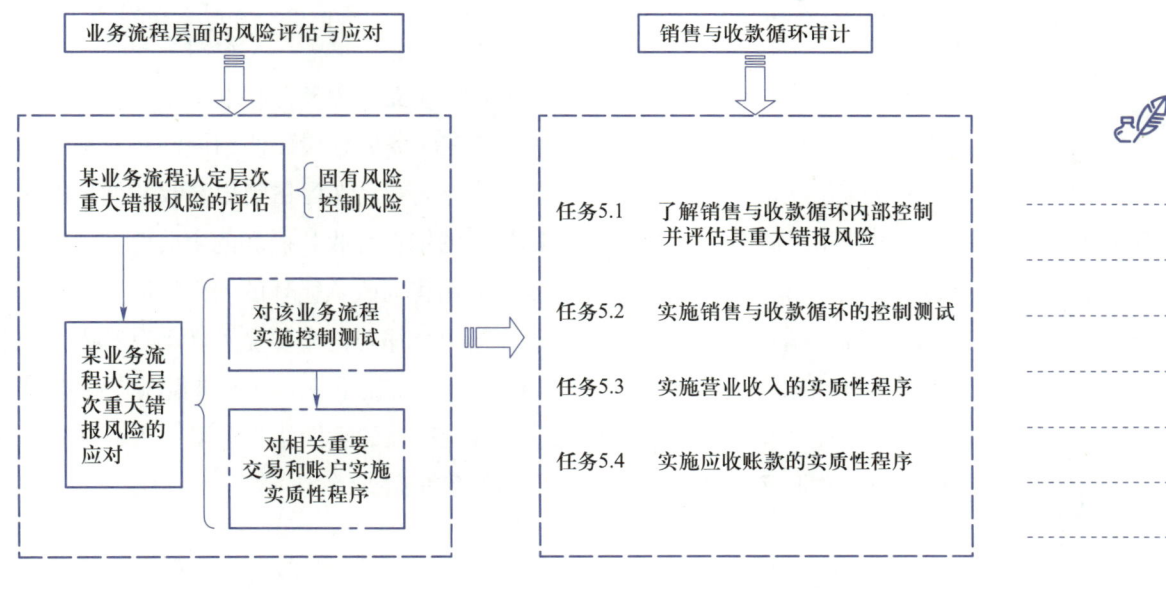

任务 5.1　了解销售与收款循环内部控制并评估其重大错报风险

【案例导入】

ABC 会计师事务所的注册会计师于 2023 年 10 月 25 日至 11 月 10 日对甲公司销售与收款循环的内部控制进行了解，并在审计工作底稿中作了记录，部分内容摘录如下：

（1）仓库人员在系统中根据经销售部门批准的客户订单生成连续编号的发货单，他们在将产品交运输商发运后，将发货单设置为"已执行"状态并提交结算部门。结算部门根据系统中的"已执行"发货单记录、订单及相关客户基础资料，在系统中生成并打印销售发票，系统在月末根据发货单和发票信息自动汇总主营业务收入，并据此进入应收账款和主营业务收入账簿。

（2）每月月末，系统自动匹配发货单、订单、发票和入账的主营业务收入，同时可以生成一个专门报告反映未匹配项目的清单。系统授权的可以生成和阅读该报告的人员是甲公司的销售部经理和总经理。

169

要求：根据上述摘录，请代注册会计师分别指出甲公司的销售与收款循环内部控制可能存在哪些缺陷，简要说明理由并提出改进建议。

【任务分析】

销售与收款循环是指企业向客户销售商品或提供劳务并收取款项的过程。注册会计师对销售与收款循环的审计，实际上是在业务流程层面使用循环法对销售与收款循环的认定层次的重大错报风险进行评估与应对。在评估销售与收款循环的认定层次的重大错报风险时，需要：① 了解规范的销售与收款循环的主要业务活动及其涉及的主要凭证与会计记录；② 熟悉规范的销售与收款循环的内部控制，尤其是销售交易的内部控制；③ 将被审计单位销售与收款循环的主要业务活动及其内部控制与前述规范进行比较，以评估被审计单位销售与收款循环的重大错报风险；④ 了解和销售与收款循环相关的收入交易和余额可能存在的重大错报风险，为评估被审计单位销售与收款循环的重大错报风险提供经验和借鉴。

【知识准备】

一、销售与收款循环涉及的主要财务报表项目

销售与收款循环涉及的资产负债表项目有应收账款、应收票据、长期应收款、预收款项、应交税费。涉及的利润表项目有营业收入（主营业务收入、其他业务收入）、税金及附加、销售费用。

二、销售与收款循环的主要业务活动

了解企业销售与收款循环的主要业务活动及其涉及的主要凭证与会计记录，为注册会计师识别与评估被审计单位销售与收款循环的重大错报风险提供了一个可供参考的基准。

处理销售与收款业务通常需要使用的主要凭证与会计记录有：客户订购单、销售单、发运凭证、销售发票、商品价目表、客户月末对账单、转账凭证和收款凭证、汇款通知书、库存现金日记账和银行存款日记账、贷项通知单、应收账款明细账、主营业务收入明细账、应收账款账龄分析表、坏账审批表等。

（一）处理客户订购单

客户提出书面购货申请（即签发客户订购单）是整个销售与收款循环的起点。客户订购单只有在符合企业管理层的授权标准时才能被接受。销售部门在批准客户订购单之后，应编制一式多联的销售单。

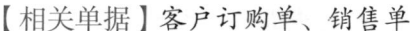

【相关单据】客户订购单、销售单

（1）客户订购单是客户提出的书面购货申请。

（2）销售单是列示客户所订商品的名称、规格、数量以及其他与客户订购单有关信息的凭证，作为销售方内部处理客户订购单的依据。

（二）批准赊销信用

对需要赊购的客户，企业信用管理部门应在对该客户信用进行调查的基础上，将依据该客户订购单编制的销售单与该客户已被授权的赊销信用额度以及其至今尚欠的账款余额加以比较，并在销售单上签署意见，再将已签署意见的销售单送回销售单管理部门。

（三）按销售单供货与装运货物

仓库应按经批准的销售单供货和发货给装运部门并编制发运凭证，装运部门职员必须在独立验证从仓库提取的商品都附有经批准的销售单，并且所提取商品的内容与销售单一致后，才能装运货物。

【相关单据】发运凭证

发运凭证是在企业发运货物时编制的，用以反映发出商品的规格、数量和其他有关内容的凭证。发运凭证的一联寄送给客户，其余联（一联或数联）由企业保留。这种凭证可用作向客户开具账单的依据。

（四）向客户开具账单

开具账单的部门开具相关账单并向客户寄送事先连续编号的销售发票。

【相关单据】商品价目表

商品价目表是列示已经授权批准的、可供销售的各种商品的价格清单。

（五）记录销售

按销售发票编制转账凭证或收款凭证，再据以登记销售明细账和应收账款明细账或库存现金日记账、银行存款日记账。

【相关单据】客户月末对账单

客户月末对账单是一种按月定期寄送给客户的、用于购销双方定期核对账目的凭证。客户月末对账单上应注明应收账款的月初余额、本月各项销售交易的金额、本月已收到的货款、各贷项通知单的数额以及月末余额等内容。

（六）办理和记录现金、银行存款收入

收取现销交易中收到货款或赊销交易中应收账款，并如数、及时地记入库存现金日记账、银行存款日记账或应收账款明细账，将现金存入银行。在这方面，汇款通知书起着很重要的作用。

【相关单据】汇款通知书

汇款通知书是一种与销售发票一起寄给客户，由客户在付款时再寄回销售单位

的凭证。这种凭证注明客户的姓名、销售发票号码、销售单位开户银行账号以及金额等内容。如果客户没有将汇款通知书随同货款一并寄回，一般应由收受邮件的人员在开拆邮件时再代编一份汇款通知书。采用汇款通知书能使现金立即存入银行，可以改善资产保管的控制。

（七）确认和记录可变对价的估计和结算情况

如果合同中存在可变对价，企业需要对计入交易价格的可变对价进行估计，并在每一资产负债表日重新估计应计入交易价格的可变对价金额。

【相关单据】贷项通知单

贷项通知单是一种用来表示由于销售退回或经批准的折让而引起的应收销售款减少的凭证。这种凭证的格式通常与销售发票的格式相同，只不过它不是用来证明应收账款的增加，而是用来证明应收账款的减少。

（八）提取坏账准备

企业应当在期末根据所持应收账款的实际可收回情况，使用账龄分析法、余额百分比法、个别认定法等方法合理计提坏账准备。

【相关单据】应收账款账龄分析表

应收账款账龄分析表通常按月编制，反映月末尚未收回的应收账款总额的账龄，并详细反映每个客户月末尚未偿还的应收账款数额和账龄。

（九）注销坏账

若有确凿证据表明某项货款再也无法收回，经适当审批后，该项货款作为坏账损失冲销已计提的坏账准备。

【相关单据】坏账审批表

坏账审批表是一种用来批准将某些应收款项注销为坏账的、仅在企业内部使用的凭证。

三、销售与收款循环的内部控制

（一）销售与收款循环相关的内部控制规范

《企业内部控制应用指引第 9 号——销售业务》。

（二）销售交易的内部控制

1. 适当的职责分离

适当的职责分离有助于防止各种有意或无意的错误。在销售与收款循环中，职责适当分离的基本要求通常包括：

（1）企业应当将办理销售、发货、收款三项业务的部门（或岗位）分别设立。

（2）企业在销售合同订立前，应当指定专门人员就销售价格、信用政策、发货及收款方式等具体事项与客户进行谈判。谈判人员至少应有两人，并与合同订立人员相分离。

（3）批准赊销与销售、发货、开票相互分离，编制销售单的人员与开具销售发票的人员应相互分离。

（4）发运货物与开票、记账相互分离，销售人员应当避免接触销售现款，出纳人员与收入、应收账款记录的人员相互分离。

（5）企业应收票据的取得和贴现必须经由保管票据以外的主管人员书面批准。

2. 恰当的授权审批

注册会计师应当关注以下 4 个关键点上的审批程序：

（1）在销售发生之前，赊销已经正确审批。

（2）非经正当审批，不得发出货物。

（3）销售价格、销售条件、运费、折扣等必须经过审批。

（4）审批人应当根据销售与收款授权批准制度的规定，在授权范围内进行审批，不得超越审批权限。对于超过企业既定销售政策和信用政策规定范围的特殊销售交易，企业应当进行集体决策。

前两项控制的目的在于防止企业因向虚构的或者无力支付货款的客户发货而蒙受损失；第（3）项价格审批控制的目的在于保证销售交易按照企业定价政策规定的价格开票收款；第（4）项对授权审批范围设定权限的目的则在于防止因审批人决策失误而造成严重损失。

3. 充分的凭证和记录

只有具备充分的凭证和记录手续，才有可能实现其他各项控制目标。例如，有的企业在收到客户订购单后，就立即编制一份预先编号的一式多联的销售单，分别用于批准赊销、审批发货、记录发货数量以及向客户开具账单和销售发票等。在这种制度下，只要定期清点销售单和销售发票，漏开账单的情形几乎就不会发生。与之相反的情况是，有的企业只有在发货以后才开具账单，如果没有其他控制措施，这种制度下漏开账单的情况就很可能发生。

4. 对凭证预先编号

对凭证预先编号，旨在防止企业销售以后忘记向客户开具账单或登记入账，并防止重复开具账单或重复记账。当然，如果对凭证的编号不作清点，预先编号就会失去其控制意义。由收款员对每笔销售开具账单后将发运凭证按顺序归档，而由另一位职员定期检查全部凭证的编号并调查凭证缺号的原因，就是实施这项控制的一种方法。

5. 按月寄送对账单

由不负责现金出纳和销售及应收账款记账的人员按月向客户寄送对账单，能促使客户在发现应付账款余额不正确后及时反馈有关信息，因而这是一项有用的控

制。为了使这项控制更加有效，最好将账户余额中出现的所有核对不符的账项，指定一位既不掌管货币资金也不记录主营业务收入和应收账款账目的主管人员处理，然后由独立人员按月编制对账情况汇总报告并交管理层审阅。

6. 内部核查程序

由内部审计人员或其他独立人员核查销售交易的处理和记录，是实现内部控制目标不可缺少的一项控制措施。表5-1所列程序是针对相应控制目标的典型的内部核查程序。

表5-1 内部核查程序

内部控制目标	内部核查程序举例
登记入账的销售交易是真实的	检查销售发票的连续性并检查所附佐证凭证
销售交易均经适当审批	了解客户的信用情况，确定是否符合企业的赊销政策
所有销售交易均已登记入账	检查发运凭证的连续性，并将其与主营业务收入明细账核对
登记入账的销售交易均经正确估价	将销售发票上的金额与发运凭证上的记录进行比较核对
登记入账的销售交易分类恰当	将登记入账的销售交易的原始凭证与会计科目表比较核对
销售交易的记录及时	检查开票员保管的未开票发运凭证，确定是否包括所有应开票的发运凭证在内
销售交易已经正确地记入明细账并经正确汇总	从发运凭证追查至主营业务收入的明细账和总账

（三）收款交易的内部控制

尽管由于每个企业的所处行业、性质、规模以及内部控制健全程度等不同，而使得其与收款交易相关的内部控制内容有所不同，但以下与收款交易相关的内部控制内容通常是不同企业都应当遵循的：

（1）企业应当按照《现金管理暂行条例》《支付结算办法》和《内部会计控制规范——货币资金（试行）》等规定，及时办理销售收款业务。

（2）企业应将销售收入及时入账，不得账外设账，不得擅自坐支现金。销售人员应当避免接触销售现款。

（3）企业应当建立应收账款账龄分析制度和逾期应收账款催收制度。销售部门应当负责应收账款的催收，财会部门应当督促销售部门加紧催收。对催收无效的逾期应收账款可通过法律程序予以解决。

（4）企业应当按客户设置应收账款台账，及时登记每一客户应收账款余额增减变动情况和信用额度使用情况。对长期往来客户应当建立起完善的客户资料，并对客户资料实行动态管理、及时更新。

（5）企业对于可能成为坏账的应收账款应当报告有关决策机构，由其进行审查，确定是否确认为坏账。单位发生的各项坏账应查明原因，明确责任，并在履行规定的审批程序后做出会计处理。

（6）企业注销的坏账应当进行备查登记，做到账销案存。已注销的坏账在收回时应当及时入账，防止形成账外款。

（7）企业应收票据的取得和贴现必须经由保管票据以外的主管人员书面批准。应有专人保管应收票据，对于即将到期的应收票据，应及时向付款人提示付款；已贴现票据应在备查簿中登记，以便日后追踪管理。此外，还应制定逾期票据冲销管理程序和逾期票据追踪监控制度。

（8）企业应当定期与往来客户通过函证等方式核对应收账款、应收票据、预收款项等往来款项。如有不符，则应查明原因，及时处理。

四、评估销售与收款循环的重大错报风险

注册会计师应当通过审阅以前年度审计工作底稿、观察内部控制执行情况、询问管理层和员工、检查相关的文件和资料等方法，对被审计单位销售与收款循环的内部控制的设计、执行情况进行了解，以识别和评估认定层次的重大错报风险。

（一）相关交易类别和账户余额存在的重大错报风险

以一般制造业的赊销为例，注册会计师识别出的重大错报风险通常包括：

（1）已记录的收入交易未真实发生。

（2）未完整记录所有已发生的收入交易。

（3）收入交易的复杂性可能导致的错误。例如，被审计单位可能针对一些特定的产品或者服务提供一些特殊的交易安排，如可变对价安排、特殊的退货约定、特殊的服务期限安排等，但管理层可能对这些不同安排下所涉及的交易风险的判断缺乏经验，导致收入确认发生错误。

（4）期末发生的交易可能未计入正确的期间，包括销售退回交易的截止错误。

（5）收款未及时入账或记入不正确的账户，因而导致应收账款/合同资产（或应收票据/银行存款）的错报。

（6）应收账款坏账准备的计提不准确。

（二）评估固有风险和控制风险

1. 评估固有风险

针对识别出的销售与收款循环相关交易类别和账户余额存在的重大错报风险，

注册会计师应当通过评估错报发生的可能性和重要程度来评估固有风险。在评估时，注册会计师应运用职业判断确定错报发生的可能性和重要程度综合起来的影响程度。

例如，某被审计单位从事连锁超市经营，允许消费者以现金、银行卡或电子支付方式支付货款。对于以现金方式取得的收入，注册会计师认为发生错报的可能性较高，其原因是现金属于易被侵占的资产。但是，由于现在消费者极少采用现金方式支付货款，因此，如果发生此类错报，其严重程度很低。综合考虑错报发生的可能性和严重程度，注册会计师将与现金收入相关的固有风险的风险等级评估为低水平。

又如，某被审计单位本年度与新客户签订了一项重大合同，包含向客户转让多项商品和服务的承诺。在评估固有风险时，注册会计师认为与该交易相关的固有风险因素包括：① 复杂性，如被审计单位需要识别合同中包含几个单项履约义务。② 主观性，如在确定单独售价时，被审计单位需要对采用的方法和参数作出选择。③ 不确定性，如在确定涉及可变对价的交易价格和单项履约义务的履约进度时，涉及重大的管理层判断，存在估计不确定性。④ 其他因素，如被审计单位以往年度未签订过这类合同，财务人员对相关的会计处理缺乏经验。基于上述因素，注册会计师认为错报发生的可能性较高，并且由于合同金额重大，如果发生错报，其严重程度较高。综合考虑这些因素，注册会计师将与该交易相关的风险的固有风险等级评估为最高级，即存在特别风险。

2. 评估控制风险

如果计划测试销售与收款循环中相关控制的运行有效性，注册会计师应当评估控制风险。

例如，被审计单位的仓库管理人员只有在收到经过批准的销售单后才能编制出库单并安排发货。注册会计师计划测试该项控制的运行有效性，考虑到该项控制属于常规性控制，执行控制时不涉及重大判断，因此，将该项控制的控制风险评估为低水平。

又如，被审计单位建造部门的人员每月测量产品完工进度，经该部门经理复核签字后交财务部门，作为确定履约进度和收入的依据。注册会计师计划测试该项控制的运行有效性，认为虽然执行控制的人员具备相应的知识和技能，但该项控制非常重要，且控制的运行涉及较高的主观程度，因此，综合考虑并确定该项控制的风险等级为高水平。

需要说明的是，如果注册会计师拟不测试控制运行的有效性，则应当将固有风险的评估结果作为重大错报风险的评估结果。

（三）根据重大错报风险评估结果设计进一步审计程序

注册会计师根据销售与收款循环的重大错报风险评估结果，制定实施进一步审计程序的总体方案（包括综合性方案和实质性方案），并考虑审计程序的性质、时间安排和范围，继而实施控制测试和实质性程序，以应对识别出的认定层次的重大错报风险。

假定营业收入、应收账款、合同资产为重要账户，且相关认定包括存在、发生、完整性、准确性及截止的前提下，注册会计师计划实施的相关的进一步审计程序的总体方案如表 5-2 所示。

表 5-2　销售与收款循环的重大错报风险和拟实施的进一步审计程序的总体方案

重大错报风险描述	相关财务报表项目及认定	固有风险程度	控制风险等级	进一步审计程序的总体方案	拟从控制测试中获取的保证程度	拟从实质性程序中获取的保证程度
销售收入可能未真实发生	营业收入：发生 应收账款、合同资产：存在	最高	最高	实质性方案	无	高
销售收入记录可能不完整	营业收入/应收账款/合同资产：完整性	中	最高	实质性方案	无	高
期末收入交易可能未计入正确的期间	营业收入：截止 应收账款/合同资产：存在/完整性	高	最高	实质性方案	无	高
发生的收入交易未能得到准确记录	营业收入：准确性 应收账款、合同资产：准确性、计价和分摊	低	中	综合性方案	中	低
应收账款坏账准备的计提不准确	应收账款、合同资产：准确性、计价和分摊	中	最高	实质性方案	无	高

注："控制风险等级"列中所列示的"最高"，表示注册会计师拟不测试控制运行的有效性，而是将固有风险的评估结果作为重大错报风险的评估结果。因此，在"拟从控制测试中获取的保证程度"列的相应栏次中显示为"无"。

"拟从控制测试中获取的保证程度"列所列示的"中"以及"拟从实质性程序中获取的保证程度"列所列示的"高""低"的级别的确定属于注册会计师的职业判断。针对不同的风险级别，其对应的拟获取的保证程度并非一定如本表所示。本表中的内容仅为演示注册会计师基于特定情况所作出的对应的审计方案的评价结果，从而基于该结果确定控制测试和实质性程序的性质、时间安排和范围。

注册会计师根据重大错报风险的评估结果初步确定实施进一步审计程序的具体审计计划，因为风险评估和审计计划都是贯穿审计全过程的动态的活动，而且控制测试的结果可能导致注册会计师改变对内部控制的信赖程度，因此，具体审计计划并非一成不变，可能需要在审计过程中进行调整。

然而，无论是采用综合性方案还是实质性方案，获取的审计证据都应当能够从认定层面应对所识别的重大错报风险，直至针对该风险所涉及的全部相关认定，都已获取了足够的保证程度。

【案例解析】

注册会计师要指出甲公司销售与收款循环的内部控制可能存在的缺陷及理由，并提出改进建议，关键是将规范的销售与收款循环的内部控制与甲公司的相关内部控制进行比较。经比较后发现，任务 5.1 案例导入中的两个事项可能存在的内部控制缺陷、理由和改进建议如表 5-3 所示。

表 5-3　可能存在的内部控制缺陷、理由和改进建议

事项序号	是否存在缺陷（是/否）	缺陷描述	理由	改进建议
（1）	是	（1）生成连续编号的发货单前，没有经赊销部门审批。（2）结算部门在开具销售发票时，没有考虑经批准的价目表	（1）销售业务发生时，如果属于赊销业务，则必须经过赊销审批。（2）应该结合价目表，确定单位价格，开具销售发票	（1）设立赊销部门，对赊销业务的发生进行审批。（2）结算部门在执行开具发票的业务中，同时结合经审批后的价目表
（2）	是	系统授权可以生成和阅读该专门报告的人员不应该包括销售部经理	因为销售部经理负责批准订单，同时在系统核对中有权限生成报告，属于不相容职位	建议系统授权可以生成报告的人员中取消销售部经理，由总经理和其他人员进行

【任务检查】

ABC 会计师事务所的注册会计师于 2023 年 10 月 25 日至 11 月 10 日对 B 公司销售与收款循环的内部控制进行了解，并在审计工作底稿中作了记录，部分内容摘录如下：

（1）根据批准的顾客订单，销售部编制预先连续编号的一式三联现销或赊销销售单。经销售部被授权人员批准后，所有销售单的第一联直接送仓库作为按销售单供货和发货给装运部门的授权依据，第二联交开具账单部门，第三联由销售部留存。装运部门将从仓库提取的商品与销售单核对无误后装运，并编制一式四联预先连续编号的发运单，其中三联及时分送开具账单部门、仓库和顾客，一联留存装运部门。

（2）B 公司的应收账款账龄分析由专门的"应收账款账龄分析计算机系统"完成，该系统由独立的信息部门负责维护管理。会计部门相关人员负责在系统中及时录入所有与应收账款交易相关的基础数据。为了便于及时更正录入的基础数据可能存在的差错，信息部门拥有修改基础数据的权限。

要求：根据上述摘录，请代注册会计师分别指出 B 公司销售与收款循环内部控制可能存在的缺陷，简要说明理由并提出改进建议。

任务 5.2 实施销售与收款循环的控制测试

【案例导入】

ABC 会计师事务所的注册会计师于 2023 年 10 月 25 日至 11 月 10 日对甲公司销售与收款循环的内部控制进行了解，并在审计工作底稿中作了记录，部分内容摘录如任务 5.1 的案例导入所示。注册会计师对销售与收款循环的内部控制实施测试，并在审计工作底稿中记录了测试情况，部分内容摘录如下：

（1）注册会计师观察了结算部门人员根据发货单在系统中开具发票的过程，并从 2023 年主营业务收入明细账中选取销售记录实施测试，未发现异常。

（2）注册会计师询问了总经理和销售部经理有关任务 5.1 的案例导入中第（2）项控制的运行情况，他们均表示由于以前月份很少发现不匹配情况，因此从 2023 年 6 月以后就没有再实际生成和阅读上述专门报告。在注册会计师的要求下，销售部经理在系统中生成了截至 2023 年 12 月 31 日的专门报告，注册会计师 B 没有发现存在不匹配的事项。

要求：针对上述事项（1）（2），假定不考虑其他条件，请逐项指出上述测试结果是否表明相关内部控制得到有效执行。如果表明相关内部控制未能得到有效执行，请简要说明理由。

【任务分析】

在评估销售与收款循环认定层次重大错报风险时，如果预期控制的运行是有效的，注册会计师就应当对其实施控制测试，就控制在相关期间或时点的运行有效性获取充分、适当的审计证据。

对销售与收款交易实施控制测试，首先要遵守《中国注册会计师审计准则第1231号——针对评估的重大错报风险采取的应对措施》中有关控制测试的基本规定。其次，对销售与收款交易实施以风险为起点的销售与收款循环的控制测试。

如果控制测试结果表明某一认定的控制运行有效，能够支持低水平的重大错报风险评估结论，意味着注册会计师对其有较高程度的信赖，则只需要从销售与收款交易和余额的实质性程序中获取较低程度的保证，可以适当减少实施实质性程序的样本量；反之，就需要从销售与收款交易和余额的实质性程序中获取较高程度的保证，增加实施实质性程序的样本量。

【知识准备】

一、以风险为起点的销售与收款循环的控制测试

如果对被审计单位销售与收款循环实施控制测试的时间和范围已确定，同时，假定被审计单位针对销售与收款的业务活动中可能发生的风险，设计并执行的自动和人工内部控制如表 5-4 的第 2、3 列所示，此时，注册会计师应针对这些内部控制设计的控制测试程序如表 5-4 的第 4 列所示。

表 5-4　销售与收款循环的主要业务活动、设计的内部控制及控制测试程序

主要业务活动	设计的内部控制（自动）	设计的内部控制（人工）	控制测试程序
订单处理和赊销信用控制	订购单上的客户代码与应收账款主文档记录的代码一致。客户目前未偿付余额加上本次销售额在其信用限额范围内。上述两项均满足后才能生成销售单	对于不在主文档中的客户或是超过信用额度的客户订购单，需要经过适当授权批准，才可生成销售单	（1）询问员工销售单的生成过程，检查是否所有生成的销售单均有对应的客户订购单为依据。 （2）检查系统中自动生成销售单的生成逻辑，是否确保满足了客户范围及其信用控制的要求。 （3）对于系统外授权审批的销售单，检查是否经过适当批准

续表

主要业务活动	设计的内部控制（自动）	设计的内部控制（人工）	控制测试程序
发运商品	当客户销售单在系统中获得发货批准时，系统自动生成连续编号的发运凭证	保安人员只有当发出的商品附有经批准的销售单和发运凭证时才能放行	检查系统内发运凭证的生成逻辑以及发运凭证是否连续编号。询问并观察发运时保安人员的放行检查
	计算机把发运凭证中所有准备发出的商品与销售单上的商品种类和数量进行比对。打印种类或数量不符的例外报告，并暂缓发货	管理层复核例外报告和暂缓发货的清单，并解决问题	检查例外报告和暂缓发货的清单
	无	商品打包发运前，装运部门对商品和发运凭证内容进行独立核对，并在发运凭证上签字以示商品已与发运凭证核对且种类和数量相符。客户要在发运凭证上签字，以作为收到商品且商品与订购单一致的证据	检查发运凭证上的相关员工（及客户）签字，作为发货一致的证据
	无	客户要在发运凭证上签字，以作为收到商品且商品与订购单一致的证据	检查发运凭证上的客户签字，作为收货的证据
开具发票	发货以后系统根据发运凭证及相关信息自动生成连续编号的销售发票。系统自动复核连续编号的发票和发运凭证的对应关系，并定期生成例外报告	审核例外报告并调查原因	检查系统生成发票的逻辑。检查例外报告及跟进情况
	通过一般控制中的人员控制限制定价主文档的更改。只有得到授权的员工才能进行更改。系统通过使用和检查主文档版本序号，确定正确的定价主文档版本已经被上传。系统检查录入的产品代码的合理性	核对经授权的有效的价格更改清单与计算机获得的价格更改清单是否一致。如果发票由手工填写或没有定价主文档，则有必要对发票的价格进行独立核对	检查文件以确定价格更改是否经授权。重新执行以确定打印出的更改后价格与授权是否一致。通过检查系统的一般控制和收入交易的应用控制，确定正确的定价主文档版本是否已被用来生成发票。

续表

主要业务活动	设计的内部控制（自动）	设计的内部控制（人工）	控制测试程序
开具发票			如果发票由手工填写，检查发票中的价格复核人员签字。通过核对经授权的价格清单与发票上的价格，重新执行该核对过程
	每张发票的单价、计算、商品代码、商品摘要和客户账户代码均由计算机程序控制。 如果由计算机控制的发票开具程序的更改是受监控的，在操作控制帮助下，可以确保使用的是正确的发票生成程序版本。 系统代码有密码保护，只有经授权的员工可以更改。 定期打印所有系统上作出的更改	上述程序的所有更改由上级复核和审批。 如果由手工开具发票，复核人员独立复核发票上计算的增值税和总额的正确性	针对自动内部控制：询问发票生成程序更改的一般控制情况，确定是否经授权以及现有的版本是否正在被使用；检查有关程序更改的复核审批程序。 针对手工内部控制：检查与发票计算金额正确性相关的人员的签字。 重新计算发票金额，证实其是否正确
记录赊销	系统根据销售发票的信息自动汇总生成当期销售入账记录	定期执行人工销售截止检查程序。 向客户发送月末对账单，调查并解决客户质询的差异	检查系统中销售记录生成的逻辑。 重新执行销售截止检查程序。 检查客户质询信件并确定问题是否已得到解决。
	系统根据销售发票的信息自动汇总生成当期销售入账记录	复核明细账与总账间的调节。 向客户发送月末对账单，调查并解决客户质询的差异	检查系统销售入账记录的生成逻辑，对于手工调节项目进行检查，并调查原因是否合理。 检查客户质询信件并确定问题是否已得到解决
	系统将客户代码、商品发送地址、发运凭证、发票与应收账款主文档中的相关信息进行比对	应收账款客户主文档中明细账的汇总金额与应收账款总分类账核对。对于二者之间的调节项，则需要调查原因并解决。 向客户发送月末对账单，调查并解决客户质询的差异	检查应收账款客户主文档中明细账的汇总金额的调节结果与应收账款总分类账是否核对相符，检查负责该项工作的员工签名。 检查客户质询信件并确定问题是否已得到解决

主要业务活动	设计的内部控制（自动）	设计的内部控制（人工）	控制测试程序
记录应收账款的收回	在每日编制电子版收款清单时，系统自动贷记应收账款	将每日收款汇总表、电子版收款清单和银行存款清单相比较。 定期取得银行对账单，独立编制银行存款余额调节表。 向客户发送月末对账单，对客户质询的差异应予以调查并解决	检查核对每日收款汇总表、电子版收款清单和银行存款清单的核对记录和核对人签字。 检查银行存款余额调节表和负责编制的员工的签字。 检查客户质询信件并确定问题是否已被解决
	系统在电子版收款清单与应收账款明细账之间建立连接界面，根据对应的客户名称、代码、发票号等将收到的款项对应到相应的客户账户。系统对于无法对应的款项生成例外事项报告。 系统定期生成按客户细分的应收账款账龄分析表	将生成的例外事项报告的项目进行手工核对，或调查产生的原因并解决。 向客户发送月末对账单，对客户质询的差异应予以调查并解决。 管理层每月复核按客户细分的应收账款账龄分析表，并调查长期余额或其他异常余额	检查系统中的对应关系审核设置是否合理。 检查对例外事项报告中的信息进行核对的记录以及无法核对事项的解决情况。 检查客户质询信件并确定问题是否已被解决。 检查管理层对应收账款账龄分析表的复核及跟进措施
坏账准备计提及坏账核销	依据公司计提坏账的规则，系统自动生成应收账款账龄分析表	管理层对财务人员依据账龄分析表计算编制的坏账准备计提表进行复核。对于存在客观证据表明将无法按应收款项的原有条款收回款项时，管理层复核财务人员是否已经获得该证据，并恰当计算了应计提的坏账准备金额。管理层复核无误后需要在坏账准备计提表上签字。 管理层复核坏账核销依据并进行审批	检查财务系统计算账龄分析表的规则是否正确。 询问管理层如何复核坏账准备计提表的计算，检查是否有复核人员的签字。 检查坏账核销是否经过管理层的恰当审批
记录现金销售	现金销售通过统一的收款台，利用收银机集中收款，并自动打印销售小票	销售小票应交予客户确认金额一致。 通过监视器监督收款台。 每个收款台都要打印每日现金销售汇总表。	实地观察收款台、销售点的收款过程，并检查在这些地方是否有足够的物理监控。 检查收款台打印销售小票和现金销售汇总表的程序设置和修改权限设置。

续表

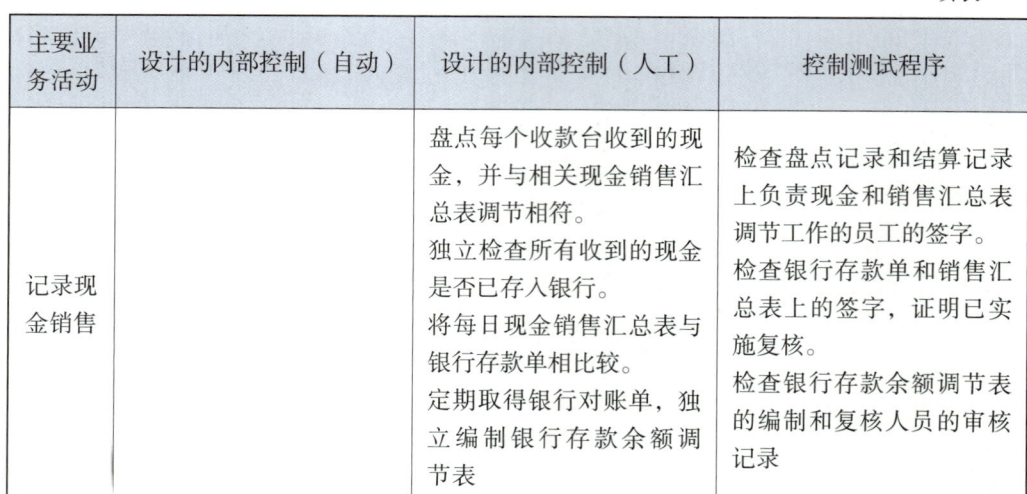

主要业务活动	设计的内部控制（自动）	设计的内部控制（人工）	控制测试程序
记录现金销售		盘点每个收款台收到的现金，并与相关现金销售汇总表调节相符。 独立检查所有收到的现金是否已存入银行。 将每日现金销售汇总表与银行存款单相比较。 定期取得银行对账单，独立编制银行存款余额调节表	检查盘点记录和结算记录上负责现金和销售汇总表调节工作的员工的签字。 检查银行存款单和销售汇总表上的签字，证明已实施复核。 检查银行存款余额调节表的编制和复核人员的审核记录

二、对销售与收款循环实施控制测试的两点说明

（1）上述内容是销售与收款循环中一些较为常见的内部控制和相应的控制测试程序，目的在于帮助注册会计师根据具体情况设计能够应对已识别风险、实现审计目标的控制测试。上述内容未包含销售和收款循环中所有的内部控制和控制测试，因此，在审计实务中应当根据实际情况执行。

（2）由于被审计单位所处行业不同、规模不一、内部控制制度的设计和执行方式不同，以前期间接受审计的情况也各不相同；此外，受审计时间、审计成本的限制，注册会计师除需要确保审计质量、审计效果外，还需要提高审计效率，尽可能地消除重复的测试程序，保证检查某一凭证时能够一次完成对该凭证的全部审计测试程序，并按最有效的顺序实施审计测试。因此，在审计实务工作中，注册会计师需要从实际出发，设计适合被审计单位具体情况、实用高效的控制测试计划。

【案例解析】

对第（1）项内部控制，测试结果未发现异常，因而表明该相关内部控制得到有效执行。

对第（2）项内部控制，虽然生成和约定报告属于有效的检查性控制，但是甲公司的相关人员没有有效执行，使得该项内部控制形同虚设，即使最后发现没有问题，但它仍表明内部控制没有得到有效执行。

任务 5.3 实施营业收入的实质性程序

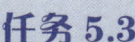

【案例导入】

注册会计师在对甲公司 2023 年度财务报表审计时，抽查了以下与销售商品和提供劳务相关的交易或事项：

（1）2023 年 12 月 1 日，甲公司与丙公司签订合同销售 C 产品一批，总售价为 2 000 万元，总成本为 1 560 万元。当日，甲公司将收到的丙公司预付货款 1 000 万元存入银行。2023 年 12 月 31 日，该批产品尚未发出，也未开具增值税专用发票。甲公司据此确认销售收入 1 000 万元、结转销售成本 780 万元。

（2）2023 年 7 月 1 日，甲公司采用支付手续费方式委托乙公司代销 B 产品 200 件，售价为每件 10 万元，按售价的 5% 向乙公司支付手续费（由乙公司从售价中直接扣除）。当日，甲公司发出 B 产品 200 件，单位成本为 8 万元。甲公司据此确认应收账款 1 900 万元、销售费用 100 万元、销售收入 2 000 万元，同时结转销售成本 1 600 万元。

2023 年 12 月 31 日，甲公司收到乙公司转来的代销清单，B 产品已销售 100 件，同时开出增值税专用发票，但尚未收到乙公司代销 B 产品的款项。当日，甲公司确认应收账款 1 130 万元、应交增值税销项税额 130 万元。

要求：请判断上述交易或事项的会计处理是否正确，如果不正确则请编制相应的调整分录（甲公司系增值税一般纳税人，适用的增值税税率为 13%）。

【任务分析】

利润表中的营业收入包括主营业务收入和其他业务收入。主营业务收入核算企业在销售商品、提供劳务等主营业务活动中产生的收入；其他业务收入核算企业除主营业务活动以外的其他经营活动实现的收入，包括出租固定资产、出租无形资产、出租包装物和商品、销售材料等实现的收入。

利润表中的营业收入涉及"与所审计期间各类交易和事项相关的认定"，由此类认定可推导出营业收入的审计目标。

在营业收入的审计目标中，首先，需要确定营业收入是否发生，这通常是主要审计目标，而在特定环境下，确定营业收入记录是否完整可能也成为重点关注的审

计目标；其次，在销售交易比较复杂时，往往需要注册会计师运用企业会计准则判定营业收入的确认与计量是否准确恰当，如本任务中的案例导入。

【知识准备】

一、主营业务收入的实质性程序

（1）取得或编制主营业务收入明细表，复核加计是否正确，并与总账数和明细账合计数核对是否相符；结合其他业务收入科目数与报表数核对是否相符。

（2）查明主营业务收入的确认条件、方法，注意是否符合企业会计准则，前后期是否一致；关注周期性、偶然性的收入是否符合既定的收入确认原则、方法。

（3）必要时，实施以下实质性分析程序。

① 针对已识别需要运用实质性分析程序的有关项目，并基于对被审计单位及其环境的了解，通过进行以下六方面的比较，同时考虑有关数据间关系的影响，以建立有关数据的期望值：

视频：审计
调整的五步
法

一是将本期的主营业务收入与上期的主营业务收入、销售预算或预测数等进行比较，分析主营业务收入及其构成的变动是否异常，并分析异常变动的原因。

二是计算本期重要产品的毛利率，与上期、预算或预测数据比较，检查是否存在异常、各期之间是否存在重大波动，查明重大波动的原因。

三是比较本期各月（或各周）各类主营业务收入的波动情况，与往年或预算或同行业企业的销售情况相比较，分析其变动趋势是否正常，是否符合被审计单位季节性、周期性的经营规律，查明异常现象和重大波动的原因。

四是将本期重要产品的毛利率与同行业企业的毛利率进行对比分析，检查是否存在异常。

五是根据增值税发票申报表或普通发票估算全年收入，与实际收入金额比较。

六是检查异常项目的销售，如对大额销售以及未从销售记录记入销售总账的销售应予以调查，对临近年末的异常销售记录更应加以特别关注。

② 确定可接受的差异额。

③ 将实际的情况与期望值相比较，识别需要进一步调查的差异。

④ 如果其差额超过可接受的差异额，则应调查并获取充分的解释和恰当的佐证审计证据（如通过检查相关的凭证等）。

⑤ 评估实质性分析程序的测试结果。

（4）获取产品价格目录，抽查售价是否符合定价政策，并注意销售给关联方或关系密切的重要客户的产品价格是否合理，有无低价或高价结算以转移收入和利润的现象。

（5）对登记入账的销售交易的真实性进行测试。

① 追查期后应收账款明细账中贷方发生额的记录。如果应收账款最终得以收回货款或者由于合理的原因收到退货，则记录入账的销售交易一开始通常是真实的。

② 结合应收账款实施的函证程序，选择客户函证本期销售额。

③ 从主营业务收入明细账中抽取若干凭证，追查有无销售发票存根、发运凭证、销售单，销售是否履行赊销审批和发货审批手续。必要时，进一步追查存货的永续盘存记录，测试存货余额有无减少，或者检查更多涉及外部单位的单据，如外部运输单位出具的运输单据、客户签发的订货单和到货签收记录等。

（6）对已发生的销售交易记录的完整性进行测试。从发货部门已全部归档的发运凭证中抽取若干部分，追查至有关的销售发票存根和主营业务收入明细账。

（7）实施销售的截止测试。

① 目的：对销售实施截止测试的目的主要在于确定被审计单位主营业务收入的会计记录归属期是否正确，应记入本期或下期的主营业务收入科目有无被推延至下期或提前至本期。

② 测试路径：注册会计师在审计中应该注意把握三个与主营业务收入确认有着密切关系的日期：一是发票开具日期或者收款日期；二是记账日期；三是发货日期（服务业则是提供劳务的日期）。检查三者是否归属于同一适当会计期间是主营业务收入截止测试的关键所在。围绕这三个重要日期，注册会计师可以考虑选择两条审计路线，实施主营业务收入的截止测试：

一是以账簿记录为起点（真实性测试）。从资产负债表日前后若干天的账簿记录查至记账凭证，检查发票存根与发运凭证，目的是证实已入账收入是否在同一期间已开具发票并发货，有无多记收入。这种方法主要是为了防止多记收入。

二是以发运凭证为起点（完整性测试）。从资产负债表日前后若干天的发运凭证查至发票开具情况与账簿记录，确定营业收入是否已记入恰当的会计期间。这种方法主要是为了防止少记收入。

需要说明的是，为确保第二种审计路径的有效开展，需要被审计单位的发票存根和相应的发运凭证齐全完整。在审计实务中，注册会计师通常选择上述一条或两条审计路径，实施更有效的收入截止测试。

③ 常规测试程序。

第一，选取资产负债表日前后若干天一定金额以上的发运凭证，与应收账款和收入明细账进行核对。同时，从应收账款和收入明细账选取在资产负债表日前后若干天一定金额以上的凭证，与发运凭证核对，以确定销售是否存在跨期现象。

第二，复核资产负债表日前后销售和发货水平，确定业务活动水平是否异常，并考虑有无必要追加实施截止测试程序。

第三，取得资产负债表日后所有销售退回记录，检查是否存在提前确认收入的情况。

第四，结合对资产负债表日应收账款的函证程序，检查有无未取得对方认可的大额销售。

第五，调整重大跨期销售。

（8）检查销售退回、销售折扣与折让业务是否经授权批准并正确入账。

（9）确定主营业务收入的列报是否恰当。

🔧 职业素养提升

唯有谨慎细心、立审为公，方可识别收入舞弊

经查阅中国证监会行政处罚决定书〔2023〕51号，因某事务所对 H 集团 2017—2018 年度财务报表审计时，H 集团子公司 P 公司通过虚构循环购销业务、海外销售业务、研发业务等虚构业务的方式在 2016—2018 年累计形成虚假收入 69.02 亿元，虚假利润 25.74 亿元；通过海外委托加工转移定价等虚增收入利润的方式在 2016—2018 年虚增收入和利润 4.04 亿元。某事务所作为 H 集团 2017—2018 年度财务报表审计机构，在与营业收入相关的穿行与控制测试、营业收入和应收账款的实质性程序等审计过程中，未保持职业怀疑，未获取充分、适当的审计证据，其出具的审计报告存在虚假记载。该事务所和签字的注册会计师均受到了中国证监会的处罚。

在本案例中，尽管 P 公司财务造假手段比较隐蔽，但如果某事务所在执行财务报表审计时足够谨慎细心，对一些异常现象实施应有的关注，还是能够发现这些重大财务舞弊行为的。

二、其他业务收入的实质性程序

（1）获取或编制其他业务收入明细表，复核加计是否正确，并与总账数和明细账合计数核对是否相符，结合主营业务收入科目与营业收入报表数核对是否相符。

（2）计算本期其他业务收入与其他业务成本的比率，并与上期该比率比较，检查有无重大波动，如有则应查明原因。

（3）检查其他业务收入内容是否真实、合法，收入确认原则及会计处理是否符合规定，择要抽查原始凭证予以核实。

（4）对异常项目，应追查入账依据及有关法律文件是否充分。对用材料进行非货币性资产交换的，应确定其是否具有商业实质且公允价值能够可靠计量。

（5）抽查资产负债表日前后一定数量的记账凭证，实施截止测试，追踪到发

视频：营业
收入审定表
的编制

票、收据等，确定入账时间是否正确，对于重大跨期事项作必要的调整建议。

（6）检查其他业务收入的列报是否恰当。

【案例解析】

（1）根据企业会计准则的规定，企业收到客户的预付货款但没有发出商品时，客户并未取得相关商品的控制权，从而不满足销售商品收入的条件，所以不能确认收入并结转成本。甲公司在这种情况下确认收入并结转成本，因此，审计调整分录为（单位：万元）：

借：主营业务收入　　　　　　　　　　　　　　　1 000

　　贷：合同负债　　　　　　　　　　　　　　　　　　1 000

借：库存商品　　　　　　　　　　　　　　　　　780

　　贷：主营业务成本　　　　　　　　　　　　　　　　　780

（2）根据企业会计准则的规定，采用支付手续费方式委托代销商品时，应在收到受托方开出的代销清单时确认销售商品收入，而甲公司在发出商品时即确认了收入，因此，审计调整分录为：

借：主营业务收入　　　　　　　　　　　　　　　1 000

　　应交税费——应交增值税额（进项税额）　　　3

　　贷：应收账款　　　　　　　　　　　　　　　　　　953

　　　　销售费用　　　　　　　　　　　　　　　　　　50

借：发出商品　　　　　　　　800（即 1 600×50%）

　　贷：主营业务成本　　　　　　　　　　　　　　　　800

【任务检查】

1. 注册会计师在对乙公司的年度财务报表进行审计时，抽查了以下与销售商品和提供劳务相关的交易或事项：

（1）12 月 5 日，乙公司向 X 公司销售一批 E 产品，销售价格为 1 000 万元，并开具了增值税专用发票。为及早收回货款，双方合同约定的现金折扣条件为：2/10，1/20，n/30（假定计算现金折扣时不考虑增值税）。乙公司 E 产品的成本为 750 万元。12 月 18 日，乙公司收到 X 公司支付的货款，并确认收入 990 万元，结转成本 750 万元。

（2）10 月 25 日，乙公司与 G 公司签订协议，采用预收款方式向 G 公司销售一批产品，该批产品的成本为 40 万元，并于同日预收 G 公司 35 万元。12 月 25 日，

乙公司收到剩余货款 15 万元及增值税税款 6.5 万元并交付商品，但未确认收入，也未结转成本。

（3）12 月 10 日，乙公司向戊公司赊销一批 D 产品，售价为 30 万元，增值税税额为 3.9 万元，销售成本为 24 万元。2023 年 1 月 8 日，乙公司收到戊公司退回的 D 产品，以及税务机关开具的进货退出相关证明。当日，乙公司向戊公司开具红字增值税专用发票，并冲减了当月收入和成本。

要求：请判断上述交易或事项的会计处理是否正确。如果不正确，请编制相应的调整分录（乙公司系增值税一般纳税人，适用的增值税税率为 13%）。

2. 注册会计师对 ABC 公司 2023 年度财务报表进行审计。该公司在审计年度内未发生购并、分立和债务重组行为，供、产、销形势与上年相当。该公司提供的未经审计的 2023 年度财务报表附注的部分内容如表 5-5 所示。

表 5-5　ABC 公司 2022 年、2023 年的主营业务收入与主营业务成本

单位：万元

品名	主营业务收入		主营业务成本	
	2022 年发生额	2023 年发生额	2022 年发生额	2023 年发生额
X 产品	40 000	41 000	38 000	33 800
Y 产品	20 000	20 020	19 000	19 019
合计	60 000	61 020	57 000	52 819

要求：假定表 5-5 中的 2022 年发生额均已审定无误，试运用分析程序指出 ABC 公司 2023 年度的主营业务收入与主营业务成本可能存在的不合理之处，并简要说明理由。

任务 5.4　实施应收账款的实质性程序

【案例导入 1】

恒信会计师事务所对 ABC 公司 2023 年度的财务报表进行审计，该公司提供了以下与应收账款相关的资料和信息：

（1）该公司坏账准备按期末应收账款余额的 5‰计提。

（2）该公司资产负债表中应收账款的年末数为 318.4 万元。

（3）2023 年 12 月 31 日，该公司应收账款明细账中借方合计数为 400 万元，贷方合计数为 80 万元。

（4）2023 年 12 月 31 日，该公司预收账款明细账中借方合计数为 0 万元，贷方合计数为 30 万元。

（5）该公司坏账准备——应收账款明细账的贷方余额为 1.6 万元。

（6）2023 年 12 月 31 日，该公司应收账款账龄分析表如表 5-6 所示。

表 5-6　应收账款账龄分析表

2023 年 12 月 31 日　　　　　　　　　　　　　单位：万元

客户名称	期末余额	账龄			
		1 年以内	1~2 年	2~3 年	3 年以上
甲公司	120	120			
乙公司	50		50		
丙公司	100			100	
丁公司	130				130
戊公司	−80	−80			
合计	320	40	50	100	130

要求：请指出 ABC 公司资产负债表中应收账款的年末数是否正确；如果不正确，则应如何调整？

【案例导入 2】

注册会计师 A 对 Y 公司 2023 年度的财务报表进行审计时，在取得 2023 年 12 月 31 日的应收账款明细表后，于 2024 年 1 月 15 日采用了积极的函证方式对所有重要客户寄发了询证函。与函证结果相关的重要异常情况汇总如表 5-7 所示。

表 5-7　函证结果重要异常情况汇总表

异常情况编号	函证编号	客户名称	函证金额/元	回函日期	回函内容
（1）	22	甲公司	300 000	2024 年 1 月 22 日	购买 Y 公司 300 000 元货物属实，但款项已于 2023 年 12 月 25 日用支票支付

续表

异常情况编号	函证编号	客户名称	函证金额/元	回函日期	回函内容
（2）	56	乙公司	500 000	2024 年 1 月 19 日	因 Y 公司产品质量不符合要求，根据购货合同，已于 2023 年 12 月 28 日将货物退回
（3）	64	丙公司	640 000	2024 年 1 月 19 日	2023 年 12 月 10 日收到 Y 公司委托本公司代销的货物 640 000 元，尚未销售
（4）	82	丁公司	900 000	2024 年 1 月 18 日	采用分期付款方式购货 900 000 元，根据购货合同，已于 2023 年 12 月 25 日首付 300 000 元

要求：针对上述各种异常情况，注册会计师 A 应分别实施哪些审计程序予以应对？

【任务分析】

资产负债表中"应收账款"项目的期末余额，应根据"应收账款"和"预收账款"科目所属各明细科目的期末借方余额合计减去"坏账准备"科目中有关应收账款计提的坏账准备期末余额后的金额填列。

资产负债表中的应收账款涉及与期末账户余额相关的认定和与列报和其坏账准备账户余额相关的认定，由这两类认定推导出了应收账款的审计目标。

在应收账款的审计目标中，首先，确定应收账款是否存在通常是主要审计目标，在特定环境下，确定应收账款记录是否完整也可能成为重点审计目标；其次，确定坏账准备的计提和冲销是否恰当、准确，通常这也是审计的重点领域；再次，应收账款是在销售交易或提供劳务过程中产生的，因此，应收账款的审计应结合销售交易来进行；最后，资产负债表中"应收账款"项目的期末余额填列具有复杂性，因此也应重点关注使应收账款在财务报表中的列报是否恰当这一审计目标。

【知识准备】

一、应收账款的审计目标

应收账款的审计目标主要包括：
（1）确定资产负债表中记录的应收账款是否存在。

（2）确定所有应当记录的应收账款是否均已记录。

（3）确定记录的应收账款是否由被审计单位拥有或控制。

（4）确定应收账款是否可收回，坏账准备的计提方法和比例是否恰当，计提是否充分。

（5）确定应收账款及其坏账准备在财务报表中的期末余额是否正确。

（6）确定应收账款及其坏账准备在财务报表中的列报是否恰当。

二、应收账款账户的实质性程序

（一）取得或编制应收账款明细表

（1）复核加计是否正确，并与总账数和明细账合计数核对是否相符；结合坏账准备科目与报表数核对是否相符。

（2）分析有贷方余额的项目，查明原因，必要时建议做重分类调整。

（3）结合其他应收账款、预收账款等往来项目的明细余额，查明有无同一客户多处挂账、出现异常余额或与销售无关的其他款项（如代销账户、关联方账户或员工账户）。如有，则应做出记录，必要时还要提出调整建议。

（4）标识重要的欠款单位，计算其欠款合计数占应收账款余额的比例。

（二）检查涉及应收账款的相关财务指标

（1）复核应收账款借方累计发生额与主营业务收入关系是否合理，并将当期应收账款借方发生额占销售收入净额的百分比与管理层考核指标和被审计单位相关赊销政策中的期望值比较，如存在差异，则应查明原因。

（2）计算应收账款周转率、应收账款周转天数等指标，在考虑被审计单位相关赊销政策的基础上，与被审计单位以前年度指标、同行业同期相关指标对比分析，检查是否存在重大异常。

（三）检查应收账款账龄分析是否正确

（1）取得或编制应收账款账龄分析表，分析应收账款的账龄，以便了解应收账款的可收回性。应收账款账龄分析表如表 5-8 所示。

表 5-8　应收账款账龄分析表

年　　月　　日　　　　　　　　货币单位：

客户名称	期末余额	账龄			
		1 年以内	1~2 年	2~3 年	3 年以上
合计					

视频：应收账款的审计策略

193

应收账款账龄，是指资产负债表中的应收账款从销售实现、产生应收账款之日起至资产负债表日止经历的时间。编制应收账款账龄分析表时，可以考虑选择重要的客户及其余额列示，而将不重要的或余额较小的汇总列示。应收账款账龄分析表的合计数减去已计提的相应坏账准备后的净额，应该等于资产负债表中的应收账款项目余额。

（2）如果应收账款账龄分析表由被审计单位编制，则应测试其计算的准确性。

（3）将应收账款账龄分析表中的合计与应收账款总分类账余额相比较，并调查重大调节项目。

（4）检查原始凭证，如销售发票、运输记录等，测试账龄划分的准确性。

（四）向债务人函证应收账款

1. 函证的要求

除非有充分证据表明应收账款对被审计单位财务报表而言是不重要的，或者函证很可能是无效的，否则注册会计师应当对应收账款进行函证。如果注册会计师不对应收账款进行函证，则应当在审计工作底稿中说明理由。如果认为函证很可能是无效的，则注册会计师应当实施替代审计程序，获取充分、适当的审计证据。

2. 函证的目的

函证应收账款的目的在于证实应收账款账户余额的真实性、正确性，防止或发现被审计单位及其有关人员在销售交易中发生的错误或舞弊行为。通过函证应收账款，可以比较有效地证明被询证者（即债务人）的存在和被审计单位记录的可靠性。

3. 函证的考虑

注册会计师应当考虑被审计单位的经营环境、内部控制的有效性、应收账款账户的性质、被询证者处理询证函的习惯做法及回函的可能性等，以确定应收账款函证的范围、对象、方式和时间。

4. 函证的范围和对象

函证的数量、范围是由诸多因素决定的，主要有：

（1）应收账款在全部资产中的重要性。若应收账款在全部资产中所占比重较大，则函证的范围应相应大一些。

（2）被审计单位内部控制的强弱。若内部控制制度较为健全，则可以相应减少函证量；反之，则应相应扩大函证范围。

（3）以前期间的函证结果。若以前期间函证中发现过重大差异，或欠款纠纷较多，则函证范围应相应扩大一些。

一般情况下，注册会计师应选择以下项目作为函证对象：大额或账龄较长的项目；与债务人发生纠纷的项目；关联方项目；主要客户（包括关系密切的客户）项目；交易频繁但期末余额较小甚至余额为零的项目；可能产生重大错报或舞弊的非正常项目。

5. 函证的方式与格式

注册会计师可采用积极的函证方式或消极的函证方式实施函证，也可将这两种方式结合使用。

（1）积极的函证方式。如果采用积极的函证方式，注册会计师就应当要求被询证者在所有情况下必须回函，确认询证函所列示信息是否正确，或填列询证函要求的信息。积极的函证方式又分为两种：一种是在询证函中列明拟函证的账户余额或其他信息，要求被询证者确认函证的款项是否正确；另一种是在询证函中不列明账户余额或其他信息，而要求被询证者填写有关信息或提供进一步信息。第一种方式存在被询证者对所列示信息根本不验证就予以回函确认的风险，而第二种方式要求被询证者作出更多工作，可能导致回函率降低进而导致注册会计师执行更多的替代程序。尽管如此，积极的函证方式通常比消极的函证方式提供的审计证据更可靠。在积极的函证方式下，询证函的格式如表 5-9 所示。

表 5-9　积极的询证函格式

企业询证函
编号：
××（公司）： 　　本公司聘请的 ×× 会计师事务所正在对本公司 ×× 年度财务报表进行审计，按照中国注册会计师审计准则的要求，应当询证本公司与贵公司的往来账项等事项。下列数据出自本公司账簿记录，如与贵公司记录相符，请在本函下端"信息证明无误"处签章证明；如有不符，请在"信息不符"处列明不符金额。回函请直接寄至 ×× 会计师事务所。 　　回函地址： 　　邮编：　　　　　　电话：　　　　　　传真：　　　　　　联系人： 　　1. 本公司与贵公司的往来账项列示如下： 　　　　　　　　　　　　　　　　　　　　　　　　　　　单位：元

截止日期	贵公司欠	欠贵公司	备注

2. 其他事项。 　　本函仅为复核账目之用，并非催款结算。若款项在上述日期之后已经付清，仍请及时函复为盼。 　　　　　　　　　　　　　　　　　　　　　　　（公司盖章） 　　　　　　　　　　　　　　　　　　　　　　年　　月　　日 　　结论：1. 信息证明无误。 　　　　　　　　　　　　　　　　　　　　　　　（公司盖章） 　　　　　　　　　　　　　　　　　　　　　　年　　月　　日 　　　　　　　　　　　　　　　　　　　　　　经办人： 　　　2. 信息不符，请列明不符的详细情况： 　　　　　　　　　　　　　　　　　　　　　　　（公司盖章） 　　　　　　　　　　　　　　　　　　　　　　年　　月　　日 　　　　　　　　　　　　　　　　　　　　　　经办人：

（2）消极的函证方式。如果采用消极的函证方式，则审计人员应要求被询证者仅在不同意询证函列示信息的情况下才予以回函。在消极的函证方式下，如果收到回函，则能够为财务报表认定提供说服力强的审计证据；如果未收到回函，可能是因为被询证者已收到询证函且核对无误，也可能是因为被询证者根本就没有收到询证函，还可能是因为被询证者因询证函的信息对其有利而故意没有回函。所以在采用消极的函证方式时，注册会计师通常还需要辅以其他审计程序。在消极的函证方式下，询证函的格式如表 5-10 所示。

表 5-10 消极的询证函格式

企业询证函

编号：

×× （公司）：

本公司聘请的 ×× 会计师事务所正在对本公司 ×× 年度财务报表进行审计，按照中国注册会计师审计准则的要求，应当询证本公司与贵公司的往来账项等事项。下列数据出自本公司账簿记录，如与贵公司记录相符，则无须回复；如有不符，请直接通知会计师事务所，并请在空白处列明贵公司认为是正确的信息。回函请直接寄至 ×× 会计师事务所。

回函地址：

邮编： 电话： 传真： 联系人：

1. 本公司与贵公司的往来账项列示如下：

单位：元

截止日期	贵公司欠	欠贵公司	备注

2. 其他事项。

本函仅为复核账目之用，并非催款结算。若款项在上述日期之后已经付清，仍请及时函复为盼。

（公司盖章）

年 月 日

×× 会计师事务所：

上面的信息不正确，差异如下：

（公司盖章）

年 月 日

经办人：

6. 函证时间的选择

注册会计师通常以资产负债表日为截止日，在资产负债表日后适当时间内实施函证。如果重大错报风险评估为低水平，注册会计师则可选择资产负债表日前适当日期为截止日实施函证，并对所函证项目自该截止日起至资产负债表日止发生的变动实施实质性程序。

7. 函证的控制

注册会计师通常利用被审计单位提供的应收账款明细账户名称及客户地址等资料编制询证函，但注册会计师应当对选择被询证者、设计询证函以及发出和收回询证函保持控制。注册会计师可以采取下列措施对函证实施过程进行控制：

（1）将被询证者的名称、地址与被审计单位有关记录核对。

（2）将询证函中列示的账户余额或其他信息与被审计单位有关资料核对。

（3）在询证函中指明直接向接受审计业务委托的会计师事务所回函。

（4）询证函经被审计单位盖章后，由注册会计师直接发出。

（5）注册会计师应当直接接收被询证者以传真、电子邮件等方式寄来的回函，并要求被询证者及时寄回询证函原件。

（6）采用积极的函证方式而未能收到回函时，注册会计师应当考虑与被询证者联系，要求对方做出回应或再次寄发询证函。如果未能得到被询证者的回应，注册会计师应当实施替代审计程序。

（7）将发出询证函的情况和收到的回函形成审计工作记录，并汇总统计函证结果。应收账款函证结果汇总表如表 5-11 所示。

表 5-11　应收账款函证结果汇总表

被审计单位名称：　　　　　　　制表：　　　　　　　日期：

结账日：　　年　月　日　　　　复核：　　　　　　　日期：

询证函编号	债务人名称	债务人地址及联系方式	账面金额	函证方式	函证日期 第一次	函证日期 第二次	回函日期	替代程序	确认余额	差异金额及说明	备注
合计											

8. 对不符事项的处理

如果发现了不符事项，注册会计师应当分析不符事项的原因，并作进一步核实。存在不符事项的原因可能是由于双方登记入账的时间不同，也可能是由于一方或双方记账错误，还有可能是被审计单位存在舞弊行为。

对应收账款而言，登记入账的时间不同而产生的不符事项主要表现为：① 询证函发出时，债务人已经付款，而被审计单位尚未收到货款；② 询证函发出时，被审计单位的货物已经发出并已作销售记录，但货物仍在途中，债务人尚未收到货物；③ 债务人由于某种原因将货物退回，而被审计单位尚未收到；④ 债务人对收到的货物的数量、质量及价格等方面有异议，所以全部或部分拒付货款；等等。如果不符事项构成错报，注册会计师应当重新考虑所实施的审计程序的性质、时间和范围。

9. 对函证结果的总结和评价

注册会计师对函证结果可进行如下评价：

（1）重新考虑对内部控制的原有评价是否适当；控制测试的结果是否适当；分析程序的结果是否适当；相关的风险评价是否适当等。

（2）如果函证结果表明没有审计差异，则注册会计师可以合理地推论：全部应收账款总体是正确的。

（3）如果函证结果表明存在审计差异，注册会计师则应当估算应收账款总额中可能出现的累计差错是多少，估算未被选中进行函证的应收账款的累计差错是多少。为取得对应收账款累计差错更加准确的估计，也可以进一步扩大函证范围。

（五）确定已收回的应收账款金额

请被审计单位协助，在应收账款明细表上标出至审计时已收回的应收账款金额，对已收回应收账款金额较大的款项进行常规检查，如核对收款凭证、银行对账单、销售发票等，并注意凭证发生日期的合理性，分析收款时间是否与合同相关要素一致。

（六）对未函证应收账款实施替代审计程序

对未函证或积极的函证方式下未收到回函的应收账款，注册会计师应当：① 抽查与销售业务有关的原始凭据，如销售合同、销售订购单、销售发票存根、发运凭证及回款单据等，以验证与其相关的应收账款的真实性；② 检查应收账款日后收款的记录与凭证，如银行对账单、汇款证明、银行存款日记账等；③ 检查被审计单位与客户之间的函电记录，也有助于发现销售交易是否真实发生，双方是否存在争议。

（七）检查坏账的确认和处理

首先，注册会计师应检查有无债务人破产或者死亡的，以及破产或以遗产清偿后仍无法收回的，或者债务人长期未履行清偿义务的应收账款；其次，应检查被审计单位坏账的处理是否经授权批准，有关会计处理是否正确。

（八）抽查有无不属于结算业务的债权

不属于结算业务的债权，不应在应收账款中进行核算。因此，注册会计师应抽查应收账款明细账并追查有关原始凭证，查证被审计单位有无不属于结算业务的债权。如有，则应建议被审计单位作适当调整。

（九）检查应收账款的贴现、质押或出售

检查银行存款和银行借款等询证函的回函、会议纪要、借款协议和其他文件，确定应收账款是否已被贴现、质押或出售，应收账款出售或贴现业务是否满足金融资产转移终止确认条件，其会计处理是否正确。

（十）确定应收账款的列报是否恰当

企业财务报表附注通常按账龄结构与客户类别分别披露应收账款的期初、期末账面余额。

三、坏账准备的实质性程序

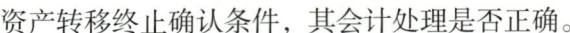

坏账准备的实质性程序包括：

（1）取得或编制坏账准备明细表，复核加计是否正确，与坏账准备总账数、明细账合计数核对是否相符。

（2）实施分析程序。通过比较前期坏账准备计提数和实际发生数，以及检查期后事项，评价应收账款坏账准备计提的合理性。

（3）将应收账款坏账准备本期计提数与信用减值损失相应明细项目的发生额进行核对。

（4）检查应收账款坏账准备计提和核销的批准程序，取得书面报告等证明文件，评价坏账准备依据的资料、假设及方法。

（5）实际发生坏账损失的，检查转销依据是否符合有关规定，会计处理是否正确。

（6）已经确认并转销的坏账重新收回的，检查其会计处理是否正确。

（7）检查函证结果。对债务人回函中反映的例外事项及存在争议的余额，注册会计师应查明原因并做记录。必要时，应建议被审计单位作相应的调整。

（8）确定应收账款坏账准备的披露是否恰当。企业应当在财务报表附注中清晰地说明坏账的确认标准、坏账准备的计提方法和计提比例。

【案例解析 1】

（1）由于应收账款——戊公司的期末余额在贷方，已经不满足资产的定义而符合负债的特征，建议将其重分类为预收账款，作如下重分类调整（单位：万元）：

借：应收账款——戊公司　　　　　　　　　　　　80
　　贷：预收账款——戊公司　　　　　　　　　　　80

（2）在上述重分类调整后，计提坏账准备前应收账款的期末余额为 400（即 120＋50＋100＋130）万元，按期末应收账款余额的 5‰计提后的坏账准备的期末余额为 2（即 400×5‰）万元。审计前坏账准备——应收账款明细账的贷方余额为 1.6 万元。因此，补提坏账准备 0.4 万元，作如下审计调整分录（单位：万元）：

借：信用减值损失　　　　　　　　　　　　　　　　　　　0.4
　　贷：坏账准备——应收账款　　　　　　　　　　　　　　　　0.4

（3）根据企业会计准则的相关规定，资产负债表中"应收账款"项目的期末余额，应根据"应收账款"和"预收账款"科目所属各明细科目的期末借方余额合计减去"坏账准备"科目中有关应收账款计提的坏账准备期末余额后的金额填列。相应地，审计后资产负债表中应收账款的年末数应为 398（即 400 − 2）万元，所以，ABC 公司资产负债表中应收账款的年末数 318.4 万元是不正确的。

【案例解析 2】

（1）应通过检查银行存款日记账、收款凭证及银行对账单，查明是否收到该笔款项；如果仍未收到货款，则应向客户再次发函，要求其将有关凭单复印件邮寄过来，以便查找。

（2）应通过检查销售合同及与销售退回相关的增值税发票、入库单，查明退回货物是否已验收入库等，对近期退货情况进行检查；如果仍未收到退货，则应向客户再次发函，要求其将有关凭单复印件邮寄过来，以便查找。

（3）应检查代销合同和代销清单，确认是否属于受托代销方式，如果确实属于受托代销，则应要求 Y 公司冲减销售收入及应收账款。

（4）应检查购货合同，并检查 2023 年年底和 2024 年 1 月的收款凭证，确认是否收到首付 300 000 元，如果未收到，则应按 300 000 元确认应收账款，而非900 000 元。

【任务检查】

甲公司采用应收款项余额百分比法计提坏账准备，确定的比例为 2%，年末应收账款明细账借方余额为 750 万元，预收账款明细账借方余额为 50 万元，坏账准备期初余额为 20 万元，本期发生坏账损失 30 万元，本期收回前期已核销的坏账 15万元。期末应收账款中应收 H 公司货款 60 万元，有确凿证据表明只能收回 30%。甲公司年末计提了 10 万元的坏账准备，计提后坏账准备——应收账款的期末余额为 15 万元。

要求：请指出甲公司坏账准备——应收账款的期末余额是否正确，如果不正确则应如何调整。

能力训练 ▶▶▶

一、单项选择题

1. 销售与收款循环涉及的财务报表项目不包括（　　　）。

A. 销售费用　　　　　　　　　B. 营业收入

C. 应交税费　　　　　　　　　D. 所得税费用

2. 销售与收款循环的起点是（　　　）。

A. 处理客户订购单　　　　　　B. 向客户提供商品

C. 记录销售　　　　　　　　　D. 批准赊销信用

3. 下列有关销售与收款循环内部控制的说法中不正确的是（　　　）。

A. 企业应当分别设立办理销售、发货、收款业务的部门或岗位

B. 企业应由一名财务人员编制销售单并开具销售发票

C. 销售人员应当避免接触销售现款

D. 企业应收票据的取得和贴现必须由保管票据以外的主管人员书面批准

4. 为证实所有销售交易均已登记入账，应执行的实质性程序是（　　　）。

A. 检查证明销售交易分类正确的原始证据

B. 将发运凭证与相关的销售发票和主营业务收入、应收账款明细账中的分录进行核对

C. 追查主营业务收入明细账中的分录至销售单、销售发票副联及发运凭证

D. 将主营业务收入明细账中的分录与销售单中的赊销审批和发运审批进行核对

5. 为了确认销售交易的真实性应实施的实质性程序是（　　　）。

A. 以发运凭证为起点，选取样本追查至销售发票存根和主营业务收入等明细账

B. 可以由发运凭证为起点顺查，也可以以主营业务收入等明细账为起点逆查

C. 以主营业务收入等明细账为起点追查至销售发票存根、发运凭证等原始凭证

D. 核对主营业务收入明细账金额和应收账款明细账金额

6. 注册会计师实施销售截止测试的目的是（　　　）。

A. 确定已入账销售业务的真实性　　B. 确定收入数额是否正确

C. 查找未入账的销售业务　　　　　D. 确定收入的会计记录归属期是否正确

7. 注册会计师执行应收账款函证程序的主要目的是（　　　）。

A. 应专业标准的要求　　　　　　　B. 确定应收账款能否收回

C. 确定应收账款存在与否　　　　　D. 确定坏账损失是否适当

8. 应收账款询证函的发出和收回应由（　　　）控制。

A. 被审计单位　　　　　　　　　B. 注册会计师

C. 被审计单位和注册会计师　　　D. 被审计单位或注册会计师

9. 发出的应收账款询证函应由（　　　）签章。

A. 注册会计师　　　　　　　　　B. 会计师事务所

C. 被审计单位　　　　　　　　　D. 被审计单位的总经理

10. 对应收账款实施函证的时间通常是（　　　）。

A. 被审计年度期初　　　　　　　B. 被审计年度期中

C. 与资产负债表日接近的时间　　D. 在资产负债表日后适当时间

二、多项选择题

1. 销售与收款循环涉及的主要凭证和会计记录有（　　　　　）。

A. 客户订购单　　　　　　　　　B. 销售单

C. 装运凭证　　　　　　　　　　D. 贷项通知单

2. 实施销售截止测试的方法有（　　　　　）。

A. 以账簿记录为起点，追查至发票存根、装运凭证

B. 以销售发票为起点，追查至装运凭证、账簿记录

C. 以装运凭证为起点，追查至发票、账簿记录

D. 以客户订购单为起点，追查至装运凭证

3. 为了证实已发生的销售交易是否均已登记入账，无效的做法有（　　　　　）。

A. 只审查有关原始凭证

B. 只审查主营业务收入明细账

C. 由主营业务收入明细账追查至有关原始凭证

D. 由有关原始凭证追查至主营业务收入明细账

4. 注册会计师应选择项目中的（　　　　　）作为应收账款的函证对象。

A. 账龄较长的项目　　　　　　　B. 重大关联方交易

C. 可能存在争议的交易　　　　　D. 金额较大的项目

5. 注册会计师应当采取（　　　　　）的措施对函证实施过程进行控制。

A. 将询证函中列示的账户余额或其他信息与被审计单位有关资料核对

B. 将被询证者的姓名、地址与被审计单位有关记录核对

C. 在询证函中指明直接向会计师事务所回函

D. 询证函经被审计单位盖章后，由注册会计师直接发出

6. 应收账款函证结果产生差异的原因可能有（　　　　　）。

A. 一方或双方记账错误　　　　　B. 舞弊

C. 被审计单位提取坏账准备　　　D. 双方登记入账的时间不同

7. 对应收账款而言，登记入账的时间不同而产生的不符事项主要表现为（　　　）。

A. 询证函发出时，债务人已经付款，而被审计单位尚未收到货款

B. 询证函发出时，被审计单位的货物已经发出并已做销售记录，但货物仍在途中，债务人尚未收到货物

C. 债务人由于某种原因将货物退回，而被审计单位尚未收到

D. 债务人对收到货物的数量、质量及价格等有异议而全部或部分拒付货款

8. 注册会计师可实施应收账款函证的替代程序有（　　　）。

A. 检查销售合同、客户订购单、销售发票及装运凭证等记录与文件

B. 检查应收账款日后收款的记录与凭证，如银行进账单

C. 检查被审计单位与客户之间的函电记录

D. 询问应收账款记账人员

三、简答题

1. 销售与收款循环的主要业务活动有哪些？

2. 注册会计师应如何实施销售的截止测试？

3. 注册会计师应当采取哪些措施对函证实施过程进行控制？

4. 应收账款由于双方登记入账时间不同而产生的不符事项有哪些？

四、案例分析题

1. ABC 会计师事务所的注册会计师于 2023 年 11 月 15 日至 12 月 10 日对甲公司销售与收款循环的内部控制进行了解，并在审计工作底稿中作了记录，部分记录内容摘录如下：

（1）甲公司产成品发出时，由销售部填制一式四联的出库单。仓库发出产成品后，将第一联出库单留存登记产成品卡片，第二联交销售部留存，第三、第四联交会计部会计人员乙登记产成品总账和明细账。

（2）会计人员戊负责开具销售发票。在开具销售发票之前，先取得仓库的发货记录和销售商品价目表，然后填写销售发票的数量、单价和金额。

要求：根据上述摘录，请指出甲公司内部控制在设计与运行方面的缺陷，并提出改进建议。

2. 注册会计师对 ABC 公司 2023 年度财务报表进行审计。该公司 2023 年度未发生购并、分立和债务重组行为，供、产、销形势与上年相当。该公司提供的 2023 年度 1—12 月未经审计的主营业务收入、主营业务成本如表 5–12 所示。

表 5-12　ABC 公司 2023 年度 1—12 月未经审计的主营业务收入、主营业务成本

单位：万元

月份	主营业务收入	主营业务成本	月份	主营业务收入	主营业务成本
1	7 800	7 566	8	7 700	6 830*
2	7 600	6 764	9	7 600	6 832
3	7 400	6 512	10	7 900	7 111
4	7 700	6 768	11	8 100	7 280
5	7 800	6 981	12	18 900	15 139
6	7 850	6 947	合计	104 300	91 845
7	7 950	7 115			

要求：试运用分析程序指出 ABC 公司 2023 年度的主营业务收入与主营业务成本的重点审计领域，并简要说明理由。

3. 注册会计师在审查 ABC 公司 2023 年度利润表时，抽查了该公司 12 月份的销售业务，发现下列情况：

（1）该公司于 3 日无偿赠送前锋工厂甲产品 800 件，未入账。

（2）该公司于 6 日采用托收承付方式销售给友联工厂乙产品 1 600 件，商品已经发出，并已向银行办妥手续，未入账。

（3）11 日该公司将自产乙产品 100 件用于自行建造的职工俱乐部，未作销售，也未结账成本。

（4）该公司于 15 日支付了下年度的产品广告费 600 000 元，已计入 2023 年度的销售费用。

（5）25 日前锋工厂退回该公司质量有问题的甲产品 400 件，产品已收到，账中未作处理。

（6）该公司于 28 日外销乙产品 1 000 件，已于当日运出，此项产品系 CIF 付款条件的在运货物，会计部门在产品发出时确认了收入并结转了成本。

经查，甲产品单位售价为 100 元，成本为 70 元；乙产品单位售价为 200 元，成本为 150 元。

要求：指出该公司上述业务中存在的问题，计算并调整销售收入、销售成本和应交税费——应交增值税（销项税额）。

4. 注册会计师 A 对 Y 公司 2023 年度的财务报表进行审计时，在取得 2023 年 12 月 31 日的应收账款明细表后，于 2023 年 1 月 15 日采用了积极的函证方式对所有重要客户寄发了询证函。与函证结果相关的重要异常情况汇总如表 5-13 所示。

表 5-13　函证结果重要异常情况汇总表

异常情况编号	函证编号	客户名称	函证金额/元	回函日期	回函内容
（1）	134	戊公司	600 000	因地址错误，被邮局退回	—
（2）	161	己公司	560 000	2023 年 1 月 20 日	本公司会计处理系统无法复核 Y 公司的对账单
（3）	168	庚公司	780 000	2023 年 1 月 17 日	大体一致
（4）	189	辛公司	530 000	2023 年 1 月 21 日	Y 公司 2022 年 12 月 30 日的第 565 号发票（金额为 530 000 元）交易系目的地交货，本公司收货日期为 2023 年 1 月 6 日，因此询证函所称 2022 年 12 月 31 日所欠 Y 公司账款之事与事实不符

要求：针对上述各种异常情况，注册会计师 A 应分别实施哪些审计程序予以应对？

5. ABC 公司年末应收账款总账的余额为 200 万元，其所属明细账中有借方余额的合计数为 300 万元，有贷方余额的合计数为 100 万元；年末预收账款总账贷方余额为 100 万元，其所属明细账中有贷方余额的合计数为 150 万元，有借方余额的合计数为 50 万元。该公司采用余额百分比法计提坏账准备，计提比例为 3‰，计提后坏账准备——应收账款的年末余额为 0.6 万元。

要求：根据上述资料，确定 ABC 公司坏账准备——应收账款的年末余额是否正确；如果不正确，应如何调整？

项目6

采购与付款循环审计

6

学习目标 ▶▶▶

素养目标

◆ 通过对采购与付款循环典型错弊案例的讨论与剖析，引导在审计中应合理运用职业判断，塑造"德法兼修、知行合一"的职业品格；

◆ 通过小组探究固定资产、应付账款的审计案例，培养"敬业奉献、脚踏实地"的工作态度，弘扬"精益求精、持之以恒"的工匠精神。

知识目标

◆ 理解采购交易和固定资产的内部控制及对相关认定的影响；

◆ 熟悉采购交易常用的控制测试程序；

◆ 掌握应付账款的函证、截止测试和完整性测试；

◆ 掌握固定资产的细节测试；

◆ 熟悉应付账款、固定资产的实质性分析程序。

能力目标

◆ 能够评估采购与付款循环的重大错报风险；

◆ 能够对采购与付款循环和固定资产实施控制测试；

◆ 能够对应付账款实施实质性程序；

◆ 能够对固定资产实施实质性程序。

任务导航 ▶▶▶

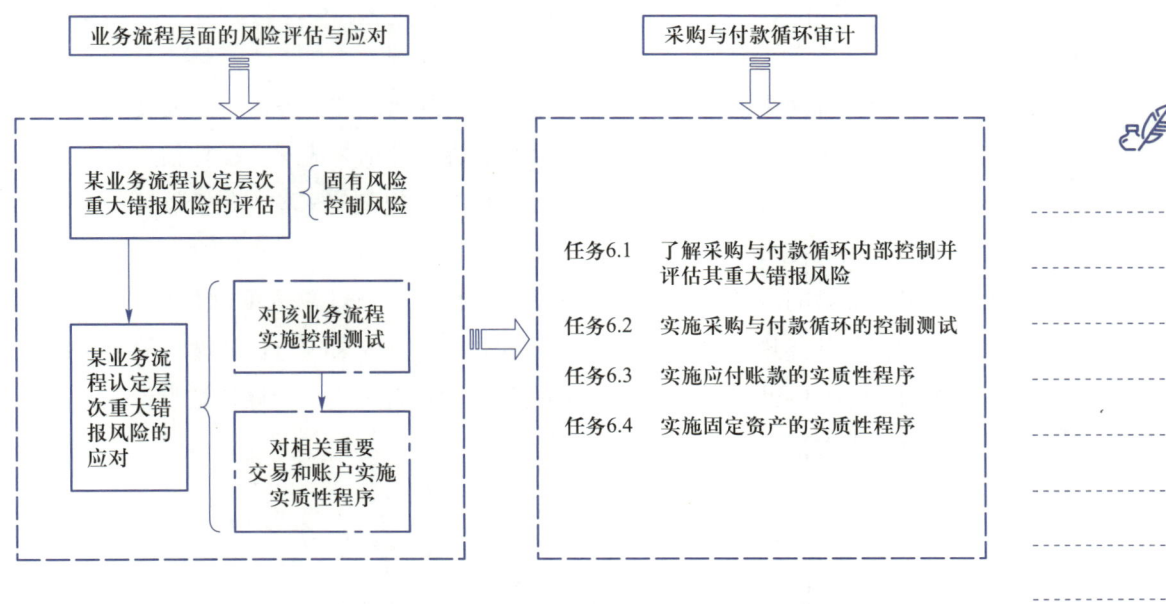

任务 6.1

了解采购与付款循环内部控制并评估其重大错报风险

【案例导入】

ABC 会计师事务所的注册会计师于 2023 年 10 月 25 日至 11 月 10 日对甲公司采购与付款循环的内部控制进行了解，并在审计工作底稿中作了记录，部分内容摘录如下：

甲公司的材料采购需要经授权批准后方可进行。采购部收到经批准的请购单后，由其职员 E 进行询价并确定供应商，再由其职员 F 负责编制和发出预先连续编号的订购单。货物运达后，验收部根据订购单的要求验收货物，并编制一式多联的未连续编号的验收单。仓库根据验收单验收货物，在验收单上签字后，将货物移入仓库加以保管。验收单上填写数量、品名、单价等要素。验收单一联交采购部门登记采购明细账和编制付款凭单，付款凭单经批准后，月末交会计部门；一联交会计部门登记明细账；一联由仓库保留并登记材料明细账。会计部门根据只附验收单的付款凭单登记有关账簿。

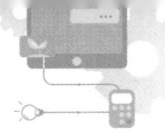

要求：根据上述摘录，请代注册会计师指出甲公司采购与付款循环内部控制可能存在的缺陷，简要说明理由，并提出改进建议。

【任务分析】

注册会计师对采购与付款循环的审计，实际上是在业务流程层面使用循环法对采购与付款循环的认定层次的重大错报风险进行评估与应对。在评估采购与付款循环的认定层次的重大错报风险时，需要：① 了解规范的采购与付款循环的主要业务活动及其涉及的主要凭证与会计记录；② 熟悉规范的采购与付款循环的内部控制，尤其是采购交易的内部控制；③ 将被审计单位采购与付款循环的主要业务活动及其内部控制，与前述规范进行比较，以评估被审计单位采购与付款循环的重大错报风险；④ 了解影响采购与付款交易和余额的重大错报风险，为评估被审计单位采购与付款循环的重大错报风险提供经验和借鉴。

【知识准备】

一、采购与付款循环涉及的主要财务报表项目

采购与付款循环是指企业从外部采购商品、获得服务或其他资产等并支付款项的过程。

采购与付款循环涉及的资产负债表项目有预付账款、固定资产、在建工程、工程物资、固定资产清理、无形资产、开发支出、商誉、长期待摊费用、应付票据、应付账款、长期应付款、存货（材料采购或在途物资、材料成本差异）。涉及的利润表项目是管理费用。

二、采购与付款循环的主要业务活动

了解企业采购与付款循环的主要业务活动及其涉及的主要凭证与会计记录，为注册会计师识别与评估被审计单位采购与付款循环的重大错报风险提供了一个可供参考的基准。

在内部控制制度比较健全的企业，采购与付款循环涉及的主要业务活动包括制订采购计划、维护供应商清单、清购商品和服务、编制订购单、验收商品、储存已验收的商品、确认和记录采购交易与负债、办理付款和记录付款九项主要业务活动。采购交易涉及前八项业务活动，付款交易涉及后两项业务活动。

（一）制订采购计划

根据企业的生产经营计划，考虑供需关系及市场计划变化等因素，生产、仓库

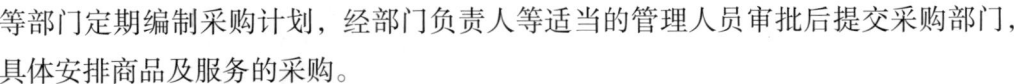

等部门定期编制采购计划，经部门负责人等适当的管理人员审批后提交采购部门，具体安排商品及服务的采购。

【相关单据】采购计划

采购计划是指企业管理人员在了解市场供求情况、认识企业生产经营活动过程中和掌握物料消耗规律的基础上，对计划期内采购管理活动所做的预见性的安排和部署。

（二）维护供应商清单

企业通过文件审核及实地考察等方式，对合作的供应商事先进行资质等审核、将通过审核的供应商信息录入系统，形成完整的供应商清单，并及时对其信息变更进行更新。采购部门只能向通过审核的供应商进行采购。

【相关单据】供应商清单

供应商清单是企业通过文件审核及实地考察等方式对合作的供应商进行认证，将通过认证的供应商信息进行人工或自动化维护，并及时进行更新形成的清单。该清单可以为存货存在和应付账款存在的认定提供适当的证据。

（三）请购商品和服务

仓库负责根据采购计划对需要购买的已列入存货清单的项目填写请购单，其他部门也可以对其所需要购买的未列入存货清单的项目编制请购单。大多数企业对上述正常经营所需物资的购买均作一般授权，但对资本支出和租赁合同，企业则通常要求作出特别授权，只允许指定人员提出请购。请购单可由手工或计算机编制。如果请购单不便事先编号，为加强控制，每张请购单必须经过对这类支出预算负责的主管人员签字批准。

【相关单据】请购单

请购单是由产品制造、资产使用等部门的有关人员填写，送交采购部门，申请购买商品、劳务或其他资产的书面凭证。

（四）编制订购单

采购部门在收到请购单后，只能对经过批准的请购单发出订购单。对每张订购单，采购部门应确定最佳的供应来源。对一些大额、重要的采购项目，应采取竞价方式来确定供应商，以保证供货的质量、及时性和成本的低廉。订购单包括应正确填写的所需要的商品品名、数量、价格、厂商名称和地址等，预先予以顺序编号并经过被授权的采购人员签字。应付账款记账员应定期汇总各期间生成的所有订购单，并与请购单核对，编制采购信息报告。

【相关单据】订购单

订购单是由企业采购部门填写，向另一企业购买订购单上所指定的商品、劳务或其他资产的书面凭证。

（五）验收商品

验收部门首先应比较所收商品与订购单上的要求是否相符，如商品的品名、摘要、数量、到货时间等，然后再盘点商品并检查商品有无损坏。验收后，验收部门应根据已收货的每张订购单编制一式多联、预先按顺序编号的验收单，作为验收和检验商品的依据。验收人员将商品送交仓库或其他请购部门时，应取得经过签字的收据，或要求其在验收单的副联上签收，以确立他们对所采购的资产应负的保管责任。

【相关单据】验收单

验收单是收到商品、资产时企业编制的凭证，列示从供应商处收到的商品、资产的种类和数量等内容。

（六）储存已验收的商品

将已验收商品的保管与采购的其他职责相分离，可降低未经授权的采购和盗用商品的风险。存放商品的仓储区应相对独立，企业应限制无关人员接近。这些控制与商品的"存在"认定有关。

【相关单据】入库单

入库单是由仓库管理人员填写的验收合格品入库的凭证。

（七）确认和记录采购交易与负债

会计部门根据已批准的未付款凭单、供应商发票、验收单和订购单等，编制有关记账凭证，及时、准确地登记存货、应付账款等有关账簿。每月月末，应付账款主管除了编制应付账款账龄分析报告，还应当核对应付账款总额与应付账款明细账合计数以及应付账款明细账与供应商对账单，如有差异，应立即进行调查，必要时应编制应付账款余额调节表和调整建议。

【相关单据】供应商对账单

供应商对账单是由供应商按月编制的，标明采购方应付账款期初余额、本期购买、本期支付给供应商的款项和采购方应付账款期末余额的凭证。供应商对账单是供应商对有关交易的陈述，如果不考虑买卖双方在收发货物上可能存在的时间差等因素，其期末余额通常应与采购方相应的应付账款期末余额一致。

（八）办理付款

对应付凭单部门即将到期付款的未付款凭单，由应付账款记账员负责编制付款凭证，并附相关单证，提交会计主管审批；在完成对付款凭证及相关单证的复核后，会计主管在付款凭证上签字，作为复核证据，并在所有单证上加盖"核销"印戳；将经过审批的付款凭证交出纳员办理货款支付。

（九）记录付款

出纳根据已办理货款支付的付款凭证登记银行存款日记账及其他相关账簿。

【相关单据】付款凭证、库存现金日记账和银行存款日记账

三、采购与付款循环的内部控制

（一）采购与付款循环相关的内部控制规范

主要是指《企业内部控制应用指引第 7 号——采购业务》。

（二）采购与付款循环的主要业务活动、可能的错报、关键内部控制和相关认定

采购与付款循环的主要业务活动、可能的错报、关键内部控制和相关认定如表 6-1 所示。

表 6-1　采购与付款循环的主要业务活动、可能的错报、关键内部控制和相关认定一览表

主要业务活动	可能的错报	关键内部控制	相关认定
制订采购计划	采购计划未经适当授权审批	（1）生产、仓储部门以生产需求为基础制订采购计划； （2）采购计划经部门负责人审批后交采购部门执行	存在或发生
供应商认证及信息维护	新增供应商或供应商信息变更未经恰当的认证或复核	（1）审核人员对供应商数据的变更请求进行审核批准； （2）复核人员定期复核系统生成报告的项目是否均经恰当授权	存在或发生
请购商品和劳务	可能请购未经授权的商品	（1）由经授权的专门机构或人员填制请购单； （2）每张请购单应经对这类支出预算负责的主管人员签字批准	发生
编制订购单	可能有未经授权的订购	（1）询价与确定供应商、采购合同的订立与审批职责分离； （2）依据经批准的供应商名单、适当的采购方式和定价机制订购商品； （3）订购单一式多联、预先连续编号，并经被授权的采购人员签名	发生完整性
验收商品	收到的商品可能不符合订购单要求	（1）由独立于采购、仓储、运输职能的验收部门或人员，根据订购单验收商品，并编制一式多联的验收单； （2）对验收发现的异常情况应立即报告、查明原因、及时处理	存在或发生、完整性

续表

主要业务活动	可能的错报	关键内部控制	相关认定
储存已验收商品	商品可能被盗走	（1）将商品的保管与采购的其他职责相分离； （2）只有经授权的人员才能接近保管的资产	存在
编制付款凭单	可能对未订购的商品或未收到的商品编制付款凭单	定期独立检查付款凭单与相关的订购单、验收单和供应商的发票是否匹配	发生、权利和义务、完整性、计价和分摊
记录采购	（1）收到商品可能未入账； （2）采购交易可能未及时、准确入账	独立检查采购交易和应付账款账簿、相关记账凭证及所附原始凭证的金额、日期等是否一致	存在或发生、完整性、计价和分摊
付款	（1）可能对一张凭证重复付款； （2）支票金额可能填错	（1）支票签发后应立即注销已付款凭单和支持性凭证； （2）独立检查支票金额与付款凭证的一致性	发生、计价和分摊、完整性
记录付款	（1）支票可能未入账； （2）记录支票时可能出错	（1）使用和控制预先编号的支票； （2）定期独立编制银行存款余额调节表	发生、完整性、计价和分摊

（三）采购交易的内部控制

（1）适当的职责分离。采购与付款业务不相容岗位至少包括：请购与审批；询价与确定供应商；采购合同的订立与审批；采购与验收；采购、验收与相关会计记录；付款审批与付款执行。

（2）恰当的授权审批。具体包括：

① 请购商品和劳务经适当的授权审批；

② 采购按正确的级别批准；

③ 采购价格需经授权批准；

④ 付款需经授权批准。

（3）充分的凭证和记录。具体包括：

① 采购业务应具备请购单、订购单、验收单、入库单和卖方发票，并作为付款凭单的附件，订购单、验收单、入库单、支票等凭证应预先编号，并由经办人签章；及时填制、审核和传递原始凭证。

② 及时编制和审核与采购和付款交易相关的记账凭证，并进行证证核对。

③ 建立、健全存货、固定资产、应付账款等账簿，并及时、准确地登记。

（4）独立检查。具体包括：

① 独立检查订购单的处理，以确定是否确实收到商品并正确入账；

② 定期独立检查验收单的顺序以确定每笔采购交易都已编制付款凭单；

③ 独立检查付款凭单计算的正确性；

④ 核对所记录的凭单总数与应付凭单部门送来的每日凭单汇总表是否一致，并定期检查应付账款总账余额与应付凭单部门未付款凭单档案中的总金额是否一致；

⑤ 独立检查已签发支票的总额与所处理的付款凭单的总额的一致性；

⑥ 独立检查货款支付记入银行存款日记账和应付账款明细账的金额的一致性，以及与支票汇总记录的一致性。

（5）定期与供应商核对有关记录。

（四）付款交易的内部控制

（1）企业应当按照《现金管理暂行条例》《支付结算办法》等有关货币资金内部会计控制的规定办理采购付款交易。

（2）企业财会部门在办理付款交易时，应当对采购发票、结算凭证、验收证明等相关凭证的真实性、完整性、合法性及合规性进行严格审核。

（3）企业应当建立预付账款和定金的授权批准制度，加强对预付账款和定金的管理。

（4）企业应当加强应付账款和应付票据的管理，由专人按照约定的付款日期、折扣条件等管理应付款项。已到期的应付款项经有关授权人员审批后方可办理结算与支付。

（5）企业应当建立退货管理制度，对退货条件、退货手续、货物出库、退货货款回收等做出明确规定，及时收回退货款。

（6）企业应当定期与供应商核对应付账款、应付票据、预付款项等往来款项。如有不符，应查明原因，及时处理。

四、固定资产的内部控制

（一）与固定资产相关的内部控制规范

《企业内部控制应用指引第 8 号——资产管理》。

（二）固定资产的内部控制的内容

为了确保固定资产的真实、完整、安全和有效利用，被审计单位应当建立和健全以下固定资产的内部控制制度。

1. 预算制度

预算制度是固定资产内部控制中最重要的部分。通常大中型企业应编制旨在预测与控制固定资产增减和合理运用资金的年度预算；小规模企业即使没有正规的预

算，也要对固定资产的购建事先制订计划。

2. 授权批准制度

完善的授权批准制度包括：企业的资本性支出预算只有经过董事会等高层管理机构批准方可生效；所有固定资产的取得和处置均需经企业管理当局的书面认可；等等。

3. 账簿记录制度

除固定资产总账外，被审计单位还需设置固定资产明细分类账和固定资产登记卡，按固定资产类别、使用部门和每项固定资产进行明细分类核算。固定资产增减变化均应有充分的原始凭证。

4. 职责分工制度

对固定资产的取得、记录、保管、使用、维修、处置等，均应明确划分责任，由专门部门和专人负责。固定资产业务的不相容岗位至少包括：① 固定资产投资预算的编制与审批、审批与执行；② 固定资产的取得、验收与款项支付；③ 固定资产投保的申请与审批；④ 固定资产的保管与清查；⑤ 固定资产处置的申请与审批、审批与执行；⑥ 固定资产业务的审批、执行与相关会计记录。

5. 资本性支出和收益性支出的区分制度

企业应制定区分资本性支出和收益性支出的书面标准。通常需明确资本性支出的范围和最低金额，凡不属于资本性支出的范围、金额低于下限的任何支出，均应列作费用并抵减当期收益。

6. 处置制度

固定资产的处置，包括投资转出、报废、出售等，均要有一定的申请报批程序。

7. 定期盘点制度

对固定资产的定期盘点，是验证账面各项固定资产是否真实存在、了解固定资产放置地点和使用状况以及发现是否存在未入账固定资产的必要手段。

8. 维护保养制度

固定资产应有严密的维护保养制度，以防止其因各种自然和人为的因素而遭受损失，并应建立日常维护和定期检修制度，以延长其使用寿命。

严格地讲，固定资产的保险不属于企业固定资产的内部控制范围，但它作为一项针对企业重要资产的特别保障，往往对企业非常重要。

五、采购与付款循环的重大错报风险

（一）采购与付款循环的相关交易类别和账户余额存在的重大错报风险

注册会计师识别出的采购与付款循环的相关交易类别和账户余额存在的重大错

报风险，因被审计单位的性质和交易的具体情况而异。以一般制造业务为例，就采购与付款循环的相关交易类别和账户余额，注册会计师识别出的重大错报风险通常包括：

1. 没有完整记录负债的风险

在承受反映较高盈利水平和营运资本的压力下（如为满足业绩考核要求、从银行获得资金或吸引潜在投资者），被审计单位管理层可能试图低估应付账款等负债。重大错报风险常常集中体现在遗漏交易，例如，未记录已收取货物但尚未收到发票的与采购相关的负债，或未记录尚未付款的已经购买的服务支出，这将对"完整性"等认定产生影响。

2. 多计或少计费用支出的风险

例如，通过多计或少计费用支出，把损益控制在被审计单位管理层希望的程度内，或是把私人费用计入企业费用。

3. 费用支出记录不准确的风险

例如，被审计单位以复杂的交易安排购买一定期间的多种服务，但管理层对于涉及的服务收益与付款安排所涉及的复杂性缺乏足够的了解。这可能导致费用支出分配或计提的错误。

4. 不正确地记录外币交易

当被审计单位进口用于出售的商品时，可能由于采用不恰当的外币汇率而导致该项采购的记录出现差错。此外，还存在未能将诸如运费、保险费和关税等与存货相关的进口费用进行正确分摊的风险。

5. 存在未记录的权利和义务

这可能导致资产负债表分类错误以及财务报表附注不正确或披露不充分。

（二）评估固有风险和控制风险

针对识别出的相关交易类别和账户余额存在的重大错报风险，注册会计师应当通过评估错报发生的可能性和重要程度来评估固有风险。在评估时，注册会计师运用职业判断确定错报发生的可能性和重要程度综合起来的影响程度。例如，某被审计单位从事农产品加工业务，部分原材料系向农户个人采购。在评估固有风险时，注册会计师认为与该类交易相关的固有风险因素主要是复杂性，如采购交易涉及多个农户，并且交易价格的季节性波动较大，导致核算较为复杂。此外，由于与农户的交易多为现金交易，存在较高的舞弊风险。基于上述因素，注册会计师认为错报发生的可能性较高，并且由于采购金额重大，如果发生错报，其严重程度较高。因此，应将与该类交易相关的风险的固有风险等级评估为最高级，即存在特别风险。

如果注册会计师计划测试采购与付款循环中相关控制的运行有效性，应当评估

相关控制的控制风险。例如，被审计单位每月由不负责应付账款核算的财务人员向供应商寄发对账单，就对账差异进行调查并编写说明，报经财务经理复核。注册会计师计划测试该项控制的运行有效性，考虑到该项控制属于常规性控制，不涉及重大判断，执行控制的人员具备相应的知识和技能并且保持了适当的职责分离。因此，注册会计师将该项控制的控制风险等级评估为低水平。

需要说明的是，如果注册会计师拟不测试控制运行的有效性，则应当将固有风险的评估结果作为重大错报风险的评估结果。

（三）根据重大错报风险的评估结果设计进一步审计程序

注册会计师根据对相关交易类别和账户余额存在重大错报风险的评估结果，制定实施进一步审计程序的总体方案，包括确定是采用综合性方案还是实质性方案，并考虑审计程序的性质、时间安排和范围，继而实施控制测试和实质性程序，以应对识别出的认定层次的重大错报风险。

表6-2为假定评估应付账款为重要账户，且相关认定包括存在/发生、完整性、准确性及截止的前提下，注册会计师计划的进一步审计程序总体方案示例。

表6-2　采购与付款循环的重大错报风险和拟实施的进一步审计程序的总体方案

重大错报风险描述	相关财务报表项目及认定	固有风险等级	控制风险等级	进一步审计程序的总体方案	拟从控制测试中获取的保证程度	拟从实质性程序中获取的保证程度
确认的负债及费用并未实际发生	应付账款、其他应付款：存在 销售费用、管理费用：发生	中	低	综合性	高	低
不确认与采购相关的负债，或与尚未付款但已经购买的服务支出相关的负债	应付账款、其他应付款：完整性 销售费用/管理费用：完整性	最高	低	综合性	高	中
采用不正确的费用支出截止期，例如，将本期的支出延迟到下期确认	应付账款、其他应付款：存在、完整性 销售费用、管理费用：截止	高	最高	实质性方案	无	高

续表

重大错报 风险描述	相关财务报表项目及 认定	固有 风险 等级	控制 风险 等级	进一步审计 程序的总体 方案	拟从控制测试中获取的 保证程度	拟从实质性 程序中获取 的保证程度
发生的采购 未能以正确 的金额记录	应付账款、其他应付 款：准确性、计价和 分摊 销售费用、管理费用： 准确性	低	低	综合性方案	高	低

注："控制风险等级"一列中所列示的"最高"，表示注册会计师拟不测试控制运行的有效性，而是将固有风险的评估结果作为重大错报风险的评估结果。因此，在"拟从控制测试中获取的保证程度"列的相应栏次中显示为"无"。

"拟从控制测试中获取的保证程度"一列所列示的"中"以及"拟从实质性程序中获取的保证程度"一列所列示的"高""中""低"的级别的确定属于注册会计师的职业判断。针对不同的风险级别，其对应的拟获取的保证程度并非一定如本表所示。本表中的内容仅为演示注册会计师基于特定情况所作出的对应的审计方案的评价结果，从而基于该结果确定控制测试和实质性程序的性质、时间安排和范围。

　　需要说明的是，上面的示例是根据注册会计师对重大错报风险的初步评估安排的，如果在审计过程中注册会计师了解的情况或获取的证据导致其更新相关风险的评估，则注册会计师需要执行的进一步审计程序也需要相应更新。例如，如果注册会计师通过控制测试发现被审计单位针对"准确性、计价和分摊"认定的相关控制存在缺陷，导致其需要提高对相关控制风险的评估水平，则注册会计师可能需要提高相关重大错报风险的评估水平，并进一步修改实质性审计程序的性质、时间安排和范围。

🔍 职业素养提升

恪尽"客观公正、诚信独立"的职业操守，保持应有的职业怀疑

　　据中国证监会行政处罚决定书［2021］11 号，因广东某会计师事务所（以下简称某事务所）对 KM 公司 2016—2018 年度财务报表审计时存在以下违法事实：① 某事务所出具的 KM 公司 2016—2018 年度审计报告存在虚假记载；② 在 2016 年和 2017 年年报审计期间，某事务所未对 KM 公司的业务管理系统实施相应审计程序，未获取充分适当的审计证据；③ 某事务所对 KM 公司 2016—2018 年的财务报表的审计存在缺陷。例如，未对银行、往来款函证保持有效控制，未保持应有的职业怀疑，未执行进一步审计程序消除疑虑，导致未获取充分、适当的审计证据，甚至出现项目经理配合 KM 公司财务人员拦截询证函、将伪造走访记录作为审计证

据的行为。根据当事人违法行为的事实、性质、情节与社会危害程度，中国证监会决定：对某事务所责令改正，没收业务收入 1 425 万元，并处以 4 275 万元罚款；对签字注册会计师给予警告，并分别处以罚款；广东省财政厅于 2022 年 7 月 21 日注销了某事务所的执业证书。

本案例中，因某事务所及其签字注册会计师的没有恪尽"客观公正、诚信独立"的职业操守，没有保持应有的职业怀疑，导致其未发现 KM 公司通过舞弊手段在 2016—2018 年度报告中进行虚假记载，虚增营业收入、货币资金及固定资产等。KM 公司自 2001 年 IPO 上市以来，就开始与该事务所合作，合作持续到 2019 年，中间未更换过事务所，该事务所做法严重违背了"独立、客观、公正"的职业操守。同时，针对 KM 公司库存商品等存货的大幅调增，尽管该事务所制订了存货监盘计划，但这些审计程序的实施流于形式，并没有保持应有的职业怀疑。

【任务检查】

注册会计师于 2024 年 2 月 10 日至 15 日对 B 公司采购与付款循环的内部控制进行了解，并在审计工作底稿中作了记录，部分内容摘录如下：

（1）购货由采购部门负责，根据自己填制的采购单采购，货物进厂后由独立的验收部门负责验收；

（2）如果货物验收合格，验收部门就在采购单上盖"货已验讫"的印章，交给会计部门付款；

（3）对于验收不合格的货物由验收部门直接退给供货商，验收部门不负责开具验收报告单；

（4）验收后的货物直接堆放在机器旁准备加工。

要求：根据上述摘录，请代注册会计师分别指出 B 公司采购与付款循环内部控制可能存在的缺陷，简要说明理由并提出改进建议。

任务 6.2

实施采购与付款循环的控制测试

【案例导入】

ABC 会计师事务所的注册会计师于 2023 年 10 月 25 日至 11 月 10 日对甲公司

采购与付款循环的内部控制实施测试，并在审计工作底稿中记录了测试情况，部分内容摘录如下：

（1）注册会计师检查验收部门在 2023 年 10 月 28 日至 10 月 31 日期间所开具的验收单，注意到其起迄号为 10023～10034，但注册会计师在验收部门留存的验收单里未能找到 10026 号验收单。验收部门的解释是该验收单因填写错误而作废，未予留存。注册会计师在仓库、采购部门和会计部门也未找到该验收单。会计部门的解释是，因经常有废票导致缺号，因此，在进行会计处理时并不检查验收单的顺序。

（2）应付凭单部门在 2023 年 10 月末编制了已验收入库但尚未收到供应商发票的原材料清单，会计部门据此将相关原材料暂估入账，并在 11 月 1 日全额冲回。上述原材料清单显示已入库甲原材料 1 000 千克，单价为每千克 1 300 元。经核对批准发出的采购订单和入库单，数量和单价均相符，但注册会计师注意到甲公司另需向运输单位支付该原材料的运费 100 000 元。财务人员解释，由于原材料运费是与运输单位另行结算的，因此在原材料暂估入账时未予考虑，并且在 11 月 8 日收到运输单位的运费发票时，甲公司已将运费计入该原材料的采购成本。注册会计师在甲原材料明细账中找到了上述 100 000 元运费的记录。

要求：针对上述事项，假定不考虑其他条件，请逐项指出上述测试结果是否表明甲公司的相关内部控制已得到有效执行。如果其相关内部控制未能得到有效执行，请简要说明理由并提出改进建议。

【任务分析】

在评估采购与付款循环认定层次重大错报风险时，如果预期控制的运行是有效的，则注册会计师应当对其实施控制测试，就控制在相关期间或时点的运行有效性获取充分、适当的审计证据。

对采购与付款循环实施控制测试，首先，要遵守《中国注册会计师审计准则第 1231 号——针对评估的重大错报风险采取的应对措施》中有关控制测试的基本规定；其次，采购与付款循环的控制测试是以风险为起点的。

如果控制测试结果表明某一认定的控制运行有效，能够支持低水平的重大错报风险评估结论，意味着注册会计师对其有较高程度的信赖，只需要从采购与收款循环的交易和余额的实质性程序中获取较低程度的保证，就可适当减少实施实质性程序的样本量；反之，则需要获取较高程度的保证，增加实施实质性程序的样本量。

【知识准备】

一、以风险为起点的采购与付款循环的控制测试

以一般制造业为例，表 6-3 列示了在通常情况下，注册会计师对采购和付款循环实施的控制测试。

二、对选择拟测试的控制和测试方法的考虑

在实际工作中，注册会计师并不需要对流程中的所有控制进行测试，而是应该针对识别的可能发生错报环节，选择足以应对评估的重大错报风险的控制进行测试。

例如，针对存货和应付账款的"存在"认定，企业制订的采购计划及审批主要是企业为提高经营效率效果设置的流程及控制，不能直接应对该认定，注册会计师可能不需要对其执行专门的控制测试；请购单的审批与存货和应付账款的"存在"认定相关，但如果企业存在将订购单、验收单和卖方发票的一致性进行核对的"三单核对"控制，该控制通常足以应对存货和应付账款"存在"认定的风险，则可以直接选择"三单核对"控制进行测试，以提高审计效率。

控制测试的具体方法则需要根据具体控制的性质确定。例如，对于入库单连续编号的控制，如果该控制是人工控制，注册会计师可以根据样本量选取一定数量的经复核的入库单清单，检查入库单编号是否完整。如果入库单编号存在跳号情况，向企业的复核人询问跳号原因，就其解释获取佐证并考虑对审计的影响；如果该控制是自动化控制，则注册会计师可以选取系统生成的例外报告，检查报告并确定是否存在复核人复核的证据以及复核是否在合理的时间内完成；与复核人讨论其复核和跟进过程，如适当，应确定复核人采取的行动以及这些行动在此环境下是否恰当。确认是否发现了任何调整，调整如何得以解决以及采取的行动是否恰当。同时，由专门的信息系统测试人员测试系统的相关控制，以确认例外报告的完整性和准确性。

三、固定资产的控制测试

（1）对于固定资产的预算制度，注册会计师应选取固定资产投资预算和投资可行性项目研究报告，检查是否编制预算并进行论证，以及是否经适当层次审批；对实际支出与预算之间的差异以及未列入预算的特殊事项，检查其是否履行特别的审批手续。

表 6-3　采购与付款循环可能发生的风险、存在的内部控制及相关控制测试程序

可能发生的风险	相关的财务报表项目及认定	存在的内部控制（自动）	存在的内部控制（人工）	控制测试程序
采购计划未经适当审批	存货：存在 销售费用、管理费用：发生 应付账款：存在	无	生产、仓储等部门根据生产计划制定需求计划，采购部门汇总需求，按采购类型编制采购计划，经复核人复核后执行	询问复核人复核采购计划的过程，检查采购计划是否经复核人恰当复核
新增供应商或供应商信息变更未经恰当的认证	存货：存在 销售费用、管理费用：发生 应付账款：存在	采购订单上的供应商代码必须在系统供应商清单中存在匹配的代码，才能生效并发送供应商	复核人复核并批准每一次对供应商数据的变更请求，包括供应地址或银行账户的变更以及新增供应商等。复核时，评估批准进行的供应商数据变更是否得到合适文件的支持，诸如由供应商提交新地址或银行账户明细准予批准或经批准新供应商的授权表格。当复核完成且复核人提出的问题已经得到合理的解决后，复核人在系统中确认复核完成	询问复核人复核供应商数据变更请求的过程，抽样检查变更需求是否有相关文件的支持及有复核人的复核确认。检查系统中采购订单的生成逻辑，确认是否存在供应商代码匹配的要求
录入系统的供应商数据可能未经恰当复核	存货：存在 销售费用、管理费用：发生 应付账款、其他应付款：存在	系统定期生成对供应商信息所有新增变更的报告（包括新增供应商、更改银行账户等）	复核人定期复核系统生成报告中的项目是否均经恰当授权。当复核工作完成且复核人提出的问题得到合理解决后复核人签字确认复核工作完成	检查系统报告的生产逻辑及完整性。询问复核人对报告的检查过程，确认其是否签字确认

223

续表

可能发生的风险	相关的财务报表项目及认定	存在的内部控制（自动）	存在的内部控制（人工）	控制测试程序
订购单与有效的请购单不符	存货：存在、准确性、计价和分摊；销售费用、管理费用：发生、准确性；应付账款：存在、准确性、计价和分摊	无	复核人复核并批准每一个采购订单，包括复核订购单是否经适当权限人员签署的请购单支持。复核人也确认订购单的价格与供应商协商一致且该目该供应商已通过审批。当复核完成且复核人提出的问题已经得到合理的解决后，复核人签字确认复核完成	询问复核人复核采购订单的过程，包括复核人提出的问题及其跟进记录。抽样检查采购订单是否有对应的请购单及复核人签署确认
未在系统中录入或重复录入订购单	存货：存在、完整性；销售费用、管理费用：发生、完整性；应付账款：存在、完整性	系统每月末生成列明重码或跳码的采购订单编号的例外报告	复核人定期复核列明重码或跳码的采购订单编号的记录，以确定是否有遗漏、重复。该复核确定所有采购订单是否都输入系统，且仅输入了一次。当复核完成且复核人提出的问题已得到合理的解决后，复核人签字确认复核已经完成	检查系统例外报告的生产逻辑。询问复核人对例外报告的检查过程，确认发现的问题是否及时得到了跟进处理，并确认其是否签字确认
接收缺乏有效订购单支持的商品	应付账款：存在；存货：存在；销售费用、管理费用：发生	入库确认后，系统生成连续编号的入库单	收货人员只有完成以下程序后，才能在采购系统中确认商品入库：①检查是否存在有效的订购单；②检查是否存在有效的验收单；③检查收到的货物的数量是否与发货单一致	检查系统入库单编号的连续性。询问收货人员的收货过程，抽样检查是否入库单是否有对应的订购单及验收单是否一致

续表

可能发生的风险	相关的财务报表项目及认定	存在的内部控制（自动）	存在的内部控制（人工）	控制测试程序
临近会计期末的采购未被记录在正确的会计期间	应付账款：完整性 存货：完整性 销售费用/管理费用：完整性	系统每月月末生成列明跳码或重码的入库单的例外报告	复核人复核系统生成的例外报告，检查是否有遗漏、重复的入库单。当复核完成且复核人提出的问题/要求的修改已经得到合理处理，复核人确认复核已经完成	检查系统例外报告的生成逻辑。 询问复核人对例外报告的检查过程，确认发现的问题是否及时得到了跟进处理，并确认其是否签字确认
采购交易错误分类，导致成本和费用错误	应付账款：存在/完整性 存货：存在/完整性 销售费用/管理费用：发生/完整性/截止	系统每月月末生成包含所有已收货但相关发票未录入系统的货物信息的例外报告	复核人复核例外报告中的项目，确定采购是否被记录在正确的期间以及负债确认是否有效。 当复核完成且复核人提出的问题/要求的修改已经得到合理的解决后，复核人确认复核已经完成	检查系统例外报告的生成逻辑。 询问复核人对例外报告的复核过程，核对报告中的采购是否确认了相应负债，检查复核人是否签字确认
对采购交易错误分类、数量错误或致成本提供或服务尚未提供的情形	存货：分类 销售费用/管理费用：分类	系统自动将相关发票归集人对应的账户	会计主管对会计人员编制的记账凭证进行审核	检查系统设置的规则，抽样检查记账凭证是否经会计主管审核
确认的负债存在价格、数量错误或服务尚未提供的情形	应付账款：完整性、准确性、计价和分摊 存货、营业成本：存在、完整性、计价和分摊	当发票信息录入系统后，系统将其详细信息与订购单和入库单进行核对。如信息不符，系统生成例外事项报告	负责应付账款的人员负责跟进例外事项报告中的所有项目。 复核人复核例外报告中的项目以及复核人提出的问题并进行解决。当复核完成且复核人提出的问题已经得到合理的解决后，复核人签字确认复核	检查系统报告的生成逻辑，确认例外项报告的完整性及准确性。 与复核人员讨论复核过程以及报告中的例外报告。检查每一份报告并确定： （1）是否存在复核的证据； （2）复核是否在合理的时间范围内完成；

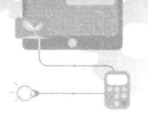

续表

可能发生的风险	相关的财务报表项目及认定	存在的内部控制（自动）	存在的内部控制（人工）	控制测试程序
确认的负债存在价格、数量错误或服务尚未提供的情形				（3）复核人员提出问题的跟进是否适当，是否能使交易恰当记录于会计系统。抽样选取采购发票，检查所记载的价格和订购单所记载的价格、供应商、日期、描述及数量一致
	应付账款：准确性、计价和分摊、存在 存货：计价和分摊 销售费用、管理费用：准确性	无	独立于负责现金交易处理的会计人员每月末编制银行存款余额调节表。所有重大差异由调节表编制人跟进，并根据具体情形进行跟进处理。经授权的管理人员复核所编制的银行存款余额调节表。当复核工作完成或复核人提出的问题已得到合理的解决后，复核人签字确认复核工作已完成。	询问复核人对银行存款余额调节表的复核过程。抽样检查银行存款余额调节表，检查其是否及时得到复核，复核的问题是否得到及时恰当跟进处理、复核人是否签字确认
付款未记录、未记录在正确的供应商账户（串户）或记录金额不正确	应付账款：存在、完整性、计价和分摊 存货：存在、完整性、计价和分摊 销售费用、管理费用：发生、完整性、准确性、分类	无	应付账款会计人员将供应商提供的对账单与应付账款进行核对，并对差异进行跟进处理。复核人定期复核供应商对账结果，通过从应付账款明细账中抽取的一定数量的应付供应商余额与供应商提供的对账单进行核对。当复核工作完成或得到复核人提出的问题的解决后，复核人签字确认复核工作已完成	询问复核人对供应商对账结果的复核过程，抽样选取供应商对账单，检查其应付账款正确地核对、差异是否得到了恰当处理。检查复核人是否签字确认。要求的修改已得到合理的跟进处理/检查复核人是否签字确认

续表

可能发生的风险	相关的财务报表项目及认定	存在的内部控制（自动）	存在的内部控制（人工）	控制测试程序
员工具有不适当的访问权限，使其能够实施违规交易或隐瞒错误	应付账款：存在、完整性、准确性、计价和分摊 存货：存在、完整性、准确性、计价和分摊 其他费用：发生/完整性/准确性	采购系统根据管理层的授权进行权限设置，以支持采购与付款循环中各业务活动负责人员的职责分离	管理层分离以下活动所属岗位： （1）供应商主文档信息维护； （2）请购授权； （3）输入采购订单； （4）开具供应商发票； （5）按照订单收取货物； （6）存货盘点调整等	检查系统中相关人员的访问权限。 检查管理层的授权职责分配表，对不相容职位（申请与审批等）是否设置了恰当的职责分离
总账与明细账中的记录不一致	应付账款：完整性、准确性、计价和分摊 其他费用：完整性、准确性	应付账款/费用明细账的总余额与总账账户间的调节表会在每个期间期末及时执行	任何差异会被调查，如不恰当，将进行调整。 复核人复核调节表及相关支持文档，对差异或调整进行跟进处理	核对总账与明细账的一致性，检查复核人的复核及差异跟进记录，并确认其是否签字确认

227

（2）对于固定资产的授权批准制度，注册会计师不仅应检查被审计单位固定资产授权批准制度本身是否完善，而且应选取固定资产请购单及相关采购合同，检查其是否得到适当审批和签署，并关注授权批准制度是否得到切实执行。

（3）对于固定资产的账簿记录制度，注册会计师应检查被审计单位是否具有一套设置完善的固定资产明细分类账和固定资产登记卡，这将为分析固定资产的取得和处置、复核折旧费用和修理支出的列支带来帮助。

（4）对固定资产的职责分工制度，注册会计师应当检查被审计单位是否具有明确的职责分工制度。

（5）对于资本性支出和收益性支出的区分制度，注册会计师应当检查该制度是否遵循企业会计准则的要求，是否适应被审计单位的行业特点和经营规模，并抽查被审计单位实际发生与固定资产相关的支出时是否按照该制度进行恰当的会计处理。

（6）对于固定资产的处置制度，注册会计师应当关注被审计单位是否建立了有关固定资产处置的分级申请报批制度；抽取固定资产报废单，检查报废是否经适当批准和处理；抽取固定资产内部调拨单，检查调入、调出是否已进行适当处理；抽取固定资产增减变动情况分析报告，检查是否已经过复核。

（7）对于固定资产的定期盘点制度，注册会计师应予以了解和评价，并应抽取固定资产盘点明细表，检查账实之间的差异是否经审批后及时处理，还应注意查询盘盈、盘亏固定资产的处理结果。

（8）对于固定资产的保险情况，注册会计师应抽取固定资产保险单盘点表，检查是否已办理商业保险。

任务 6.3　实施应付账款的实质性程序

【案例导入】

ABC 公司 2023 年 12 月 31 日的资产负债表中"应付账款"项目的年末余额为 8 000 000 元，注册会计师进行审计时发现：

（1）该公司 2023 年 12 月 31 日应付账款账户总账余额为贷方余额 8 000 000 元，其明细账见表 6-4。

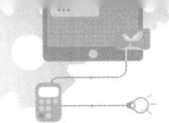

表 6-4　应付账款余额明细表　　　　　　单位：元

科目名称	余额
应付账款——A 公司	5 000 000
应付账款——B 公司	3 500 000
应付账款——C 公司	−1 500 000
应付账款——D 公司	1 000 000
合计	8 000 000

（2）该公司有一笔确实无法支付的应付账款 300 000 元，列入"资本公积"。

（3）该公司于 2023 年 12 月 28 日购入甲材料 500 000 元，已按规定纳入 12 月 31 日存货盘点范围进行了实物盘点。但卖方发票于次年 1 月 5 日才收到，并在次年 1 月进行了账务处理，本年度无其他存货和相应负债。2023 年年末该公司已作存货盘盈处理，冲减了管理费用。

要求：指出 ABC 公司应付账款核算存在的问题，并提出处理意见。

【任务分析】

资产负债表中"应付账款"项目的期末余额，应根据"应付账款"和"预付账款"科目所属各明细科目的期末贷方余额合计填列。

资产负债表中的应付账款涉及与期末账户余额相关的认定，以及与列报和账户余额相关的认定，由这两类认定推导出应付账款的审计目标。

在应付账款的审计目标中，首先，确定应付账款记录是否完整通常是主要的审计目标，而在特定环境下，确定应付账款是否存在可能也会成为重点审计目标；其次，确定应付账款是否记入正确的会计期间，通常是审计的重点领域；再次，应付账款是在采购交易或接受劳务过程中产生的，因此，应付账款的审计应结合采购交易来进行；最后，资产负债表中"应付账款"项目的期末余额填列的复杂性，使应付账款在财务报表中的列报是否恰当这一审计目标也应被重点关注。

【知识准备】

一、获取或编制应付账款明细表

（1）复核加计是否正确，并与报表数、总账数和明细账合计数核对是否相符。

（2）分析出现借方余额的项目，查明原因，必要时，作重分类调整。

（3）结合预付账款、其他应付款等往来项目的明细余额，调查有无同时挂账的项目、异常余额或与采购无关的其他款项（如关联方账户或雇员账户），如有，应做出记录，必要时作调整。

二、根据被审计单位实际情况对应付账款执行实质性分析程序

（1）比较期末应付账款余额与期初余额，分析波动原因。

（2）分析长期挂账的应付账款，要求被审计单位做出解释，判断被审计单位是否缺乏偿债能力或利用应付账款隐瞒利润，并注意其是否可能无须支付。检查被审计单位对确实无须支付的应付账款的会计处理是否正确，依据是否充分。关注账龄超过 3 年的大额应付账款在资产负债表日后是否偿还，并检查偿还记录、单据及披露情况。

（3）计算应付账款与存货的比率、应付账款与流动负债的比率，并与以前年度相关比率对比分析，评价应付账款整体的合理性。

（4）分析存货和营业成本等项目的增减变动，判断应付账款增减变动的合理性。

三、函证应付账款

（1）函证的要求。一般情况下，并不必须函证应付账款，这是因为函证不能保证查出未记录的应付账款，况且注册会计师能够取得供应商发票等外部凭证，从而证实应付账款的余额。

（2）函证的条件。如果控制风险较高，某应付账款明细账户金额较大，则应考虑进行应付账款的函证。

（3）函证的目的。验证应付账款的完整性或存在。

（4）函证的对象。应选择较大金额的债权人，以及那些在资产负债表日金额不大，甚至为零，却是被审计单位重要供应商的债权人，作为函证对象。

（5）函证方式。应采用积极函证方式，并具体说明应付金额。

（6）函证的控制。注册会计师需要对函证的过程进行控制，要求债权人直接回函，并根据回函情况编制与分析函证结果汇总表；对未回函的，应考虑是否再次函证。如果存在未回函的重大项目，注册会计师应采用替代审计程序。比如，可以检查资产负债表日后应付账款明细账及库存现金和银行存款日记账，核实其是否已支付，同时检查该笔债务的相关凭证资料，如合同、发票、验收单，核实应付账款的真实性。

四、检查应付账款是否记入正确的会计期间及是否存在未入账的应付账款

（1）检查债务形成的相关原始凭证，如供应商发票、验收报告或入库单等，查找有无未及时入账的应付账款，确定应付账款期末余额的完整性。

（2）检查资产负债表日后应付账款明细账贷方发生额的相应凭证，关注其供应商发票的日期，确认其入账时间是否合理。

（3）获取被审计单位与其供应商之间的对账单，并对对账单和被审计单位财务记录之间的差异进行调节（如在途款项、在途商品、付款折扣、未记录的负债等），查找有无未入账的应付账款，确定应付账款金额的准确性。

（4）针对资产负债表日后付款项目，检查银行对账单及有关付款凭证（如银行汇款通知、供应商收据等），询问被审计单位内部或外部的知情人员，查找有无未及时入账的应付账款。

（5）结合存货监盘程序，检查被审计单位在资产负债表日前后的存货入库资料（验收报告或入库单），检查是否有大额货到单未到的情况，确认相关负债是否记入了正确的会计期间。

如果注册会计师通过这些审计程序发现某些未入账的应付账款，应将有关情况详细记入审计工作底稿，并根据其重要性确定是否需建议被审计单位进行相应的调整。

五、针对已偿付的应付账款，追查至银行对账单、银行付款单据和其他原始凭证，检查其是否在资产负债表日前真实偿付

六、针对异常或大额交易及重大调整事项（如大额的购货折扣或退回、会计处理异常的交易、未经授权的交易或缺乏支持性凭证的交易等），检查相关原始凭证和会计记录，以分析交易的真实性、合理性

七、检查带有现金折扣的应付账款是否按发票上记载的全部应付金额入账，在实际获得现金折扣时再冲减财务费用

八、检查应付账款是否已按照企业会计准则的规定在财务报表中作出恰当列报

一般来说，"应付账款"项目应根据"应付账款"和"预付账款"科目所属明

视频：应付账款审定表的编制

细科目的期末贷方余额的合计数填列。

【案例解析】

（1）资产负债表"应付账款"项目的期末余额应根据"应付账款"和"预付账款"科目所属各明细科目的期末贷方余额合计数填列。如果应付账款明细账出现借方余额，表明其已经不满足负债的定义而符合资产的特征，所以应作重分类调整，审计调整分录为：

借：预付账款——C公司　　　　　　　　　　　1 500 000

　　贷：应付账款——C公司　　　　　　　　　　　　1 500 000

（2）根据企业会计准则，对于确实无法支付的应付账款，企业应将其予以转销，按其账目余额计入营业外收入，所以，审计调整分录为：

借：资本公积　　　　　　　　　　　　　　　　300 000

　　贷：营业外收入　　　　　　　　　　　　　　　　300 000

（3）根据企业会计准则，对于材料已到达并已验收入库，但发票账单等结算凭证未到，货款尚未支付的采购业务，应于期末按材料的暂估价值，借记"原材料"科目，贷记"应付账款——暂估应付账款"科目，下月初作相反的会计分录予以冲回。应作的审计调整分录为：

借：管理费用　　　　　　　　　　　　　　　　500 000

　　贷：应付账款——暂估应付账款　　　　　　　　　500 000

【任务检查】

ABC公司2023年12月31日资产负债表"应付账款"项目的期末余额为540 000元，应付账款总账贷方余额为540 000元，注册会计师在进行审计时发现：

（1）应付账款——天宇公司明细账户借方余额为60 000元，属于正常交易的预付账款；

（2）应付账款——凯利公司明细账户贷方余额300 000元，为被审计单位从凯利公司临时借入款项，用于结算工程价款。

要求：针对ABC公司应付账款存在的问题，提出处理意见。

任务 6.4 实施固定资产的实质性程序

【案例导入】

注册会计师检查作为增值税一般纳税人的甲公司的固定资产账簿时发现：

（1）2023 年 6 月 2 日，甲公司购入一台需要安装的生产用设备。抽查相关的凭证后注册会计师得知，该生产用设备款 120 万元，增值税进项税额 15.6 万元，装卸费 0.6 万元，安装人员工资 0.8 万元，装卸费以银行存款付讫，设备款和安装人员工资均未支付。此外，安装该设备时领用的原材料成本为 6 万元，相应的增值税进项税额为 0.78 万元，市场价格（不含增值税）为 6.3 万元。该设备于 6 月底安装完工并交付生产使用，该公司的账务处理为：

借：固定资产　　　　　　　　　　　　　　　　　　1 423 800
　　管理费用　　　　　　　　　　　　　　　　　　　　14 000
　　贷：应付账款　　　　　　　　　　　　　　　　　1 364 000
　　　　银行存款　　　　　　　　　　　　　　　　　　　6 000
　　　　原材料　　　　　　　　　　　　　　　　　　　60 000
　　　　应交税费——应交增值税（进项税转出）　　　　　7 800

（2）2023 年 12 月 15 日，甲公司报废一台设备，抽查相关的凭证得知该公司账务处理如下：

借：营业外支出　　　　　　　　　　　　　　　　　　350 000
　　累计折旧　　　　　　　　　　　　　　　　　　　　50 000
　　贷：固定资产　　　　　　　　　　　　　　　　　　400 000

要求：指出甲公司上述固定资产核算方面存在的问题并提出处理意见。

【任务分析】

资产负债表中的"固定资产"项目反映企业各种固定资产原价减去累计折旧和累计减值准备后的净额。"固定资产"项目的期末余额应根据"固定资产"科目期末余额减去"累计折旧"和"固定资产减值准备"科目期末余额后填列。因此，"固定资产""累计折旧"和"固定资产减值准备"都属于固定资产的审计范围。

资产负债表中的固定资产涉及与期末账户余额相关的认定和与列报和披露相关

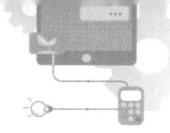

的认定，由这两类认定推导出固定资产的审计目标。

在固定资产的审计目标中，首先，确定固定资产是否存在通常是主要审计目标，而在特定环境下，确定固定资产计价和分摊是否准确可能也会成为重点审计目标；其次，确定累计折旧和固定资产减值准备计提和结转是否恰当准确，通常也是审计的重点领域；再次，固定资产是在采购交易过程中产生的，因此，固定资产的审计应结合采购交易来进行；最后，资产负债表中"固定资产"项目的期末余额填列的复杂性，使固定资产在财务报表中的列报是否恰当这一审计目标也应被重点关注。

【知识准备】

一、固定资产——账面余额的实质性程序

（1）获取或编制固定资产和累计折旧分类汇总表，检查固定资产的分类是否正确并确定其与总账数和明细账合计数核对是否相符，结合累计折旧、减值准备科目与报表数核对相符。

固定资产和累计折旧分类汇总表又称一览表或综合分析表，是审计固定资产和累计折旧的重要工作底稿，其参考格式如表 6-5 所示。

表 6-5　固定资产和累计折旧分类汇总表
年　月　日

编制人：　　　　　　　　　日期：

被审计单位：　　　　　　　　　复核人：　　　　　　　　　日期：

固定资产类别	固定资产				累计折旧					
	期初余额	本期增加	本期减少	期末余额	折旧方法	折旧率	期初余额	本期增加	本期减少	期末余额
合计										

（2）对固定资产实施实质性分析程序。

① 基于对被审计单位及其环境的了解，通过进行以下比较，并考虑有关数据间关系的影响，建立有关数据的期望值：

第一，计算固定资产原值与全年产量的比例，并与以前年度比较，分析其波动原因，可能会发现闲置固定资产或已减少的固定资产未在账户上注销或已增加的固

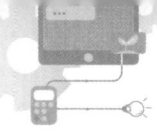

定资产尚未作出会计处理的问题。

第二，计算固定资产修理及维修费用占固定资产原值的比例，并进行本期各月、本期与以前各期的比较，旨在发现资本性支出和收益性支出区分上可能存在的错误。

第三，分析固定资产的构成及其增减变动情况，与在建工程、现金流量表、以往和今后的生产经营情况等相关信息交叉复核，检查固定资产相关金额变动的合理性和准确性。

② 确定可接受的差异额。

③ 将实际情况与期望值相比较，识别需要进一步调查的差异。

④ 如果其差异额超过可接受的期望值，调查并获取充分的解释和恰当的佐证审计证据，如检查相关的凭证。

⑤ 评估实质性分析程序的测试结果。

（3）实地检查重要固定资产，确定其是否存在，关注是否存在已报废但仍未核销的固定资产。

① 实地检查固定资产的方式。

第一，以固定资产明细分类账为起点，进行实地追查，以证明会计记录中所列固定资产确实存在，并了解其目前的使用状况。

第二，以实地为起点，追查至固定资产明细分类账，以获取实际存在的固定资产均已入账的证据。

② 实地检查的范围。

实地检查的重点一般是本期新增加的重要固定资产，有时，观察范围也会扩展到以前期间增加的重要固定资产。

（4）检查固定资产的所有权或控制权。对外购的机器设备等固定资产，通常经审核供应商发票、采购合同等予以确定；对于房地产类固定资产，需查阅有关的合同、产权证明、财产税单、抵押贷款的还款凭据、保险单等书面文件；对汽车等运输设备，应验证有关运营证件等；对受留置权限制的固定资产，通常还应审核被审计单位的有关负债项目等予以证实。

（5）检查本期固定资产的增加。

① 询问管理层当年固定资产的增加情况，并与获取或编制的固定资产明细表进行核对；

② 检查本年度增加固定资产的计价是否正确，手续是否齐备，会计处理是否正确。

（6）检查本期固定资产的减少。审计固定资产减少的主要目的就在于查明已减少的固定资产是否已做适当的会计处理。其审计要点如下：

① 结合固定资产清理科目，抽查固定资产账面转销额是否正确；

② 检查出售、盘亏、转让、报废或毁损的固定资产是否经授权批准，会计处理是否正确；

③ 检查因修理、更新改造而停止使用的固定资产的会计处理是否正确；

④ 检查投资转出固定资产的会计处理是否正确。

（7）检查固定资产后续支出，确定固定资产有关的后续支出是否满足资产确认条件；如不满足，该支出是否在该后续支出发生时计入当期损益。

（8）确定固定资产是否已按照企业会计准则的规定在财务报表中作出恰当列报。

二、固定资产——累计折旧的实质性程序

（1）检查被审计单位制定的折旧政策和方法是否符合相关会计准则的规定，确定其采用的折旧方法能否在固定资产预计使用寿命内合理分摊其成本，前后期是否一致，预计使用寿命和预计净残值是否合理。

（2）分类计算本期计提折旧额与固定资产原值的比例，并与上期比较，以发现本期折旧额计算上可能存在的错误；计算累计折旧与固定资产总成本的比例，将此比例同上期比较，以发现累计折旧核算上可能存在的错误。

（3）复核本期折旧费用的计提和分配：

① 了解被审计单位的折旧政策是否符合规定，计提折旧范围是否正确，确定的使用寿命、预计净残值和折旧方法是否合理；如采用加速折旧法，是否取得批准文件。

② 检查被审计单位折旧政策前后期是否一致。

③ 复核本期折旧费用的计提是否正确：

第一，已计提部分减值准备的固定资产，计提的折旧是否正确。

第二，已全额计提减值准备的固定资产，是否已停止计提折旧。

第三，因更新改造而停止使用的固定资产是否已停止计提折旧，因大修理而停止使用的固定资产是否照提折旧。

第四，对采用经营租赁方式租入的固定资产所发生的改良支出，是否在剩余租赁期与租赁资产尚可使用年限两者中较短的期间内，采用合理的方法单独进行摊销。

第五，未使用、不需用和闲置的固定资产是否按规定计提折旧。

④ 检查折旧费用的分配是否合理，是否与上期一致；分配计入各项目的金额占本期全部折旧计提额的比例与上期比较是否有重大差异。

⑤ 注意固定资产增减变动时，有关折旧的会计处理是否符合规定，查明通过更新改造、接受捐赠而增加的固定资产折旧费用计算是否正确。

视频：固定
资产审定表
的编制

（4）将"累计折旧"账户贷方的本期计提折旧额与相应的成本费用中的折旧费用明细账户的借方相比较，以查明所计提折旧金额是否全部摊入本期产品成本费用。若存在差异，应追查原因，并考虑是否应建议作适当调整。

（5）检查累计折旧的减少是否合理，会计处理是否正确。

（6）检查累计折旧的披露是否恰当。

三、固定资产——固定资产减值准备的实质性程序

（1）获取或编制固定资产减值准备明细表，复核加计是否正确，并与总账数和明细账合计数核对，检查是否相符。

（2）计算本期末固定资产减值准备占期末固定资产原值的比例，并与期初该比例比较，分析固定资产的质量状况。

（3）检查被审计单位计提固定资产减值准备的依据是否充分，会计处理是否正确。

（4）检查被审计单位处置固定资产时原计提的减值准备是否同时结转，会计处理是否正确。

（5）检查是否存在转回固定资产减值准备的情况。

（6）确定固定资产减值准备的披露是否恰当。

【案例解析】

（1）首先，根据企业会计准则，将外购固定资产发生的使固定资产达到预定可使用状态前所发生的可归属于该项资产的装卸费、安装费等，作为固定资产的取得成本；但甲公司将其计入了管理费用。其次，作为增值税一般纳税人的企业购进生产经营用机器设备等固定资产的进项税额不计入固定资产成本，可以在销项税额中抵扣；但甲公司将其计入了固定资产成本。最后，生产经营用设备等固定资产涉及的在建工程、领用生产用原材料的进项税额不用转出；但甲公司将其转入到固定资产成本中。所以，本次应作审计调整分录为：

借：应交税费——应交增值税（进项税额）　　　　156 000

　　应交税费——应交增值税（进项税转出）　　　7 800

　　　贷：固定资产　　　　　　　　　　　　　　　　163 800

借：固定资产　　　　　　　　　　　　　　　　14 000

　　贷：管理费用　　　　　　　　　　　　　　　　14 000

（2）根据企业会计准则，对于因磨损、技术进步等原因对固定资产进行报废的事项进行会计核算时，应按规定程序办理有关手续，通过"固定资产清理"账户核

算，结转固定资产的账目价值，计算有关的清理收入、清理费用及残料价值等。而甲公司对固定资产报废没有通过"固定资产清理"账户核算，同时，该固定资产的净值占原值的比例高达 87.5%〔即（400 000 − 50 000）÷ 400 000 × 100%〕，正常情况下不应报废。因此，应进一步追查报废的原因以及有关的批准手续，并要求甲公司做出合理解释。另外，还应注意甲公司是否存在假报废而将固定资产出售，私设"小金库"的现象。

【任务检查】

丁会计师事务所对甲公司 2023 年度财务报表审计时发现下列问题：

（1）经董事会批准，自 2023 年 1 月 1 日起，甲公司将信息系统设备的折旧年限由 10 年变更为 5 年。该信息系统设备用于行政管理，于 2021 年 12 月底投入使用，原价为 600 万元，预计使用年限为 10 年，净残值为零，采用年限平均法计提折旧，至 2022 年 12 月 31 日未计提减值准备。甲公司 2023 年 1—11 月对该信息系统设备仍按 10 年计提折旧，其会计分录如下：

借：管理费用　　　　　　　　　　　　　　　　　　55

　　贷：累计折旧　　　　　　　　　　　　　　　　　　55

（2）甲公司的 X 设备于 2020 年 10 月 20 日购入，取得成本为 6 000 万元，预计使用年限为 5 年，预计净残值为零，按年限平均法计提折旧。2022 年 12 月 31 日，甲公司对 X 设备计提了减值准备 680 万元。2023 年 12 月 31 日，X 设备的市场价格为 2 200 万元，预计设备使用及处置过程中所产生的未来现金流量现值为 1980 万元。甲公司在对该设备计提折旧的基础上，于 2023 年 12 月 31 日转回了原计提的部分减值准备 440 万元，相关会计处理如下：

借：固定资产减值准备　　　　　　　　　　　　　　440

　　贷：资产减值损失　　　　　　　　　　　　　　　440

要求：根据上述资料，逐项判断甲公司会计处理是否正确；如不正确，简要说明理由，并编制更正有关会计差错的会计分录。

能力训练 ▶▶▶

一、单项选择题

1. 健全有效的内部控制要求由独立的采购部门负责（　　　）。

A. 编制请购单　　　　　　　　　　B. 控制存货水平以免出现积压

C. 编制订购单　　　　　　　　　　D. 检验购入存货的数量、质量

2. 采购与付款循环中与"存在"认定相关的关键内部控制是（　　　）。

A. 已填制的验收单均已登记入账　　　B. 注销凭证以防止重复使用

C. 采购的价格和折扣均经适当批准　　D. 独立检查应付账款明细账的内容

3. 下列不属于固定资产内部控制的是（　　　）。

A. 授权批准控制　　　　　　　　　B. 预算控制

C. 定期盘点控制　　　　　　　　　D. 分析程序

4. 注册会计师如果对应付账款进行函证，通常采用的函证方式为（　　　）。

A. 积极式　　　　　　　　　　　　B. 消极式

C. 积极式和消极式的结合　　　　　D. 积极式或消极式均可

5. 为检查未入账应付账款而实施的下列审计程序中，最有效的是（　　　）。

A. 检查资产负债表日后付款情况　　B. 检查资产负债表日前后几天的发票

C. 检查应付账款的函证回函　　　　D. 检查供应商发票与债权人名单

6. 注册会计师函证应付账款的余额或许是不必要的，其原因是（　　　）。

A. 函证与采购截止测试重复

B. 应付账款余额在审计完成前也许没有支付

C. 可与被审计单位法律顾问联系，从而获取因未付款而造成的可能损失的证据

D. 存在其他可靠的外部凭证来证实应付账款的余额，如供应商发票等

7. 一般情况下，注册会计师实地检查固定资产的重点是（　　　）。

A. 企业的所有固定资产　　　　　　B. 在本年度增加的重要固定资产

C. 以前年度增加的固定资产　　　　D. 在用固定资产

8. 向被审计单位生产负责人询问的以下事项中，最有可能获取固定资产的（　　　）。

A. 抵押情况　　　　　　　　　　　B. 报废或毁损情况

C. 投保及其变动情况　　　　　　　D. 折旧的计提情况

9. 注册会计师审计固定资产减少的主要目的在于确定（　　　）。

A. 新增固定资产是否真实存在

B. 固定资产账务处理的完整性

C. 已经减少的固定资产是否已作相应的会计处理

D. 闲置的固定资产是否存在出租的情况

10. 注册会计师认为被审计单位固定资产折旧计提不足的迹象是（　　　）。

A. 经常发生大额的固定资产清理损失

B. 累计折旧与固定资产原值的比例较大

C. 提取折旧的固定资产账面价值庞大

D. 固定资产投保额大于其账面价值

二、多项选择题

1. 下列能够防止或发现采购与付款循环可能发生错弊的内部控制有（　　　　　）。

A. 仓库或资产使用部门编制请购单，并经有关负责人批准

B. 采购部门根据经批准的请购单编制预先编号的订购单

C. 验收部门核对订购单与装运单，据以点验到货并编制验收单

D. 独立检查签发支票的金额、收款人与付款凭单的内容是否一致

2. 固定资产的职责分离包括（　　　　　）。

A. 固定资产投资预算的编制与审批要相互分离

B. 固定资产投资预算的审批与执行要相互分离

C. 固定资产采购、验收与款项支付要相互分离

D. 固定资产投保的申请与审批要相互分离

3. 应付账款项目应按照（　　　　　）科目所属明细科目的期末贷方余额的合计数填列。

A. 应付账款　　　　　　　　　　B. 应收账款

C. 预付账款　　　　　　　　　　D. 预收账款

4. 应付账款一般不需函证，但（　　　　　）时，应考虑实施函证。

A. 应付账款重大错报风险较高

B. 应付账款金额较大

C. 被审计单位陷入财务困境

D. 被审计单位供应商内部控制薄弱

5. 在应付账款审计中，对查找未入账应付账款有效的审计程序有（　　　　　）。

A. 从供应商发票、验收报告或入库单追查至应付账款明细账

B. 检查资产负债表日后应付账款明细账贷方发生额的相关购货发票等凭证

C. 获取被审计单位与其供应商之间的对账单并与应付账款进行核对

D. 针对资产负债表日后付款项目，检查银行对账单及有关付款凭证

6. 计算固定资产原值与全年产量的比例，并与以前期间相关指标进行比较，可能会发现（　　　　　）。

A. 资本性支出和收益性支出区分的错误

B. 闲置的固定资产

C. 增加的固定资产尚未做出会计处理

D. 减少的固定资产尚未做出会计处理

7. 注册会计师认为会引起资产负债表中固定资产项目发生变化的有（　　　　　）。

A. 计提固定资产减值准备　　　　　　B. 计提固定资产折旧

C. 固定资产改扩建　　　　　　　　D. 固定资产大修理

8. 下列关于实地检查固定资产的说法正确的有（　　　　）。

A. 可以以固定资产明细分类账为起点

B. 可以以实地为起点

C. 从实地追查至固定资产明细分类账，以证明会计记录中所列固定资产确实存在

D. 从固定资产明细分类账追查至实地，以证明实际存在的固定资产均已入账

9. 为确定房地产类固定资产是否归被审计单位所有，需要查阅（　　　　）。

A. 合同、产权证明　　　　　　　　B. 财产税单

C. 抵押借款的还款凭据　　　　　　D. 保险单

10. 检查被审计单位固定资产折旧时，应注意计提折旧范围不应包括（　　　　）。

A. 已提足折旧、继续使用的固定资产

B. 因更新改造而停用的固定资产

C. 已全额计提减值准备的固定资产

D. 未使用的、不需用的固定资产

三、简答题

1. 采购与付款循环的主要业务活动有哪些？

2. 采购与付款交易和余额可能存在哪些重大错报风险？

3. 固定资产的内部控制有哪些？

4. 如何查找未入账的应付账款？

5. 函证应付账款与函证应收账款有何不同？

6. 如何对固定资产的增减进行审计？

四、案例分析题

1. 注册会计师在对甲公司应付账款进行审计时，需要从表 6-6 所示的甲公司应付账款明细账户中选择两个进行函证。

表 6-6　甲公司应付账款明细账户情况汇总表　　　　　单位：元

供应商名称	应付账款年末余额	本年度进货总额
A 公司	22 650	46 100
B 公司	—	1 980 000
C 公司	65 000	75 000
D 公司	190 000	2 123 000

试问：注册会计师应该选择哪两个供应商进行函证？为什么？

2. 注册会计师在对 ABC 公司的采购与付款交易和固定资产审计时，发现以下问题：

（1）ABC 公司从外地购进原材料一批，共 8 500 千克，计价款 300 000 元，运杂费 3 000 元。该公司财会部门将材料采购价款计入原材料成本，运费计入管理费用。材料入库后，仓库转来材料入库验收单，发现材料短缺 40 千克，已查明是在运输途中发生的合理损耗。

（2）12 月，ABC 公司生产车间为了维护固定资产的正常运转，发生设备大修理费用 45 000 元，行政管理部门发生设备日常维修费用 1 000 元。12 月生产的产品全部完工但未售出。该公司编制的会计分录如下：

借：制造费用　　　　　　　　　　　　　　　　　　45 000
　　管理费用　　　　　　　　　　　　　　　　　　 1 000
　　贷：银行存款　　　　　　　　　　　　　　　　　　 46 000

要求：指出 ABC 公司会计核算存在的问题，并提出处理意见。

3. 2024 年 1 月，注册会计师审查了甲公司上年 12 月基本生产车间设备计提折旧情况，在审阅固定资产明细分类账和制造费用明细账时，发现如下记录：

（1）11 月月末该车间设备计提折旧额为 12 000 元，年折旧率为 6%；

（2）11 月购入设备一台，原值 20 000 元，已安装完工交付使用；

（3）11 月将原来未使用的一台设备投入车间使用，原值 10 000 元；

（4）11 月交外单位大修理设备一台，原值 50 000 元；

（5）11 月月初进行技术改造设备一台，当月末交付使用，该设备原值为 200 000 元，技改支出 50 000 元，变价收入 20 000 元；

（6）12 月该车间设备计提折旧 21 000 元。

要求：假定甲公司 2023 年 11 月月末计提折旧数正确，验证甲公司当年 12 月计提折旧数是否正确。如不正确，请做审计调整分录。

4. 在对固定资产和累计折旧进行审计时，注册会计师注意到：L 公司于 2022 年 12 月 31 日增加投资者投入的一条生产线，其折旧年限为 10 年，残值率为 0，采用直线法计提折旧，该生产线账面原值为 1 500 万元，累计折旧为 900 万元，评估增值为 200 万元，协议价格与评估价值一致；2023 年 6 月 30 日 L 公司对该生产线进行更新改造，2023 年 12 月 31 日该生产线更新改造完成，发生的更新改造支出为 1 000 万元，此次更新改造提高了该生产线的使用性能，但并未延长其使用寿命；截至 2023 年 12 月 31 日，上述生产线账面原值和累计折旧分别为 2 700 万元和 1 100 万元。

要求：在对固定资产和累计折旧进行审计后，请列出注册会计师应提出的审计调整建议。

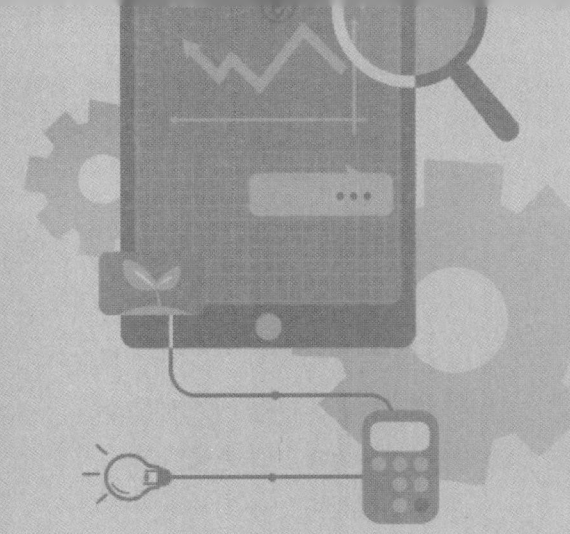

项目7
生产与存货循环审计

7

 学习目标 ⟫⟫

素养目标

- 通过对生产与存货循环重大错报风险的识别与评估，培养"合理运用职业判断，保持适当职业怀疑"的审计工作态度，恪守"客观公正、诚信独立"的审计职业操守；
- 通过小组探究查找典型存货审计案例中的重大错报，培育学生"精益求精、追求卓越"的工匠精神，强化"协作共进、和而不同"的合作意识，弘扬"勤于探索、勇于实践"的创新精神。

知识目标

- 理解生产与存货交易的内部控制；
- 熟悉生产与存货交易常用的控制测试程序；
- 掌握存货监盘测试的要点；
- 掌握存货计价测试和截止测试的要点。

能力目标

- 能够评估生产与存货循环的重大错报风险；
- 能够对生产与存货循环实施控制测试；
- 能够对存货实施监盘测试、计价测试和截止测试。

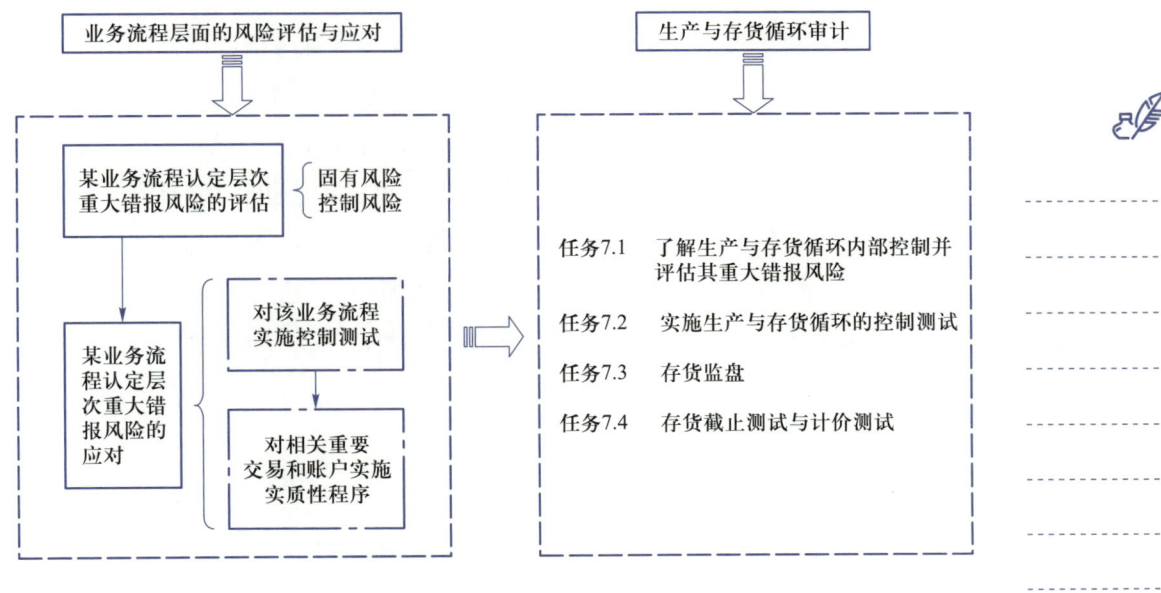

任务 7.1
了解生产与存货循环内部控制并评估其重大错报风险

【案例导入】

ABC 会计师事务所的注册会计师于 2023 年 10 月 25 日至 11 月 10 日对甲公司生产与存货循环的内部控制进行了解，并在审计工作底稿中作了记录，部分内容摘录如下：

仓库保管员负责登记存货台账，以便对仓库中所有存货项目的收、发、存进行永续记录。当收到验收部门送交的存货和验收单后，根据验收单登记存货台账。平时，各车间或其他部门如果需要领取原材料，都可以填写领料单，仓库保管员根据领料单发出原材料。甲公司辅助材料的用量很少，因此领取辅助材料时，没有要求使用领料单。各车间经常有辅助材料剩余（根据每天特定工作购买而未消耗掉，但其实还可再为其他工作所用），这些材料由车间自行保管，无须通知仓库。如果仓库保管员有空闲，偶尔也会对存货进行实地盘点。

要求：根据上述摘录，请代注册会计师指出甲公司生产与存货循环内部控制可

能存在的缺陷，简要说明该缺陷可能导致的错弊，并提出改进建议。

【任务分析】

注册会计师对生产与存货循环的审计，实际上是在业务流程层面使用循环法对生产与存货循环的认定层次的重大错报风险进行评估与应对。在评估生产与存货循环的认定层次的重大错报风险时，需要：① 了解规范的生产与存货循环的主要业务活动及其涉及的主要凭证与会计记录；② 熟悉规范的生产与存货循环的内部控制；③ 将被审计单位生产与存货循环的主要业务活动及其内部控制，与前述规范进行比较，以评估被审计单位生产与存货循环的重大错报风险；④ 了解影响生产与存货交易和余额的常见重大错报风险，为评估被审计单位生产与存货循环的重大错报风险提供经验和借鉴。

【知识准备】

一、生产与存货循环涉及的主要财务报表项目

生产与存货循环由将原材料转化为产成品的有关活动组成。生产与存货循环涉及的资产负债表项目主要是存货、受托代销商品、长期待摊费用等；涉及的利润表项目主要是营业成本等。其中，存货又包括：材料采购或在途物资、原材料、材料成本差异、库存商品、发出商品、商品进销差价、委托加工物资、周转材料、生产成本、制造费用、劳务成本、存货跌价准备等。

二、生产与存货循环的主要业务活动

了解企业生产与存货循环的主要业务活动及其涉及的主要凭证与会计记录，为注册会计师识别与评估被审计单位生产与存货循环的重大错报风险提供了一个可供参考的基准。

以制造业为例，在内部控制比较健全的企业，生产与存货循环涉及的主要业务活动包括：计划和安排生产；发出原材料；生产产品；核算产品成本；产成品入库及储存；发出产成品、盘点存货、计提存货跌价准备等。上述业务活动通常涉及生产计划部门、仓库部门、生产部门、人事部门、销售部门、会计部门、发运部门等。

（一）计划和安排生产

生产计划部门根据客户订购单或者对销售预测和产品需求的分析来制订生产计划，生产计划经理根据经审批的月度生产计划书，签发预先顺序编号的生产通知

单。此外，生产计划部门通常还需编制一份材料需求报告，列示所需要的材料和零件及其库存。

【相关单据】生产指令（生产任务通知单）

生产指令又称生产任务通知单，是企业下达制造产品等生产任务的书面文件，用以通知供应部门组织材料发放，生产车间组织产品制造，会计部门组织成本计算。广义的生产指令也包括用于指导产品加工的工艺规程，如机械加工企业的"路线图"等。

（二）发出原材料

仓库部门根据从生产部门收到的连续编号的领料单发出原材料。领料单通常一式三联，仓库发料后，将其中一联连同材料交给领料部门，其余两联经仓库登记材料明细账后，送会计部门进行材料收发核算和成本核算。

【相关单据】领发料凭证

领发料凭证是企业为控制材料发出所采用的各种凭证，如材料发出汇总表、领料单、限额领料单、领料登记簿、退料单等。

（三）生产产品

生产部门在收到生产指令及领取原材料后，组织员工生产产品；产品完工后首先由生产部门查点，然后转交检验员验收并填制连续编号的产品入库单，以办理产品入库手续。

【相关单据】产量和工时记录、工薪汇总表

① 产量和工时记录是登记工人或生产班组出勤内完成产品数量、质量和生产这些产品所耗费工时数量的原始记录。常见的产量和工时记录主要有工作通知单、工序进程单、工作班产量报告、产量通知单、产量明细表、废品通知单等。

② 工薪汇总表是为了反映企业全部工薪的结算情况，并据以进行工薪结算总分类核算和汇总整个企业工薪费用而编制的，它是企业进行工薪费用分配的依据。

（四）核算产品成本

会计部门在对生产过程中的各种原始凭证进行检查和核对，并设置相应的会计账户的基础上，会同有关部门对生产过程中的成本进行核算和控制。

【相关单据】工薪费用分配表、材料费用分配表、制造费用分配汇总表、成本计算单、存货明细账

① 工薪费用分配表反映了各生产车间各产品应负担的生产工人工薪及福利费。

② 材料费用分配表是用来汇总反映各生产车间各产品所耗费的材料费用的原始记录。

③ 制造费用分配汇总表是用来汇总反映各生产车间各产品所应负担的制造费用的原始记录。

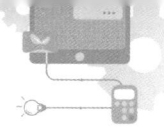

④ 成本计算单是用来归集某一成本计算对象所应承担的生产费用，计算该成本计算对象的总成本和单位成本的记录。

⑤ 存货明细账是用来反映各种存货增减变动情况和期末库存数量及相关成本信息的会计记录。

（五）产成品入库及储存

仓库部门点验和检查入库的产成品，签收产品入库单，然后将实际入库数量通知会计部门。

（六）发出产成品

独立的发运部门根据经有关部门核准的发运通知单发运产成品，并编制连续编号的出库单。出库单通常一式四联，一联交仓库部门，一联由发运部门留存，一联送交客户，一联作为给客户开发票的依据。

（七）盘点存货

管理人员编制盘点指令，安排适当人员对存货实物（包括原材料、在产品和产成品等所有存货类别）进行定期盘点，将盘点结果与存货账面数量进行核对，调查差异并进行适当调整。

【相关单据】存货盘点指令、盘点表及盘点标签

一般制造型企业通常会定期对存货实物进行盘点，将实物盘点数量与账面数量进行核对，对差异进行分析调查，必要时作账务调整，以确保账实相符。在实施存货盘点之前，管理人员通常编制存货盘点指令，对存货盘点的时间、人员、流程及后续处理等方面作出安排。在盘点过程中，通常会使用盘点表记录盘点结果，使用盘点标签对已盘点存货及数量作出标识。

（八）计提存货跌价准备

财务部门根据存货货龄分析表信息或相关部门提供的有关存货状况的信息，结合存货盘点过程中对存货状况的检查结果，对出现损毁、滞销、跌价等降低存货价值的情况进行分析计算，计提存货跌价准备。

【相关单据】存货货龄分析表

很多制造型企业通过编制存货货龄分析表来识别流动较慢或滞销的存货，并根据市场情况和经营预测，确定是否需要计提存货跌价准备。这对管理具有保质期的存货（如食物、药品、化妆品等）尤其重要。

三、生产与存货循环的内部控制

生产与存货循环的内部控制主要包括存货的内部控制和成本会计制度的内部控制。存货的内部控制包括对存货的数量和计价两个关键因素的控制。企业通过定期（每年至少一次）盘点存货，以合理确定存货的数量和状况。在存货计价的控制方

面，使用标准成本和由独立于成本核算部门的职员来复核单位成本的合理性是两项有用的计价控制。

（一）生产与存货循环相关的内部控制规范

《企业内部控制应用指引第 8 号——资产管理》。

（二）生产与存货循环的主要业务活动、可能的错报、关键控制点和相关认定

生产与存货循环的主要业务活动、可能的错报、关键控制点和相关认定见表 7-1。

表 7-1　生产与存货循环的主要业务活动、可能的错报、关键控制点和相关认定

主要业务活动	可能的错报	关键控制点	相关认定
计划和安排生产	没有制订生产计划；没有按计划生产	（1）生产计划部门根据客户订购单或者对销售预测和产品需求的分析来制订生产计划； （2）生产计划部门依据生产计划签发预先编号的生产指令	发生
发出原材料	未经授权领用原材料	仓库按已批准的生产指令和经生产部门签字的领料单发出原材料	发生
生产产品	生产工时未计入生产指令	使用记工单记录完成生产指令的工时	完整性
核算产品成本	成本核算依据可能有错；成本核算金额不准确	（1）检查和核对用于成本核算的各种原始凭证； （2）成本核算采用适当的成本核算流程与方法、账务处理流程，且前后期一致	准确性
储存产成品	产成品仓库保管员可能未记录接收的产成品或接收了生产的残次品；产成品存放混乱	（1）损坏的产品或不符合质量标准的产品应立即撤出并处理； （2）产成品仓库保管员收到产成品时在入库单上签字； （3）定期盘点存货，确保存货按品种特征分类存放并贴有标签	发生、权利和义务、完整性、计价和分摊
发出产成品	仓库未经授权擅自发出产成品	按经批准的客户订购单或销售单发出产成品	发生、完整性、计价和分摊

（三）成本会计制度的内部控制目标（认定）和关键内部控制

成本会计制度的内部控制目标（认定）和关键内部控制见表 7-2。

表 7-2　成本会计制度的内部控制目标（认定）和关键内部控制

内部控制目标（认定）	关键内部控制
生产业务是根据管理层一般或特定的授权进行的（发生）	对以下三个关键点，应履行恰当手续，经过特别审批或一般审批：生产指令的授权批准；领料单的授权批准；工薪的授权批准
记录的成本为实际发生的而非虚构的（发生）	成本的核算是以经过审核的生产指令、领发料凭证、产量和工时记录、工薪费用分配表、材料费用分配表、制造费用分配表为依据的
所有耗费和物化劳动均已反映在成本中（完整性）	生产通知单、领发料凭证、产量和工时记录、工薪费用分配表、材料费用分配表、制造费用分配表均事先编号并已经登记入账
成本以正确的金额，在恰当的会计期间及时记录于适当的账户（发生、完整性、准确性、计价和分摊）	采用适当的成本核算方法，并且前后各期一致；采用适当的费用分配方法，并且前后各期一致；采用适当的成本核算流程和账务处理流程；内部核查
对存货实施保护措施，保管人员与记录、批准人员相互独立（完整性）	存货保管与记录、保管与清查的职责分离；存货处置的申请与审批、审批与执行的职责分离
账面存货与实际存货定期核对相符（存在、完整性、计价和分摊）	定期进行存货盘点

四、评估生产与存货循环的重大错报风险

注册会计师应当通过审阅以前年度审计工作底稿、观察内部控制执行情况、询问管理层和员工、检查相关的文件和资料等方法，对被审计单位生产与存货交易和相关余额的内部控制的设计、执行情况进行了解，以识别和评估认定层次的重大错报风险。

（一）相关交易类别和账户余额存在的重大错报风险

以一般制造类型企业为例，影响生产与存货循环交易类别和账户余额的风险因素可能包括：

（1）交易的数量和复杂性。制造类型企业交易的数量庞大，业务复杂，这就增加了错误和舞弊的风险。

（2）成本核算的复杂性。制造类企业的成本核算比较复杂。虽然原材料和直接人工等直接成本的归集和分配比较简单，但间接费用的分配可能较为复杂，并且，同一行业中的不同企业也可能采用不同的认定和计量基础。

（3）产品的多元化。这可能要求聘请专家来验证其质量、状况或价值。另外，

计算库存存货数量的方法也可能是不同的。例如，计量煤堆、筒仓里的谷物、贵重宝石、化工品和药剂产品的存储量的方法都可能不一样。这并不是要求注册会计师在每次清点存货时都请专家配合，如果存货容易辨认，存货数量容易清点，就无须专家帮助。

（4）某些存货项目的可变现净值难以确定。例如，价格受全球经济供求关系影响的存货，由于其可变现净值难以确定，会影响存货采购价格和销售价格的确定，并将影响注册会计师对与存货的"准确性、计价和分摊"认定有关的风险进行的评估。

（5）将存货存放在很多地点。大型企业可能将存货存放在很多地点，并且可以在不同的地点之间配送存货，这将增加商品途中毁损或遗失的风险，或者导致存货在两个地点被重复列示，也可能产生转移定价的错误或舞弊。

（6）寄存的存货。有时候存货虽然还存放在企业，但可能已经不归企业所有；反之，企业的存货也可能被寄存在其他企业。

由于存货与企业各项经营活动的紧密联系，存货的重大错报风险往往与财务报表其他项目的重大错报风险紧密相关。例如，收入确认的错报风险往往与存货的错报风险共存；采购交易的错报风险则容易与存货的错报风险共存，存货成本核算的错报风险与营业成本的错报风险也往往会共存等。

（二）一般制造企业的存货常见的重大错报风险

通过对影响一般制造型企业生产与存货循环交易和余额的风险因素的分析，一般制造型企业的存货可能存在以下 5 种重大错报风险：

（1）存货实物可能不存在（"存在"认定）。

（2）属于被审计单位的存货可能未在账面反映（"完整性"认定）。

（3）存货的所有权可能不属于被审计单位（"权利和义务"认定）。

（4）存货的单位成本可能存在计算错误（"准确性、计价和分摊"认定）。

（5）存货的账面价值可能无法实现，即跌价损失准备的计提可能不充分（"准确性、计价和分摊"认定）。

（三）根据重大错报风险评估结果设计进一步审计程序

注册会计师基于生产与存货循环的重大错报风险评估结果，制定实施进一步审计程序总体方案（包括综合性方案和实质性方案）（见表 7-3），继而实施控制测试和实质性程序，以应对识别出的认定层次的重大错报风险。注册会计师通过控制测试和实质性程序获取的审计证据综合起来应足以应对识别出的认定层次的重大错报风险。

表 7-3　生产与存货循环的重大错报风险和进一步审计程序总体方案

重大错报风险描述	相关财务报表项目及认定	风险程度	是否信赖控制	进一步审计程序的总体方案	拟从控制测试中获取的保证程度	拟从实质性程序中获取的保证程度
存货实物可能不存在	存货：存在	特别	是	综合性	中	高
存货的单位成本可能存在计算错误	存货：准确性、计价和分摊 营业成本：准确性	一般	是	综合性	中	低
已销售产品的成本可能没有准确结转至营业成本	存货：准确性、计价和分摊 营业成本：准确性	一般	是	综合性	中	低
存货的账面价值可能无法实现	存货：准确性、计价和分摊	特别	否	实质性	无	高

　　注册会计师根据重大错报风险的评估结果初步确定实施进一步审计程序的具体审计计划。因为风险评估和审计计划都是贯穿审计全过程的动态的活动，而且控制测试的结果可能导致注册会计师改变对内部控制的信赖程度，所以具体审计计划并非一成不变，可能需要在审计过程中进行调整。

　　然而，无论是采用综合性方案还是实质性方案，获取的审计证据都应当能够从认定层次应对所识别的重大错报风险，直至针对该风险所涉及的全部相关认定均已获取了足够的保证程度。

【案例解析】

　　要指出甲公司生产与存货循环内部控制的缺陷、可能导致的错报和改进建议，关键是将规范的生产与存货循环的内部控制与被审计单位的相关内控进行比较。经比较后发现甲公司生产与存货循环的内部控制缺陷、可能导致的错报和改进建议，如表 7-4 所示。

表 7-4　甲公司生产与存货循环的内部控制缺陷、可能导致的错报和改进建议

序号	缺陷	可能导致的错报	改进建议
1	存货的保管和记账职责未分离	可能导致仓库保管员监守自盗，并通过篡改存货明细账来掩饰舞弊行为，存货可能被高估	建立永续盘存制，仓库保管员设置存货台账，按存货的名称分别登记存货收、发、存的数量；财务部门设置存货明细账，按存货的名称分别登记存货收、发、存的数量、单价和金额

序号	缺陷	可能导致的错报	改进建议
2	仓库保管员收到存货时不填制入库通知单，而是以验收单作为记账依据	可能导致一旦存货数量或质量发生问题，无法明确是验收部门还是仓库保管员的责任	仓库保管员在收到验收部门送交的存货和验收单后，根据入库情况填制入库通知单，并据以登记存货实物收、发、存台账。入库通知单应事先连续编号，并由交接各方签字后留存
3	领取原材料未进行审批控制	可能导致原材料的领用失控，造成原材料的浪费或被贪污以及生产成本的虚增	对原材料和辅助材料等各种存货的领用实行审批控制，即各车间根据生产计划编制领料单，经授权人员批准签字，仓库保管员经检查手续齐备后，办理领用
4	领取辅助材料时未使用领料单和进行审批控制，对剩余的辅助材料缺乏控制	可能导致辅助材料的领用失控，造成辅助材料的浪费或被贪污以及生产成本的虚增	对剩余的辅助材料实施假退库控制
5	未实行定期盘点制度	可能导致存货出现账实不符现象，且不能及时发现计价不准确	实行存货的定期盘点制度

【任务检查】

ABC 会计师事务所的注册会计师于 2023 年 11 月 15 日至 12 月 10 日对甲公司生产与存货循环的内部控制进行了解，并在审计工作底稿中作了记录，部分内容摘录如下：

（1）甲公司在以前年度未对存货实施盘点，但有完整的存货会计记录和仓库记录。

（2）甲公司发出产成品时未全部按顺序记录。

（3）甲公司生产产品所需的零星 C 材料由 XYZ 公司代管，但甲公司未对 C 材料的变动进行会计记录。

（4）甲公司每年 12 月 25 日后发出的存货在仓库的明细账上记录，但未在财务部门的会计账上反映。

（5）甲公司发出材料存在不按既定计价方法核算的现象。

（6）甲公司财务部门会计记录和仓库明细账均反映了代 XYZ 公司保管的 E 材料。

　　要求：根据上述摘录，请代注册会计师指出甲公司生产与存货循环内部控制可能存在的缺陷，并简要说明理由。

任务 7.2　实施生产与存货循环的控制测试

【案例导入】

　　ABC 会计师事务所的注册会计师于 2023 年 10 月 25 日至 11 月 10 日对甲公司生产与存货循环内部控制实施测试，并在审计工作底稿中记录了测试情况，部分内容摘录如下：

　　（1）2023 年下半年甲公司存货增长迅速，但因库房容量有限，部分原材料只能堆放在生产车间外临时搭建、未加装围栏的大棚里，仍由在库房内办公的人员负责管理。仓库保管员解释，因大棚位于生产车间的入口旁，若加装围栏，将影响车间人员和运输工具的出入，不过已在大棚四周悬挂了"仓库重地，闲人莫入"警示牌。

　　（2）根据甲公司的成本核算办法，人工费用和制造费用按产品耗用工时比例分配计入产品成本。在甲公司 2023 年 8 月的人工费用和制造费用分配表中，用以计算当月产品实用工时的主要产品产量使用的是预算数，会计部门的复核人员未对此提出异议。

　　（3）2023 年 9 月，甲公司人工费用和制造费用分配表的复核人员由原来的职员 L 变成了职员 N。据介绍，职员 L 已于 9 月离职，而获授权接替相关复核工作的职员 R 又在 9 月和 10 月生病休假，因此，该分配表由虽未经授权但拥有丰富成本核算经验的职员 N 代为审核。

　　要求：针对上述事项，假定不考虑其他条件，请逐项指出上述测试结果是否表明相关内部控制得到有效执行，并简要说明理由。如果表明相关内部控制未能得到有效执行，请提出改进建议。

【任务分析】

　　在评估生产与存货循环认定层次重大错报风险时，如果预期控制的运行是有效的，则注册会计师应当对其实施控制测试，就控制在相关期间或时点的运行有效性获取充分、适当的审计证据。

对生产与存货循环实施控制测试，首先，要遵守《中国注册会计师审计准则第1231号——针对评估的重大错报风险采取的应对措施》中有关控制测试的基本规定；其次，生产与存货循环的控制测试包括以业务活动为起点的生产与存货循环的控制测试、以内部控制目标（认定）为起点的成本会计制度控制测试和基于成本项目的成本会计制度控制测试。

如果对生产与存货循环控制测试结果表明某一认定的控制运行有效，能够支持低水平的重大错报风险评估结论，则意味着注册会计师对其有较高程度的信赖，只需要从生产与存货交易和余额的实质性程序中获取较低程度的保证即可，可适当减少实施实质性程序的样本量；反之，则需要获取较高程度的保证，增加实施实质性程序的样本量。

【知识准备】

一、以风险为起点的生产与存货循环的控制测试程序

风险评估和风险应对是整个审计过程的核心，因此，注册会计师通常以识别的重大错报风险为起点，选取拟测试的控制并实施控制测试。表7-5列示了通常情况下注册会计师对生产与存货循环实施的控制测试。

表7-5　生产与存货循环主要业务活动中可能发生的风险、设计的内部控制及控制测试程序

主要业务活动	可能发生的风险	相关财务报表项目及认定	设计的内部控制（自动）	设计的内部控制（人工）	控制测试程序
发出原材料	发出的原材料可能未正确记入相应产品的生产成本中	存货：准确性、计价和分摊　营业成本：准确性	领料单信息输入系统时须输入对应的生产任务单编号和所生产的产品代码，每月末系统自动归集生成材料成本明细表	生产主管每月末将其生产任务单及相关领料单存根联与材料成本明细表进行核对，调查差异并处理	检查生产主管核对材料成本明细表的记录，并询问其核对过程及结果
记录人工成本	生产工人的人工成本可能未得到准确反映	存货：准确性、计价和分摊　营业成本：准确性	所有员工有专属员工代码和部门代码，员工的考勤记录记入相应员工代码	人事部每月编制工薪费用分配表，按员工所属部门将工薪费用分配至生产成本、制造费用、管理费用和销售费用，经财务经理复核后入账	检查系统中员工的部门代码设置是否与其实际职责相符。询问并检查财务经理复核工薪费用分配表的过程和记录

255

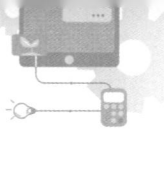

续表

主要业务活动	可能发生的风险	相关财务报表项目及认定	设计的内部控制（自动）	设计的内部控制（人工）	控制测试程序
记录制造费用	发生的制造费用可能没有得到完整归集	存货：准确性、计价和分摊、完整性 营业成本：准确性、完整性	系统根据输入的成本和费用代码自动识别制造费用并进行归集	成本会计每月复核系统生成的制造费用细表并调查异常波动。必要时由财务经理批准进行调整	检查系统的自动归集设置是否符合有关成本和费用的性质，是否合理。询问并检查成本会计复核制造费用明细表的过程和记录，检查财务经理对调整制造费用的分录的批准记录
计算产品成本	生产成本和制造费用在不同产品之间、在产品和产成品之间的分配可能不正确	存货：准确性、计价和分摊 营业成本：准确性	无	成本会计执行产品成本核算日常成本核算，财务经理每月末审核产品成本计算表及相关资料（原材料成本核算表、工薪费用分配表、制造费用分配表等），并调查异常项目	询问财务经理如何执行复核及调查。选取产品成本计算表及相关资料，检查财务经理的复核记录
产成品入库	已完工产品的生产成本可能没有转移到产成品中	存货：准确性、计价和分摊	系统根据当月输入的产成品入库单和出库单信息自动生成产成品收（入库）发（出库）存（余额）报表	成本会计将产成品收发存报表中的产品入库数量与当月成本计算表中结转的产成品成本对应的数量进行核对	询问和检查成本会计将产成品收发存报表与成本计算表进行核对的过程和记录
发出产成品	销售发出的产成品的成本可能没有准确转入营业成本	存货：准确性、计价和分摊 营业成本：准确性	系统根据确认的营业收入所对应的售出产品自动结转营业成本	财务经理和总经理每月对毛利率进行比较分析，对异常波动进行调查和处理	检查系统设置的自动结转功能是否正常运行，成本结转方式是否符合公司成本核算政策。询问和检查财务经理和总经理进行毛利率分析的过程和记录，并对异常波动的调查和处理结果进行核实

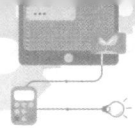

续表

主要业务活动	可能发生的风险	相关财务报表项目及认定	设计的内部控制（自动）	设计的内部控制（人工）	控制测试程序
盘点存货	存货可能被盗或因材料领用/产品销售未入账而出现账实不符	存货：存在	无	仓库保管员每月末盘点存货并与仓库台账核对并调节一致；成本会计监督其盘点与核对，并抽查部分存货进行复盘。 每年末盘点所有存货，并根据盘点结果分析盘盈盘亏并进行账面调整	无
计提存货跌价准备	可能存在残次冷背的存货，影响存货的价值	存货：准确性、计价和分摊 资产减值损失：完整性	系统根据存货入库日期自动统计货龄，每月末生成存货货龄分析表	财务部根据系统生成的存货货龄分析表，结合生产和仓储部门上报的存货损毁情况及存货盘点中对存货状况的检查结果，计提存货减值准备，报总经理审核批准后入账	询问财务经理识别减值风险并确定减值准备的过程，检查总经理的复核批准记录

二、对生产与存货循环实施控制测试的说明

需要说明的是，对生产与存货循环实施控制测试需要与其他业务循环的控制测试一起综合考虑。由于生产与存货循环与其他业务循环的紧密联系，生产与存货循环中某些审计程序，特别是对存货余额的审计程序，与其他相关业务循环的审计程序同时进行将更为有效。例如，原材料的采购和记录是作为采购与付款循环的一部分进行测试的，人工成本（包括直接人工成本和制造费用中的人工费用）是作为人力资源与工薪循环的一部分进行测试的。因此，在对生产与存货循环的内部控制实施测试时，要考虑其他业务循环的控制测试是否与本循环相关，避免重复测试。此外，表 7-5 列示的是生产与存货循环一些较为常见的内部控制和相应的控制测试程序，目的在于帮助注册会计师根据具体情况设计能够实现审计目标的控制测试。在审计实务工作中，注册会计师需要从实际出发，设计适合被审计单位具体情况的实用高效的控制测试计划。

【案例解析】

（1）测试结果表明相关内部控制得到有效执行。

理由：企业在大棚四周悬挂了"仓库重地，闲人莫入"警示牌以及该部分原材料由在库房内办公的人员负责管理等措施，可以确保该部分原材料的安全完整。

（2）测试结果表明相关内部控制未得到有效执行。

理由：因为甲公司用以计算当月产品实用工时的主要产品产量使用的是预算数，而应该是实际产量。

建议：按照产品实际产量计算当月实用工时，进而依此分配人工费用和制造费用。

（3）测试结果表明相关内部控制得到有效执行。

理由：虽然职员 N 的复核未经授权，但由于其拥有丰富的成本核算经验，可以确保复核的效果。

任务 7.3　存货监盘

【案例导入】

注册会计师 A 负责对常年审计客户甲公司 2023 年度财务报表进行审计。甲公司从事商品零售业，存货占其资产总额的 60%。除自营业务外，甲公司还将部分柜台出租，并为承租商提供商品仓储服务。根据以往的经验和期中测试的结果，注册会计师 A 认为甲公司有关存货的内部控制有效。注册会计师 A 计划于 2023 年 12 月 31 日实施存货监盘程序。注册会计师 A 编制的存货监盘计划部分内容摘录如下：

（1）在到达存货盘点现场后，监盘人员观察代柜台承租商保管的存货是否已经单独存放并予以标明，确定其未被纳入存货盘点范围。

（2）在甲公司开始盘点存货前，监盘人员在拟检查的存货项目上作出标识。

（3）对以标准规格包装箱包装的存货，监盘人员根据包装箱的数量及每箱的标准容量直接计算确定存货的数量。

（4）在存货监盘过程中，监盘人员除关注存货的数量外，还需要特别关注存货是否出现毁损、陈旧、过时及残次等情况。

（5）对存货监盘过程中收到的存货，监盘人员要求甲公司单独码放，不纳入存货监盘的范围。

（6）在存货监盘结束时，监盘人员将除作废的盘点表单以外的所有盘点表单的号码记录于监盘工作底稿。

要求：（1）针对上述（1）~（6）项，逐项指出是否存在不当之处。如果存在，请简要说明理由。

（2）假设因雪灾导致监盘人员未能于原定存货监盘日到达盘点现场，请指出注册会计师 A 应当采取何种补救措施。

【任务分析】

存货是指企业在日常活动中持有以备出售的产成品或商品、处在生产过程中的在产品、在生产过程或提供劳务过程中耗用的材料和物料等，包括各类材料、在产品、半成品、产成品、商品以及包装物、低值易耗品、委托代销商品等。

资产负债表中"存货"项目的期末余额，应根据"材料采购""原材料""低值易耗品""库存商品""周转材料""委托代销商品""生产成本"等科目的期末余额合计，填列减去"代销商品款""存货跌价准备"科目期末余额后的金额。材料采用计划成本核算，以及库存商品采用计划成本核算或售价核算的企业，还应按加或减材料成本差异、商品进销差价后的金额填列。

存货的审计目标是：① 账面存货余额对应的实物是否真实存在；② 属于被审计单位的存货是否均已入账；③ 存货是否属于被审计单位；④ 存货单位成本的计量是否准确；⑤ 存货的账面价值是否可以实现。

考虑到存货具有容易被盗和变质、毁损等不同于其他财务报表项目的特性，注册会计师应该重点关注影响存货存在、完整性、权利和义务、计价和分摊等认定的存货高估风险。

注册会计师通常只有一次通过存货实地监盘对有关认定做出评价的机会，因此，应重视存货监盘工作。

存货与采购、销售交易间的密切联系，使得就存货认定取得的证据也同时为其对应项目的认定提供了证据。类似地，采购与销售交易的审计程序也为存货的相关认定同时提供了证据。

【知识准备】

一、存货监盘概述

（一）存货监盘的要求

如果存货对财务报表是重要的，注册会计师应当实施下列审计程序，对存货的

存在和状况获取充分、适当的审计证据：

（1）在存货盘点现场实施监盘（除非不可行）。

（2）对期末存货记录实施审计程序，以确定其是否准确反映实际的存货盘点结果。

（二）存货监盘的含义

存货监盘通常涉及以下审计程序：

（1）评价管理层用以记录和控制存货盘点结果的指令和程序。

（2）观察管理层制定的盘点程序的执行情况。

（3）检查存货。

（4）执行抽盘。

（三）存货监盘的性质

存货监盘过程中实施的审计程序是用作控制测试还是实质性程序，取决于注册会计师的风险评估结果、审计方案和实施的特定程序。

（四）存货监盘的目标

存货监盘针对的主要是存货的存在认定、完整性认定以及权利和义务的认定。注册会计师监盘存货的目的在于获取有关存货数量和状况的审计证据，以确证被审计单位记录的所有存货确实存在，已经反映了被审计单位拥有的全部存货，并属于被审计单位的合法财产。存货监盘作为存货审计的一项核心审计程序，通常可同时实现上述多项审计目标。

需要指出的是，注册会计师在测试存货的权利和义务认定和完整性认定时，可能还需要实施其他审计程序。

（五）存货监盘责任与存货盘点责任

实施存货监盘，获取有关期末存货数量和状况的充分、适当的审计证据是注册会计师的责任，但这并不能取代被审计单位管理层定期盘点存货、合理确定存货的数量和状况的责任。事实上，管理层通常制定程序，要求对存货每年至少进行一次实物盘点，以作为编制财务报表的基础，并用以确定被审计单位永续盘存制的可靠性（如适用）。

二、存货监盘计划

（一）制订存货监盘计划的基本要求

注册会计师应当根据被审计单位存货的特点、盘存制度和存货内部控制的有效性等，在评价被审计单位管理层制定的存货盘点程序的基础上，编制存货监盘计划，对存货监盘做出合理安排。

（二）制订存货监盘计划应考虑的相关事项

1. 与存货相关的重大错报风险

存货通常具有较高水平的重大错报风险，影响重大错报风险的因素具体包括：存货的数量和种类、成本归集的难易程度、陈旧过时的速度或易损坏程度、遭受失窃的难易程度。

2. 与存货相关的内部控制的性质

与存货相关的内部控制涉及被审计单位供、产、销各个环节，包括采购、验收、仓储、领用、加工、装运出库等方面。需要说明的是，与存货内部控制相关的措施有很多，其有效程度也存在差异。

3. 对存货盘点是否制定了适当的程序，并下达了正确的指令

注册会计师一般需要复核或与管理层讨论其存货盘点程序。在复核或与管理层讨论其存货盘点计划时，注册会计师应当考虑下列主要因素，以评价其能否合理地确定存货的数量和状况：

（1）盘点的时间安排。

（2）存货盘点范围和场所的确定。

（3）盘点人员的分工及胜任能力。

（4）盘点前的会议及任务布置。

（5）存货的整理和排列，对毁损、陈旧、过时、残次及所有权不属于被审计单位的存货的区分。

（6）存货的计量工具和计量方法。

（7）在产品完工程度的确定方法。

（8）存放在外单位的存货的盘点安排。

（9）存货收发截止的控制。

（10）盘点期间存货移动的控制。

（11）盘点表单的设计、使用与控制。

（12）盘点结果的汇总以及盘盈或盘亏的分析、调查与处理。

如果认为被审计单位的存货盘点程序存在缺陷，注册会计师应当提请被审计单位调整。

4. 存货盘点的时间安排

如果存货盘点在财务报表日以外的其他日期进行，注册会计师除实施存货监盘的相关审计程序外，还应当实施其他审计程序，以获取审计证据，确定存货盘点日与财务报表日之间的存货变动是否已得到恰当的记录。

5. 被审计单位是否一贯采用永续盘存制

如果被审计单位采用永续盘存制，注册会计师要在年度中一次或多次参加盘

点。如果被审计单位未采用永续盘存制，而是通过实地盘存制确定了存货数量，那么注册会计师就要参加此种盘点。

6. 存货的存放地点

注册会计师应根据存货的存放地点（包括不同存放地点的存货的重要性和重大错报风险）来确定适当的监盘地点。

注册会计师通常应当重点考虑被审计单位的重要存货存放地点，特别是金额较大或可能存在重大错报风险（如存货性质特殊）的存货地点，将这些存货地点列入监盘地点。对其他无法在存货盘点现场实施存货监盘的存货存放地点，注册会计师应当实施替代审计程序，以获取有关存货的存在和状况的充分、适当的审计证据。

7. 是否需要专家协助

在确定资产数量或资产实物状况（如矿石堆）时，或在收集特殊类别存货（如艺术品、稀有玉石、房地产、电子器件、工程设计等）的审计证据时，或在产品存货金额较大而需要评估在产品完工程度时，由于注册会计师可能不具备这些专业领域的专长与技能，此时可以考虑申请相关专家的协助。

（三）存货监盘计划的主要内容

1. 存货监盘的目标、范围及时间安排

存货监盘的主要目标包括获取被审计单位资产负债表日有关存货数量和状况，以及有关管理层存货盘点程序可靠性的审计证据，检查存货的数量是否真实、完整，是否归属被审计单位，存货有无毁损、陈旧、过时、残次和短缺等状况。

存货监盘范围的大小取决于存货的内容、性质以及与存货相关的内部控制的完善程度和重大错报风险的评估结果。

存货监盘的时间包括实地察看盘点现场的时间、观察存货盘点的时间和对已盘点存货实施检查的时间等，应当与被审计单位实施存货盘点的时间相协调。

2. 存货监盘的要点及关注事项

存货监盘的要点主要包括注册会计师实施存货监盘程序的方法、步骤，各个环节应注意的问题以及要解决的问题。注册会计师需要重点关注的事项包括盘点期间的存货移动、存货的状况、存货的截止确认、存货的各个存放地点及金额等。

3. 参加存货监盘人员的分工

注册会计师应当根据被审计单位参加存货盘点人员分工、分组情况、存货监盘工作量的大小和人员素质情况，确定参加存货监盘的人员组成、各组成人员的职责和具体的分工情况，并加强督导。

4. 检查存货的范围

注册会计师应当根据对被审计单位存货盘点和对被审计单位内部控制的评价结

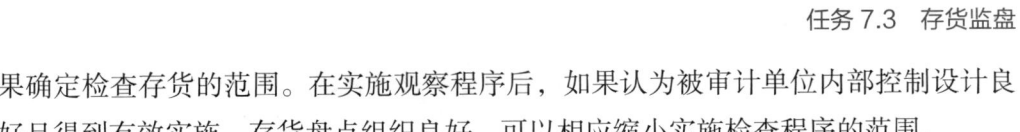

果确定检查存货的范围。在实施观察程序后，如果认为被审计单位内部控制设计良好且得到有效实施、存货盘点组织良好，可以相应缩小实施检查程序的范围。

三、存货监盘程序

（一）评价管理层用以记录和控制存货盘点结果的指令和程序

注册会计师需要考虑这些指令和程序是否包括以下方面：

（1）适当控制活动的运用。例如，收集已使用的存货盘点记录，清点未使用的存货盘点表单，实施盘点和复盘程序。

（2）准确认定在产品的完工程度，流动缓慢（呆滞）、过时或毁损的存货项目，以及第三方拥有的存货（如寄存货物）。

（3）在适用的情况下用于估计存货数量的方法，如可能需要估计煤堆的重量。

（4）对存货在不同存放地点之间的移动以及截止到日前后期间出入库的控制。

（二）观察管理层制定的盘点程序的执行情况

1. 存货移动情况

尽管盘点存货时最好能保持存货不发生移动，但在某些情况下存货的移动是难以避免的。如果在盘点过程中被审计单位的生产经营仍将持续进行，注册会计师应通过实施必要的检查程序，确定被审计单位是否已经对此设置了相应的控制程序，确保在适当的期间内对存货已做出准确记录。

2. 存货截止

注册会计师一般应当获取盘点日前后存货收发及移动的凭证，检查库存记录与会计记录期末截止是否正确。

（三）检查存货

在存货监盘过程中检查存货，虽然不一定能确定存货的所有权，但有助于确定存货的存在，以及识别过时、毁损或陈旧的存货。注册会计师应当把所有过时、毁损或陈旧存货的详细情况记录下来，这既便于进一步追查这些存货的处置情况，也能为测试被审计单位存货跌价准备计提的准确性提供证据。

（四）执行抽盘

注册会计师应当对存货盘点结果适当执行抽盘，将抽盘结果与被审计单位盘点记录相核对，并形成相应记录。

1. 抽盘的目的

抽盘的目的既可以是确认被审计单位的盘点计划是否得到适当的执行（控制测试），也可以是证实被审计单位的存货实物总额（实质性程序）。

2. 抽盘的范围

抽盘的范围通常包括每个盘点小组盘点的存货以及难以盘点或隐蔽性较强的存

货。需要说明的是，注册会计师应尽可能避免让被审计单位事先了解将抽盘的存货项目。

3. 抽盘的方向

抽盘时，注册会计师可以从存货盘点记录中选取项目追查至存货实物，以及从存货实物中选取项目追查至盘点记录，以获取有关盘点记录准确性和完整性的审计证据。

4. 抽盘时发现问题的处理方式

如果注册会计师在实施检查程序时发现了差异，很可能表明被审计单位的存货盘点在准确性或完整性方面存在错误。由于检查的内容通常只是已盘点存货中的一部分，所以在检查中发现的错误很可能意味着被审计单位的存货盘点还存在其他错误。一方面，注册会计师应当查明原因，并及时提请被审计单位更正；另一方面，注册会计师应当考虑错误的潜在范围和重大程度，在可能的情况下扩大检查范围，以减少错误的发生。注册会计师还可以要求被审计单位重新盘点，重新盘点的范围可限于某一特殊领域的存货或特定盘点小组。

（五）需要特别关注的情况

1. 存货盘点范围

在被审计单位盘点存货前，注册会计师应当观察盘点现场，确定应纳入盘点范围的存货是否已经适当整理和排列，并附有盘点标识，防止遗漏或重复盘点。对未纳入盘点范围的存货，应当查明未纳入的原因。

2. 对特殊类型存货的监盘

对某些特殊类型的存货而言，被审计单位通常使用的盘点方法和控制程序并不完全适用。这些存货通常或者没有标签，或者其数量难以估计，或者其质量难以确定，或者盘点人员无法对其移动实施控制，此时需要注册会计师运用职业判断，根据存货的实际情况，设计恰当的审计程序，对存货的数量和状况获取审计证据。

（六）存货监盘结束时的工作

在被审计单位存货盘点结束前，注册会计师应当：

（1）再次观察盘点现场，以确定所有应纳入盘点范围的存货是否均已盘点。

（2）取得并检查已填用、作废及未使用盘点表单的号码记录，确定其是否连续编号，查明已发放的表单是否均已收回，并与存货盘点的汇总记录进行核对。

注册会计师应当根据自己在存货监盘过程中获取的信息对被审计单位最终的存货盘点结果汇总记录进行复核，并评估其是否正确地反映了实际盘点结果。

如果存货盘点日不是资产负债表日，注册会计师应当实施适当的审计程序，确定盘点日与资产负债表日之间存货的变动是否已作正确的记录。

视频：特殊
类型存货的
监盘

四、特殊情况的处理

（一）在存货盘点现场实施存货监盘不可行

在某些情况下，如鉴于存货性质和存放地点，实施存货监盘可能是不可行的，这时注册会计师应当实施替代审计程序（如检查盘点日后出售、盘点日之前取得或购买的特定存货的文件记录），以获取有关存货的存在和状况的充分、适当的审计证据。如果不能实施替代审计程序，或者实施替代审计程序可能无法获取有关存货的存在和状况的充分、适当的审计证据，注册会计师需要按照审计准则的规定发表非无保留意见。然而，给注册会计师带来不便的一般因素不足以支持其作出实施存货监盘不可行的决定。审计中的困难、时间或成本等事项本身，不能作为注册会计师省略不可替代的审计程序或满足于说服力不足的审计证据的正当理由。

（二）因不可预见的情况导致无法在预定日期实施存货监盘

如果由于不可预见的情况，无法在预定日期实施存货监盘，注册会计师应当另择日期实施监盘，并对间隔期内发生的交易实施审计程序。不可预见情况可能导致无法在预定日期实施存货监盘的两种比较典型的情形：一是注册会计师无法亲临现场，即不可抗力导致其无法到达存货存放地实施存货监盘；二是气候因素，即恶劣的天气导致注册会计师无法实施存货监盘程序，或恶劣的天气导致无法观察存货，如木材被积雪覆盖。

（三）由第三方保管或控制的存货

如果由第三方保管或控制的存货对财务报表很重要，注册会计师应当实施下列一项或两项审计程序，以获取有关该存货存在和状况的充分、适当的审计证据：

（1）向持有被审计单位存货的第三方函证存货的数量和状况。

（2）实施检查或其他适合具体情况的审计程序。如果获取的信息使注册会计师对第三方的诚信和客观性产生疑虑，其可能认为实施其他审计程序是适当的。其他审计程序可以作为函证的替代程序，也可以作为追加的审计程序。

其他审计程序包括：① 实施或安排其他注册会计师实施对第三方的存货监盘（如可行）；② 获取其他注册会计师或服务机构注册会计师针对用以保证存货得到恰当盘点和保管的内部控制的适当性而出具的报告；③ 检查与第三方持有的存货相关的文件记录，如仓储单；④ 当存货被作为抵押品时，要求其他机构或人员确认。

🔍 职业素养提升

只有审慎、勤勉、尽责地监盘存货，才能摸清存货的真实数量与状况

【案例资料】经查阅中国证券会行政处罚决定书［2023］18 号，因某会计师事

务所（特殊普通合伙）（以下简称某事务所）对 Z 集团 2016 年度财务报表审计中，在执行存货有关实质性审计程序时，未针对 Z 集团存货特殊性进行充分考虑并制订合理的监盘计划、监盘程序执行不规范导致收集的审计证据不充分、未对相关审计证据的可靠性进行评价；在执行成本结转有关实质性程序时，未对成本结转设计专门的控制测试，未针对成本结转获取充分审计证据，导致某事务所出具的 Z 集团 2016 年度审计报告存在虚假记载，Z 集团 2016 年度结转成本时所记载的捕捞区域与捕捞船只实际作业区域存在明显出入，2016 年账面结转捕捞面积较实际捕捞面积少约 9 286.71 万平方米，虚减营业成本约 6 002.99 万元。同时，Z 集团未如实将年底的新增底播区域作为既往库存资产核销，虚减营业外支出约 7 111.78 万元。某事务所及相关注册会计师受到了处罚。

某事务所在识别出消耗性生物资产具有较高错报风险，且以往年度存在大规模核销减值、Z 集团抽盘比例较低的情况下，应当更加审慎，严格执行相关程序。但某事务所未充分考虑 Z 集团存货特殊性并制订合理的监盘计划、未规范执行监盘程序、未对底播区域的资产存在和状况获取充分、适当的审计证据，导致未能发现部分区域，已被实施采捕，相关存货不存在，以及 Z 集团实际采捕区域与账面记载严重不一致的情况。显然，存货监盘要求注册会计师通过评价、观察、检查和抽盘等方法，对被审单位存货盘点进行全过程、全方位监督，尤其对生物资产等特殊类型的存货，更应秉持职业怀疑态度，设计并实施符合行业特点、存货类型与特点的存货监盘程序，否则，将会带来审计风险。

【案例解析】

（1）事项（1）不存在不当之处。

事项（2）存在不当之处。在甲公司开始盘点存货前，监盘人员不应当在拟检查的存货项目上作出标识，注册会计师检查的范围不应该让被审计单位知道。

事项（3）存在不当之处。注册会计师应当对标准规格包装箱包装的存货进行开箱查验，以防止内装存货弄虚作假。

事项（4）不存在不当之处。

事项（5）存在不当之处。存货监盘的时间定在 12 月 31 日，所以存货监盘过程中收到的存货也需要纳入存货监盘的范围。

事项（6）存在不当之处。注册会计师应当将所有盘点表单的号码记录于监盘工作底稿，包括作废的盘点表单。

（2）注册会计师应当考虑改变存货监盘日期，对预定盘点日与改变后的存货监盘日之间发生的交易进行测试。

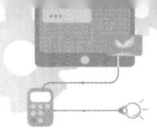

【任务检查】

注册会计师负责对乙公司 2023 年度财务报表进行审计。乙公司为玻璃制造企业，2023 年年末存货余额占资产总额比重较大。存货包括玻璃、煤炭、烧碱、石英砂，其中 60% 的玻璃存放在外地公用仓库。乙公司对存货核算采用永续盘存制，与存货相关的内部控制比较薄弱。乙公司拟于 2023 年 11 月 25 日至 27 日盘点存货，盘点工作和监盘工作分别由熟悉相关业务且具有独立性的人员执行。存货盘点计划的部分内容摘录如下：

（1）存货盘点范围、地点和时间安排见表 7-6。

表 7-6　存货盘点范围、地点和时间安排表

地点	存货类型	估计占存货总额的比例	盘点时间
A 仓库	烧碱、煤炭	烧碱 10%、煤炭 5%	2023 年 11 月 25 日
B 仓库	烧碱、石英砂	烧碱 10%、石英砂 10%	2023 年 11 月 26 日
C 仓库	玻璃	玻璃 26%	2023 年 11 月 27 日
外地公用仓库	玻璃	玻璃 39%	——

（2）存放在外地公用仓库存货的检查。对存放在外地公用仓库的玻璃，检查公用仓库签收单，请公用仓库自行盘点，并提供 2023 年 11 月 27 日的盘点清单。

（3）存货数量的确定方法。对于烧碱、煤炭和石英砂等堆积型存货，采用观察以及检查相关的收、发、存凭证和记录的方法，确定存货数量；对于存放在 C 仓库的玻璃，按照包装箱标明的规格和数量进行盘点，并辅以适当的开箱检查。

（4）盘点标签的设计、使用和控制。对存放在 C 仓库玻璃的盘点，设计预先编号的一式两联的盘点标签。使用时，由负责盘点存货的人员将一联粘贴在已盘点的存货上，另一联由其留存；盘点结束后，连同存货盘点表交存财务部门。

（5）盘点结束后，对出现盘盈或盘亏的存货，由仓库保管员对存货实物数量和仓库存货记录进行调节使之相符。

要求：针对上述存货盘点计划第（1）至第（5）项，逐项判断上述存货盘点计划是否存在缺陷。如果存在缺陷，请简要提出改进建议。

任务 7.4　存货截止测试与计价测试

【案例导入】

1. 注册会计师在审计甲公司 2023 年 12 月 31 日资产负债表中的存货项目时，发现甲公司按单项存货计提存货跌价准备，库存"原材料——A 材料"年初和年末的存货跌价准备余额均为零，"原材料——A 材料"账户的年初余额为 0 万元，年末余额为 1 000 万元。经检查相关资料后得知，库存 A 原材料将全部用于生产乙产品共计 100 件，每件乙产品的直接材料费用为 10 万元。其中，80 件乙产品已经签订销售合同，合同价格为每件 11.25 万元，其余 20 件乙产品未签订销售合同，预计每件乙产品的市场价格为 11 万元；预计生产每件乙产品还需发生除 A 原材料以外的成本为 3 万元，预计为销售每件乙产品发生的相关税费为 0.55 万元。

要求：指出甲公司 2023 年 12 月 31 日库存原材料——A 材料计提的存货跌价准备存在的问题，并提出审计调整建议。

2. 注册会计师对康达公司 2023 年 12 月 31 日的会计资料进行审计时，发现临近结账日前后所发生的业务事项如下：

（1）2024 年 1 月 2 日收到价值为 20 030 元的货物，入账日期为 1 月 4 日，发票上注明由供应商负责运送，在目的地交货，开票日期为 2023 年 12 月 26 日。

（2）当实地盘点时，康达公司 1 包价值 80 000 元的产品已放在装运处，因包装纸上注明"有待发运"字样而未计入存货内。经调查发现，顾客的订货单日期为 2023 年 12 月 20 日，顾客于 2024 年 1 月 4 日收到货物后付款。

要求：请判定上述业务事项中的货物是否应包括在 2023 年 12 月 31 日的存货内，并说明理由。

【任务分析】

由于企业必须将存货置放于便于产品生产和销售的地方，这使得存货分散存放于不同的地点，造成对存货的实物控制和盘点都很困难，因此，注册会计师应当对被审计单位的期末存货实施截止测试，以合理保证存货库存记录与会计记录期末截止的正确性。

由于存在以下情况，注册会计师除通过实施存货监盘程序以确认期末存货的结

存数量外，为验证财务报表上存货余额的真实性，还必须对存货实施计价测试。

（1）不同来源存货成本的构成不同使得存货的计价和分摊认定很可能出现错报。

（2）不同企业采用的存货计价方法存在多样性。

（3）存货本身的陈旧以及存货成本的分配使得存货的估价存在困难。

【知识准备】

一、存货截止测试

（一）存货截止测试的目的

检查截止到资产负债表日（如 12 月 31 日），存货实物纳入盘点范围的时间与存货引起的借贷会计科目的入账时间是否处于同一会计期间，以确认存货的存在与完整性。

（二）截止测试的方法

（1）抽查存货截止日前后的采购发票（销售发票），并与验收单或入库单（出库单）核对，以确定每张发票均附有验收单或入库单（出库单）。

如果 12 月底入账的采购发票附有 12 月 31 日或之前的验收单（或入库单），则存货已入库并包括在本年的存货范围内；如果验收单日期为次年 1 月，则存货可能未纳入本年盘点范围。同样，如果 12 月底入账的销售发票附有 12 月 31 日或之前的出库单，则存货不会包括在本年的存货盘点范围内；如果出库单日期为次年 1 月，则存货可能纳入了本年盘点范围。

（2）检查验收部门的验收单（或仓库的入库单、出库单），凡是接近年底（包括次年年初）购入与销售的货物，必须查明其相应的采购发票（销售发票）是否在同期入账；对于年底未收到采购发票的入库存货，应检查是否将入库单分开存放，每一验收单（或入库单）上面加盖"暂估入库"印章，并以暂估价记入当年存货账内，待次年年初以红字冲销。对于年底尚未开具销售发票的出库单，应检查其是否纳入了当年盘点范围。

（3）注册会计师通常可观察存货的验收入库地点和装运出库地点以执行截止测试。在存货入库和装运过程中采用连续编号的凭证时，注册会计师应当关注截止日期前的最后编号。如果被审计单位没有使用连续编号的凭证，注册会计师应当列出截止日期以前的最后几笔装运和入库记录。如果被审计单位使用运货车厢或拖车进行存储、运输或验收入库，注册会计师应当详细列出存货场地上满载和空载的车厢或拖车，并记录各自的存货状况。

需要说明的是，所有已确认为销售但尚未装运出库的商品未包括在盘点范围

内，且未包括在截止日的存货账面余额中；所有已记录为购货但尚未入库的存货已包括在盘点范围内，并已反映在会计记录中。

（三）截止测试样本的确定

在确定截止测试样本时，一般以截止日为界限，分别向前倒推或向后顺推若干日，按顺序选取较大金额采购发票（销售发票）、验收单或入库单（出库单）做样本。截止测试后，对于发现的截止错误，应提请被审计单位作必要的账务调整。

二、存货计价测试

（一）计价测试的目的

存货计价测试主要是为了确定存货实物数量和永续盘存记录中的数量是否经过正确计价和汇总。存货计价测试包括针对被审计单位使用的存货单位成本是否正确所做的测试和存货成本的计价测试。

（二）选择测试样本

采用分层抽样法，从存货数量已经盘点、单价和总金额已经计入存货汇总表的结存存货中，着重选择结存余额较大且价格变化比较频繁的项目，同时考虑所选样本的代表性和抽样规模的适当性。

（三）计价测试的程序

首先，注册会计师应了解被审计单位存货的计价方法，确认所选用计价方法是否符合企业会计准则，是否适合被审计单位自身特点、前后期是否一致。其次，注册会计师应在尽量排除被审计单位已有计算程序和结果影响的基础上，按照了解的计价方法对选择的存货样本独立进行计价测试。最后，应对比测试结果和被审计单位账面记录，编制对比分析表，分析形成差异的原因。此外，如果差异过大，应扩大测试范围，并根据审计结果考虑是否应提出审计调整建议。

（四）进行计价测试

1. 取得存货计价测试

存货的取得方式有外购、委托外单位加工收回、自制、投资者投入、接受捐赠等，不同来源存货的成本构成不同。对取得存货计价测试时，注册会计师应结合采购及生产与存货循环审计，对存货成本的组成予以测试。例如，将其单位成本与购货发票或生产成本计算单核对。

2. 发出存货计价测试

企业应当根据各类存货的实物流转方式、企业管理的要求、存货的性质等实际情况，合理地选择个别计价法、先进先出法、月末一次加权平均法、移动加权平均法等发出存货成本的计算方法，以合理确定当期发出存货的实际成本。对发出存货计价测试时，注册会计师应结合销售及生产与存货循环审计，检查发出存货的计价方法前后期是否一致，并复核其计算是否正确。若存货以计划成本计价，还应检查"材料成本差异"账户的发生额、转销额是否正确，以及年末余额是否正确。

3. 期末存货计价测试

在资产负债表日，存货应当按照其成本与可变现净值孰低计量，当存货的成本高于其可变现净值时，应当计提存货跌价准备。存货的成本是指期末存货的实际成本；可变现净值是指企业在日常活动中，存货的估计售价减去至完工时估计将要发生的成本、估计的销售费用以及相关税费后的金额。对期末存货计价测试时，注册会计师应当检查：

（1）存货可变现净值的确定是否正确并有确凿证据，是否充分考虑持有存货的目的、资产负债表日后事项的影响等因素。

（2）存货跌价准备计提依据和计提方法是否合理，是否按单个存货项目计提。

（3）已计提存货跌价准备是否充分。

（4）存货跌价准备的计提、转回和结转的会计处理是否正确。

【案例解析】

1. 按照企业会计准则规定，甲公司 2023 年 12 月 31 日库存 A 原材料应计提的存货跌价准备的计算过程如下：

（1）有合同部分：

乙产品成本 $= 80 \times 10 + 80 \times 3 = 1\ 040$（万元）

乙产品可变现净值 $= 80 \times 11.25 - 80 \times 0.55 = 856$（万元）

因为乙产品可变现净值小于乙产品成本，所以库存 A 原材料应计提的存货跌价准备为：

库存 A 原材料可变现净值 $= 80 \times 11.25 - 80 \times 3 - 80 \times 0.55 = 616$（万元）

库存 A 原材料应计提的存货跌价准备 $= 80 \times 10 - 616 = 184$（万元）

（2）无合同部分：

乙产品成本 $= 20 \times 10 + 20 \times 3 = 260$（万元）

乙产品可变现净值 $= 20 \times 11 - 20 \times 0.55 = 209$（万元）

因为乙产品可变现净值小于乙产品成本，所以库存 A 原材料应计提的存货跌价准备为：

库存 A 原材料可变现净值 $= 20 \times 11 - 20 \times 3 - 20 \times 0.55 = 149$（万元）

库存 A 原材料应计提的存货跌价准备 $= 20 \times 10 - 149 = 51$（万元）

（3）库存 A 原材料应计提的存货跌价准备合计 $= 184 + 51 = 235$（万元）。

由于甲公司对库存 A 原材料没有计提存货跌价准备，所以建议补提存货跌价准备 235 万元，审计调整分录如下：

借：资产减值损失——计提存货跌价准备   2 350 000

    贷：存货跌价准备   2 350 000

2.（1）不应包括在 2023 年存货内，因目的地交货，交货期为 2024 年年初，应以收到货物为准。

（2）应包括在 2023 年存货内，因 2024 年 1 月 4 日收到货物才付款，2023 年既未开票亦未发出货物，物权并未转移，销售不能成立。

【任务检查】

注册会计师在审计 ABC 公司 2023 年 12 月 31 日资产负债表中的存货项目时，发现：

（1）ABC 公司按单项存货计提存货跌价准备，发出存货采用先进先出法核算。2023 年初"库存商品——甲产品"账户的账面余额 800 万元，计 800 件，每件成本为 1 万元；"存货跌价准备——甲产品"账户余额 100 万元。

（2）至 2023 年年末，甲产品对外销售 300 件，库存 500 件。甲产品无不可撤销合同，每件市场价格为 0.7 万元，预计销售库存 500 件甲产品发生的相关税费总额为 18 万元。"存货跌价准备——甲产品"账户余额仍为 100 万元。

要求：指出 ABC 公司 2023 年 12 月 31 日"库存商品——甲产品"计提的存货跌价准备存在的问题，并提出审计调整建议。

能力训练 ▶▶▶

一、单项选择题

1. 仓库部门根据从生产部门收到的连续编号的（   ）向生产部门发货。

A. 入库单   B. 验收单

C. 领料单   D. 保管单

2. 按照不相容职务相分离，担任存货保管职务的人员可以再兼任的职务是（   ）。

A. 存货的记录   B. 存货的清查

C. 存货的验收   D. 存货处置的申请

3. 对存货实施定期盘点属于（   ）。

A. 注册会计师的审计责任   B. 被审计单位管理层的责任

C. 会计师事务所的质量控制要求   D. 被审计单位财务部门的责任

4. 在观察管理层制定的盘点程序的执行情况时，下列做法中不恰当的是（   ）。

A. 应注意纳入盘点范围的存货是否附有盘点标识

B. 应关注存货的移动情况

C. 应关注存货是否正确截止

D. 对于由于特殊情况而难以监盘的存货，应出具无法表示意见的审计报告

5. 在执行抽盘程序时，注册会计师的下列做法中不恰当的是（　　）。

A. 通过观察，认为被审计单位进行了充分有效的盘点、监督及复核，注册会计师可缩小抽盘范围

B. 在抽查时，注册会计师应仅对价值较高的存货项目重点抽盘

C. 应尽量避免让被审计单位事先了解将抽盘的存货项目

D. 抽盘时，注册会计师可以从存货盘点记录中选取项目追查至存货实物，也可以从实物中选取项目追查至盘点记录

6. 对于由第三方保管或控制的存货，注册会计师的下列做法中不恰当的是（　　）。

A. 检查与第三方持有的存货相关的文件记录

B. 向持有被审计单位存货的第三方函证存货的数量和状况

C. 注册会计师亲自进行监盘或利用其他注册会计师的工作

D. 通过测试被审计单位的采购、生产及销售记录，确定其存在

7. 若由于不可预见的情况而无法在预定日期实施存货监盘，注册会计师应当（　　）。

A. 实施替代审计程序

B. 另择日期实施监盘，并对间隔期内发生的交易实施审计程序

C. 实施截止测试

D. 发表非无保留意见的审计报告

8. 存货截止测试方法不包括（　　）。

A. 抽查存货截止日前后的采购发票，并与验收单或入库单核对

B. 观察存货的验收入库地点和装运出库地点

C. 抽查存货截止日前后的出库单，并与销售发票核对

D. 检查成本计算单

9. 下列费用中，不应当包括在存货成本中的是（　　）。

A. 制造企业为生产产品而发生的人工费用

B. 商品流通企业在商品采购过程中发生的包装费

C. 商品流通企业进口商品支付的关税

D. 商品入库后发生的仓储费用

10. 某股份有限公司期末存货采用成本与可变现净值孰低法计价，成本与可变现净值的比较采用单项比较法。该公司 2023 年 12 月 31 日 A、B、C 三种存货的成

本分别为：130 万元、221 万元、316 万元；A、B、C 三种存货的可变现净值分别为：128 万元、215 万元、336 万元。则注册会计师认为该公司当年 12 月 31 日的存货账面价值为（　　　）万元。

A. 679　　　　　　　　　　　　B. 695

C. 659　　　　　　　　　　　　D. 687

二、多项选择题

1. 生产与存货循环的内部控制包括（　　　　）。

A. 成本会计制度　　　　　　　　B. 存货的监盘

C. 存货的内部控制　　　　　　　D. 薪酬的内部控制

2. 基于成本项目的成本会计制度控制测试包括（　　　　）控制测试。

A. 直接材料成本

B. 直接人工成本

C. 制造费用

D. 生产成本在当期完工产品与在产品之间分配

3. 存货监盘计划的主要内容有（　　　　）。

A. 存货监盘的要点及关注事项　　B. 存货监盘的目标、范围及时间安排

C. 参加存货监盘人员的分工　　　D. 检查存货的范围

4. 存货监盘的时间包括（　　　　），应当与被审计单位实施存货盘点的时间相协调。

A. 制定总体审计策略的时间　　　B. 实地察看盘点现场的时间

C. 对已盘点存货实施检查的时间　D. 观察存货盘点的时间

5. 存货监盘时，注册会计师应特别关注的情况有（　　　　）。

A. 存货的截止　　　　　　　　　B. 存货盘点范围

C. 存货的移动　　　　　　　　　D. 对特殊类型存货的监盘

6. 若在存货盘点现场实施存货监盘不可行，且又不能实施替代审计程序，则注册会计师可发表（　　　　）。

A. 无保留意见　　　　　　　　　B. 保留意见

C. 否定意见　　　　　　　　　　D. 无法表示意见

7. 有关存货审计的下列表述中，不正确的有（　　　　）。

A. 对存货进行监盘是证实存货"完整性""计价和分摊"认定的重要程序

B. 存货截止测试的主要方法是抽查存货盘点日前后的购货发票与验收报告（或入库单），确定每张发票均附有验收报告（或入库单）

C. 存货计价审计的样本应着重选择余额较大且价格变动较频繁的存货项目，同

时考虑所选样本的代表性

D. 对难以监盘的特殊类型的存货，应根据企业存货收发制度确认存货数量

8. 对存货实施截止测试，能够确认的管理层认定有（　　　　）。

A. 存在

B. 权利和义务

C. 完整性

D. 计价和分摊

9. 下列项目中，应确认为购货企业存货的有（　　　　）。

A. 购货方已付款购进，但尚在运输途中的商品

B. 购销双方已签协议约定，但尚未办理商品购买手续

C. 未收到销售方结算发票，但已运抵购货方并验收入库的商品

D. 已符合收入确认条件并确认了收入的实现，但销售方尚未发运给购货方的商品

10. 被审计单位下列有关存货会计处理的表述中，注册会计师认为正确的有（　　　　）。

A. 结转商品销售成本时，将相关存货跌价准备调整为主营业务成本

B. 因债务重组换出存货而同时结转的已计提跌价准备，不冲减当期资产减值损失

C. 小规模纳税人进口原材料缴纳的增值税，不计入相关原材料的成本

D. 因保管不善造成的存货盘亏，净损失通过营业外支出核算

三、简答题

1. 生产与存货循环的主要业务活动有哪些？

2. 影响生产与存货交易和余额的重大错报风险有哪些？

3. 存货截止的主要方法是什么？注册会计师在对期末存货进行截止测试时，通常应当关注的内容有哪些？

4. 简述存货计价测试的程序。

四、案例分析题

1. B 注册会计师接受委托，对常年审计客户丙公司 2023 年度财务报表进行审计。丙公司为玻璃制造企业，存货主要有玻璃、煤炭和烧碱，其中少量玻璃存放于外地公用仓库。另有其合作伙伴丁公司的部分水泥存放于丙公司的仓库。丙公司拟于 2023 年 12 月 29 日至 12 月 31 日盘点存货，以下是 B 注册会计师撰写的存货监盘计划的部分内容。

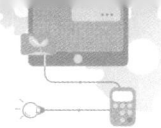

存货监盘计划

一、存货监盘的目标

检查丙公司 2023 年 12 月 31 日存货数量是否真实完整。

二、存货监盘范围

2023 年 12 月 31 日库存的所有存货，包括玻璃、煤炭、烧碱和水泥。

三、监盘时间

存货的观察与检查时间均为 2023 年 12 月 31 日。

四、存货监盘的主要程序

1. 与管理层讨论存货监盘计划。

2. 观察丙公司盘点人员是否按照盘点计划盘点。

3. 检查相关凭证以证实盘点截至日前所有已确认为销售但尚未装运出库的存货均已纳入盘点范围。

4. 对于存放于外地公用仓库的玻璃，主要实施检查货运文件、出库记录等替代程序。

要求：

（1）请指出存货监盘计划中目标、范围和时间存在的错误，并简要说明理由。

（2）请判断存货监盘计划中列示的主要程序是否恰当。若不恰当，请予以修改。

2. 注册会计师 A 负责对甲公司 2023 年度财务报表进行审计。在对甲公司 2023 年 12 月 31 日存货进行监盘时，发现部分存货的财务明细账、仓库明细账、实物监盘三者的数量不一致，相关资料如表 7-7 所示。

表 7-7 部分存货的财务明细账、仓库明细账和实物监盘数量资料

库号	存货名称	财务明细账数量	仓库明细账数量	实物监盘数量
1	A 产品	35 套	30 套	30 套
2	B 产品	27 套	25 套	27 套
3	C 材料	1 600 千克	1 600 千克	1 700 千克
4	D 材料	1 200 千克	1 200 千克	1 000 千克

要求：

（1）根据监盘结果，假定不考虑舞弊以及财务明细账串户登记、仓库明细账串户登记的情况，逐项分析存货数量差异可能存在的主要原因。

（2）针对存货的财务明细账数量与实物监盘数量不一致的情况，简要说明应当实施哪些必要的审计程序。

3. 审计人员审查某厂 2023 年 12 月成本计算单时，发现下列问题：

（1）12 月 31 日材料退库 18 000 元，经查并无材料退库。

（2）制造费用中修理费用 5 000 元，经查为大修理工程所用。

（3）待摊费用 1 000 元，应摊入本月成本，漏记未转账。

月末完工产品 800 件，在产品 400 件，材料在生产开始时一次投料，在产品加工程度为 50%，该单位自编的产品成本计算表如表 7-8 所示。

表 7-8　产品成本计算表　　　　　　　　单位：元

成本项目	生产费用合计	产成品成本	在产品成本
直接材料	150 000	100 000	50 000
直接人工	18 000	14 400	3 600
制造费用	22 000	17 600	4 400
合计	190 000	132 000	58 000

经查，完工产品入库为 1000 件，并非 800 件；在产品数量、投料程度和加工程度正确。

要求：（1）根据上述资料纠正存在的错误，重编成本计算表。

（2）试分析该厂这样做有何意图？

4. M 公司的会计政策规定，入库产成品按实际生产成本入账，发出产成品按先进先出法核算。2023 年 12 月 31 日，M 公司甲产品期末结存数量为 1 200 件，期末余额为 5 210 万元，M 公司 2023 年度甲产品的相关明细资料如表 7-9 所示。（表 7-9 中数量单位为件，金额单位为人民币万元，假定甲产品期初余额和所有出入库数量、入库单价均无误）。

表 7-9　M 公司 2023 年度甲产品的相关明细

日期	摘要	入库			出库			结存		
		数量	单价	金额	数量	单价	金额	数量	单价	金额
11	期初余额							500	5.0	2 500
3.1	入库	400	5.1	2 040				900		4 540
4.1	销售				800	5.2	4 160	100		380
8.1	入库	1 600	4.6	7 360				1 700		7 740
10.3	销售				400	4.6	1 840	1 300		5 900
12.1	入库	700	4.5	3 150				2 000		9 050
12.31	销售				800	4.8	3 840	1 200		5 210
12.31	期末余额							1 200		5 210

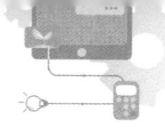

要求：试分析在对 M 公司发出存货进行计价测试后，注册会计师应提出怎样的审计调整建议。

5. 假定 M 公司 2023 年度只生产销售甲、乙两种产品，年初、年末存货只有产成品库存，发出存货采用先进先出法核算。M 公司存货跌价准备年初、年末账户余额均为 1 300 万元，2023 年度未作存货跌价准备的结转和转回。甲、乙两种产品的详细资料如下：

（1）甲产品年初库存 1 000 件，单位成本为 2 万元，单位产品可变现净值为 1.5 万元；本年生产甲产品 2 000 件，单位成本为 1.8 万元，本年销售 1 500 件，甲产品年末单位可变现净值为 1.7 万元。

（2）乙产品年初库存 800 件，单位成本为 5 万元，单位产品可变现净值为 4 万元；本年生产乙产品 2 000 件，单位成本为 4.5 万元，本年销售 300 件，乙产品年末单位可变现净值为 5.5 万元。

要求：试分析在对存货跌价准备进行测试后，注册会计师应怎样进行审计调整。

6. 注册会计师对康达公司 2023 年 12 月 31 日的期末会计资料进行审计时，发现临近结账日前后所发生的业务事项如下：

（1）2024 年 1 月 6 日收到价值为 700 元的物品，并于当天登记入账。该物品于 2023 年 12 月 28 日按供货商离厂交货条件运送，因 2023 年 12 月 31 日尚未收到，故未计入结账日存货。

（2）按顾客特殊订单制作的某产品，于 2023 年 12 月 31 日完工并送装运部门，顾客已于该日付款。该产品于 2023 年 1 月 5 日送出，但未包括在 2023 年 12 月 31 日存货内。

要求：试分析上述业务事项中的货物是否应包括在 2023 年 12 月 31 日的存货内，并说明理由。

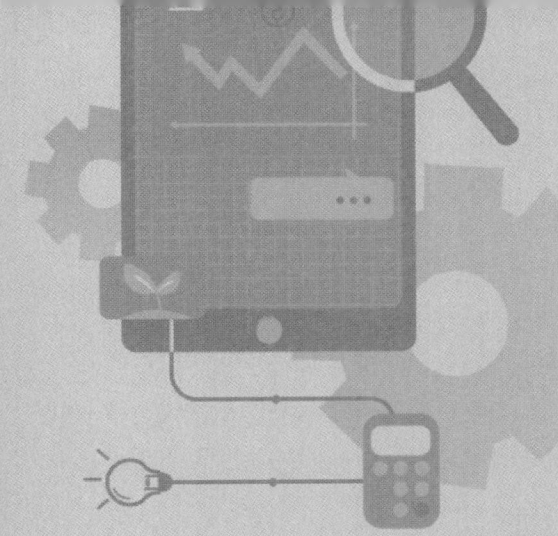

项目8
人力资源与工薪循环审计

8

 学习目标 ▶▶▶

素养目标

◆ 通过对人力资源与工薪循环重大错报风险的识别与评估，培养"合理运用职业判断，保持适当职业怀疑"的审计工作态度，恪守"客观公正、诚信独立"的审计职业操守；

◆ 通过小组探究查找应付职工薪酬典型审计案例中的重大错报，培育学生"精益求精、追求卓越"的工匠精神，强化"协作共进、和而不同"的合作意识，弘扬"勤于探索、勇于实践"的创新精神。

知识目标

◆ 熟悉人力资源与工薪循环主要活动及其内部控制；

◆ 了解人力资源与工薪循环的控制测试程序；

◆ 掌握应付职工薪酬实质性程序。

能力目标

◆ 能够评估人力资源与工薪循环的重大错报风险；

◆ 能够对人力资源与工薪循环实施控制测试；

◆ 能够对应付职工薪酬实施实质性程序。

任务导航 ❯❯❯

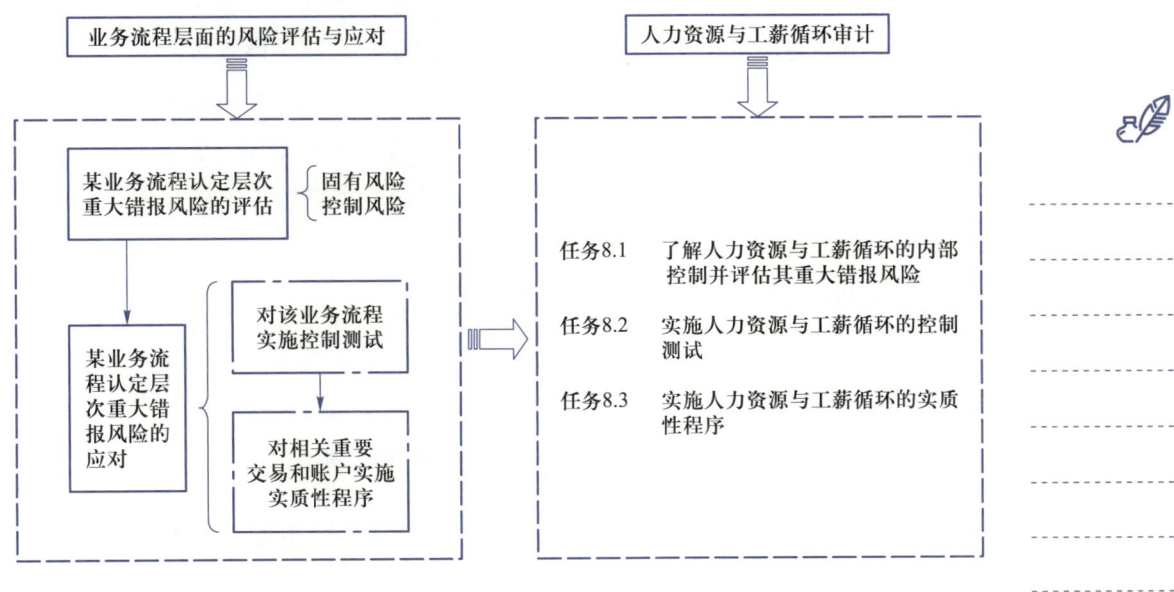

任务 8.1

了解人力资源与工薪循环的内部控制并评估其重大错报风险

【案例导入】

注册会计师在审计工作底稿中记录了所了解的有关甲公司人力资源与工薪交易的内部控制，部分内容摘录如下：

（1）甲公司内部审计人员核对工薪费用分配表、工薪汇总表、工薪结算表与有关费用明细账，以确定工薪费用的发生或存在。

（2）甲公司支票由有关专职人员签字，工薪的计算与发放由财务部实施。

（3）甲公司规定，有权雇用和解雇员工的人员可兼管工薪的编制和记录。

（4）甲公司内部审计人员认为，为了防止向员工过量支付工薪而实施的最有效的内部控制措施是对工薪交易进行适当的授权。

要求：请逐项指出上述内部控制在设计上存在的缺陷，简要说明理由并提出改进建议。

281

【任务分析】

注册会计师对人力资源与工薪循环的审计，实际上是在业务流程层面使用循环法对人力资源与工薪循环的认定层次的重大错报风险进行评估与应对。在评估人力资源与工薪循环的认定层次的重大错报风险时，需要：① 了解规范的人力资源与工薪循环的主要业务活动及其所涉及的主要凭证与会计记录；② 熟悉规范的人力资源与工薪循环的内部控制；③ 将被审计单位人力资源与工薪循环的主要业务活动及其内部控制与前述规范进行比较，以评估被审计单位人力资源与工薪循环的重大错报风险；④ 了解影响工薪交易和余额的常见重大错报风险，为评估被审计单位人力资源与工薪循环的重大错报风险提供经验和借鉴。

【知识准备】

一、人力资源与工薪循环涉及的主要财务报表项目

人力资源与工薪循环是指企业雇用员工、记录工时、分配工薪费用和发放工薪的过程。接受员工提供劳务与向员工支付报酬都在短期内发生，所以，人力资源与工薪循环涉及的资产负债表项目是应付职工薪酬。

二、人力资源与工薪循环主要的业务活动

人力资源与工薪循环是不同企业之间最可能具有共同性的领域，涉及的主要业务活动通常包括批准招聘、记录工作时间或产量、计算工薪总额和扣除、工薪支付等。

（一）批准招聘

人力资源部门的人员根据授权按照正式的程序负责员工的招聘与解雇，编制批准雇佣或解雇的文件，确定支付率和工薪扣除等政策及其变动，并经高级管理层复核。

【相关单据】人事记录、扣款核准表、工薪率核准表

（1）人事记录包括雇佣日期、工薪率、业绩评价、雇佣关系终止等方面的记录。

（2）扣款核准表是核准工薪预扣款的表格，包括预先扣除个人所得税。

（3）工薪率核准表是一种根据工薪合同、管理层授权以及董事会对管理层的授权来核准工薪率的表格。

（二）记录工作时间或产量

对员工打卡（工时卡或考勤卡）上下班进行监督，以确保员工仅为其本人打

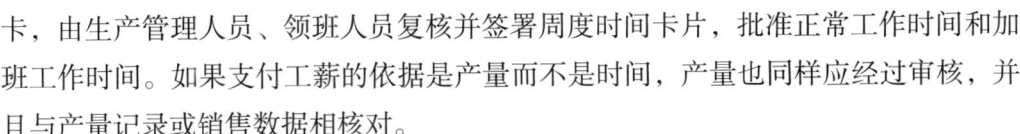

卡，由生产管理人员、领班人员复核并签署周度时间卡片，批准正常工作时间和加班工作时间。如果支付工薪的依据是产量而不是时间，产量也同样应经过审核，并且与产量记录或销售数据相核对。

【相关单据】工时卡、工时单

（1）工时卡是记录员工每天上下班时间和工时数的书面凭证，是根据时钟或打卡机自动填列的。

（2）工时单是记录员工在既定时间内完成工作的书面凭证，通常在员工从事不同岗位的工作或没有固定部门时使用。

（三）计算工薪总额和扣除

首先记录每名员工本工薪期间的工作时间或产量，与基准数据进行匹配；然后由一名适当的人员批准工薪的支付，同时由一名适当人员审核工薪总额和扣除的合理性，并批准该金额。

【相关单据】工薪交易文件、应付职工薪酬明细账或清单、工薪主文档

（1）工薪交易文件是指通过会计系统处理一定时期（如一个月）内所有工薪交易而由计算机生成的文件，该文件含有输入系统的所有信息和每项交易的信息，如员工的姓名、日期、支付总额和支付净额、各种预扣金额、账户类别等。

（2）应付职工薪酬明细账或清单是由工薪交易文件生成的报告，主要包括每项交易所对应的员工的姓名、日期、支付总额和支付净额、各种预扣金额、账户类别等信息。

（3）工薪主文档是记录每位员工的每一笔工薪交易和保留已付员工工薪总额的一种计算机文件。记录包括在每个工薪期间的工薪总额、预扣金额、工薪金额、支票号、日期等信息。

（四）支付工薪净额

利用电子货币转账系统或使用现金支出方式或使用支票，将工薪支付给员工，并经员工本人签字确认。

【相关单据】支票存根、个人所得税扣缴申报表或个人所得税自行纳税申报表

支票存根是指支票开出之后留下的底子，其内容与支票等相同，留存备查。签字盖章后的支票存根可作为付款的重要凭据。

个人所得税扣缴申报表是个人所得税的扣缴义务人向纳税人（居民个人和非居民个人）支付工资、薪金所得，劳务报酬所得，稿酬所得和特许权使用费所得的个人所得税全员全额预扣预缴而填写的申报表。

个人所得税自行纳税申报表是居民个人取得应税所得扣缴义务人未扣缴税款，非居民个人取得应税所得扣缴义务人未扣缴税款，非居民个人在中国境内从两处以上取得工资、薪金所得等情形在办理自行纳税申报时，向税务机关报送的申报表。

283

三、人力资源与工薪循环的内部控制

（一）人力资源与工薪循环相关的内部控制规范

《企业内部控制应用指引第 3 号——人力资源》。

（二）人力资源与工薪循环主要业务活动、可能的错报、关键控制点和相关认定

人力资源与工薪循环主要业务活动、可能的错报、关键控制点和相关认定一览表见表 8-1。

表 8-1　人力资源与工薪循环主要业务活动、可能的错报、关键控制点和相关认定一览表

主要业务活动	可能的错报	关键控制点	相关认定
批准招聘	员工名单中可能会有虚构的员工，或工薪单中可能会有已解雇员工的工薪	员工的招聘与解雇由人力资源部门负责，并经高级管理层批准	发生
记录工作时间或产量	记录工作时间或产量时出现错误或舞弊	工时卡或工时单经领班核准，加班需授权审批	准确性
计算工薪总额和扣除	工薪总额或扣款可能是错误的	（1）工薪总额和扣款的计算结果经其他人员复核； （2）由员工本人检查工薪单，并允许对发现的问题提出质疑	发生、完整性、准确性
支付工薪净额	工薪可能发给姓名不正确的员工，或支付给不正确的银行账号	（1）支付工薪前，工薪发放人员需核对员工姓名及其银行账号； （2）人事、考勤、工薪发放和记录等职责分离	发生、准确性

（三）人力资源与工薪循环的内部控制

人力资源与工薪循环的内部控制主要包括以下几个方面：

1. 适当的职责分离

为了防止向员工过量支付工薪，或向不存在的员工虚假支付工薪，责任分离非常重要。人力资源部门应独立于工薪职能，负责确定员工的雇用、解雇及其支付率和扣减额的变化。

2. 适当的授权

人力资源部门应当对员工的雇用与解雇负责。支付率和扣减额也应当进行适当授权。每一个员工的工作时间，特别是加班时间，都应经过主管人员的授权。所有工时卡都应表明核准情况，例外的加班时间也应当经过核准。

3. 适当的凭证和记录

适当的凭证和记录依赖于工薪系统的特性。例如，工时卡或工时记录只针对计时工薪，而有些员工的工薪以计件工薪为基础。

4. 资产和记录的实物控制

应当限制接触未签字的工薪支票。支票应由有关专职人员签字，工薪应当由独立于工薪和考勤职能之外的人员发放。

5. 工薪的独立检查

工薪的计算应当独立验证，包括将审批工薪总额与汇总报告进行比较。管理层成员或其他负责人应当复核工薪金额，以避免明显的错报和异常的金额。

四、评估重大错报风险

工薪费用可能具有较高的舞弊固有风险，但由于企业常常广泛采取预防性的控制活动，因此，工薪费用剩余重大错报风险会降低。工薪交易和余额的重大错报风险主要是以下原因产生的：

（1）在工薪单上虚构员工。

（2）由一位可以更改员工数据主文档的员工在没有授权的情况下更改总工薪的付费标准。

（3）为员工并未工作的工时支付工薪。

（4）进行工薪处理过程中出错。

（5）工薪扣款不正确，或未经过员工个人授权，导致应付工薪扣款的返还和支付不正确。

（6）电子货币转账系统的银行账户不正确。

（7）将工薪支付给错误的员工。

（8）由于工薪长期未支付造成挪用现象。

（9）支付应付工薪扣款的金额不正确。

【案例解析】

要指出甲公司人力资源与工薪循环内部控制存在的缺陷、说明理由和提出改进建议，关键是将规范的人力资源与工薪循环的内部控制，与被审计单位的相关内部控制进行比较。经比较后发现，其中存在的内部控制缺陷、理由和改进建议如下：

（1）核对工薪费用分配表、工薪汇总表、工薪结算表与有关费用明细账，不是用来确定工薪费用的发生或存在的，主要是为了确定工薪费用记录的完整性。

（2）工薪的计算与发放由财务部门实施，违反了不相容职务相分离的原则，建

议将工薪计算工作安排给人事部门来实施。

（3）有权雇用和解雇员工的人员不应具有其他工薪职能，相关职能建议由人事部门承担。

（4）为了防止向员工过量支付工薪，职责分离非常重要，因此，最有效的内部控制措施是适当的职责分离。

【任务检查】

多项选择题

1. 下列关于人力资源与工薪循环的内部控制中，不恰当的有（　　　　　　）。

A. 甲职员负责考勤制度的审核、工资的计算，乙职员负责工资的发放和审核

B. 甲职员负责考勤制度的管理、审核和工资的计算，同时对乙职员的工资发放过程进行监督

C. 甲职员负责工薪支付的批复，乙职员负责工薪总额的计算审核和扣除额审核，并批准该金额

D. 甲职员负责工资支付的全过程

2. 下列可能导致工薪交易和余额产生重大错报风险的有（　　　　　　）。

A. 将工薪支付给错误的员工

B. 在工薪单上虚构员工

C. 在进行工薪处理过程中出错

D. 电子货币转账系统中记录的银行账户不正确

任务 8.2

实施人力资源与工薪循环的控制测试

【任务分析】

与其他循环相比，与工薪相关的内部控制通常是有效的，因此，注册会计师在评估人力资源与工薪循环认定层次重大错报风险时，通常预期人力资源与工薪循环内部控制的运行是有效的，此时，应当安排对其实施控制测试。

对人力资源与工薪循环实施控制测试，首先要遵守《中国注册会计师审计准则第 1231 号——针对评估的重大错报风险采取的应对措施》中有关控制测试的基本

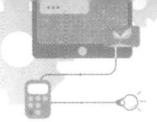

规定；其次，人力资源与工薪循环的控制测试包括以内部控制目标（认定）为起点的控制测试和针对工薪汇总表和工薪单的控制测试。

【知识准备】

一、以内部控制目标（认定）为起点的控制测试

人力资源与工薪循环的内部控制目标（认定）、关键内部控制与常用控制测试一览表见表 8-2。

表 8-2　人力资源与工薪循环的内部控制目标（认定）、关键内部控制与常用控制测试一览表

内部控制目标（认定）	关键内部控制	常用控制测试
工薪账项均经恰当的批准（发生）	对以下 5 个关键点，应履行恰当的批准手续，经过特别审批或一般审批：工作时间，特别是加班时间；工薪、薪金或佣金；代扣款项；工薪结算表和工薪汇总表	检查人事档案；检查工时卡的有关核准；检查工薪记录中有关内部检查标记；检查人事档案中的授权；检查工薪记录中有关核准的标记
记录的工薪为实际发生的而非虚构的（发生）	工时卡经领班核准；用生产记录钟记录工时	检查工时卡的核准说明；检查工时卡；复核人事政策、组织结构图
所有已发生的工薪支出已记录（完整性）	工薪分配表、工薪汇总表完整反映已发生的工薪支出	检查工薪分配表、工薪汇总表、工薪结算表，并核对员工工薪手册、员工手册等
工薪以正确的金额，在恰当的会计期间及时记录于适当的账户（发生、完整性、准确性、计价和分摊）	采用适当的工薪费用分配方法，并且前后各期一致；采用适当的账务处理流程	选取样本测试工薪费用的归集和分配；测试是否按照规定的账务处理流程进行账务处理
人事、考勤、工薪发放、记录之间相互分离（准确性）	人事、考勤、工薪发放、记录等职务相互分离	询问和观察各项职责执行情况

二、针对工薪汇总表和工薪单的控制测试

（一）针对工薪汇总表的控制测试（核对总额）

（1）选择若干月份工薪汇总表，计算复核每一份工薪汇总表。

（2）检查每一份工薪汇总表是否都已经被授权批准。

（3）检查应付工薪总额与人工费用分配汇总表中的合计数是否相符。

（4）检查其代扣款项的账务处理是否正确。

（5）检查实发工薪总额与银行付款凭单及银行存款对账单是否相符，并正确进

287

入相关账户。

（二）针对工薪单的控制测试（核对具体事项）

（1）从工薪单中选取若干个样本（应包括各种不同类型人员），检查员工工薪卡或人事档案，确保工薪发放有依据。

（2）检查员工工薪率及实发工薪额的计算。

（3）检查实际工时统计记录（或产量统计报告）与员工工时卡（或产量记录）是否相符。

（4）检查员工加班记录与主管人员签名的月度加班费汇总表是否相符。

（5）检查员工扣款依据是否正确；检查员工是否有工薪签收证明。

（6）实地抽查部分员工，证明其确在本公司工作；如已离开本企业，则需获得管理层证实。

任务 8.3　实施人力资源与工薪循环的实质性程序

【案例导入】

甲公司为增值税一般纳税人，适用的增值税税率为 13%。注册会计师对甲公司 2024 年 3 月发生的与职工薪酬有关的交易或事项进行审计时发现：

（1）甲公司对生产车间使用的设备进行日常维修，应付企业内部维修人员工资 1.2 万元，计入了制造费用。

（2）甲公司对以经营租赁方式租入的生产线进行改良，应付企业内部改良工程人员工资 3 万元，全部计入了制造费用。

（3）甲公司为总部下属 25 位部门经理每人配备一辆汽车供其免费使用，假定每辆汽车每月计提折旧 0.08 万元，计提折旧时，作了如下会计分录：

借：管理费用　　　　　　　　　　　　　　　　　　20 000

　　贷：累计折旧　　　　　　　　　　　　　　　　　　　　20 000

要求：指出甲公司应付职工薪酬核算存在的问题并提出处理意见。

【任务分析】

工薪交易和相关余额的重大错报风险主要是对费用的高估，如向虚构员工发放

视频：应付
职工薪酬的
审计策略

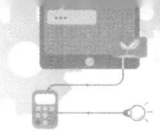

工薪、对未实际发生工时支付工薪或以未授权的工薪率发放工薪等（涉及存在和发生以及准确性认定）。由于严格的监管环境，工薪活动的敏感性和保密性，以及未遵守法律法规可能会受到的严厉惩罚，管理层会对工薪系统实施严格的控制。企业在大多数情况下能够有效地预先发现并纠正工薪交易和相关余额的错误和舞弊。因此，注册会计师在测试了关键控制后可能将工薪交易和余额中的重大错报风险评估为低水平，并考虑通过实施分析程序获取所需要的大多数实质性审计证据，减少细节测试。针对剩余重大错报风险，注册会计师应当实施细节测试，以确认期末应付工薪和工薪负债的完整性、准确性、计价以及权利和义务。

【知识准备】

一、工薪交易常用的实质性程序

工薪交易常用的实质性程序见表 8-3。

表 8-3　工薪交易常用的实质性程序

审计目标	工薪交易常用的实质性程序
工薪账项均经恰当的批准且为实际发生的	将工时卡与工时记录等进行比较； 对本期工薪费用实施分析程序； 将有关费用明细账与工薪费用分配表、工薪汇总表、工薪结算表相核对
所有已发生的工薪支出已记录	对本期工薪费用的发生情况实施分析程序； 将工薪费用分配表、工薪汇总表、工薪结算表与有关费用明细账相核对
工薪以正确的金额，在恰当的会计期间及时记录于适当的账户	对本期工薪费用实施分析程序； 检查工薪的计提是否正确，分配方法是否与上期一致

二、应付职工薪酬的实质性程序

（1）获取或编制应付职工薪酬明细表，复核加计是否正确，并与报表数、总账数和明细账合计数核对是否相符。

（2）实施实质性分析程序。

① 针对已识别需要运用分析程序的有关项目，并基于对被审计单位及其环境的了解，通过进行以下比较，同时考虑有关数据间关系的影响，以建立有关数据的期望值。

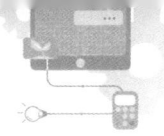

第一，比较被审计单位员工人数的变动情况，检查被审计单位各部门各月工资费用的发生额是否有异常波动；若有，则查明波动原因是否合理。

第二，比较本期与上期工资费用总额，要求被审计单位解释其增减变动原因，或取得公司管理当局关于员工工资标准的决议。

第三，比较社会保险费（包括医疗、养老、失业、工伤、生育保险费）、住房公积金、工会经费、职工教育经费和辞退福利等项目的本期实际计提数与按照相关规定独立计算的预期计提数，要求被审计单位解释其增减变动或产生差异的原因。

第四，核对下列相互独立部门的相关数据：工资部门记录的工资支出与出纳记录的工资支付数；工资部门记录的工时与生产部门记录的工时。

第五，比较本期应付职工薪酬余额与上期应付职工薪酬余额是否有异常变动。

② 确定可接受的差异额。

③ 将实际的情况与期望值相比较，识别需要进一步调查的差异。

④ 如果其差额超过可接受的差异额，调查并获取充分的解释和恰当的佐证审计证据（如通过检查相关的凭证）。

⑤ 评估分析程序的测试结果。

（3）检查工薪、奖金、津贴和补贴

① 计提是否正确，依据是否充分。

第一，将执行的工薪标准与有关规定核对，并对工薪总额进行测试。

第二，被审计单位如果实行工效挂钩，应取得有关主管部门确认的效益工资发放额认定证明，结合有关合同文件和实际完成的指标，检查其计提额是否正确，是否应作纳税调整。

第三，结合员工社保缴纳情况，明确被审计单位的员工范围，检查其是否与关联公司的员工工薪混淆列支。

② 检查分配方法与上年是否一致。除因解除与职工的劳动关系给予的补偿直接计入管理费用外，被审计单位是否根据职工提供劳务的受益对象，分别下列情况进行处理：

第一，应由生产产品、提供劳务负担的职工薪酬，计入产品成本或劳务成本；

第二，应由在建工程、无形资产负担的职工薪酬，计入相关资产成本；

第三，被审计单位为外商投资企业，按规定从净利润中提取的职工奖励及福利基金，是否以董事会决议为依据，是否相应记入"利润分配——提取的职工奖励及福利基金"账户；

第四，其他职工薪酬是否计入当期损益。

③ 检查发放金额、代扣款项及其金额是否正确。

④ 检查是否存在属于拖欠性质的职工薪酬，并了解拖欠的原因。

（4）检查社会保险费（包括医疗、养老、失业、工伤、生育保险费）、住房公积金、工会经费和职工教育经费等计提（分配）和支付（使用）的会计处理是否正确，依据是否充分。

（5）检查非货币性福利。

① 检查以自产产品外购商品发放给职工的非货币性福利，是否根据受益对象，按照该产品或商品的公允价值和相关税费，计入相关资产成本或当期损益，同时确认应付职工薪酬；对于难以认定受益对象的非货币性福利，检查是否直接计入当期损益和应付职工薪酬。

② 检查将拥有的房屋等资产无偿提供给职工使用的非货币性福利，是否根据受益对象，将该住房每期应计提的折旧计入相关资产成本或当期损益，同时确认应付职工薪酬。对于难以认定受益对象的非货币性福利，检查是否直接计入当期损益和应付职工薪酬。

③ 检查租赁住房等资产供职工无偿使用的非货币性福利，是否根据受益对象，将每期应付的租金计入相关资产成本或当期损益，并确认应付职工薪酬。对于难以认定受益对象的非货币性福利，检查是否直接计入当期损益和应付职工薪酬。

（6）检查应付职工薪酬的期后付款情况，并关注在资产负债表日至财务报表批准报出日之间，是否有确凿证据表明需要调整资产负债表日原确认的应付职工薪酬事项。

（7）检查应付职工薪酬是否已按照企业会计准则的规定在财务报表中作出恰当的列报。检查是否在附注中披露与职工薪酬有关的下列信息：

① 应当支付给职工的工资（薪）、奖金、津贴和补贴，及其期末应付未付金额；

② 应当为职工缴纳的医疗、养老、失业、工伤和生育等社会保险费，及其期末应付未付金额；

③ 应当为职工缴存的住房公积金，及其期末应付未付金额；

④ 为职工提供的非货币性福利，及其计算依据；

⑤ 应当支付的因解除劳动关系给予的补偿，及其期末应付未付金额；

⑥ 其他职工薪酬。

【案例解析】

（1）按照企业会计准则规定，企业生产车间和行政部门发生的固定资产修理费不符合固定资产确认条件，均应列入管理费用。审计调整为：

借：管理费用　　　　　　　　　　　　　　12 000
　　贷：制造费用　　　　　　　　　　　　　　12 000

（2）按照企业会计准则规定，以经营租赁方式租入的固定资产发生的改良支出，应计入长期待摊费用，分期摊销。审计调整为：

借：长期待摊费用　　　　　　　　　　　　　　　　　　　　　　30 000
　　贷：制造费用　　　　　　　　　　　　　　　　　　　　　　　30 000

（3）按照企业会计准则规定，将企业拥有的房屋等资产无偿提供给职工使用的，应当根据受益对象，将该住房每期应计提的折旧计入相关资产成本或当期损益，同时确认应付职工薪酬。审计调整为：

借：应付职工薪酬　　　　　　　　　　　　　　　　　　　　　　20 000
　　贷：应付职工薪酬　　　　　　　　　　　　　　　　　　　　　20 000

【任务检查】

多项选择题

1. 对本期工薪费用实施分析程序，检查工薪的计提是否正确、分配方法是否与上期一致，这可以实现的审计目标有（　　　　　）。

A. 完整性　　　　　　　　　　　　B. 发生

C. 准确性　　　　　　　　　　　　D. 计价和分摊

2. 通常核对相互独立部门的相关数据的效果会更好，下列属于这种类型的分析程序有（　　　　　）。

A. 比较本期与上期工薪费用总额

B. 工薪部门记录的工薪支出与出纳记录的工薪支付数

C. 比较本期应付职工薪酬余额与上期应付职工薪酬余额

D. 工薪部门记录的工时与生产部门记录的工时

3. 应付职工薪酬的核算内容包括（　　　　　）。

A. 职工福利费　　　　　　　　　　B. 现金结算的股份支付

C. 职工教育经费　　　　　　　　　D. 住房公积金

4. 注册会计师正在对被审计单位的应付职工薪酬实施分析程序，下列分析可能发现数据异常波动的有（　　　　　）。

A. 比较被审计单位职工人数的变动情况，检查被审计单位各部门各月工资费用的发生额

B. 比较本期与上期工资费用总额

C. 结合员工社保缴纳情况，明确被审计单位职工范围

D. 比较本期应付职工薪酬余额与上期应付职工薪酬余额

能力训练 ▶▶▶

一、单项选择题

1. 不同企业之间最可能具有共同性的领域是（　　）。

A. 销售与收款循环　　　　　　B. 人力资源与工薪循环

C. 采购与付款循环　　　　　　D. 生产与存储循环

2. 对本期工薪费用实施分析程序不相关的认定是（　　）。

A. 发生　　　　　　　　　　　B. 完整性

C. 准确性　　　　　　　　　　D. 分类和可理解性

3. 注册会计师正在对被审计单位的人力资源与工薪循环进行审计，下列属于对工薪账项实施实质性程序的是（　　）。

A. 检查工时卡的有关核准　　　B. 检查人事档案中的授权

C. 将工时卡与工时记录等进行比较　　D. 检查工薪记录中有关核准的标记

4. 下列不需要根据职工提供劳务的受益对象来划分，而应于发生时直接计入管理费用的是（　　）。

A. 工会经费　　　　　　　　　B. 养老保险费

C. 工伤保险费　　　　　　　　D. 辞退福利

5. 为了实现"记录的工薪为实际发生的而非虚构的"审计目标，最佳的审计程序是（　　）。

A. 将有关费用明细账与工薪费用分配表、工薪汇总表、工薪结算表相核对

B. 检查工薪的计提是否正确，分配方法是否与上期一致

C. 询问和观察各项职责执行情况

D. 检查工薪分配表、工薪汇总表、工薪结算表，并核对员工工薪手册、员工手册等

二、多项选择题

1. 下列项目中，属于职工薪酬的有（　　　　）。

A. 工伤保险费　　　　　　　　B. 非货币性福利

C. 职工津贴和补贴　　　　　　D. 因解除与职工的劳动关系给予的补偿

2. 乙公司为一冷饮制造公司，下列因素可能会影响其工薪金额变化的有（　　　　）。

A. 公司计划进一步扩张而增加人员

B. 员工结构的变更以及针对不同种类的平均工薪水平和工薪范围

C. 员工数量的变化以及在季节性变化的情况下该数量的稳定性

D. 存在年度中由于公司经营或生产期限的限制而加班所支付的高工薪

3. 在人力资源和工薪循环中，注册会计师为收集大多数审计证据，拟实施的实质性分析程序包括（　　　　　）。

A. 核对工薪部门记录的工薪支出与出纳记录的工薪支付数

B. 结合员工社保缴纳情况，明确被审计单位的员工范围，检查是否与其关联公司的员工工薪混淆列支

C. 比较被审计单位员工人数的变动情况，检查被审计单位各部门各月工薪费用的发生额是否有异常波动

D. 比较本期应付职工薪酬余额与上期应付职工薪酬余额，检查是否有异常变动

4. 关于非货币性职工薪酬，下列说法正确的有（　　　　　）。

A. 企业将拥有的房屋等资产无偿提供给职工使用的，应当根据受益对象，按照该住房的公允价值计入相关资产成本或当期损益，同时确认应付职工薪酬

B. 难以认定受益对象的非货币性福利应直接计入当期损益和应付职工薪酬

C. 企业租赁住房等资产供职工无偿使用的，应当根据受益对象，将每期应付的租金计入相关资产成本或当期损益，并确认应付职工薪酬

D. 企业以其自产产品作为非货币性福利发放给职工的，应当根据受益对象，按照产品的账面价值，计入相关资产成本或当期损益，同时确认应付职工薪酬

5. 注册会计师在对甲公司应付职工薪酬进行审计时，发现有以下账务处理，其认为不正确的有（　　　　　）。

A. 企业以其自产产品发放给职工个人作为职工薪酬的，借记"成本费用"科目，贷记"库存商品"等账户

B. 因解除与职工的劳动关系给予的补偿，借记"管理费用"账户，贷记"应付职工薪酬"账户

C. 将住房等固定资产无偿提供给职工使用的，按应计提的折旧额，借记"管理费用"账户，贷记"累计折旧"账户

D. 租赁住房等资产供职工无偿使用的，按每期应支付的租金，借记"管理费用""生产成本""制造费用"等账户，贷记"应付职工薪酬"账户；支付时，借记"应付职工薪酬"账户，贷记"银行存款"账户

三、简答题

1. 人力资源与工薪循环的内部控制主要包括哪些内容？

2. 工薪交易和余额的重大错报风险主要由哪些原因产生？

3. 怎样检查应付职工薪酬中的工资（薪）、奖金、津贴和补贴？

4. 怎样检查应付职工薪酬中的非货币性福利？

四、案例分析题

甲公司为增值税一般纳税人，适用的增值税税率为 13%。注册会计师对甲公司 2024 年 5 月发生的与职工薪酬有关的交易或事项进行审计时发现：

（1）将 50 台自产的 V 型厨房清洁器作为福利分配给本公司行政管理人员。该厨房清洁器每台生产成本为 1.2 万元，市场售价为 1.5 万元（不含增值税）。甲公司作了如下会计分录：

借：管理费用 84.75

　　贷：应付职工薪酬 84.75

（2）按规定计算代扣职工个人所得税 0.8 万元。甲公司作了如下会计分录：

借：所得税费用 0.8

　　贷：应交税费——应交个人所得税 0.8

（3）以现金支付职工李某生活困难补助 0.1 万元。甲公司作了如下会计分录：

借：其他应付款 0.1

　　贷：库存现金 0.1

（4）从应付张经理的工资中，扣回上月代垫的应由其本人负担的医疗费 0.8 万元。甲公司作了如下会计分录：

借：应付职工薪酬 0.8

　　贷：库存现金 0.8

注：上述分录中的单位为万元。

要求：指出甲公司应付职工薪酬核算存在的问题并提出处理意见。

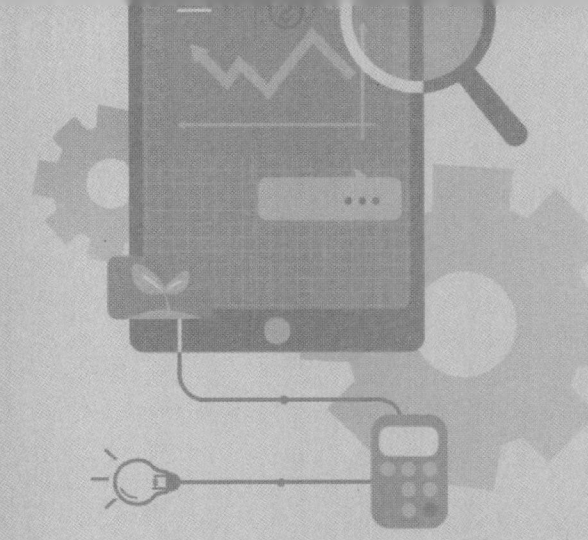

项目9

货币资金审计

9

学习目标 ▶▶▶

素养目标

◆ 通过对货币资金重大错报风险的识别与评估，培养"合理运用职业判断，保持适当职业怀疑"的审计工作态度，恪守"客观公正、诚信独立"的审计职业操守。

◆ 通过小组探究查找货币资金典型审计案例中的重大错报，培育学生"精益求精、追求卓越"的工匠精神，强化"协作共进、和而不同"的合作意识，弘扬"勤于探索、勇于实践"的创新精神。

知识目标

◆ 理解货币资金的内部控制及对相关认定的影响；

◆ 熟悉货币资金的内部控制测试；

◆ 掌握库存现金的监盘；

◆ 掌握银行存款的函证；

◆ 掌握银行对账单和银行存款余额调节表的检查。

能力目标

◆ 能够监盘库存现金；

◆ 能够检查大额现金收支；

◆ 能够取得并检查银行对账单及银行存款余额调节表；

◆ 能够对银行存款实施函证程序和截止测试；

◆ 能够检查银行存单。

任务导航 ▶▶▶

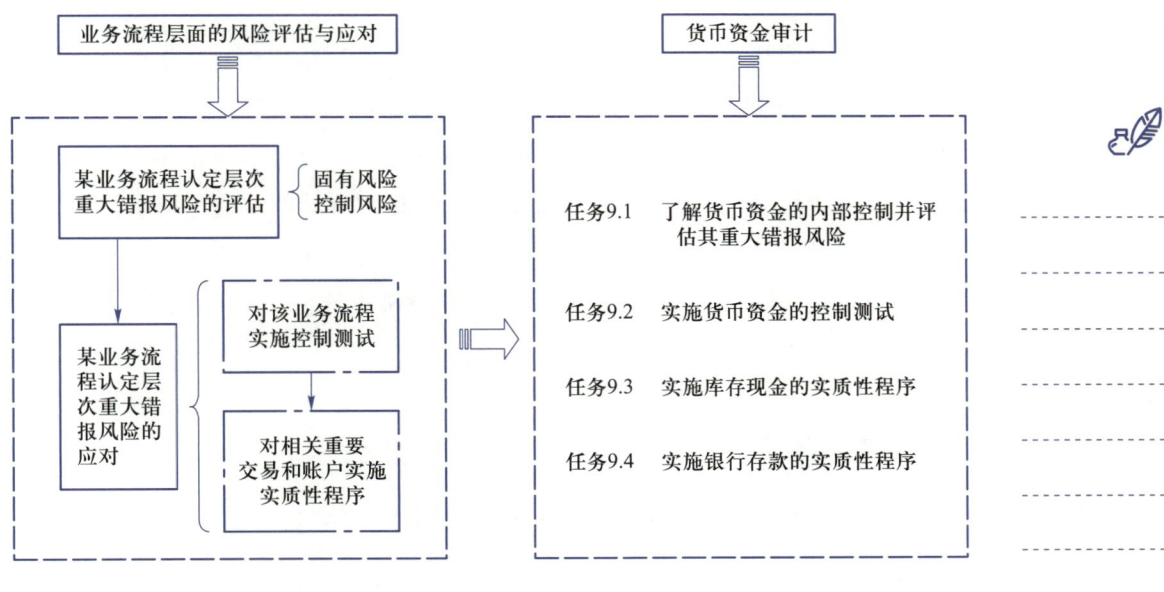

任务 9.1

了解货币资金的内部控制并评估其重大错报风险

【案例导入】

ABC 会计师事务所的注册会计师于 2023 年 10 月 25 日至 11 月 10 日对甲公司货币资金内部控制进行了解，并在审计工作底稿中作了记录，部分内容摘录如下：

（1）甲公司设立出纳岗位。其出纳人员负责办理现金、银行存款收支业务，登记库存现金日记账和银行存款日记账，并兼任会计档案保管职务。月底出纳人员取得银行对账单并编制银行存款余额调节表。

（2）甲公司采取分散收款方式。各部门收款员所收现金每隔 3 天向财务部门出纳人员汇总解缴一次。

（3）甲公司货币资金支付审批实行分级管理办法：单笔付款金额在 10 万元以下的，由财务部经理审批；单笔付款金额在 10 万元以上、50 万元以下的，由财务总监审核；单笔付款金额在 50 万元以上的，由总经理审批。

要求：根据上述摘录，请代注册会计师指出甲公司货币资金内部控制可能存在

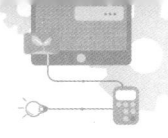

的缺陷，简要说明理由并提出改进建议。

【任务分析】

注册会计师对货币资金的审计，实际上是在业务流程层面对货币资金的认定层次的重大错报风险进行评估与应对。在评估货币资金的认定层次的重大错报风险时，需要：① 了解规范的货币资金涉及的主要业务活动及其涉及的主要凭证与会计记录；② 熟悉规范的货币资金的内部控制；③ 将被审计单位货币资金的主要业务活动及其内部控制与前述规范进行比较，以评估被审计单位货币资金的重大错报风险；④ 了解货币资金常见重大错报风险，为评估被审计单位货币资金的重大错报风险提供经验和借鉴。

【知识准备】

一、货币资金涉及的主要财务报表项目及其关系

货币资金是指企业生产经营过程中处于货币形态的资产。根据货币资金存放地点及用途的不同，可将其分为库存现金、银行存款及其他货币资金。货币资金是企业资产中流动性最强的一种，也是企业资产的重要组成部分。任何企业进行生产经营活动都必须拥有一定数额的货币资金，持有货币资金是企业生产经营活动的基本条件。

货币资金涉及的资产负债表项目也是货币资金。"货币资金"项目，反映企业库存现金、银行结算户存款、外埠存款、银行汇票存款、银行本票存款、信用卡存款、信用保证金存款等的合计数。本项目应根据"库存现金""银行存款""其他货币资金"科目期末余额的合计数填列。

二、货币资金涉及的主要业务活动

货币资金主要来源于资本的投入和营业收入，主要用于资产的取得和费用的支付及债务的结算。一个企业只有保持健康的、正的现金流，才能继续生存；反之，将可能会陷入财务困境，并使企业的持续经营能力受到质疑。

（一）货币资金与交易循环

货币资金与各交易循环均直接相关，具体表现为：

（1）在销售与收款循环中，企业产品的销售、劳务的提供会导致货币资金的增加。

（2）在采购与付款循环中，企业购买固定资产、无形资产和存货等会导致货币

资金的减少。

（3）在生产与存货循环中，企业支付各种费用会导致货币资金的减少。

（4）在人力资源与工薪循环中，企业支付各种人工费用会导致货币资金的减少。

（5）在筹资循环（或交易）中，企业发行股票、债券、向银行或其他金融机构借款时会导致货币资金的增加，而还本付息、支付股利则会导致货币资金的减少。

（6）在投资循环（或交易）中，企业购买股票、债券时，会导致货币资金的减少，而收回投资及收到股利、利息时，则会导致货币资金的增加。

（二）货币资金所涉及的主要业务活动

货币资金业务主要有处理单据、受理结算凭证、办理结算、收付款项和账务处理等，具体内容如下：

1. 处理单据

与货币资金业务相关的单据的处理涉及企业各个职能部门：销售部门签订销售合同；零星收入由收款部门开具收款通知单；收发室受理汇款单；仓库部门填写请购单；零星支出部门填写差旅费报销单、备用金报销单等；劳动工资部门编制工资结算汇总表。这些单据处理后，交财会部门。

2. 受理结算凭证

从企业外部转来的结算凭证要先经过销售部门或采购部门等受理后再送交财会部门。销售部门受理由付款单位或开户银行转来的票据和收款结算凭证，采购部门受理由收款单位或开户银行转来的付款结算凭证。

3. 办理结算

出纳员根据销售合同、销售发票、提货单和运单等，编制代垫费用清单，据以到银行办理收款转账或提取现金；根据采购合同、请购单、验收单、入库单等办理现金支票、转账支票结算，或在开户银行申请办理汇兑、银行汇票、银行本票、外埠存款、国际信用证存款结算；根据受理的付款结算凭证，到开户银行办理付款、拒付、多余款转账。

4. 收款与付款

出纳员根据销售发票和收款通知单，办理收款业务；根据请购单、差旅费报销单、备用金报销单、付款凭单和工资结算汇总表及所附原始凭证，办理付款业务。每日终了，根据所收款项编制送款单，连同所收现金送存银行。

5. 账务处理

收到现金或银行存款时，财会人员根据原始凭证编制收款凭证，登记现金或银行存款账；支付现金或银行存款时，根据原始凭证编制付款凭证，登记现金账或银行存款账；涉及其他货币资金收付时，根据相关原始凭证进行账务处理。

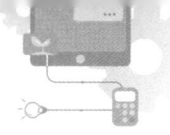

6. 银行存款余额调节

货币资金业务中的另一重要业务就是银行存款余额调节。对于存款户，开户银行照例在每月初将上月的存款和支款情况抄具一份"银行存款对账单"，连同注销的支票以及一些费用通知单交送存款户核对，企业需要对银行存款余额进行调节。

三、货币资金的内部控制

（一）货币资金相关的内部控制规范

《企业内部控制应用指引第 6 号——资金活动》。

（二）货币资金内部控制的内容

尽管由于每个企业的性质、所处行业、规模以及内部控制健全程度等不同，而使得其与货币资金相关的内部控制内容有所不同，但以下要求是企业通常应当共同遵循的：

1. 岗位分工及授权批准

（1）企业应当建立货币资金业务的岗位责任制，明确相关部门和岗位的职责权限，确保办理货币资金业务的不相容岗位相互分离、制约和监督。出纳人员不得兼任稽核、会计档案保管和收入、支出、费用、债权债务账目的登记工作。企业不得由同一人办理货币资金的全流程业务。

（2）企业应当对货币资金业务建立严格的授权批准制度，明确审批人对货币资金业务的授权批准方式、权限、程序、责任和相关控制措施，规定经办人办理货币资金业务的职责范围和工作要求。审批人应当根据货币资金授权批准制度的规定，在授权范围内进行审批，不得超越审批权限。经办人应当在职责范围内，按照审批人的批准意见办理货币资金业务。对于审批人超越授权范围审批的货币资金业务，经办人员有权拒绝办理，并及时向审批人的上级授权部门报告。

（3）企业应当按照规定的程序办理货币资金支付业务：

① 支付申请。企业有关部门或个人用款时，应当提前向审批人提交货币资金支付申请，注明款项的用途、金额、预算、支付方式等内容，并附有效经济合同或相关证明。

② 支付审批。审批人根据其职责、权限和相应程序对支付申请进行审批。对不符合规定的货币资金支付申请，审批人应当拒绝批准。

③ 支付复核。复核人应当对批准后的货币资金支付申请进行复核，复核货币资金支付申请的批准范围、权限、程序是否正确，手续及相关单证是否齐备，金额计算是否准确，支付方式、支付企业是否妥当等。复核无误后，交由出纳人员办理支付手续。

④ 办理支付。出纳人员应当根据复核无误的支付申请，按规定办理货币资金支

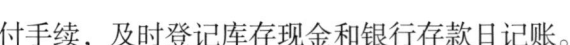

付手续，及时登记库存现金和银行存款日记账。

（4）企业对于重要货币资金支付业务，应当实行集体决策和审批，并建立责任追究制度，防范贪污、侵占、挪用货币资金等行为。

（5）严禁未经授权的机构或人员办理货币资金业务或直接接触货币资金。

2. 现金和银行存款的管理

（1）企业应当加强现金库存限额的管理，超过库存限额的现金应及时存入银行。

（2）企业必须根据《现金管理暂行条例》的规定，结合本企业的实际情况，确定本企业现金的开支范围。不属于现金开支范围的业务应当通过银行办理转账结算。

（3）企业现金收入应当及时存入银行，不得用于直接支付企业自身的支出。因特殊情况需坐支现金的，应事先报经开户银行审查批准。

企业借出款项必须执行严格的授权批准程序，严禁擅自挪用、借出货币资金。

（4）企业取得的货币资金收入必须及时入账，不得私设"小金库"，不得账外设账，严禁收款不入账。

（5）企业应当严格按照《支付结算办法》等国家有关规定，加强银行账户的管理，严格按照规定开立账户，办理存款、取款和结算。企业应当定期检查、清理银行账户的开立及使用情况，发现问题，及时处理。企业应当加强对银行结算凭证的填制、传递及保管等环节的管理与控制。

（6）企业应当严格遵守银行结算纪律，不准签发没有资金保证的票据或远期支票，套取银行信用；不准签发、取得和转让没有真实交易和债权债务的票据，套取银行和他人资金；不准无理拒绝付款，任意占用他人资金；不准违反规定开立和使用银行账户。

（7）企业应当指定专人定期核对银行账户（每月至少核对一次），编制银行存款余额调节表，使银行存款账面余额与银行对账单调节相符。如调节不符，应查明原因，及时处理。出纳人员一般不得同时从事银行对账单的获取、银行存款余额调节表的编制工作。

（8）企业应当定期和不定期地进行现金盘点，确保现金账面余额与实际库存相符。如果发现不符，应及时查明原因，做出处理。

3. 票据及有关印章的管理

（1）企业应当加强与货币资金相关的票据的管理，明确各种票据的购买、保管、领用、背书转让、注销等环节的职责权限和程序，并专设登记簿进行记录，防止空白票据的遗失和被盗用。

（2）企业应当加强银行预留印鉴的管理。财务专用章应由专人保管，个人名章必须由本人或其授权人员保管。严禁一人保管支付款项所需全部印章。

按规定需要有关负责人签字或盖章的经济业务，必须严格履行签字或盖章手续。

4. 监督检查

（1）企业应当建立对货币资金业务的监督检查制度，明确监督检查机构或人员的职责权限，定期和不定期地进行检查。

（2）货币资金监督检查的内容主要包括：

① 货币资金业务相关岗位及人员的设置情况。重点检查是否存在货币资金业务不相容职务混岗的现象。

② 货币资金授权批准制度的执行情况。重点检查货币资金支出的授权批准手续是否健全，是否存在越权审批行为。

③ 支付款项印章的保管情况。重点检查是否存在办理付款业务所需的全部印章交由一人保管的现象。

④ 票据的保管情况。重点检查票据的购买、领用、保管手续是否健全，票据保管是否存在漏洞。

（3）对监督检查过程中发现的货币资金内部控制中的薄弱环节，应当及时采取措施，加以纠正和完善。

总之，一个良好的货币资金内部控制应该满足以下几点要求：① 货币资金收支与记账的岗位分离；② 货币资金收支要有合理、合法的凭据；③ 全部收支及时、准确入账，并且支出要有核准手续；④ 控制现金坐支，当日收入现金应及时送存银行；⑤ 按月盘点现金，编制银行存款余额调节表，以做到账实相符；⑥ 加强对货币资金收支业务的内部审计。

四、评估重大错报风险

在对货币资金实施控制测试和实质性程序之前，注册会计师需要了解被审计单位货币资金内部控制的设计、执行情况，评估认定层次的财务报表重大错报风险。

货币资金是企业流动性最强的资产，具有被盗窃、贪污和挪用的高风险性，而且收付频繁、业务量大，与货币资金业务相联系的项目多。通常，货币资金的重大错报风险可能包括：

（1）坐支现金、挪用现金甚至贪污现金。

（2）擅自提现，即会计人员或出纳人员利用工作上的便利条件，私自签发现金支票后，提取现金，不留存根不记账，从而将提取的现金占为己有。

（3）涂改银行对账单，即涂改银行对账单上的发生额，从而掩饰从银行存款中套取现金的事实。

（4）公款私存，即将公款转入自己的银行户头，从而侵吞利息或挪用单位资金。

（5）转账套现，即会计人员或有关人员通过外单位的银行账户为其套取现金。

（6）支票套物，即会计人员利用工作之便擅自签发转账支票套购商品或物资，不留存根不记账，将所购商品据为己有。

（7）制造余额差错，即会计人员故意算错银行存款日记账的余额，来掩饰利用转账支票套购商品或擅自提现等行为。

（8）截留银行存款收入，即会计人员利用业务上的漏洞和可乘之机，故意漏记银行存款收入账，伺机转出转存占为己有。

（9）套取利息，即会计人员利用账户余额平衡原理，采取支取存款利息不记账手法将其占为己有。

【案例解析】

注册会计师 A 将甲公司货币资金内部控制与规范的货币资金内部控制比较后，发现存在如下缺陷：

（1）出纳人员兼任会计档案保管职务不符合内部控制中不相容职务相分离的要求，建议由出纳人员以外的人员担任会计档案保管职务；出纳人员取得银行对账单并编制银行存款余额调节表也不符合内部控制中不相容职务相分离的要求，建议由出纳人员以外的专人定期核对银行账户并编制银行存款余额调节表。

（2）现金收入每隔 3 天汇总解缴一次不符合企业收入的现金应及时存入银行并入账的内控要求，建议每天营业结束后及时把收入的现金解缴财务部门。

（3）"单笔付款金额在 50 万元以上的，由总经理审批"不恰当，违反了"单位对于重要货币资金支付业务，应当实行集体决策和审批"的内部控制要求，建议对公司总经理的货币资金支付审批设定上限，超过设定审批上限的，应通过集体决策和审批进行"特别授权"，甚至由公司董事会集体决策和审批，董事长也不能例外。

【任务检查】

注册会计师于 2024 年 2 月 10 日至 15 日对 B 公司货币资金的内部控制进行了解，并在审计工作底稿中作了记录，部分内容摘录如下：

（1）关于银行存款的内部控制。财务处处长负责支票的签署，外出时其职责由副处长代为履行；副处长负责银行预留印鉴的保管和财务专用章的管理，外出时其职责由处长代为履行；财务人员乙负责空白支票的管理，仅在出差期间交由财务处长代管。负责签署支票的财务处长的人名章由其本人亲自掌管，仅在出差期间交由副处长临时代管。

（2）关于货币资金支付的规定。部门或个人用款时，应提前向审批人提交申

请，注明款项的用途、金额、支付方式、经济合同或相关证明；金额在 10 000 元以下的用款申请必须经过财务副处长的审批，金额在 10 000 元以上的用款申请应经过财务处长的审批；出纳人员根据已经批准的支付申请，按规定办理货币资金支付手续，及时登记现金和银行存款日记账；货币资金支付后，应由专职的复核人员进行复核，复核货币资金的批准范围、权限、程序、手续、金额、支付方式、时间等，发现问题后及时纠正。

要求：指出上述货币资金内部控制中存在的问题并提出改进建议。

任务 9.2　实施货币资金的控制测试

【任务分析】

在了解货币资金内部控制并评估其认定层次的重大错报风险后，如果预期货币资金内部控制的运行是有效的，则注册会计师应当对其实施控制测试，就控制在相关期间或时点的运行有效性获取充分、适当的审计证据。当然，由于货币资金本身的特殊性，注册会计师也可以在了解货币资金内部控制的同时测试其控制运行有效性，以提高审计效率。

在对货币资金实施控制测试时，首先要了解货币资金内部控制，然后抽查核对一定数量或一定期间的收款凭证、付款凭证、库存现金日记账或银行存款日记账及其总账、银行存款余额调节表，检查外币资金的折算方法是否符合有关规定，最后对货币资金的内部控制予以评价。

如果货币资金控制测试结果表明某一认定的控制运行有效，能够支持低水平的风险评估结论，那么注册会计师只需要从库存现金或银行存款的实质性程序中获取较低程度的保证即可；反之，则需要获取较高程度的保证。因此，货币资金控制测试结果会直接影响库存现金或银行存款实质性程序的性质、时间和范围。

【知识准备】

一、了解内部控制

注册会计师通常先通过询问、观察等调查手段收集被审计单位现金或银行存款内部控制的必要资料，再根据所了解的情况编制现金或银行存款内部控制流程图。

若以前年度审计时已经编制了现金或银行存款内部控制流程图，注册会计师可根据调查结果加以修正，以供本年度审计之用。对中小企业，也可采用编写现金或银行存款内部控制说明的方法。

一般地，在了解现金或银行存款内部控制时，注册会计师应当注意检查现金或银行存款内部控制的建立和执行情况，重点包括：

（1）现金或银行存款的收支是否按规定的程序和权限办理。

（2）是否存在与被审计单位经营无关的款项收支情况。

（3）出纳与会计的职责是否严格分离。

（4）库存现金是否妥善保管，是否定期盘点、核对。

（5）是否存在出租、出借银行账户的情况。

（6）是否定期取得银行对账单并编制银行存款余额调节表等。

二、抽取并检查收款凭证

如果现金或银行存款收款内部控制不强，很可能会发生贪污舞弊或挪用等情况。例如，在一个小企业中，出纳人员同时记应收账款明细账，很可能发生循环挪用货款的情况。为测试现金或银行存款收款的内部控制，注册会计师应按现金或银行存款的收款凭证分类，选取适当样本量，作如下检查：

（1）核对银行存款收款凭证与存入银行账户的日期和金额是否相符。

（2）核对库存现金日记账或银行存款日记账的收入金额是否正确。

（3）核对银行存款收款凭证与银行对账单是否相符。

（4）核对现金或银行存款收款凭证与应收账款的有关记录是否相符。

（5）核对实收金额与销售发票是否一致。

三、抽取并检查付款凭证

为测试现金或银行存款付款内部控制，注册会计师应按照现金或银行存款付款凭证分类，选取适当的样本量，作如下检查：

（1）检查付款的授权批准手续是否符合规定。

（2）核对现金日记账或银行存款日记账的付出金额是否正确。

（3）核对银行存款付款凭证与银行对账单是否相符。

（4）核对现金或银行存款付款凭证与应付账款明细账的记录是否一致。

（5）核对实付金额与购货发票是否相符。

四、抽取一定期间的库存现金日记账或银行存款日记账与总账核对

注册会计师应抽取一定期间的库存现金或银行存款日记账，检查其有无计算错

误、其加总是否正确无误，并与库存现金或银行存款总分类账核对。

五、抽取一定期间的银行存款余额调节表，查验其是否按月正确编制并经复核

为证实银行存款记录的正确性，注册会计师必须抽取一定期间的银行存款余额调节表，将其同银行对账单、银行存款日记账及总账进行核对，确定被审计单位是否按月正确编制并复核银行存款余额调节表。

六、检查外币现金或银行存款的折算方法是否符合有关规定，是否与上年度一致

对于有外币现金或银行存款的被审计单位，注册会计师应检查外币库存现金日记账或银行存款日记账及"财务费用""在建工程"等账户的记录，确定有关外币现金或银行存款的增减变动是否采用交易发生日的即期汇率将外币金额折算为记账本位币金额，或者采用按照系统合理的方法确定的、与交易发生日即期汇率近似的汇率折算为记账本位币，选择采用汇率的方法前后各期是否一致；检查企业的外币现金或银行存款的期末余额是否采用期末即期汇率折算为记账本位币金额，折算差额的会计处理是否正确。

七、评价货币资金的内部控制

注册会计师在完成上述程序之后，即可对库存现金或银行存款的内部控制进行评价。评价时，注册会计师应首先确定库存现金或银行存款内部控制可信赖的程度以及存在的薄弱环节和缺点，然后据以确定在库存现金或银行存款实质性程序中对哪些环节可以适当减少审计程序，对哪些环节应增加审计程序并作重点检查，以减少审计风险。

任务 9.3　实施库存现金的实质性程序

【案例导入】

注册会计师赵大中在对甲公司 2023 年度财务报表审计时，查得资产负债表中"货币资金"项目下库存现金余额为 695.5 元。2024 年 1 月 21 日，甲公司库存现金

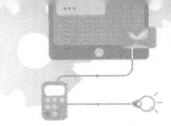

账面余额为 740.26 元，当日下午下班前，注册会计师对出纳人员经管的现金进行了监盘，监盘结果为：库存现金实有额 545.5 元，其中 100 元币 4 张，50 元币 2 张，20 元币 1 张，10 元币 2 张，5 元币 1 张，0.5 元币 1 张。保险柜中有下列单据已收、付款，但未入账：

（1）某职工打借条一张，系差旅费，金额 200 元，已经批准，日期是 2023 年 12 月 29 日；

（2）某采购员打借条一张，金额 130 元，日期是 2023 年 12 月 20 日，未经批准；

（3）保险柜中有已收但未记账的凭证 3 张，金额 135.24 元。

经核对 2023 年 1 月 1—21 日的收、付款凭证和现金日记账，核实 1—21 日收入现金额 2 350 元，支出现金数 2 500 元，正确无误。

要求：根据以上资料，编制库存现金监盘表，核实库存现金实有数，并调整核实 2023 年 12 月 31 日资产负债表所列库存现金余额是否公允。

【任务分析】

库存现金包括企业的人民币和外币。现金是企业资产中流动性最强的一种资产。尽管其在企业资产总额中比重不大，但企业发生舞弊事件大都与现金有关，因此，注册会计师应该重视库存现金的审计。

【知识准备】

一、库存现金的审计目标

（1）确定被审计单位资产负债表的货币资金项目中的库存现金在资产负债表日是否确实存在。

（2）确定被审计单位所有应当记录的现金收支业务是否均已记录完毕，有无遗漏。

（3）确定记录的库存现金是否为被审计单位所拥有或控制。

（4）确定库存现金以恰当的金额包括在财务报表的货币资金项目中，与之相关的计价调整已恰当记录。

（5）确定库存现金是否记录于恰当的账户。

（6）确定库存现金是否已按照企业会计准则的规定在财务报表中做出恰当列报。

二、库存现金的实质性程序

（1）核对库存现金日记账与总账的余额是否相符，检查非记账本位币库存现金的折算汇率及折算金额是否正确。如果不相符或不正确，应查明原因，必要时应建议做出适当调整。

（2）监盘库存现金。

① 监盘目的。监盘库存现金是证实资产负债表中货币资金项目下所列库存现金是否存在的一项重要程序。

② 监盘范围。企业各部门经手的现金，通常包括已收到但未存入银行的现金、零用金、找换金等。

③ 监盘人员。被审计单位的现金出纳人员和会计主管人员必须参加，并由注册会计师进行监盘。

④ 监盘时间。最好选择在上午上班前或下午下班时进行。

⑤ 监盘方式。对库存现金的监盘最好实施突击性的检查。

⑥ 监盘库存现金的步骤和方法主要有：

第一，制订监盘计划，确定监盘时间；

第二，盘点现金前，出纳人员应将现金集中起来存入保险柜，必要时可加以封存；

第三，由出纳人员把已办妥现金收付手续的收付款凭证登入库存现金日记账，并结出余额；

第四，检查库存现金日记账，并与现金收付凭证相核对，查看其内容、金额和日期是否相符；

第五，在注册会计师监督下出纳人员盘点保险柜的现金实存数，并由注册会计师编制库存现金监盘表。

⑦ 监盘注意事项。

第一，如被审计单位库存现金存放部门有两处或两处以上的，应同时进行盘点。

第二，将盘点金额与库存现金日记账余额进行核对，如有差异，应要求被审计单位查明原因，必要时应提请被审计单位做出调整；如无法查明原因，应要求被审计单位按管理权限批准后做出调整。

第三，若有冲抵库存现金的借条、未提现支票、未作报销的原始凭证，应在"库存现金监盘表"中注明，必要时应提请被审计单位做出调整。

第四，在非资产负债表日进行盘点和监盘时，应调整至资产负债表日的金额。

（3）分析被审计单位日常库存现金余额是否合理，关注是否存在大额未缴存的现金。

（4）抽查大额库存现金收支。检查大额现金收支的原始凭证是否齐全、原始凭证内容是否完整、有无授权批准、记账凭证与原始凭证是否相符、账务处理是否正确、是否记录于恰当的会计期间等项内容。

（5）抽查资产负债表日前后若干天的、一定金额以上的现金收支凭证实施截止测试。

被审计单位资产负债表的货币项目中的库存现金数额，应以结账日实有数额为准。因此，注册会计师必须验证现金收支的截止日期，以确定是否存在跨期事项，是否应考虑提出调整建议。

（6）检查库存现金是否在财务报表中做出恰当列报。根据有关规定，库存现金在资产负债表的"货币资金"项目中反映，注册会计师应在实施上述审计程序后，确定"库存现金"账户的期末余额是否恰当，进而确定库存现金是否在资产负债表上恰当披露。

【案例解析】

库存现金监盘表见表 9-1。

表 9-1　库存现金监盘表

被审计单位：甲公司			索引号：		
项目：货币资金——库存现金			财务报表截止日：2023.12.31		
编制：赵大中			复核：		
日期：2024.1.21			日期：		

检查盘点记录			实有库存现金盘点记录		
项目	项次	人民币	面额	人民币	
				张	金额
上一日（或当日）账面库存余额	①	740.26	100 元	4	400
盘点日未记账传票收入金额	②	135.24	50 元	2	100
盘点日未记账传票支出金额	③	200.00	20 元	1	20
盘点日账面应有金额	④＝①＋②－③	675.5	10 元	2	20
盘点实有现金数额	⑤	545.5	5 元	1	5
盘点日应有与实有差异	⑥＝④－⑤	130	2 元		

续表

检查盘点记录			实有库存现金盘点记录		
项目	项次	人民币	面额	人民币	
				张	金额
差异原因分析 白条抵库（张）		130	1 元		
			0.5 元	1	0.5
			0.2 元		
			合计		545.5
追溯调整 报表日至查账日现金付出总额	⑦	2 500			
报表日至查账日现金收入总额	⑧	2 350			
报表日库存现金应有金额	⑨＝⑤＋⑦－⑧	695.5			
报表日账面汇率					
报表日余额折合本位币金额					
本位币合计		695.5			

审计说明：
1. 白条抵库违反规定
2. 收付款项入账不及时
3. 经核实甲公司 2024 年 12 月 31 日资产负债表所列库存现金余额账实相符

出纳人员：　　　　会计主管人员：　　　　监盘人：　　　　检查日期：

【任务检查】

在对 G 公司 2023 年度财务报表进行审计时，注册会计师 M 负责审计货币资金项目。G 公司在总部和营业部均设有出纳部门。为顺利监盘库存现金，注册会计师 M 在监盘前一天通知 G 公司会计主管人员做好监盘准备。考虑到出纳日常工作安排，对总部和营业部库存现金的监盘时间分别定在上午十点和下午三点。监盘时，首先，出纳人员把现金放入保险柜，并将已办妥现金收付手续的交易登入现金日记账，结出现金日记账余额；然后，注册会计师 M 当场盘点现金，在与现金日记账核对后填写"库存现金盘点表"，并在签字后形成审计工作底稿。

要求：请指出上述库存现金监盘工作中有哪些不当之处，并提出改进建议。

任务 9.4 实施银行存款的实质性程序

【案例导入】

注册会计师对 ABC 公司 2023 年 12 月 31 日的资产负债表进行审计。在审查资产负债表"货币资金"项目时，发现该公司 2023 年 12 月 31 日的银行存款账面余额为 32 000 元，派助理人员向开户银行取得对账单一张，2022 年 12 月 31 日的银行对账单余额为 41 000 元。另外，查有下列未达账项和记账差错：

（1）12 月 24 日公司送存转账支票 6 000 元，银行未入账。

（2）12 月 25 日公司开出转账支票 7 200 元，持票人尚未到银行办理转账业务。

（3）12 月 26 日委托银行收款 10 500 元，银行已收妥入账，但收款通知尚未到达该公司。

（4）12 月 30 日银行代付水费 3 200 元，但银行付款通知单尚未到达该公司。

（5）12 月 16 日收到银行收款通知单金额为 4 000 元，公司入账时将银行存款增加错记成 3 500 元。

要求：根据上述资料，编制银行存款余额调节表，核实 2023 年 12 月 31 日资产负债表上"货币资金"项目中银行存款数额的正确性。

【任务分析】

银行存款是指企业存放在银行或其他金融机构的各种款项。按照国家有关规定，凡是独立核算的企业都必须在当地银行开设账户。企业在银行开设账户以后，除按核定的限额保留库存现金外，超过限额的现金必须存入银行；除在规定的范围内可以用现金直接支付的款项外，在经营过程中所发生的一切货币收支业务，都必须通过银行存款账户进行结算。因此，注册会计师应该重视银行存款的审计。

【知识准备】

一、银行存款的审计目标

（1）确定被审计单位资产负债表的货币资金项目中的银行存款在资产负债表日是否确实存在。

（2）确定被审计单位所有应当记录的银行存款收支业务是否均已记录完毕，有无遗漏。

（3）确定记录的银行存款是否为被审计单位所拥有或控制。

（4）确定银行存款以恰当的金额包括在财务报表的货币资金项目中，与之相关的计价调整已恰当记录。

（5）确定银行存款余额记录于恰当的账户。

（6）确定银行存款是否已按照企业会计准则的规定在财务报表中做出恰当列报。

二、银行存款的实质性程序

（1）获取或编制银行存款余额明细表，复核加计是否正确，并与总账和日记账合计数核对是否相符；检查非记账本位币银行存款的折算汇率及折算金额是否正确。如果不相符，应查明原因，必要时应建议做出适当调整。

（2）实施实质性分析程序。计算银行存款累计余额应收利息收入，分析比较被审计单位银行存款应收利息收入与实际利息收入的差异是否恰当，评估利息收入的合理性，检查是否存在高息资金拆借，确认银行存款余额是否存在，利息收入是否已经完整记录。

（3）检查银行存单。编制银行存单检查表，检查是否与账面记录金额一致，是否被质押或限制使用，存单是否为被审计单位所拥有。

① 对已质押的定期存款，应检查定期存单，并与相应的质押合同核对，同时关注定期存单对应的质押借款有无入账；

② 对未质押的定期存款，应检查开户证实书原件；

③ 对审计外勤工作结束日前已提取的定期存款，应核对相应的兑付凭证、银行对账单和定期存款复印件。

（4）取得并检查银行存款余额对账单和银行存款余额调节表。取得并检查银行存款余额对账单和银行存款余额调节表是证实资产负债表中所列银行存款是否存在的重要程序。银行存款余额调节表通常应由被审计单位根据不同的银行账户及货币种类分别编制。具体测试程序通常包括：

① 将被审计单位资产负债表日的银行存款余额对账单与银行询证函回函核对，确认是否一致，核对账面记录的存款金额是否与对账单记录一致。

② 获取资产负债表日的银行存款余额调节表，检查调节表中加计数是否正确，调节后银行存款日记账余额与银行对账单余额是否一致。

③ 检查调节事项的性质和范围是否合理。

第一，检查是否存在跨期收支和跨行转账的调节事项。编制资产负债表日跨行转账业务明细表（见表 9-2），检查跨行转账业务是否同时对应转入和转出；以及未

在同一期间完成的转账业务是否反映在银行存款余额调节表的调整事项中。

第二，检查大额在途存款和未付票据。

检查在途存款的日期，查明发生在途存款的具体原因，追查期后银行对账单存款记录日期，确定被审计单位与银行记账时间差异是否合理，确定在资产负债表日是否需提请被审计单位进行适当调整。

表 9-2　资产负债表日跨行转账业务明细表

业务	金额 /元	账簿记录日期		银行记录日期		说明
		转出	转入	转出	转入	
银行 A 转账银行 B	20 000	2023/12/31	2023/12/31	2024/01/02	2024/01/03	不存在挪移舞弊和差错
银行 A 转账银行 B	10 000	2023/12/31	2024/01/02	2023/12/31	2024/01/02	账簿记录错误，少记银行存款
银行 A 转账银行 B	50 000	2024/01/03	2023/12/31	2024/01/03	2023/12/31	账簿记录错误，多记银行存款
银行 A 转账银行 B	10 000	2024/01/03	2024/01/03	2023/12/31	2024/01/03	账簿记录错误，2023 年未记银行存款的转出
银行 A 转账银行 B	30 000	2024/01/03	2024/01/03	2024/01/03	2023/12/31	账簿记录错误，2023 年未记银行存款的转入

检查被审计单位的未付票据明细清单，查明被审计单位未及时入账的原因，确定账簿记录时间晚于银行对账单的日期是否合理。

检查被审计单位未付票据明细清单中有记录但截至资产负债表日银行对账单无记录且金额较大的未付票据，获取票据领取人的书面说明，确认资产负债表日是否需要进行调整。

检查资产负债表日后银行对账单是否完整地记录了调节事项中银行未付票据金额。

④ 检查是否存在未入账的利息收入和利息支出。

⑤ 检查是否存在其他跨期收支事项，检查相应的原始交易单据或银行收付款单据。

⑥ 特别关注银付企未付、企付银未付中支付异常的领款事项，包括没有载明收款人、签字不全等支付事项，确认是否存在舞弊。

（5）函证银行存款余额，编制银行函证结果汇总表，检查银行回函。

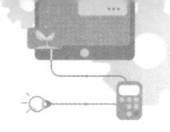
银行存款函证及回函是注册会计师在获取被审计单位授权后，直接向银行业金融机构发出询证函，银行业金融机构针对所收到的询证函，查询、核对相关信息并直接提供书面回函的过程。

① 函证的相关规定。2024 年 1 月 24 日，财政部办公厅和金融监管总局办公厅印发《银行函证工作指引》。在实施银行函证时，注册会计师应当根据具体业务的需要，从《指引》中选择适当的银行询证函格式，并严格按照操作指引的要求操作、填写。银行业金融机构应当自收到符合规定的询证函之日起 10 个工作日内，按照要求将回函直接回复会计师事务所或交付跟函注册会计师。如银行业金融机构因询证函不符合规定拒绝回函，应当在收到询证函 3 个工作日内通知会计师事务所，以保证回函效率。

② 函证条件。注册会计师应当对银行存款（包括零余额账户和在本期内注销的账户）、借款及与金融机构往来的其他重要信息实施函证程序，除非有充分证据表明某一银行存款、借款及与金融机构往来的其他重要信息对财务报表不重要且与之相关的重大错报风险很低。如果不对这些项目实施函证程序，注册会计师应当在审计工作底稿中说明理由。

③ 函证目的。银行函证程序是证实资产负债表所列银行存款是否存在的重要程序。通过向往来银行函证，注册会计师不仅可了解企业资产的存在，还可了解企业账面反映所欠银行债务的情况，并有助于发现企业未入账的银行借款和未披露的或有负债。

④ 函证对象。注册会计师应向被审计单位在本期存过款的所有银行发函，包括零余额账户和在本期内注销的账户，因为这些账户可能有银行借款或其他负债存在。

⑤ 函证控制。在实施函证过程时，注册会计师应当直接发出银行询证函并直接从被询证方获取书面回函，并始终对银行询证函的全过程保持控制，包括确定需要确认或填列的信息、选择适当的被询证者、设计询证函、发出询证函并予以跟进。当函证信息与银行回函结果不符时，注册会计师应当调查不符事项，以确定是否表明存在错报。注册会计师应当对银行询证函（包括回函）中所列信息严格保密，仅用于注册会计师执业目的。

⑥ 函证方式。因银行函证均要求银行业金融机构回函，所以，银行询证函采用积极式函证方式。

⑦ 银行询证函格式。《指引》的附 1 和附 2 分别提供了适用于注册会计师执行财务报表审计业务的两种银行询证函格式（即格式一和格式二），供注册会计师和银行业金融机构在实务中选择使用；银行询证函（格式一）与银行询证函（格式二）均符合积极式函证的定义，既适用于纸质银行询证函，也适用于数字方式的函证及

银行询证函
（格式一）

回函工作。其中，银行询证函（格式一）由注册会计师根据被审计单位的具体情况以及审计的需要，确定银行询证函所列第 1—14 项及附表中需要函证的项目，由银行业金融机构根据本机构所掌握的信息，对注册会计师填写的信息进行核对后回复相符或不符，如不符，银行业金融机构还应当提供详细信息；银行询证函（格式二）由注册会计师填写需要询证的银行账号等相关信息，由银行业金融机构填写具体信息后回函。

银行询证函
（格式二）

（6）检查银行存款账户存款人是否为被审计单位。若存款人非被审计单位，应获取该账户户主和被审计单位的书面声明，确认资产负债表日是否需要提请被审计单位进行调整。

（7）关注是否存在质押、冻结等对变现有限制或存在境外的款项。如果存在，是否已提请被审计单位作必要的调整和披露。

（8）对不符合现金及现金等价物条件的银行存款在审计工作底稿中予以列明，以考虑对现金流量表的影响。

（9）抽查大额银行存款收支的原始凭证。检查原始凭证是否齐全、记账凭证与原始凭证是否相符、账务处理是否正确、是否记录于恰当的会计期间等项内容。检查是否存在非营业目的的大额货币资金转移，并核对相关账户的进账情况；如有与被审计单位生产经营无关的收支事项，应查明原因并作相应的记录。

（10）检查银行存款收支的截止是否正确。选取资产负债表日前后若干张、一定金额以上的凭证实施截止测试，关注业务内容及对应项目，如有跨期收支事项，应考虑是否提请被审计单位进行调整。

（11）检查银行存款是否在财务报表中做出恰当列报。根据有关规定，企业的银行存款在资产负债表的"货币资金"项目中反映，所以，注册会计师应在实施上述审计程序后，确定银行存款账户的期末余额是否恰当，进而确定银行存款是否在资产负债表上恰当披露。此外，如果企业的银行存款存在抵押、冻结等使用限制情况或者潜在回收风险，注册会计师应关注企业是否已经恰当披露有关情况。

【案例解析】

注册会计师根据收集的资料编制了银行存款余额调节表，如表 9-3 所示。从表 9-3 中可以看出，ABC 公司 2023 年 12 月 31 日银行存款的数额经调整后应为39 800 元，从而证明公司银行存款账面余额 32 000 元基本属实。

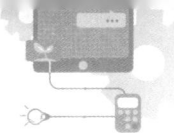

表 9-3　银行存款余额调节表
2023 年 12 月 31 日

编制人：　　　　日期：　　　　复核人：　　　　日期：　　　　索引号：　　　　页次：

户别：　　　　　　　　　　　　　　　　　　　　　　　　　　　　　　币别：

项目	金额／元	项目	金额／元
银行对账单余额（2023 年 12 月 31 日）	41 000	企业银行存款日记账余额（2022 年 12 月 31 日）	32 000
加：企业已收，银行未入账金额	6 000	加：银行已收，企业未入账金额	10 500
其中：1. 企业收到转账支票金额	6 000	其中：1. 银行托收销货款	10 500
2.		2.	
减：企业已付，银行未入账金额	7 200	减：银行已付，企业未入账金额	3 200
其中：1. 企业开出转账支票金额	7 200	其中：1. 银行代扣水费	3 200
2.		2.	
		加：企业记账差错数	500
调整后银行对账单余额	39 800	调整后企业银行存款日记账余额	39 800
经办会计人员：（签字）		会计主管：（签字）	

【任务检查】

注册会计师在审计 A 公司 2023 年财务报表时，取得 A 公司编制的 2023 年 12 月 31 日银行存款余额调节表如表 9-4 所示。

表 9-4　A 公司银行存款余额调节表
2023 年 12 月 31 日

银行存款总账余额（2023 年 12 月 31 日）		51 524.58
加：① 在途存款	7 986.75	
② 本公司收到客户支票已入账，但遭银行拒付，支票尚存本公司，未调账	600.00	
③ 12 月份银行已扣手续费	6.50	8 593.25
减：① 银行未予兑付支票（本公司已开出支票，供货方尚未交银行兑付）		
支票号码	金额	
573	67.27	
724	9.90	
903	1 456.67	
907	305.50	
911	482.75	
913	2 550.00	
914	366.76	
916	2 164.40	
	6 803.25	
② 银行收到托收票据已入账，但本公司尚未入账	1 190.00	
③ 偿还某项应付款项的支票按 722.70 元入账，但支票实开数与银行付款额均为 1 257.00 元	534.30	8 527.55
计算余额		51 590.28
尚未查明原因的差额		600.00
银行对账单余额（和函证相符）		50 990.28

要求：试根据以上资料，编制正确的银行存款余额调节表工作底稿。

能力训练 >>>

一、单项选择题

1. 下列工作中，出纳人员还可以从事的是（　　）。

A. 会计档案保管
B. 记录收入、支出、费用的明细账
C. 记录银行存款、现金日记账
D. 编制银行存款余额调节表

2. 货币资金内部控制的以下关键环节中，存在重大缺陷的是（　　）。

A. 财务专用章由专人保管，个人名章由本人或其授权人员保管

B. 对重要货币资金支付业务，实行集体决策

C. 现金收入及时存入银行，特殊情况下，经主管领导审查批准方可坐支现金

D. 指定专人定期核对银行账户，每月核对一次，编制银行存款余额调节表，使银行存款账面余额与银行对账单调节相符

3. 下列各项中，符合库存现金监盘要求的是（　　）。

A. 被审计单位会计主管要回避

B. 审计人员帮助出纳人员进行现金清点

C. 监盘时间最好安排在当日现金收付业务进行过程中

D. 不同存放地点的现金最好可以同时进行监盘

4. 2024年3月5日下午下班后，注册会计师对N公司全部现金进行监盘后，确认实有现金数额为1 000元。N公司3月4日下午下班时库存现金账面余额为2 000元，3月5日发生的现金收支全部未登记入账，其中收入金额为3 000元、支出金额为4 000元，2024年1月1日至3月4日现金收入总额为165 200元、现金支出总额为165 500元，则推断N公司2023年12月31日库存现金余额应为（　　）元。

A. 1 300
B. 2 300
C. 700
D. 2 700

5. 如果注册会计师在资产负债表日后对库存现金进行监盘，应当根据盘点数、资产负债表日至（　　）的现金收支数，倒推计算资产负债表上所包含的库存现金数是否正确。

A. 盘点日
B. 审计报告报出日
C. 审计报告日
D. 审计工作完成日

6. 以下实质性程序中能够确认企业收到的现金是否已经全部登记入账的是（　　）。

A. 对库存现金执行监盘程序

B. 检查现金收入的日记账、总账和应收账款明细账的大额项目与异常项目

C. 从被审计单位当期收据存根中抽取大额现金收入追查到相关的凭证和账簿记录

D. 对被审计单位结账日前一段时间内现金收支凭证进行审计，以确定是否存在应记入下期的事项

7. 被审计单位某银行账户的银行对账单余额与银行存款日记账余额不符，注册会计师应当执行的最有效的审计程序是（　　　）。

A. 重新测试相关的内部控制

B. 审查银行对账单中记录的该账户资产负债表日前后的收付情况

C. 审查银行存款日记账中记录的该账户资产负债表日前后的收付情况

D. 审查该账户的银行存款余额调节表

8. 向开户银行函证可以实现若干项目标，其中最基本的目标是确定被审计单位（　　　）。

A. 是否有漏记的银行借款　　　　B. 银行存款的存在

C. 是否有充作抵押担保的存货　　D. 是否有欠银行的债务

9. 如果被审计单位的某开户银行账户余额为零，注册会计师（　　　）。

A. 复核银行对账单　　　　　　　B. 不需再向该银行函证

C. 仍需向该银行函证　　　　　　D. 可根据实际需要确定是否向银行函证

10. 在进行年度财务报表审计时，为了证实被审计单位在临近 12 月 31 日签发的支票未予入账，注册会计师实施的最有效审计程序是（　　　）。

A. 审查 12 月 31 日的银行存款余额调节表

B. 函证 12 月 31 日的银行存款余额

C. 审查 12 月 31 日的银行对账单

D. 审查 12 月的支票存根

二、多项选择题

1. 以下与货币资金相关的内部控制中，注册会计师应提出改进建议的有（　　　　）。

A. 现金收入必须及时存入银行，不得直接用于公司的支出

B. 在办理费用报销的付款手续后，出纳人员应及时登记现金、银行存款日记账和相关费用明细账

C. 指定负责成本核算的会计人员每月核对一次银行存款账户

D. 期末应当核对银行存款日记账余额和银行对账单余额，对余额核对相符的

银行存款账户，无须编制银行存款余额调节表

2. 一般而言，一个良好的货币资金内部控制体现为（　　　　）。

A. 加强对货币资金收支业务的内部审计

B. 全部收支及时准确入账，并且支出要有核准手续

C. 货币资金收支与记账的岗位相分离，按月盘点现金

D. 货币资金收支要有合理、合法的凭据，控制现金坐支

3. 货币资金的控制测试包括（　　　　）。

A. 抽取并检查收款凭证

B. 抽取并检查付款凭证

C. 抽取一定期间的库存现金日记账或银行存款日记账与总账核对

D. 抽取并查验一定期间的银行存款余额调节表是否按月正确编制并经复核

4. 注册会计师在审阅助理会计师的库存现金监盘计划表时，发现以下几种处理方法，其中不恰当的有（　　　　）。

A. 注册会计师亲自盘点

B. 库存现金监盘表只由出纳人员签字，以明确责任

C. 盘点前就盘点时间与被审计单位会计主管沟通，要求其配合好相关的盘点工作

D. 盘点时应有被审计单位出纳人员和会计主管同时在场

5. 如果注册会计师在资产负债表日后盘点库存现金时，应通过（　　　　）将库存现金监盘金额调整至资产负债表日的金额。

A. 加计资产负债表日至盘点日库存现金增加额

B. 加计资产负债表日至盘点日库存现金减少额

C. 扣减资产负债表日至盘点日库存现金增加额

D. 扣减资产负债表日至盘点日库存现金减少额

6. 注册会计师实施的下列各项审计程序中，能够证明银行存款是否存在的有（　　　　）。

A. 分析定期存款占银行存款的比例　　B. 检查银行存款余额调节表

C. 函证银行存款余额　　　　　　　　D. 检查银行存款收支的正确截止

7. A 公司编制的 2023 年 12 月末银行存款余额调节表显示存在 120 000 元的未达账项，其中包括 A 公司已付而银行未付的材料采购款 100 000 元。以下审计程序中，可能为该材料采购款未达账项的真实性提供审计证据的有（　　　　）。

A. 检查 2024 年 1 月的银行对账单中是否存在该笔支出

B. 检查相关的采购合同、供应商销售发票和相应的验收报告及付款审批手续

C. 就 2023 年 12 月末银行存款余额向银行寄发银行询证函

D. 向相关的原材料供应商寄发询证函询证该笔购货业务

8. 函证银行存款的目的有（　　　　　）。

A. 证实银行存款余额的存在性　　　　B. 了解企业欠银行的债务

C. 发现未入账的银行借款　　　　　　D. 发现未披露的或有负债

9. 下列属于银行存款函证对象的有（　　　　　）。

A. 在本期存过款的银行

B. 零余额账户和在本期内注销账户的开户银行

C. 往来单位的开户银行

D. 已直接取得了银行对账单和所有已付支票的银行

10. 以下有关对甲公司银行存款余额实施函证的做法中，正确的有（　　　　　）。

A. 以甲公司的名义寄发银行询证函

B. 除零余额账户外，必须对甲公司所有银行存款账户实施函证程序

C. 由甲公司代为填写银行询证函后，交由注册会计师检查后直接发出并回收

D. 如果银行询证函回函结果表明没有差异，则可以认定银行存款余额是正确的

三、简答题

1. 货币资金内部控制主要包括哪些内容？

2. 简述注册会计师进行现金监盘与存货监盘的区别。

3. 如何检查银行存款余额对账单和银行存款余额调节表？

4. 简述银行存款余额的函证目的、函证对象和函证控制。

四、案例分析题

1. 注册会计师对某公司货币资金内部控制状况进行调查，发现以下情况：

（1）出纳人员负责现金收付，收取、保管和开具银行支票，保管法人代表印鉴，开具销售发票，登记现金和银行存款日记账，不定期盘点现金，每年编制一次银行存款余额调节表（不论收到几张对账单），3 天去一次银行存取现金，并收取银行账单。

（2）三名会计人员分别登记现金、银行存款总账及收入费用总账和明细账，但不了解银行存款未达账项，也不作任何账务处理。

（3）副总经理以上领导及经批准的特殊人员，可以根据需要到出纳人员处开取印章齐全的空白支票，供用款之需。

（4）出差人员可以到出纳人员处预支差旅费，经填写专门印制的借条，经副总经理以上领导批准后付款，借条抵作库存现金，不进行账务处理，出差人员回来报

销后收回借条销毁。

要求：指出上述内部控制存在的问题，并提出相应的改进建议。

2. 2024 年 1 月 16 日上午 8 时，注册会计师对甲公司的库存现金进行突击监盘，出纳人员现金清点结果为：100 元币 2 张，50 元币 3 张，5 元币 9 张，2 元币 15 张，1 元币 10 张，1 角币 20 张，总计 437 元。出纳人员持有下列凭证尚未入账：

（1）2024 年 1 月 12 日，销售产品收到现金 300 元。

（2）2024 年 1 月 12 日，支付刘明已经批准的借款，金额 200 元。

（3）2024 年 1 月 13 日，支付江锋未经批准的借款，金额 160 元。

（4）2024 年 1 月 14 日，支付包装物押金 250 元，收到收款收据一张。

出纳人员结出的 1 月 15 日库存现金日记账余额为 747 元，2024 年 1 月 1—16 日收入现金 4 358 元，支出现金 4 562 元，2023 年 12 月 31 日库存现金账面余额为 641 元。

要求：根据以上资料，编制库存现金监盘表，核实库存现金实有数，并调整核实 2023 年 12 月 31 日资产负债表所列的库存现金余额是否公允。

3. 注册会计师在对 P 公司 2023 年度财务报表进行审计时，对 P 公司的银行存款实施的部分审计程序为：

（1）取得 2023 年 12 月 31 日银行存款余额调节表。

（2）向开户银行寄发银行询证函，并直接收取寄回的询证函回函。

（3）取得开户银行 2024 年 1 月 31 日的银行对账单。

要求：（1）注册会计师应采取什么方式才能直接收回开户银行的询证函回函？其目的是什么？

（2）注册会计师索取开户银行 2024 年 1 月 31 日的银行对账单，能证实 2023 年 12 月 31 日银行存款余额调节表的哪些内容？

项目10

完成审计工作与出具审计报告

10

 学习目标 >>>

素养目标

◆ 培养"准确、稳定、可辩、一贯"的审计职业判断意识，恪守"客观公正、诚信独立"的审计职业操守；

◆ 培养"敬业奉献、脚踏实地"的工作态度和"德法兼修、知行合一"的职业品格。

知识目标

◆ 明确审计报告编制前的工作；

◆ 理解注册会计师审计报告的含义、作用与类型；

◆ 掌握审计报告的内容、格式与措辞；

◆ 掌握不同意见类型审计报告的出具条件。

能力目标

◆ 能够按照审计报告编制前的工作要求，完成审计报告编制前的各项工作；

◆ 能够根据不同情况，形成审计意见，编写审计报告。

任务导航 >>>

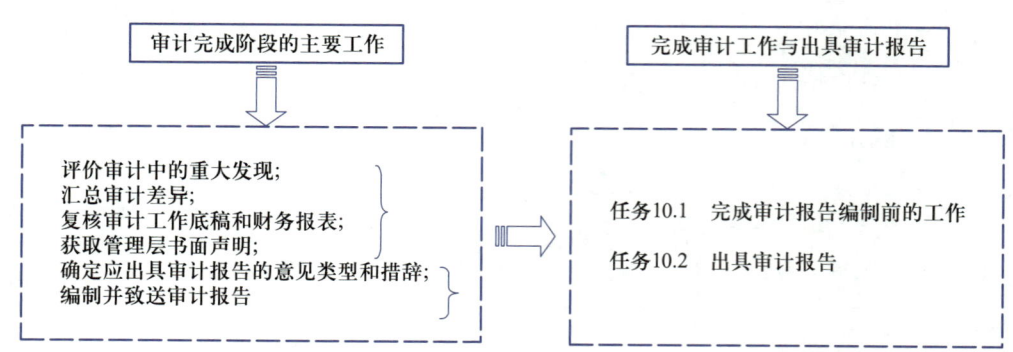

审计完成阶段的主要工作

评价审计中的重大发现；
汇总审计差异；
复核审计工作底稿和财务报表；
获取管理层书面声明；
确定应出具审计报告的意见类型和措辞；
编制并致送审计报告

完成审计工作与出具审计报告

任务10.1　完成审计报告编制前的工作

任务10.2　出具审计报告

任务 10.1 / 完成审计报告编制前的工作

【任务分析】

注册会计师按业务循环完成各财务报表项目的审计后，就进入审计完成阶段，此时需要开展完成审计报告编制前的审计工作，如评价审计过程中识别出的错报、复核审计工作底稿和财务报表等内容。在此基础上，注册会计师便要评价审计结果，同时要在与客户沟通以后获取管理层声明，做好出具审计报告的准备。

【知识准备】

一、评价审计过程中识别出的错报

错报是指某一财务报表项目的金额、分类、列报或披露，与按照适用的财务报告编制基础应当列示的金额、分类、列报或披露之间存在的差异；或根据注册会计师的判断，为使财务报表在所有重大方面实现公允反映，需要对金额、分类、列报或披露做出的必要调整。

累积识别出的错报是指注册会计师在审计过程中累积的高于明显微小错报临界值的已识别错报。

未更正错报是指注册会计师在审计过程中累积的且被审计单位未予更正的错报。

在评价审计过程中识别出的错报时，注册会计师的目标是：① 评价识别出的错报对审计的影响；② 评价未更正错报对财务报表的影响。

（一）随着审计的推进考虑识别出的错报

如果出现下列情形之一，注册会计师应当确定是否需要修改总体审计策略和具体审计计划：

（1）识别出的错报的性质以及错报发生的环境表明可能存在其他错报，并且可能存在的其他错报与审计过程中累积的错报合计起来可能是重大的错报。

（2）审计过程中累积的错报合计数接近确定的重要性。

如果管理层应注册会计师的要求，检查了某类交易、账户余额或披露，并更正了已发现的错报，注册会计师应当实施追加的审计程序，以确定错报是否仍然存在。

327

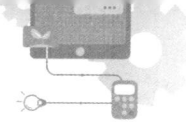

（二）沟通和更正错报

除非法律法规禁止，注册会计师应当及时将审计过程中累积的所有错报（即超过明显微小错报临界值的所有错报）与适当层级的管理层进行沟通，并要求管理层更正这些错报。

法律法规可能限制注册会计师就某些错报与管理层或被审计单位内部的其他人员沟通。例如，如果与管理层沟通可能不利于适当机构对被审计单位发生的，或疑似存在的违反法律法规的行为进行调查，法律法规可能明确禁止进行这种沟通。在某些情况下，注册会计师的保密义务与通报义务之间存在的潜在冲突可能很复杂。此时，注册会计师可以考虑征询法律意见。

管理层更正所有错报（包括注册会计师通报的错报），能够保持会计账簿和记录的准确性，降低由于与本期相关的、非重大的且尚未更正的错报的累积影响而导致未来期间财务报表出现重大错报的风险。

如果管理层拒绝更正沟通的部分或全部错报，注册会计师应当了解管理层不更正错报的理由，并在评价财务报表整体是否不存在重大错报时考虑该理由。《中国注册会计师审计准则第 1501 号——对财务报表形成审计意见和出具审计报告》要求注册会计师评价财务报表是否在所有重大方面按照适用的财务报告编制基础编制。这项评价包括了考虑被审计单位会计实务的质量（即包括表明管理层的判断可能出现偏向的迹象）。注册会计师对管理层不更正错报的理由的理解，可能影响其对被审计单位会计实务质量的考虑。

（三）评价未更正错报的影响

1. 重新评估重要性

在评价未更正错报的影响之前，注册会计师应当重新评估按照《中国注册会计师审计准则第 1221 号—计划和执行审计工作时的重要性》规定所确定的重要性，根据被审计单位的实际财务结果确认其是否适当。这是因为注册会计师在确定重要性时，通常依据对被审计单位财务结果的估计，此时可能尚不知道实际的财务结果。因此，在评价未更正错报的影响之前，注册会计师可能有必要依据实际的财务结果对重要性作出修改。如果注册会计师对重要性或重要性水平（如适用）进行的重新评估导致需要确定较低的金额，则应重新考虑实际执行的重要性，以及进一步审计程序的性质、时间安排和范围的适当性，以获取充分、适当的审计证据，作为发表审计意见的基础。

例如，注册会计师在计划审计工作时确定的财务报表整体的重要性为 100 万元（经常性业务的税前利润 2 000 万元 ×5%），实际执行的重要性为 50 万元。在审计过程中注册会计师识别出若干项重大错报，管理层已同意调整，合计调减税前利润 800 万元。在评价未更正错报之前，注册会计师根据调整后的税前利润 1 200 万元，重新计算财务报表整体的重要性（60万元）和实际执行的重要性（30万元）。

在这种情况下，注册会计师需要考虑以下几个方面的问题：① 识别出的重大错报 800 万元远远超出计划阶段确定的财务报表整体的重要性 100 万元，表明存在比可接受的低风险水平更大的风险，注册会计师需要重新考虑对重大错报风险的评估结果及其应对措施；② 基于调整后的财务报表整体的重要性和实际执行的重要性，评估已经实施的审计程序是否充分（例如，实际执行的重要性降低可能意味着在采用审计抽样实施细节测试时需要增加样本量）；③ 应当用调整后的财务报表整体的重要性（60万元）评价未更正错报是否重大。

2. 确定未更正错报单独或汇总起来是否重大

注册会计师在确定未更正错报单独或汇总起来是否重大时应当考虑：

（1）错报的金额和性质以及错报发生的特定环境（相对特定类别的交易、账户余额或披露以及财务报表整体而言）。

注册会计师在评价未更正错报是否重大时，除考虑未更正错报单独或连同其他未更正错报的金额是否超过财务报表整体的重要性（即定量因素）外，还需要考虑错报性质以及错报发生的特定环境（即定性因素）。具体而言，注册会计师需要考虑每一项与金额相关的错报，以评价其对相关类别的交易、账户余额或披露的影响，包括评价该项错报是否超过特定类别的交易、账户余额或披露的重要性水平（如适用）。

如果注册会计师认为某一单项错报是重大的，则该项错报不太可能被其他错报抵销。例如，如果收入存在重大高估，即使这项错报对收益的影响完全可被相同金额的费用高估所抵销，注册会计师仍认为财务报表整体存在重大错报。对于同一账户余额或同一类别的交易内部的错报，这种抵销可能是适当的。然而，在得出抵销非重大错报是适当的这一结论之前，需要考虑可能存在其他未被发现的错报的风险。

确定一项分类错报是否重大，需要进行定性评估，如分类错报对负债或其他合同条款的影响，对单个财务报表项目或小计数的影响，以及对关键比率的影响等。即使分类错报超过了在评价其他错报时运用的重要性水平，注册会计师可能仍然认为该分类错报对财务报表整体不产生重大影响。例如，如果资产负债表项目之间的分类错报金额相对于所影响的资产负债表项目金额较小，并且对利润表或所有关键比率以及披露不产生影响，注册会计师可能认为这种分类错报对财务报表整体不产生重大影响。

在某些情况下，即使某些错报低于财务报表整体的重要性，但因与这些错报相关的某些情况，在将其单独或连同在审计过程中累积的其他错报一并考虑时，注册会计师也可能将这些错报评价为重大错报。例如，某项错报的金额虽然低于财务报

表整体的重要性，但对被审计单位的盈亏状况有决定性的影响，注册会计师应认为该项错报是重大错报。

（2）与以前期间相关的未更正错报对相关类别的交易、账户余额或披露以及财务报表整体的影响。

与以前期间相关的非重大未更正错报的累积影响，可能对本期财务报表产生重大影响。有多种可接受的方法供注册会计师评价这些未更正错报对本期财务报表的影响。在不同期间使用相同的评价方法可以保持一致性。

除非法律法规禁止，注册会计师应当与治理层沟通未更正错报，以及这些错报单独或汇总起来可能对审计意见产生的影响。在沟通时，注册会计师应当逐项指明重大的未更正错报。注册会计师应当要求被审计单位更正未更正错报。如果存在大量单项不重大的未更正错报，注册会计师可能就未更正错报的笔数和总金额的影响进行沟通，而不是逐笔沟通单项未更正错报的细节。

注册会计师还应当与治理层沟通与以前期间相关的未更正错报对相关类别的交易账户余额或披露以及财务报表整体的影响。

（四）未更正错报的书面声明

注册会计师应当要求管理层和治理层（如适用）提供书面声明，说明其是否认为未更正错报单独或汇总起来对财务报表整体的影响不重大。这些错报项目的概要应当包含在书面声明中或附在其后。由于编制财务报表要求管理层和治理层（如适用）调整财务报表以更正重大错报，注册会计师应当要求其提供有关未更正错报的书面声明。在某些情况下，管理层和治理层（如适用）可能并不认为注册会计师提出的某些未更正的错报是错报。基于这一原因，他们可能在书面声明中增加以下表述："因为［描述理由］，我们不同意……事项和……事项构成错报。"即使获取了这一声明，注册会计师仍然需要对未更正错报的影响形成结论。

二、实施分析程序

在临近审计结束时，注册会计师应当运用分析程序，帮助其对财务报表形成总体结论，以确定财务报表整体是否与其对被审计单位的了解相一致。

实施分析程序的结果可能有助于注册会计师识别出以前未识别的重大错报风险，此时，注册会计师需要修改重大错报风险的评估结果，并相应修订原计划实施的进一步审计程序。

三、复核审计工作

对审计工作的复核包括项目组内部复核和作为会计师事务所业务质量管理措施而执行的项目质量复核（如适用）。

（一）项目组内部复核

1. 复核人员

会计师事务所应当安排项目组内经验较为丰富的项目组成员对经验较为缺乏的项目组成员的工作进行指导、监督和复核。

2. 复核范围

执行复核时，复核人员需要考虑的事项包括但不限于：

（1）审计工作是否已按照职业准则和适用的法律法规的规定执行。

（2）重大事项是否已提请进一步考虑。

（3）相关事项是否已进行适当咨询，由此形成的结论是否已得到记录和执行。

（4）是否需要修改已执行审计工作的性质、时间安排和范围。

（5）已执行的审计工作是否支持形成的结论，并已得到适当记录。

（6）已获取的审计证据是否充分、适当。

（7）审计程序的目标是否已实现。

3. 复核时间

审计项目复核贯穿审计全过程，随着审计工作的开展，复核人员要在审计计划阶段、执行阶段和完成阶段及时复核相应的工作底稿。例如，在审计计划阶段复核记录总体审计策略和具体审计计划的审计工作底稿；在审计执行阶段复核记录控制测试和实质性程序的审计工作底稿等；在审计完成阶段复核记录重大事项、审计调整及未更正错报的审计工作底稿等。

4. 项目合伙人复核

项目合伙人应当对管理和实现审计项目的高质量承担总体责任。项目合伙人应当在审计过程中的适当时点复核审计工作底稿，包括与下列方面相关的审计工作底稿：

（1）重大事项。

（2）重大判断，包括与在审计中遇到的困难或有争议事项相关的判断，以及得出的结论。

（3）根据项目合伙人的职业判断，与项目合伙人的职责有关的其他事项。

在审计报告日或审计报告日之前，项目合伙人应当通过复核审计工作底稿与项目组讨论，确信已获取充分、适当的审计证据，支持得出的结论和拟出具的审计报告。

项目合伙人应当在签署审计报告前复核财务报表、审计报告以及相关的审计工作底稿，包括对关键审计事项的描述（如适用）。项目合伙人还应当在与管理层、治理层或相关监管机构签署正式书面沟通文件之前对其进行复核。

（二）项目质量控制复核

会计师事务所应当就项目质量复核制定政策和程序，并在出具审计报告前对上

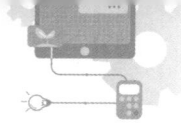

市实体财务报表审计业务，法律法规要求实施项目质量复核的审计业务或其他业务，以及会计师事务所认为的为应对一项或多项质量风险而有必要实施项目质量复核的审计业务或其他业务实施项目质量复核。

四、获取管理层书面声明

书面声明是指管理层向注册会计师提供的书面陈述，用以确认某些事项或支持其他审计证据。书面声明不包括财务报表及其认定，以及支持性账簿和相关记录。

书面声明是注册会计师在财务报表审计中需要获取的必要信息，是审计证据的重要来源。在很多情况下，要求管理层提供书面声明，可以促使管理层更加认真地考虑声明所涉及的事项，从而提高声明的质量。但书面声明本身并不为涉及的任何事项提供充分、适当的审计证据；同时，管理层已提供可靠书面声明的事实，并不影响注册会计师就管理层责任履行情况或具体认定获取的其他审计证据的性质和范围。

（一）针对管理层责任的书面声明

针对财务报表的编制，注册会计师应当要求管理层提供书面声明，确认其是否根据审计业务约定条款，履行了按照适用的财务报告编制基础编制财务报表并使其实现公允反映（如适用）的责任。

针对提供的信息和交易的完整性，注册会计师应当要求管理层就下列事项提供书面声明：① 按照审计业务约定条款，已向注册会计师提供所有相关信息，并允许注册会计师不受限制地接触所有相关信息以及被审计单位内部人员和其他相关人员；② 所有交易均已记录并反映在财务报表中。

在特定情况下，注册会计师可能还要求管理层在书面声明中再次确认其对自身责任（并不限于管理层已知的全部事项）的认可与理解。

（二）其他书面声明

如果注册会计师认为有必要获取一项或多项其他书面声明，以支持与财务报表或者一项或多项具体认定相关的其他审计证据，注册会计师应当要求管理层提供这些书面声明。其他书面声明可能包括关于财务报表的额外书面声明、与向注册会计师提供信息有关的额外书面声明、关于特定认定的书面声明。

（三）书面声明的日期和涵盖的期间

书面声明的日期应当尽量接近对财务报表出具审计报告的日期，但不可以是审计报告日之后的日期。管理层书面声明应当涵盖审计报告针对的所有财务报表和期间。

由于书面声明是必要的审计证据，在管理层签署书面声明前，注册会计师不能发表审计意见，也不能签署审计报告。

在某些情况下，注册会计师在审计过程中获取有关财务报表特定认定的管理层书面声明可能是适当的。此时，可能有必要要求管理层更新书面声明。更新后的书面声明需要表明，以前期间所作的声明是否发生了变化，以及发生了什么变化（如有）。

（四）书面声明的形式

书面声明应当以声明书的形式致送注册会计师。参考格式 10-1 列示了一种声明书的范例。与该声明书相关的几点背景信息：① 被审计单位采用企业会计准则编制财务报表；②《中国注册会计师审计准则第 1324 号——持续经营》中有关就被审计单位持续经营能力获取书面声明的要求不相关；③ 所要求的书面声明不存在例外情况。如果存在例外情况，则需要对本参考格式列示的书面声明的内容予以调整，以反映这些例外情况。参考格式如下。

（致注册会计师）：

本声明书是针对你们审计 ABC 公司截至 20×× 年 12 月 31 日的年度财务报表而提供的。审计的目的是对财务报表发表意见，以确定财务报表是否在所有重大方面已按照企业会计准则的规定编制，并实现公允反映。

尽我们所知，并在作出了必要的查询和了解后，我们确认：

一、财务报表

1. 我们已履行［插入日期］签署的审计业务约定书中提及的责任，即根据企业会计准则的规定编制财务报表，并对财务报表进行公允反映。

2. 在作出会计估计时使用的重大假设（包括与公允价值计量相关的假设）是合理的。

3. 已按照企业会计准则的规定对关联方关系及其交易作出了恰当的会计处理和披露。

4. 根据企业会计准则的规定，所有需要调整或披露的资产负债表日后事项都已得到调整或披露。

5. 未更正错报无论是单独还是汇总起来，对财务报表整体的影响均不重大。未更正错报汇总表附在本声明书后。

6.［插入注册会计师可能认为适当的其他任何事项］。

二、提供的信息

7. 我们已向你们提供下列工作条件：

（1）允许接触我们注意到的、与财务报表编制相关的所有信息（如记录、文件和其他事项）。

（2）提供你们基于审计目的而要求我们提供的其他信息。

（3）允许在获取审计证据时不受限制地接触你们认为必要的本公司内部人员和其他相关人员。

8. 所有交易均已记录并反映在财务报表中。

9. 我们已向你们披露了由于舞弊可能导致的财务报表重大错报风险的评估结果。

10. 我们已向你们披露了我们注意到的、可能影响本公司的与舞弊或舞弊嫌疑相关的所有信息，这些信息涉及本公司的：① 管理层；② 在内部控制中承担重要职责的员工；③ 其他人员（在舞弊行为导致财务报表重大错报的情况下）。

11. 我们已向你们披露了从现任和前任员工、分析师、监管机构等方面获知的、影响财务报表的舞弊指控或舞弊嫌疑的所有信息。

12. 我们已向你们披露了所有已知的、在编制财务报表时应当考虑其影响的违反或涉嫌违反法律法规的行为。

13. 我们已向你们披露了我们注意到的关联方的名称和特征、所有关联方关系及其交易。

14.［插入注册会计师可能认为必要的其他任何事项］。

附：未更正错报汇总表

ABC 公司	ABC 公司管理层
（盖章）	（签名并盖章）
中国 × × 市	二〇 × 二年 × 月 × 日

（五）对书面声明可靠性的疑虑

（1）如果对管理层的胜任能力、诚信、道德价值观或勤勉尽责存在疑虑，或者对管理层在这些方面的承诺或贯彻执行存在疑虑，注册会计师应当确定这些疑虑对书面或口头声明和审计证据总体的可靠性可能产生的影响。如果管理层在财务报表中作出不实陈述的风险很大，以致审计工作无法进行，除非治理层采取适当的纠正措施，否则注册会计师可能需要考虑解除业务约定（如果法律法规允许）。

（2）如果管理层书面声明与其他审计证据不一致，注册会计师应当实施审计程序以设法解决这些问题，如考虑风险评估结果是否仍然适当。如果这些问题不能解决，应确定上述不一致对书面或口头声明和审计证据总体的可靠性可能产生的影响。如果认为管理层书面声明不可靠，注册会计师应当采取适当措施，包括确定其对审计意见可能产生的影响。

（六）管理层不提供要求的书面声明

如果管理层不提供要求的一项或多项书面声明，注册会计师应当：① 与管理层讨论该事项；② 重新评价管理层的诚信，并评价该事项对书面或口头声明和审计证据总体的可靠性可能产生的影响；③ 采取适当措施，包括确定该事项对审计意见可能产生的影响。

如果存在下列情形之一，注册会计师应当对财务报表发表无法表示意见：① 注册会计师对管理层的诚信产生重大怀疑，以至于认为其作出的书面声明不可靠；② 管理层不提供审计准则要求的书面声明。

【任务检查】

单项选择题

1. 以下有关评价审计过程中发现的错报的说法中，不正确的是（　　　）。

A. 错报可能不会孤立发生，一项错报的发生可能表明还存在其他错报

B. 应当及时与适当层级的管理层沟通错报事项

C. 在确定一项分类错报是否重大时，仅需考虑金额大小

D. 对于同一账户余额或同一类别的交易内部的错报，可以进行抵销

2. 下列有关未更正错报的说法中，错误的是（　　）。

A. 在评价未更正错报时，注册会计师需要考虑每一单项错报，以评价其对相关类别的交易、账户余额或披露的影响

B. 注册会计师应当考虑与以前期间相关的未更正错报对相关类别的交易、账户余额或披露以及财务报表整体的影响

C. 注册会计师与治理层沟通未更正错报时，应当逐项指明未更正错报的性质和全额

D. 注册会计师应当要求管理层提供书面声明，说明其是否认为未更正错报单独或汇总起来对财务报表整体的影响不重大

3. 在审计结束或临近结束时，注册会计师对财务报表总体合理性实施分析程序的目的是（　　）。

A. 确定更加合理的重要性水平

B. 确定审计调整后的财务报表整体是否与其对被审计单位的了解一致

C. 确定可接受的检查风险水平

D. 确定是否将重大错报风险降低到可接受的低水平

4. 下列有关复核审计工作的说法中，正确的是（　　）。

A. 项目组内部复核贯穿于审计全过程

B. 项目组内部复核通常是项目组成员之间相互复核

C. 项目组内部复核应当在审计报告日或审计报告日之前完成，项目质量复核可以在审计报告日后完成

D. 项目合伙人应当复核项目组所有的审计工作底稿

5. 下列各项中，项目合伙人在审计过程中不需要复核的是（　　）。

A. 财务报表和审计报告

B. 项目质量复核人员编制的复核记录

C. 与重大事项有关的审计工作底稿

D. 与重大判断有关的审计工作底稿

6. 下列有关书面声明作用的说法中，错误的是（　　）。

A. 要求管理层提供书面声明而非口头声明，可以提高管理层声明的质量

B. 在某些情况下，书面声明可能可以为相关事项提供充分、适当的审计证据

C. 书面声明可能影响注册会计师需要获取的审计证据的性质和范围

D. 书面声明是审计证据的重要来源

7. 如果被审计单位管理层拒绝就其责任的履行情况提供书面声明，下列做法

中，注册会计师认为不正确的是（　　　）。

  A. 重新评价获取审计证据的总体可靠性

  B. 对财务报表出具无法表示意见的审计报告

  C. 重新评价被审计单位管理层的诚信情况

  D. 对财务报表出具保留意见的审计报告

任务 10.2　出具审计报告

【案例导入】

  公开发行 A 股的 X 股份有限公司（简称 X 公司）系 ABC 会计师事务所的常年审计客户。注册会计师 A 和 B 负责对 X 公司 2023 年度财务报表进行审计，并确定财务报表层次的重要性水平为 1 200 000 元。X 公司 2023 年度财务报告于 2024 年 2 月 25 日获董事会批准，并于同日报送证券交易所。X 公司适用的增值税税率为 13%。其他相关资料如下：

  资料一：X 公司未经审计的 2023 年度财务报表部分项目的年末余额或本年发生额如表 10-1 所示。

表 10-1　X 公司未经审计的 2023 年度财务报表部分项目的年末余额或本年发生额

项目	金额 / 万元
资产总额	21 000
股本	7 500
资本公积——股本溢价	4 000
法定盈余公积	1 000
未分配利润	900
主营业务收入	18 000
利润总额	300
净利润	200

  资料二：在对 X 公司的审计过程中，注册会计师 A 和 B 注意到以下事项：

  （1）2023 年 12 月 28 日，X 公司将到期日为 2024 年 4 月 5 日的 6 000 000 元

商业承兑汇票贴现，贴现利息为 180 000 元，贴现银行保留对 X 公司的追索权。X 公司做了如下会计处理：借记"银行存款" 5 820 000 元、"财务费用" 180 000 元，贷记"应收票据" 6 000 000 元。

（2）为建造厂房和生产线，X 公司于 2023 年 6 月 1 日分别向 F 银行借入年利率为 5% 的专项长期借款 9 000 000 元，向 H 银行借入年利率为 6% 的专项长期借款 6 000 000 元。该工程预计建造期为 1 年 6 个月，采用出包方式，按照工程进度于每月月初支付当月工程进度款。2023 年 6 月至 12 月，每月月初实际支付的工程进度款分别为 8 000 000 元、2 500 000 元、500 000 元、500 000 元、1 000 000 元、200 000 元和 1 000 000 元。X 公司 2023 年 12 月 31 日未经审计的该项在建工程余额为 14 172 500 元，其中包括利息费用 472 500 元。

（3）X 公司会计政策规定，对应收款项采用账龄分析法计提坏账准备。根据债务单位的财务状况、现金流量等情况，确定坏账准备计提比例分别为：账龄 1 年以内的（含 1 年，以下类推），按其余额的 10% 计提；账龄 1~2 年的，按其余额的 30% 计提；账龄 2~3 年的，按其余额的 50% 计提；账龄 3 年以上的，按其余额的 80% 计提。X 公司 2023 年 12 月 31 日未经审计的应收账款账面余额为 51 929 000 元，相应的坏账准备余额为 6 364 900 元。应收账款账面余额明细情况见表 10-2。

表 10-2　应收账款账目余额明细表　　　　单位：元

客户名称	账龄			
	1 年以内	1~2 年	2~3 年	3 年以上
应收账款——a 公司	35 150 000	500 000	932 000	
应收账款——b 公司	2 000 000	15 100 000	54 000	
应收账款——c 公司	600 000		25 000	
应收账款——d 公司	9 500 000	−12 000 000		
应收账款——e 公司				68 000
小计	47 250 000	3 600 000	1 011 000	68 000

（4）X 公司根据企业会计准则的规定，按照"成本与可变现净值孰低"对期末存货进行计价。2023 年 11 月末，X 公司持有的 500 千克乙产品的账面成本总金额为 9 000 000 元，由于市场价格下跌，预计可变现净值变为 8 000 000 元，由此计提了存货跌价准备 1 000 000 元。2023 年 12 月，乙产品的数量未发生增减变动，但 X 公司与乙公司于 2023 年 12 月 5 日签订了购销合同，约定于 2024 年 1 月以每千克 12 400 元的价格（不含增值税，下同）向乙公司销售乙产品 400 千克。2023 年 12 月 31 日，由于市场价格上升，乙产品的单位可变现净值变为每千克 18 500 元。对

此，X 公司未做任何会计处理，仍保留 1 000 000 元的存货跌价准备。

要求：

（1）在资料一的基础上，如果不考虑审计重要性水平，针对资料二中事项（1）至事项（4），注册会计师 A 和 B 是否需要提出审计处理建议？若需提出审计调整建议，请直接列示审计调整分录（审计调整分录均不考虑对 X 公司 2023 年度的企业所得税、期末结转损益及利润分配的影响，下同）。

（2）在资料一的基础上，如果考虑审计重要性水平，假定 X 公司分别只存在资料二中的事项之一，X 公司拒绝接受注册会计师 A 和 B 针对事项（1）至事项（4）提出的审计处理建议（如果有），在不考虑其他条件的前提下，请指出注册会计师 A 和 B 应当针对该 4 个独立存在的事项分别出具何种意见类型的审计报告。

（3）在资料一的基础上，如果考虑审计重要性水平，假定 X 公司同时存在资料二中的事项（4），并且拒绝接受 A 和 B 注册会计师对事项（4）提出的审计处理建议（如果有）。在不考虑其他条件的前提下，请指出注册会计师 A 和 B 应当出具何种意见类型的审计报告，并请代为续编以下审计报告的说明段和意见段。

【任务分析】

在完成审计报告编制前的工作后，注册会计师应当评价所有审计证据，形成审计意见，并编制审计报告。

注册会计师出具审计报告时，首先要明确审计报告的类型，其次要熟知不同类型审计报告的出具条件，最后还需了解不同类型审计报告的内容、格式与措辞。

【知识准备】

一、审计报告

审计报告是指注册会计师根据审计准则的规定，在执行审计工作的基础上，对财务报表发表审计意见的书面文件。注册会计师签发的审计报告具有鉴证、保护和证明三方面的作用。

审计报告的类型如图 10-1 所示。

如果注册会计师对上市实体整套通用目的财务报表进行审计，注册会计师决定，或者委托方或法律法规要求在审计报告中沟通关键审计事项，注册会计师就需要在审计报告中沟通关键审计事项；此外，注册会计师认为有需要在审计报告中说明的强调事项或其他事项时，也可以在审计报告中增加强调事项段或其他事项段。

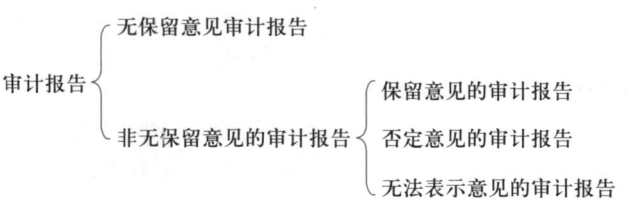

图 10-1　审计报告的类型

视频：形成审计意见应考虑的因素

二、无保留意见审计报告

（一）出具无保留意见审计报告的条件

注册会计师应当就财务报表是否在所有重大方面按照适用的财务报告编制基础编制并实现公允反映形成审计意见。当同时符合下列条件时，注册会计师应当出具无保留意见审计报告：

（1）按照《中国注册会计师审计准则第 1231 号——针对评估的重大错报风险采取的应对措施》的规定，已获取充分、适当的审计证据。

（2）按照《中国注册会计师审计准则第 1251 号——评价审计过程中识别出的错报》的规定，未更正错报单独或汇总起来未构成重大错报。

（3）财务报表在所有重大方面按照适用的财务报告编制基础编制。

（4）财务报表已实现公允反映。

（5）财务报表已恰当提及或说明适用的财务报告编制基础。

（二）无保留意见审计报告的要素及其参考格式

无保留意见审计报告应当包括下列要素：① 标题；② 收件人；③ 审计意见；④ 形成审计意见的基础；⑤ 管理层对财务报表的责任；⑥ 注册会计师对财务报表审计的责任；⑦ 按照相关法律法规的要求报告的事项（如适用）；⑧ 注册会计师的签名和盖章；⑨ 会计师事务所的名称、地址和盖章；⑩ 报告日期。

对非上市实体财务报表出具的无保留意见的审计报告的参考格式如下：

审计报告（标题）

ABC 股份有限公司全体股东：（收件人）

一、审计意见

我们审计了 ABC 股份有限公司（以下简称 ABC 公司）财务报表，包括 20×1 年 12 月 31 日的资产负债表，20×1 年度的利润表、现金流量表、股东权益变动表以及相关财务报表附注。

我们认为，后附的财务报表在所有重大方面按照企业会计准则的规定编制，公允反映了 ABC 公司 20×1 年 12 月 31 日的财务状况以及 20×1 年度的经营成果和现金流量。

二、形成审计意见的基础

我们按照中国注册会计师审计准则的规定执行了审计工作。审计报告的"注册会计师对财务报表审计的责任"部分进一步阐述了我们在这些准则下的责任。按照中国注册会计师职业道

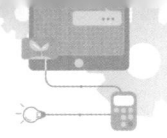
德守则，我们独立于 ABC 公司，并履行了职业道德方面的其他责任。我们相信，我们获取的审计证据是充分、适当的，为发表审计意见提供了基础。

三、管理层和治理层对财务报表的责任

ABC 公司管理层（以下简称管理层）负责按照企业会计准则的规定编制财务报表，使其实现公允反映，并设计、执行和维护必要的内部控制，以使财务报表不存在由于舞弊或错误导致的重大错报。

在编制财务报表时，管理层负责评估 ABC 公司的持续经营能力，披露与持续经营相关的事项（如适用），并运用持续经营假设，除非管理层计划清算 ABC 公司、终止运营或别无其他现实的选择。

治理层负责监督 ABC 公司的财务报告过程。

四、注册会计师对财务报表审计的责任

我们的目标是对财务报表整体是否不存在由于舞弊或错误导致的重大错报获取合理保证，并出具包含审计意见的审计报告。合理保证是高水平的保证，但并不能保证按照审计准则执行的审计在某一重大错报存在时总能发现。错报可能由于舞弊或错误导致，如果合理预期错报单独或汇总起来可能影响财务报表使用者依据财务报表作出的经济决策，则通常认为错报是重大的。

在按照审计准则执行审计工作的过程中，我们运用职业判断，并保持职业怀疑。同时，我们也执行以下工作：

（1）识别和评估由于舞弊或错误导致的财务报表重大错报风险，设计和实施审计程序以应对这些风险，并获取充分、适当的审计证据，作为发表审计意见的基础。由于舞弊可能涉及串通、伪造、故意遗漏、虚假陈述或凌驾于内部控制之上，未能发现由于舞弊导致的重大错报的风险高于未能发现由于错误导致的重大错报的风险。

（2）了解与审计相关的内部控制，以设计恰当的审计程序，但目的并非对内部控制的有效性发表意见。

（3）评价管理层选用会计政策的恰当性和作出会计估计及相关披露的合理性。

（4）对管理层使用持续经营假设的恰当性得出结论。同时，根据获取的审计证据，就可能导致对 ABC 公司持续经营能力产生重大疑虑的事项或情况是否存在重大不确定性得出结论。如果我们得出结论认为存在重大不确定性，审计准则要求我们在审计报告中提请报表使用者注意财务报表中的相关披露；如果披露不充分，我们应当发表非无保留意见。我们的结论基于截至审计报告日可获得的信息。然而，未来的事项或情况可能导致 ABC 公司不能持续经营。

（5）评价财务报表的总体列报、结构和内容（包括披露），并评价财务报表是否公允反映相关交易和事项。

我们与治理层就计划的审计范围、时间安排和重大审计发现等事项进行沟通，包括沟通我们在审计中识别出的值得关注的内部控制缺陷。

×× 会计师事务所	中国注册会计师：×××
（盖章）	（签名并盖章）
	中国注册会计师：×××
	（签名并盖章）
中国 ×× 市（地址）	二〇 × 二年 × 月 × 日

1. 标题

审计报告的标题应当统一规范为"审计报告"。

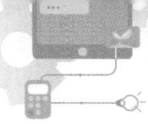

2. 收件人

审计报告的收件人是指注册会计师按照业务约定书的要求致送审计报告的对象，一般是指审计业务的委托人。针对整套通用目的财务报表出具的审计报告，审计报告的致送对象通常为被审计单位的股东或治理层。审计报告应当按照审计业务的约定载明收件人的全称，如"×× 有限责任公司董事会"或"×× 股份有限公司全体股东"。委托人是其他公司、企业，收件人为"×× 董事会"，委托人是未设董事会的其他公司、企业，收件人为"×× 公司"或"×× 工厂"

3. 审计意见

审计意见部分由两部分构成。第一部分指出已审计财务报表，应当包括下列方面：

（1）指出被审计单位的名称。

（2）说明财务报表已经审计。

（3）指出构成整套财务报表的每张财务报表的名称、日期或涵盖期间。

（4）提及财务报表附注。

（5）指明构成整套财务报表的每一财务报表的日期或涵盖的期间。

第二部分应当说明注册会计师发表的审计意见。审计意见说明财务报表在所有重大方面按照适用的财务报告编制基础编制，公允反映了财务报表旨在反映的事项。

4. 形成审计意见的基础

审计报告应当包含标题为"形成审计意见的基础"的部分。该部分提供关于审计意见的重要背景，应当紧接在审计意见部分之后，并包括下列方面：

（1）说明注册会计师按照审计准则的规定执行了审计工作。

（2）提及审计报告中用于描述审计准则规定的注册会计师责任的部分。

（3）声明注册会计师按照与审计相关的职业道德要求独立于被审计单位，并履行了职业道德方面的其他责任。

（4）说明注册会计师是否相信获取的审计证据是充分、适当的，为发表审计意见提供了基础。

5. 管理层对财务报表的责任

审计报告应当包含标题为"管理层对财务报表的责任"的部分，其中应当说明管理层负责下列方面：

（1）按照适用的财务报告编制基础编制财务报表，使其实现公允反映，并设计、执行和维护必要的内部控制，以使财务报表不存在由于舞弊或错误导致的重大错报。

（2）评估被审计单位的持续经营能力和使用持续经营假设是否适当，并披露与持续经营相关的事项（如适用）。对管理层评估责任的说明应当包括描述在任何情

况下使用持续经营假设是适当的。

6. 注册会计师对财务报表审计的责任

审计报告应当包含标题为"注册会计师对财务报表审计的责任"的部分，其中应当包括下列内容：

（1）说明注册会计师的目标是对财务报表整体是否不存在由于舞弊或错误导致的重大错报获取合理保证，并出具包含审计意见的审计报告。

（2）说明合理保证是高水平保证，但按照审计准则执行的审计并不能保证一定会发现存在的重大错报存。

（3）说明错报可能由于舞弊或错误导致。

（4）说明在按照审计准则执行审计工作的过程中，注册会计师运用了职业判断并保持了职业怀疑。

（5）说明已执行的审计工作。

7. 按照相关法律法规的要求报告的事项（如适用）

除审计准则规定的注册会计师对财务报表出具审计报告的责任外，相关法律法规可能对注册会计师设定了其他报告责任。例如，如果注册会计师在财务报表审计中注意到某些注册会计师可能被要求对这些事项予以报告。这些责任是注册会计师按照审计准则对财务报表出具审计报告的责任的补充。

如果注册会计师在对财务报表出具的审计报告中履行其他报告责任，应当在审计报告中将其单独作为一部分，并以"按照相关法律法规的要求报告的事项"为标题。此时，审计报告应当区分为"对财务报表出具的审计报告"和"按照相关法律法规的要求报告的事项"两部分，以便将其同注册会计师的财务报表报告责任明确区分。

8. 注册会计师的签名和盖章

审计报告应当由项目合伙人和另一名负责该项目的注册会计师签名和盖章。在审计报告中指明项目合伙人有助于进一步增强对审计报告使用者的透明度，有利于增强项目合伙人的个人责任感。因此，对上市实体整套通用目的财务报表出具的审计报告应当注明项目合伙人。

（1）合伙会计师事务所出具的审计报告，应当由一名对审计项目负最终复核责任的合伙人和一名负责该项目的注册会计师签名盖章。

（2）有限责任会计师事务所出具的审计报告，应当由会计师事务所主任会计师或其授权的副主任会计师和一名负责该项目的注册会计师签名盖章。

9. 会计师事务所的名称、地址和盖章

审计报告应当载明会计师事务所的名称和地址，并加盖会计师事务所公章。

注册会计师在审计报告中载明会计师事务所地址时，标明会计师事务所所在的城市即可。

10. 报告日期

审计报告应当注明报告日期。审计报告日不应早于注册会计师获取充分、适当的审计证据（包括管理层认可对财务报表的责任且已批准财务报表的证据），并在此基础上对财务报表形成审计意见的日期。

在确定审计报告日期时，注册会计师应当确信已获取下列两方面的审计证据：

（1）构成整套财务报表的所有报表（包括相关附注）已编制完成。

（2）被审计单位的董事会、管理层或类似机构已经认可其对财务报表负责。

审计报告日期向审计报告使用者表明，注册会计师已考虑其知悉的、截至审计报告日发生的事项和交易的影响。

在实务中，注册会计师在正式签署审计报告前，通常把审计报告草稿随附管理层已按审计调整建议修改后的财务报表提交给管理层。如果管理层批准并签署已按审计调整建议修改后的财务报表，注册会计师即可签署审计报告。注册会计师签署审计报告的日期通常与管理层签署已审计财务报表的日期为同一天，或晚于管理层签署已审计财务报表的日期。

三、非无保留意见的审计报告

（一）出具非无保留意见的审计报告的情形

非无保留意见是指保留意见、否定意见或无法表示意见。当存在下列情形之一时，注册会计师应当在审计报告中发表非无保留意见：

1. 根据获取的审计证据，得出财务报表整体存在重大错报的结论

在得出上述结论时，注册会计师需要评价未更正错报对财务报表的影响。错报是指某一财务报表项目的金额、分类、列报或披露，与按照适用的财务报告编制基础应当列示的金额、分类、列报或披露之间存在的差异。财务报表的重大错报可能源于以下几方面：

（1）选择的会计政策的恰当性。在选择的会计政策的恰当性方面，当出现下列情形时，财务报表可能存在重大错报：① 选择的会计政策与适用的财务报告编制基础不一致；② 财务报表（包括相关附注）没有按照公允列报的方式反映交易和事项。

财务报告编制基础通常包括对会计处理、披露和会计政策变更的要求。如果被审计单位变更了重大会计政策，且没有遵守这些要求，财务报表可能存在重大错报。

（2）对所选择的会计政策的运用。在对所选择的会计政策的运用方面，当出现下列情形时，财务报表可能存在重大错报：① 管理层没有按照适用的财务报告编制基础的要求一贯运用所选择的会计政策，包括管理层未在不同会计期间或对相似的

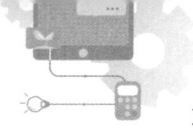

交易和事项一贯运用所选择的会计政策（运用的一致性）；② 不当运用所选择的会计政策（如运用中的无意错误）。

（3）财务报表披露的恰当性或充分性。在财务报表披露的恰当性或充分性方面，当出现下列情形时，财务报表可能存在重大错报：① 财务报表没有包括适用的财务报告编制基础要求的所有披露；② 财务报表的披露没有按照适用的财务报告编制基础列报；③ 财务报表没有做出必要的披露以实现公允反映。

2. 无法获取充分、适当的审计证据，不能得出财务报表整体不存在重大错报的结论

如果注册会计师能够通过实施替代程序获取充分、适当的审计证据，则无法实施特定的程序并不构成对审计范围的限制。

下列情形可能导致注册会计师无法获取充分、适当的审计证据（也称为审计范围受到限制）：

（1）超出被审计单位控制的情形。例如，被审计单位的会计记录已被毁坏；重要组成部分的会计记录已被政府有关机构无限期地查封。

（2）与注册会计师工作的性质或时间安排相关的情形。例如，被审计单位需要使用权益法对联营企业进行核算，注册会计师无法获取有关联营企业财务信息的充分、适当的审计证据以评价是否恰当运用了权益法；注册会计师接受审计委托的时间安排，使注册会计师无法实施存货监盘；注册会计师确定仅实施实质性程序是不充分的，但被审计单位的控制是无效的。

（3）管理层施加限制的情形。例如，管理层阻止注册会计师实施存货监盘；管理层阻止注册会计师对特定账户余额实施函证。

（二）确定非无保留意见的类型

注册会计师确定恰当的非无保留意见类型，取决于下列事项：① 导致非无保留意见事项的性质，是财务报表存在重大错报，还是在无法获取充分、适当的审计证据的情况下财务报表可能存在重大错报；② 注册会计师就导致非无保留意见事项对财务报表产生或可能产生影响的广泛性做出的判断。

根据注册会计师的判断，对财务报表的影响具有广泛性的情形包括：① 不限于对财务报表的特定要素、账户或项目产生影响；② 虽然仅对财务报表的特定要素、账户或项目产生影响，但这些要素、账户或项目是或可能是财务报表的主要组成部分；③ 当与披露相关时，产生的影响对财务报表使用者理解财务报表至关重要。

表 10-3 的审计意见决策表列示了注册会计师对导致发表非无保留意见事项的性质和这些事项对财务报表产生或可能产生影响的广泛性做出的判断，以及注册会计师的判断对审计意见类型的影响。

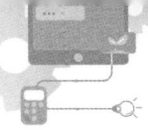

表 10-3　审计意见决策表

导致发表非无保留意见事项的性质	这些事项对财务报表产生或可能产生影响的广泛性	
	重大但不具有广泛性	重大且具有广泛性
财务报表存在重大错报	保留意见	否定意见
无法获取充分、适当的审计证据	保留意见	无法表示意见

1. 发表保留意见

当存在下列情形之一时，注册会计师应当发表保留意见：

（1）在获取充分、适当的审计证据后，注册会计师认为错报单独或汇总起来对财务报表影响重大，但不具有广泛性。

（2）注册会计师无法获取充分、适当的审计证据以作为形成审计意见的基础，但认为未发现的错报（如存在）对财务报表可能产生的影响重大，但不具有广泛性。

2. 发表否定意见

在获取充分、适当的审计证据后，如果认为错报单独或汇总起来对财务报表的影响重大且具有广泛性，注册会计师应当发表否定意见。

3. 发表无法表示意见

如果无法获取充分、适当的审计证据以作为形成审计意见的基础，但认为未发现的错报（如存在）对财务报表可能产生的影响重大且具有广泛性，注册会计师应当发表无法表示意见。

在少数情况下，可能存在多个不确定事项。即使注册会计师对每个单独的不确定事项获取了充分、适当的审计证据，但由于不确定事项之间可能存在相互影响，以及可能对财务报表产生累积影响，注册会计师不可能对财务报表形成审计意见。在这种情况下，注册会计师应当发表无法表示意见。

4. 确定非无保留意见的类型时需注意事项

（1）在承接审计业务后，如果注意到管理层对审计范围施加了限制，且认为这些限制可能导致对财务报表发表保留意见或无法表示意见，注册会计师应当要求管理层消除这些限制。如果管理层拒绝消除限制，除非治理层全部成员参与管理被审计单位，注册会计师应当就此事项与治理层沟通，并确定能否实施替代程序以获取充分、适当的审计证据。

（2）如果认为有必要对财务报表整体发表否定意见或无法表示意见，注册会计师不应在同一审计报告中对按照相同财务报告编制基础编制的单一财务报表或者财务报表特定要素、账户或项目发表无保留意见。在同一审计报告中包含无保留意见；将会与对财务报表整体发表的否定意见或无法表示意见相矛盾。

（三）非无保留意见的审计报告的格式和内容

1. 形成非无保留意见的基础

（1）审计报告格式和内容的一致性。如果对财务报表发表非无保留意见，注册会计师应当将审计报告中"形成审计意见的基础"部分的标题修改为恰当的标题，如"形成保留意见的基础""形成否定意见的基础""形成无法表示意见的基础"，说明导致发表非无保留意见的事项。当发表保留意见或否定意见时，注册会计师应当修改"形成保留（否定）审计意见的基础"部分的描述，以说明：注册会计师相信，注册会计师获取的审计证据是充分、适当的，为发表保留（否定）意见提供了基础。当发表无法表示意见时，注册会计师应当修改"形成无法表示意见的基础"部分的表述，不应提及审计报告中用于描述注册会计师责任的部分，也不应说明注册会计师是否已获取充分、适当的审计证据以作为形成审计意见的基础。

（2）量化财务影响。如果财务报表中存在与具体金额（包括定量披露）相关的重大错报，注册会计师应当在形成审计意见的基础部分说明并量化该错报的财务影响。例如，如果存货被高估，注册会计师就可以在审计报告的形成审计意见的基础部分说明该重大错报的财务影响，即量化其对所得税、税前利润、净利润和股东权益的影响。

如果无法量化财务影响，注册会计师应当在形成审计意见的基础部分说明这一情况。

（3）存在与定性披露相关的重大错报。如果财务报表中存在与定性披露相关的重大错报，注册会计师应当在形成审计意见的基础部分解释该错报错在何处。

（4）存在与应披露而未披露信息相关的重大错报。如果财务报表中存在与应披露而未披露信息相关的重大错报，注册会计师应当：① 与治理层讨论未披露信息的情况；② 在形成审计意见的基础部分描述未披露信息的性质；③ 如果可行并且已针对未披露信息获取了充分、适当的审计证据，在形成审计意见的基础部分包含对未披露信息的披露，除非法律法规禁止。

（5）无法获取充分、适当的审计证据。如果因无法获取充分、适当的审计证据而导致发表非无保留意见，注册会计师应当在形成审计意见的基础部分说明无法获取审计证据的原因。

（6）披露其他事项。即使发表了否定意见或无法表示意见，注册会计师也应当在形成审计意见的基础部分说明注意到的、将导致发表非无保留意见的所有其他事项及其影响。

2. 审计意见部分

（1）标题。在发表非无保留意见时，注册会计师应当对审计意见部分使用恰当的标题，如"保留意见""否定意见"或"无法表示意见"。

（2）发表保留意见。当由于财务报表存在重大错报而发表保留意见时，注册会计师应当根据适用的财务报告编制基础在审计意见部分中说明："注册会计师认为，除形成保留意见的基础部分所述事项产生的影响外，后附的财务报表在所有重大方面按照适用的财务报告编制基础编制，并实现公允反映。"

当无法获取充分、适当的审计证据而导致发表保留意见时，注册会计师应当在审计意见部分中使用"除……可能产生的影响外"等措辞。

（3）发表否定意见。当发表否定意见时，注册会计师应当根据适用的财务报告编制基础在审计意见部分中说明："注册会计师认为，由于形成否定意见的基础部分所述事项的重要性，后附的财务报表没有在所有重大方面按照适用的财务报告编制基础编制，未能实现公允反映。"

（4）发表无法表示意见。当由于无法获取充分、适当的审计证据而发表无法表示意见时，注册会计师应当在审计意见部分中说明："由于形成无法表示意见的基础部分所述事项的重要性，注册会计师无法获取充分、适当的审计证据以为发表审计意见提供基础，因此，注册会计师不对后附的财务报表发表审计意见。同时，注册会计师应当将有关财务报表已经审计的说明，修改为注册会计师接受委托审计财务报表。"

3. 非无保留意见对审计报告要素内容的修改

当由于无法获取充分、适当的审计证据而发表无法表示意见时：注册会计师应当对无保留意见审计报告中注册会计师对财务报表审计的责任部分的表述进行修改，使之仅包含下列内容：

（1）注册会计师的责任是按照中国注册会计师审计准则的规定，对被审计单位财务报表执行审计工作，以出具审计报告；

（2）但由于形成无法表示意见的基础部分所述的事项，注册会计师无法获取充分、适当的审计证据以作为发表审计意见的基础；

（3）声明注册会计师在独立性和职业道德方面的其他责任。

（四）非无保留意见的审计报告的参考格式

（1）由于财务报表存在重大错报而出具保留意见的审计报告的参考格式如下：

（略）

一、保留意见

我们审计了 ABC 股份有限公司（以下简称 ABC 公司）财务报表，包括 20×1 年 12 月 31 日的资产负债表，20×1 年度的利润表、现金流量表、股东权益变动表以及相关财务报表附注。

我们认为，除"形成保留意见的基础"部分所述事项产生的影响外，后附的财务报表在所有重大方面按照企业会计准则的规定编制，公允反映了 ABC 公司 20×1 年 12 月 31 日的财务状况以及 20×1 年度的经营成果和现金流量。

二、形成保留意见的基础

ABC 公司 20×1 年 12 月 31 日资产负债表中存货的列示金额为 × 元。ABC 公司管理层（以下简称管理层）根据成本对存货进行计量，而没有根据成本与可变现净值孰低的原则进行计量，这不符合企业会计准则的规定。ABC 公司的会计记录显示，如果管理层以成本与可变现净值孰低来计量存货，存货列示金额将减少 × 元。相应地，资产减值损失将增加 × 元，所得税、净利润和股东权益将分别减少 × 元、× 元和 × 元。

我们按照中国注册会计师审计准则的规定执行了审计工作。审计报告的"注册会计师对财务报表审计的责任"部分进一步阐述了我们在这些准则下的责任。按照中国注册会计师职业道德守则，我们独立于 ABC 公司，并履行了职业道德方面的其他责任。我们相信，我们获取的审计证据是充分、适当的，为发表保留意见提供了基础。

（略）

（2）由于财务报表存在重大错报而出具否定意见的审计报告的参考格式如下：

（略）

一、否定意见

我们审计了 ABC 股份有限公司及其子公司（以下简称 ABC 集团）的合并财务报表，包括 20×1 年 12 月 31 日的合并资产负债表，20×1 年度的合并利润表、合并现金流量表、合并股东权益变动表以及相关合并财务报表附注。

我们认为，由于"形成否定意见的基础"部分所述事项的重要性，后附的合并财务报表没有在所有重大方面按照 ×× 财务报告编制基础的规定编制，未能公允反映 ABC 集团 20×1 年 12 月 31 日的合并财务状况以及 20×1 年度的合并经营成果和合并现金流量。

二、形成否定意见的基础

如财务报表附注 × 所述，20×1 年 ABC 集团通过非同一控制下的企业合并获得对 XYZ 公司的控制权，因未能取得购买日 XYZ 公司某些重要资产和负债的公允价值，故未将 XYZ 公司纳入合并财务报表的范围。按照 ×× 财务报告编制基础的规定，该集团应将这一子公司纳入合并范围，并以暂估金额为基础核算该项收购。如果将 XYZ 公司纳入合并财务报表的范围，后附的 ABC 集团合并财务报表的多个报表项目将受到重大影响。但我们无法确定未将 XYZ 公司纳入合并范围对合并财务报表产生的影响。

我们按照中国注册会计师审计准则的规定执行了审计工作。审计报告的"注册会计师对财务报表审计的责任"部分进一步阐述了我们在这些准则下的责任。按照中国注册会计师职业道德守则，我们独立于 ABC 集团，并履行了职业道德方面的其他责任。我们相信，我们获取的审计证据是充分、适当的，为发表否定意见提供了基础。

（略）

（3）由于无法获取充分、适当的审计证据而出具保留意见的审计报告的参考格式如下：

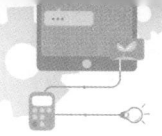

（略）

一、保留意见

我们审计了 ABC 股份有限公司及其子公司（以下简称 ABC 集团）合并财务报表，包括 20×1 年 12 月 31 日的合并资产负债表，20×1 年度的合并利润表、合并现金流量表、合并股东权益变动表以及相关合并财务报表附注。

我们认为，除"形成保留意见的基础"部分所述事项可能产生的影响外，后附的合并财务报表在所有重大方面按照 ×× 财务报告编制基础的规定编制，公允反映了 ABC 集团 20×1 年 12 月 31 日的合并财务状况以及 20×1 年度的合并经营成果和合并现金流量。

二、形成保留意见的基础

如财务报表附注 × 所述，ABC 集团于 20×1 年取得了境外 XYZ 公司 30% 的股权，因能够对 XYZ 公司施加重大影响，故采用权益法核算该项股权投资，于 20×1 年度确认对 XYZ 公司的投资收益 × 元，该项股权投资于 20×1 年 12 月 31 日合并资产负债表上反映的账面价值为 × 元。由于我们未被允许接触 XYZ 公司的财务信息、管理层和执行 XYZ 公司审计的注册会计师，我们无法就该项股权投资的账面价值以及 ABC 集团确认的 20×1 年度对 XYZ 公司的投资收益获取充分、适当的审计证据，也无法确定是否有必要对这些金额进行调整。

我们按照中国注册会计师审计准则的规定执行了审计工作。审计报告的"注册会计师对合并财务报表审计的责任"部分进一步阐述了我们在这些准则下的责任。按照中国注册会计师职业道德守则，我们独立于 ABC 集团，并履行了职业道德方面的其他责任。我们相信，我们获取的审计证据是充分、适当的，为发表保留意见提供了基础。

（略）

（4）由于无法获取财务报表多个要素的充分、适当的审计证据而出具无法表示意见的审计报告的参考格式如下：

（略）

一、无法表示意见

我们接受委托，审计 ABC 股份有限公司（以下简称 ABC 公司）财务报表，包括 20×1 年 12 月 31 日的资产负债表，20×1 年度的利润表、现金流量表、股东权益变动表以及相关财务报表附注。

我们不对后附的 ABC 公司财务报表发表审计意见。由于"形成无法表示意见的基础"部分所述事项的重要性，我们无法获取充分、适当的审计证据以作为对财务报表发表审计意见的基础。

二、形成无法表示意见的基础

我们于 20×2 年 1 月接受 ABC 公司的审计委托，因而未能对 ABC 公司 20×1 年初金额为 × 元的存货和年末金额为 × 元的存货实施监盘程序。此外，我们也无法实施替代审计程序获取充分、适当的审计证据。并且，ABC 公司于 20×1 年 9 月采用新的应收账款电算化系统，由于存在系统缺陷导致应收账款出现大量错误。截至报告日，ABC 公司管理层（以下简称管理层）仍在纠正系统缺陷并更正错误，我们也无法实施替代审计程序，以对截至 20×1 年 12 月 31 日的应收账款总额 × 元获取充分、适当的审计证据。因此，我们无法确定是否有必要对存货、应收账款以及财务报表其他项目作出调整，也无法确定应调整的金额。

> 三、管理层和治理层对财务报表的责任
>
> （略）
>
> 四、注册会计师对财务报表审计的责任
>
> 我们的责任是按照中国注册会计师审计准则的规定，对 ABC 公司的财务报表执行审计工作，以出具审计报告。但由于"形成无法表示意见的基础"部分所述的事项，我们无法获取充分、适当的审计证据以作为发表审计意见的基础。
>
> 按照中国注册会计师职业道德守则，我们独立于 ABC 公司，并履行了职业道德方面的其他责任。
>
> （略）

四、在审计报告中沟通关键审计事项

（一）关键审计事项的含义

关键审计事项是指注册会计师根据职业判断认为对本期财务报表审计最为重要的事项。在审计报告中沟通关键审计事项以注册会计师已就财务报表整体形成审计意见为背景。在审计报告中沟通关键审计事项不是注册会计师就单一事项单独发表意见。

（二）在审计报告中沟通关键审计事项的目的与意义

主要包括以下内容：

（1）沟通关键审计事项，旨在通过提高已执行审计工作的透明度增加审计报告的沟通价值。

（2）沟通关键审计事项能够为财务报表预期使用者提供额外的信息，帮助其了解注册会计师根据职业判断认为对本期财务报表审计最为重要的事项，并帮助其了解被审计单位，以及已审计财务报表中涉及重大管理层判断的领域。

（三）在审计报告中沟通关键审计事项的情形

（1）对上市实体整套通用目的财务报表进行审计。

（2）注册会计师决定或委托方要求在审计报告中沟通关键审计事项的其他情形。

（3）法律法规要求注册会计师在审计报告中沟通关键审计事项

（四）不在审计报告中沟通关键审计事项的情形

除非存在下列情形之一，注册会计师应当在审计报告中逐项描述关键审计事项：

（1）法律法规也可能禁止公开披露某事项。

（2）在极少数的情况下，如果合理预期在审计报告中沟通某事项造成的负面后果超过产生的公众利益方面的益处，注册会计师确定不应在审计报告中沟通该事项。

（3）确定对财务报表发表无法表示意见，注册会计师不得在审计报告中沟通关键审计事项，除非法律法规要求沟通。

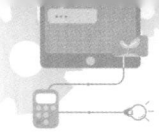

（五）关键审计事项不能代替的事项

主要包括以下内容：

（1）管理层按照适用的财务报告编制基础在财务报表中作出的披露，或为使财务报表实现公允反映而作出的披露（如适用）。

（2）注册会计师按照《中国注册会计师审计准则第 1502 号——在审计报告中发表非无保留意见》的规定，按照审计业务的具体情况发表非无保留意见。

（3）当可能导致对被审计单位持续经营能力产生重大疑虑的事项或情况存在重大不确定性时，注册会计师按照《中国注册会计师审计准则第 1324 号——持续经营》的规定进行报告。

（六）确定关键审计事项

根据关键审计事项的定义，注册会计师在确定关键审计事项时，需要遵循以下决策框架（如图 10-2 所示）：

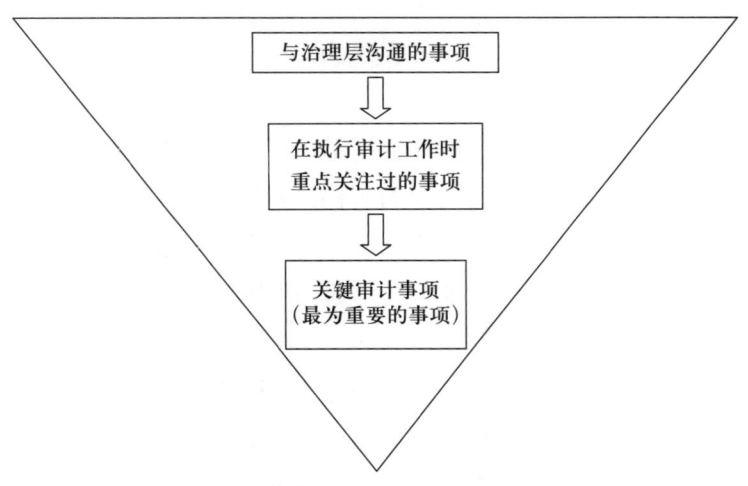

图 10-2　关键审计事项的决策框架

1. 以"与治理层沟通的事项"为起点选择关键审计事项

《中国注册会计师审计准则第 1151 号——与治理层的沟通》要求注册会计师与被审计单位治理层沟通审计过程中的重大发现，包括注册会计师对被审计单位的重要会计政策、会计估计和财务报表披露等会计实务的看法，审计过程中遇到的重大困难，已与治理层讨论或需要书面沟通的重大事项等，以便治理层履行其监督财务报告过程的职责。

2. 从"与治理层沟通过的事项"中确定"在执行审计工作时重点关注过的事项"

注册会计师在从"与治理层沟通的事项"中确定哪些事项属于重点关注过的事项时，需要特别考虑下列内容：

（1）评估的重大错报风险较高的领域或识别出的特别风险。

（2）与财务报表中涉及重大管理层判断（包括被认为具有高度估计不确定性的会计估计）的领域相关的重大审计判断。

（3）本期重大交易或事项对审计的影响。

3. 从"在执行审计工作时重点关注过的事项"中确定哪些事项对本期财务报表审计"最为重要"，从而构成关键审计事项

在确定某一与治理层沟通过的事项的相对重要程度以及该事项是否构成关键审计事项时，下列考虑也可能是相关的：

（1）该事项对预期使用者理解财务报表整体的重要程度，尤其是对财务报表的重要性。

（2）与该事项相关的会计政策的性质或者与同行业其他实体相比，管理层在选择适当的会计政策时涉及的复杂程度或主观程度。

（3）从定性和定量方面考虑，与该事项相关的由于舞弊或错误导致的已更正错报和累积未更正错报（如有）的性质和重要程度。

（4）为应对该事项所需要付出的审计努力的性质和程度，包括：① 为应对该事项而实施审计程序或评价这些审计程序的结果（如有）在多大程度上需要特殊的知识或技能。② 就该事项在项目组之外进行咨询的性质。

（5）在实施审计程序、评价实施审计程序的结果、获取相关和可靠的审计证据以作为发表审计意见的基础时，注册会计师遇到的困难的性质和严重程度，尤其是当注册会计师的判断变得更加主观时。

（6）识别出的与该事项相关的控制缺陷的严重程度。

（7）该事项是否涉及多项可区分但又相互关联的审计考虑。例如，长期合同可能在收入确认、诉讼或其他或有事项等方面需要重点关注，并且可能影响其他会计估计。

（七）在审计报告中沟通关键审计事项

1. 在审计报告中单设关键审计事项部分

注册会计师应当在审计报告中单设一部分，以"关键审计事项"为标题，并在该部分使用恰当的子标题逐项描述关键审计事项。

关键审计事项部分的引言应当同时说明下列事项：

（1）关键审计事项是注册会计师根据职业判断，认为对本期财务报表审计最为重要的事项。

（2）关键审计事项的应对以对财务报表整体进行审计并形成审计意见为背景，注册会计师不对关键审计事项单独发表意见。

在关键审计事项部分披露的关键审计事项必须是已经得到满意解决的事项，即

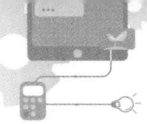

不存在审计范围受到限制，也不存在注册会计师与被审计单位管理层意见分歧的情况。以下事项不断作为关键审计事项，但需要在引言中增加说明：

（1）导致发表保留意见或否定意见的事项，不得作为关键审计事项列示，但是需要在关键审计事项部分的引言中增加说明。

（2）持续经营存在重大不确定性，不得作为关键审计事项列示，但是需要在关键审计事项部分的引言中增加说明。

2. 在审计报告中描述单一关键审计事项

为帮助财务报表使用者了解注册会计师确定的关键审计事项，注册会计师应当在审计报告的关键审计事项部分逐项描述关键审计事项，并同时说明下列内容：

（1）该事项被认定为审计中最为重要的事项之一，因而被确定为关键审计事项的原因。

（2）该事项在审计中是如何应对的。注册会计师可以描述下列要素：① 在审计应对措施或审计方案中，与该事项最为相关或对评估的重大错报风险最有针对性的方面；② 对已实施审计程序的简要概述；③ 实施审计程序的结果；④ 对该事项的主要看法。

（3）在描述时，注册会计师还应当分别索引至财务报表的相关披露（如有），以使预期使用者能够进一步了解管理层在编制财务报表时如何应对这些事项。

为使预期使用者能够理解在对财务报表整体进行审计的背景下关键审计事项的重要程度，以及关键审计事项和审计报告其他要素（包括审计意见）之间的关系，注册会计师可能需要注意用于描述关键审计事项的语言，确保：

（1）不暗示注册会计师在对财务报表形成审计意见时尚未恰当解决该事项。

（2）将该事项与被审计单位的具体情形紧密相扣，避免使用通用或标准化的语言。

（3）考虑该事项在相关财务报表披露（如有）中是如何处理的。

（4）不包含或暗示对财务报表单一要素单独发表的意见。

在描述关键审计事项时，注册会计师需要避免不恰当地提供与被审计单位相关的原始信息。

（八）就关键审计事项与治理层沟通

治理层在监督财务报告过程中担当重要角色。就关键审计事项与治理层沟通，能够使治理层了解注册会计师就关键审计事项作出的审计决策的基础以及这些事项将如何在审计报告中作出描述；也能够使治理层考虑，由于这些事项将在审计报告中沟通，作出新的披露或提高披露质量是否有用。因此，注册会计师应当就下列事项与治理层沟通：

（1）注册会计师确定的关键审计事项。

（2）根据被审计单位和审计业务的具体事实和情况，注册会计师确定不存在需要在审计报告中沟通的关键审计事项（如适用）。

（九）参考格式

审计报告中关键审计事项——商誉的减值测试参考格式如下：

关键审计事项——商誉的减值测试

相关信息披露详见财务报表附注——XX

（一）事项描述

截至 20×1 年 12 月 31 日，集团因收购 YYY 公司而确认了 ××× 万元的商誉。贵公司管理层于每年年末对商誉进行减值测试。本年度，YYY 公司产生了经营损失，该商誉出现减值迹象。

报告期末，集团管理层对 YYY 公司的商誉进行了减值测试，以评价其是否存在减值。管理层采用现金流预测模型来计算商誉的可收回金额，并将其余商誉的账面价值相比较。对该模型所使用的折现率、预计现金流，特别是未来收入增长率关键指标，需要作出重大的管理层判断。通过测试，管理层得出商誉没有减值的结论。

（二）实施的审计程序

我们针对管理层减值测试所实施的审计程序包括：

（1）对管理层的估值方法予以评估。

（2）基于我们对相关行业的了解，我们质疑了管理层假设的合理性，如收入增长率、折现率等。

（3）检查录入数据与支持证据的一致性，例如，已批准的预算以及考虑这些预算的合理性。

🔧 职业素养提升

恪尽职守、公正执业：从第一份否定意见审计报告谈起

某会计师事务所对 A 公司财务报表出具了否定意见的审计报告。随后，这份审计报告以其"新中国第一"的身份备受关注，该会计师事务所也因此名声大振。一份看似平常的审计报告之所以备受关注，不只因为它的罕见，还因为它来之不易。据悉，该会计师事务所在出具报告过程中受到了来自各方的压力和干扰，但他们实事求是，顶住压力，排除干扰，坚持了自己的意见。

在证券市场上，注册会计师发挥着不可或缺的作用，其出具的审计意见是投资者获取真实可靠财务信息的保证，是有关部门对上市公司依法监管的重要信息来源，同时，在审计过程中，通过提出管理建议，可以推动公司建立、内部管理制度健全和管理水平提高。因此，注册会计师应有高度的历史使命感和社会责任感，恪尽职守，严肃执业。

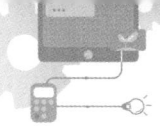

五、审计报告的强调事项段

（一）强调事项段的含义

审计报告的强调事项段是指审计报告中含有的一个段落，该段落提及已在财务报表中恰当列报或披露的事项，根据注册会计师的职业判断，该事项对财务报表使用者理解财务报表至关重要。

（二）增加强调事项段的情形

如果认为有必要提醒财务报表使用者关注已在财务报表中列报或披露，且根据职业判断认为对财务报表使用者理解财务报表至关重要的事项，注册会计师在已获取充分、适当的审计证据证明该事项在财务报表中不存在重大错报的条件下，应当在审计报告中增加强调事项段。

注册会计师可能认为需要增加强调事项段的情形包括：

（1）异常诉讼或监管行动的未来结果存在不确定性。

（2）提前应用（在允许的情况下）对财务报表有广泛影响的新会计准则。

（3）存在已经或持续对被审计单位财务状况产生重大影响的特大灾难。

需要说明的是，强调事项段应当仅提及已在财务报表中列报或披露的信息。

（三）在审计报告中增加强调事项段时注册会计师采取的措施

如果在审计报告中增加强调事项段，注册会计师应当采取下列措施：

（1）将强调事项段紧接在审计意见段之后。

（2）使用"强调事项"或其他适当标题。

（3）明确提及被强调事项以及相关披露的位置，以便能够在财务报表中找到对该事项的详细描述。

（4）指出审计意见没有因该强调事项而改变。

注册会计师应当在强调事项段中指明，该段内容仅用于提醒财务报表使用者关注，并不影响已发表的审计意见。

六、审计报告的其他事项段

（一）其他事项段的含义

其他事项段是指审计报告中含有的一个段落，该段落提及未在财务报表中列报或披露的事项，根据注册会计师的职业判断，该事项与财务报表使用者理解审计工作、注册会计师责任或审计报告相关。

（二）需要增加其他事项段的情形

注册会计师应当将其他事项段紧接在审计意见段和强调事项段（如果有）之后。如果其他事项段的内容与其他报告责任部分相关，这一段落也可以置于审计报

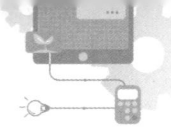

告的其他位置。

具体来讲，需要在审计报告中增加其他事项段的情形包括以下几个方面：

（1）与使用者理解审计工作相关的情形。

（2）与使用者理解注册会计师的责任或审计报告相关的情形。

（3）对两套以上财务报表出具审计报告的情形。

（4）限制审计报告分发和使用的情形。

（三）与治理层的沟通

如果拟在审计报告中增加强调事项段或其他事项段，注册会计师应当就该事项和拟使用的措辞与治理层沟通。

包含关键审计事项部分、强调事项段和其他事项段的审计报告参考格式如下：

（略）

一、审计意见

（略）

二、形成审计意见的基础

（略）

三、强调事项

我们提醒财务报表使用者关注，财务报表附注 X 描述了火灾对 ABC 公司的生产设备造成的影响。本段内容不影响已发表的审计意见。

四、关键审计事项

关键审计事项是根据我们的职业判断，认为对本期财务报表审计最为重要的事项。这些事项是在对财务报表整体进行审计并形成意见的背景下进行处理的，我们不对这些事项单独发表意见。

［按照《中国注册会计师审计准则第 1504 号——在审计报告中沟通关键审计事项》的规定描述每一关键审计事项。］

五、其他事项

20×0 年 12 月 31 日的资产负债表、20×0 年度的利润表、现金流量表、股东权益变动表以及相关财务报表附注由其他会计师事务所审计，并于 20×1 年 3 月 31 日发表了无保留意见。

（略）

【案例解析】

对事项（1），根据企业会计准则规定，对于附追索权的商业汇票的贴现，申请贴现的企业应按以应收债权为质押取得借款的规定进行会计处理，所以，注册会计师 A 和 B 应提请 X 公司作以下调整分录（单位：万元）：

借：应收票据　　　　　　　　　　　　　　　　　　　　600

　　贷：短期借款　　　　　　　　　　　　　　　　　　　　600

对事项（2），注册会计师 A 和 B 不应提请 X 公司作调整：

提示：因为根据企业会计准则规定，企业的专门借款利息可以在资本化期间全部资本化。

$9\,000\,000 \times 5\% \times 7 \div 12 + 6\,000\,000 \times 6\% \times 7 \div 12 = 262\,500 + 210\,000 = 472\,500$（元）

对事项（3），首先，由于应收账款——d 公司的期末余额在贷方，已经不满足资产的定义而符合负债的特征，建议将其重新分类为预收账款，注册会计师 A 和 B 应提请 X 公司做以下报表重分类调整分录（单位：万元）：

借：应收账款——d 公司 　　　　　　　　　　　　　　　　1200

　　贷：预收账款——d 公司 　　　　　　　　　　　　　　1200

其次，由于应收账款的重分类调整相应调增了应收账款的余额，应收账款计提的坏账准备也应调增 360 万元（$1\,200 \times 30\%$），所以，注册会计师 A 和 B 还应提请 X 公司做以下审计调整分录（单位：万元）：

借：资产减值损失——计提的坏账准备 　　　　　　　　　360

　　贷：应收账款——坏账准备 　　　　　　　　　　　　　360

对事项（4），根据企业会计准则规定，2023 年年末 X 公司对已签订购销合同的 400 件乙产品补提的存货跌价准备为 144 万元 $[(1.6-1.24) \times 400]$；对未签订购销合同的 100 件乙产品冲回的存货跌价准备为 20 万元 $[(1.6-1.24) \times 400 = 25$ 万元 $>$ 已计提的 20 万元 $]$，所以，A 和 B 注册会计师应提请 X 公司补提存货跌价准备 124 万元，并做以下审计调整分录：

借：资产减值损失——计提的存货跌价准备 　　　　　　　124

　　贷：存货——存货跌价准备 　　　　　　　　　　　　　124

（2）

就事项（1），注册会计师 A 和 B 应当出具保留意见的审计报告；

就事项（2），注册会计师 A 和 B 应当出具无保留意见的审计报告；

就事项（3），注册会计师 A 和 B 应当出具否定意见的审计报告；

就事项（4），注册会计师 A 和 B 应当出具保留意见的审计报告。

（3）注册会计师 A 和 B 应当出具保留意见的审计报告。

　一、保留意见

　我们审计了 X 股份有限公司（以下简称 X 公司）财务报表，包括 2023 年 12 月 31 日的资产负债表，2023 年度的利润表、现金流量表、股东权益变动表以及相关财务报表附注。

　我们认为，除"形成保留意见的基础"部分所述事项可能产生的影响外，后附的财务报表在所有重大方面按照 ×× 财务报告编制基础的规定编制，公允反映了 X 公司 2023 年 12 月 31 日的财务状况以及 2023 年度的经营成果和现金流量。

二、形成保留意见的基础

如财务计报表附注所述，X公司 2023 年 12 月 31 日的存货未按企业会计准则规定，采用"成本与可变现净值孰低"计价，如果采用"成本与可变现净值孰低"计价，X公司存货跌价准备将增加 119 万元，存货账面价值将相应减少 119 万元，利润总额也将相应减少 119 万元。

（略）

【任务检查】

注册会计师 A 作为 ABC 会计师事务所审计项目负责人，在审计以下单位 2023 年度财务报表时分别遇到以下情况：

（1）甲公司拥有一项长期股权投资，账面价值 500 万元，持股比例 30%。2023 年 12 月 31 日，甲公司与 K 公司签署投资转让协议，拟以 450 万元的价格转让该项长期股权投资，已收到价款 300 万元，但尚未办理产权过户手续，甲公司以该项长期股权投资正在转让之中为由，不再计减值准备。

（2）乙公司于 2022 年 5 月为 L 公司 1 年期银行借款 1 000 万元提供担保，因 L 公司不能及时偿还，银行于 2023 年 11 月向法院提起诉讼，要求乙公司承担连带清偿责任。2023 年 12 月 31 日，乙公司在咨询律师后，根据 L 公司的财务状况，计提了 500 万元的预计负债。对上述预计负债，乙公司已在财务报表附注中进行了适当披露。截至审计工作完成日，法院未对该项诉讼做出判决。

（3）丙公司在 2023 年度向其控股股东 M 公司以市场价格销售产品 5 000 万元，以成本加成价格购入原材料 3 000 万元，上述销售和采购分别占丙公司当年销售、购货的比例为 30% 和 40%，丙公司已在财务报表附注中进行了适当披露。

（4）丁公司于 2023 年 11 月 20 日发现，2022 年漏记固定资产折旧费用 200 万元。丁公司在编制 2023 年度财务报表时，对该项会计差错予以更正，追溯调整了相关财务报表项目，并在财务报表附注中进行了适当披露。

（5）戊公司于 2023 年年末更换了大股东并成立了新的董事会，继任法定代表人以刚上任不了解以前年度情况为由，拒绝签署 2023 年度已审计财务报表和提供管理当局声明书。原法定代表人以不再继续履行职责为由，也拒绝签署 2023 年度已审计财务报表和提供管理当局声明书。

要求：假定上述情况对各被审计单位 2023 年度财务报表的影响都是重要的，且各被审计单位均拒绝接受注册会计师 A 提出的审计处理建议（如果有）。在不考虑其他因素影响的前提下，请分别针对上述 5 种情况，判断注册会计师 A 应对 2023 年度财务报表出具何种类型的审计报告，并简要说明理由。

能力训练 ▶▶▶

一、单项选择题

1. 下列有关未更正错报的说法中，错误的是（　　）。

A. 注册会计师应当确定未更正错报单独或汇总起来是否重大

B. 注册会计师应当要求管理层提供有关未更正错报的书面声明

C. 除非法律法规禁止，注册会计师应当与治理层沟通未更正错报

D. 注册会计师应当将超过实际执行的重要性的未更正错报评价为重大错报

2. 下列有关复核审计工作的说法中，正确的是（　　）。

A. 项目组内部复核贯穿于审计全过程

B. 项目组内部复核通常是项目组成员之间相互复核

C. 项目组内部复核应当在审计报告日或审计报告日之前完成，项目质量复核可以在审计报告日后完成

D. 项目合伙人应当复核项目组所有的审计工作底稿

3. 下列有关审计工作底稿复核的说法中，错误的是（　　）。

A. 项目合伙人应当复核所有审计工作底稿

B. 项目质量复核人员应当在审计报告出具前复核审计工作底稿

C. 审计工作底稿中应当记录复核人员姓名及其复核时间

D. 应当由项目组内经验较丰富的人员复核经验较缺乏的人员编制的审计工作底稿

4. 下列有关书面声明的说法，不正确的是（　　）。

A. 财务报表及其认定属于书面声明

B. 支持性账簿和相关记录不属于书面声明

C. 书面声明是注册会计师财务报表审计业务中需要获取的必要信息

D. 尽管书面声明提供必要的审计证据，但其本身并不为所涉及的任何事项提供充分、适当的审计证据

5. 注册会计师 2024 年 3 月 25 日完成对 Y 公司 2023 年度财务报表的外勤审计工作，2024 年 3 月 26 日取得 Y 公司管理层书面声明，2024 年 3 月 30 日完成并签署报告，2023 年 4 月 2 日将审计报告报出，则 Y 公司管理层书面声明的日期通常是（　　）。

A. 2024 年 3 月 25 日　　　　　　B. 2024 年 3 月 26 日

C. 2024 年 3 月 30 日　　　　　　D. 2024 年 4 月 2 日

6. 下列有关审计报告日期的说法中，错误的是（　　）

A. 审计报告日可以晚于管理层签署已审计财务报表的日期

B. 审计报告日不应早于管理层书面声明的日期

C. 在特殊情况下，注册会计师可以出具双重日期的审计报告

D. 审计报告日应当是注册会计师获取充分、适当的审计证据，并在此基础上对财务报表形成审计意见的日期

7. 注册会计师在出具非无保留意见的审计报告时，应在（　　　）增加一个段落，说明导致发表非无保留意见的事项。

A. 意见段之后　　　　　　　　　　　　B. 引言段之后

C. 意见段之前　　　　　　　　　　　　D. 引言段之前

8. 在获取充分、适当的审计证据后，如果认为错报单独或汇总起来对财务报表的影响重大且具有广泛性，注册会计师应当发表（　　　）意见的审计报告。

A. 无保留　　　　　　　　　　　　　　B. 保留

C. 否定　　　　　　　　　　　　　　　D. 无法表示

9. 以下有关审计报告中"强调事项段"的表述中，错误的是（　　　）。

A. 指出审计意见没有因该强调事项而改变

B. 使用"强调事项"或其他适当标题

C. 明确提及被强调事项以及相关披露的位置

D. 强调事项段紧接在审计意见段之前

10. 其他事项是指未在财务报表中列报或披露且是（　　　）。

A. 被法律法规禁止的事项

B. 对本期财务报表审计最为重要的事项

C. 与财务报表使用者理解审计工作、注册会计师的责任或审计报告相关的事项

D. 对财务报表使用者理解财务报表至关重要的事项

二、多项选择题

1. 下列有关注册会计师与治理层沟通未更正错报做法中，正确的有（　　　　　）。

A. 对单项重大的未更正错报，注册会计师逐笔进行了沟通

B. 对存在的大量单项不重大的未更正错报，注册会计师就未更正错报的笔数和总金额的影响进行了沟通

C. 注册会计师与治理层沟通了与以前期间相关的未更正错报的影响

D. 注册会计师与治理层沟通了未更正错报单独或汇总起来可能对审计意见产生的影响

2. 下列事项中，注册会计师应当向管理层获取书面声明的必要条件有（　　　　　）。

A. 管理层对以后盈利情况的保证

B. 对资产的确认或列报具有重大影响的计划

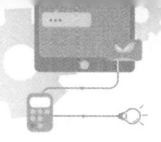

C. 管理层认可其设计、实施的维护内部控制以防止或发现并纠正错报的责任

D. 管理层认为注册会计师在审计过程中发现的未更正错报，无论是单独还是汇总起来考虑，对财务报表整体均不具有重大影响

3. 针对财务报表是否不存在重大错报得出审计结论时，下列关于注册会计师应当考虑的领域的说法中，正确的有（　　　　）。

A. 评价未更正错报是否构成重大错报时，应考虑与以前期间相关的未更正错报的影响

B. 评价财务报表是否实现公允反映

C. 评价已更正和未更正错报单独或汇总起来是否构成重大错报

D. 评价财务报表是否恰当提及或说明适用的财务报告编制基础

4. 下列各项中，构成审计报告要素的有（　　　　）。

A. 审计业务约定书

B. 管理层对财务报表的责任

C. 注册会计师的签名和盖章

D. 报告日期

5. 下列有关审计报告的意见类型中，属于非无保留意见的有（　　　　）。

A. 带强调事项段的无保留意见

B. 保留意见

C. 否定意见

D. 无法表示意见

6. 出具无保留意见审计报告的条件有（　　　　）。

A. 按照审计准则规定，已获取充分、适当的审计证据

B. 按照审计准则规定，未更正错报单独或汇总起来未构成重大错报

C. 财务报表在所有重大方面按照适用的财务报告编制基础编制且已实现公允反映

D. 财务报表已恰当提及或说明适用的财务报告编制基础

7. 下列各项错报中，通常对财务报表具有广泛影响的有（　　　　）。

A. 被审计单位没有披露关键管理人员薪酬

B. 信息系统缺陷导致的应收账款、存货等多个财务报表项目的错报

C. 被审计单位没有将年内收购的一家重要子公司纳入合并范围

D. 被审计单位没有按照成本与可变现净值孰低原则对存货进行计量

8. 下列情形中，注册会计师应当发表保留意见审计报告的有（　　　　）。

A. 获取充分、适当的审计证据后，认为错报单独或汇总起来对财务报表影响重大，但不具有广泛性

B. 获取充分、适当的审计证据后，认为错报单独或汇总起来对财务报表影响重大且具有广泛性

C. 无法获取充分、适当的审计证据以作为形成审计意见的基础，但认为未发现的错报对财务报表可能产生的影响重大，但不具有广泛性

D. 无法获取充分、适当的审计证据以作为形成审计意见的基础，但认为未发现的错报对财务报表可能产生的影响重大且具有广泛性

9. 下列关于关键审计事项的说法中，正确的有（　　　　　）。

A. 关键审计事项是指注册会计师根据职业判断认为对本期财务报表审计最为重要的事项

B. 沟通关键审计事项旨在通过提高已执行审计工作的透明度增加审计报告的沟通价值

C. 对财务报表发表无法表示意见时，不得在审计报告中沟通关键审计事项，除非法律法规要求沟通

D. 导致发表保留意见或否定意见的事项，就其性质而言属于关键审计事项，需要在审计报告的关键审计事项部分进行描述

10. 注册会计师应针对下列事项出具带强调事项段审计报告的有（　　　　　）。

A. 重大诉讼的未来结果存在不确定性

B. 存在已经或持续对被审计单位财务状况产生重大影响的特大灾难

C. 由于董事会未能达成一致，难以确定未来的经营方向和战略

D. 提前应用对财务报表有广泛影响的新会计准则

三、简答题

1. 完成审计报告编制前需要完成哪些审计工作？

2. 简述审计报告的类型。

3. 简述无保留意见审计报告包括哪些内容？

4. 简述不同意见类型审计报告在出具条件、格式和措辞方面的区别。

5. 简述关键审计事项、强调事项与其他事项的不同。

四、案例分析题

公开发行 A 股的甲股份有限公司（以下简称甲公司）系 ABC 会计师事务所的常年审计客户。A 和 B 注册会计师负责对甲公司 2023 年度财务报表进行审计，确定财务报表层次的重要性水平为 200 万元。甲公司 2023 年度财务报告于 2024 年 4 月 20 日获董事会批准，并于同日报送证券交易所。其他相关资料如下：

资料一：甲公司未经审计的 2023 年度财务报表部分项目的年末余额或年度发

生额如表 10-4 所示。

表 10-4　甲公司未经审计的 2023 年度财务报表部分项目的年末余额或年度发生额

单位：万元

项目	2023 年度
资产总额	90 000
营业收入	60 000
利润总额	3 000
净利润	2 500

资料二：在对甲公司的审计过程中，注册会计师 A 和 B 注意到下列事项：

（1）2023 年 1 月起，甲公司开始研发 X 产品专利技术，且拥有可靠的技术和财务资源等支持。截至 2023 年 10 月 31 日，共发生研发支出 2 700 万元，其中：科技成果应用研究费用 900 万元，生产前的模型设计和测试费用 1 800 万元。2023 年 11 月 1 日，该专利技术达到预定用途，甲公司将其确认为无形资产，并做如下会计处理：借记"无形资产"2 700 万元，贷记"研发支出——资本化支出"2 700 万元；该无形资产的估计使用寿命为 5 年，净残值为 0，甲公司按直线法摊销，并做如下会计处理：借记"管理费用"90 万元，贷记"累计摊销"90 万元。

（2）2023 年 10 月 25 日，甲公司为某高新技术项目向银行申请配套流动资金贷款，同时申报政府财政贴息。根据与银行签订的贷款协议，贷款期限为 2023 年 11 月 1 日至 2024 年 10 月 31 日，贷款金额为 20 000 万元，年利率为 6%。2023 年 11 月 1 日，政府部门批准拨付贴息资金 600 万元，甲公司于当日收到该笔资金，并做如下会计处理：借记"银行存款"600 万元，贷记"营业外收入——政府补助"600 万元。

（3）2023 年 12 月，甲公司购入 500 万元汽车电子仪表。2024 年 1 月 7 日，甲公司遭受水灾，导致该批仪表全部报废。甲公司对 2023 年度财务报表做如下调整：借记"资产减值损失"500 万元，贷记"存货——存货跌价准备"500 万元。

（4）2023 年 12 月 25 日，甲公司总经理办公会议决定将持有的丙公司的 40% 股权以 28 000 万元的价格转让给控股股东，该项长期股权投资的账面价值为 19 000 万元，评估价值为 28 000 万元。2023 年 12 月 27 日，甲公司收到全部股权转让款，并做如下会计处理：借记"银行存款"28 000 万元，贷记"长期股权投资"19 000 万元，贷记"投资收益"9 000 万元。上述股权转让事项已经在 2024 年 1 月 10 日召开的董事会会议上审议通过，并拟在 2023 年度财务报表附注中披露。

要求：（1）如果不考虑审计重要性水平，针对资料二中事项（1）至事项（4），

注册会计师 A 和 B 是否需要提出审计处理建议？若需提出审计调整建议，直接列示审计调整分录（审计调整分录均不考虑对甲公司 2023 年的税费、递延所得税资产和递延所得税负债、期末结转损益及利润分配的影响，下同）。

（2）在资料一的基础上，如果考虑审计重要性水平，假定甲公司分别只存在资料二列示 4 个事项中的 1 个，并且拒绝接受注册会计师 A 和 B 针对事项（1）至事项（4）提出的审计处理建议（如果有），在不考虑其他条件的前提下，指出注册会计师 A 和 B 应当针对 4 个独立存在的事项分别出具何种意见类型的审计报告。

（3）在资料一的基础上，如果考虑审计重要性水平，假定甲公司只存在资料二中的事项（1），并且拒绝接受注册会计师 A 和 B 提出的审计处理建议（如果有），在不考虑其他条件的前提下，注册会计师 A 和 B 应出具何种审计意见的审计报告？请代注册会计师 A 和 B 草拟审计报告的意见部分和形成审计意见的基础（如果有）。

参考文献

［1］中国注册会计师协会．中国注册会计师执业准则及应用指南（2023）［M］．北京：中国财政经济出版社，2023.

［2］审计署审计干部职业教育培训教材编审委员会．国家审计准则释义［M］．北京：中国时代经济出版社，2012.

［3］《中国内部审计准则释义》编写组．中国内部审计准则释义［M］．北京：中国时代经济出版社，2014.

［4］中国注册会计师协会．审计［M］．北京：中国财政经济出版社，2024.

［5］张军平．审计基础［M］．北京：清华大学出版社，2021.

［6］张军平．审计［M］．北京：中国农业出版社，2016.

［7］马春静，隋丽莉，刘艳梅．审计原理与实务［M］．7版．大连：大连理工大学出版社，2022.

［8］中国注册会计师协会．财务报表审计工作底稿编制指南［M］．2版．北京：经济科学出版社，2012.

［9］《审计专业技术资格考试辅导教材》编写组．审计理论与实务：科目二［M］．北京：中国时代经济出版社，2024.

张军平，副教授，注册会计师，资产评估师，杨凌职业技术学院大数据与会计专业带头人，财会教研室主任。教育部高等职业教育创新发展行动计划审计骨干专业建设负责人；中国特色高水平高职院校建设子项目负责人；省级教学成果一等奖获得者；审计专业省级教学资源库负责人；陕西省审计培育一流专业建设负责人；省级精品在线开放课程主持人；"十四五"职业教育国家规划教材主编；陕西省职业教育类优秀教材特等奖获得者。主要从事会计、审计、财务管理等方面的教学与研究工作，主持或参与省部级、学会级、校级课题13项，发表论文15篇，其中核心期刊8篇，人大复印资料全文转载2篇。主编《审计基础与实务》《审计实务》《审计基础》《审计》《财务会计》5部教材。从事职业教育近30年，长期秉承"在交流互动中潜心教书、教学相长，在尊重欣赏中用心育人、师生共进"的教育教学理念。

郑重声明

高等教育出版社依法对本书享有专有出版权。任何未经许可的复制、销售行为均违反《中华人民共和国著作权法》，其行为人将承担相应的民事责任和行政责任；构成犯罪的，将被依法追究刑事责任。为了维护市场秩序，保护读者的合法权益，避免读者误用盗版书造成不良后果，我社将配合行政执法部门和司法机关对违法犯罪的单位和个人进行严厉打击。社会各界人士如发现上述侵权行为，希望及时举报，我社将奖励举报有功人员。

反盗版举报电话 （010）58581999　58582371

反盗版举报邮箱　dd@hep.com.cn

通信地址　北京市西城区德外大街 4 号
　　　　　高等教育出版社知识产权与法律事务部

邮政编码　100120

读者意见反馈

为收集对教材的意见建议，进一步完善教材编写并做好服务工作，读者可将对本教材的意见建议通过如下渠道反馈至我社。

咨询电话　400-810-0598

反馈邮箱　gjdzfwb@pub.hep.cn

通信地址　北京市朝阳区惠新东街 4 号富盛大厦 1 座
　　　　　高等教育出版社总编辑办公室

邮政编码　100029

防伪查询说明

用户购书后刮开封底防伪涂层，使用手机微信等软件扫描二维码，会跳转至防伪查询网页，获得所购图书详细信息。

防伪客服电话 （010）58582300

网络增值服务使用说明

欢迎访问职业教育数字化学习中心——"智慧职教"（www.icve.com.cn），以前未在本网站注册的用户，请先注册。用户登录后，在首页搜索本书对应审计专业省级教学资源库"审计实务"课程进行在线学习。用户可以在"智慧职教"首页下载"智慧职教"移动客户端，通过该客户端进行在线学习。

授课教师如需获取本书配套教辅资源，请登录"高等教育出版社产品信息检索系统"（xuanshu.hep.com.cn），搜索本书并下载资源。首次使用本系统的用户，请先注册并进行教师资格认证。

高教社高职会计教师交流及资源服务 QQ 群（在其中之一即可，请勿重复加入）：

QQ3 群：675544928　QQ2 群：708994051（已满）

QQ1 群：229393181（已满）

业财一体信息化　财务数字化

业务财务一体化设计

财务大数据分析

大数据
与会计

企业内部控制　会计制度设计　企业财务分析
ERP沙盘　初级会计实务　企业财务会计　财务决策
ERP财务业务一体化　EXCEL财务应用　管理会计实务
企业财务管理

会计
信息
管理

会计信息系统应用
系统

大数据
与财务
管理

出纳业务操作
企业财务管理

业务财务信息分析

财务机器人应用

全套账差错查账纳

审计案客

税费计算与申报

财税
大数据
应用

保险实务

金融法律法规

个人理财

证券投资实务

商业银行综合柜台业务
国际金融

金融服务礼仪
金融银行会计

金融服务营销

数智化
财经

金融

行业会计比较　会计英语

成本核算与管理

大数据
与审计

智能审计

审计基础

财经法规与职业道德
审计实务　政府会计

政府会计

区块链金融

税务会计　税收筹划

金税财务应用

中国会计文化　中国金融文化

专业基础课

会计基础　管理会计基础

金融基础　金融科技概论

财政与金融　财经基本技能

Python财务基础

财务大数据基础

岗课赛训

基础会计实训　　　财务会计实训
成本会计实训　　　出纳岗位实训
审计综合实训　　　税务会计实训
管理会计实训　　　会计综合实训
数字金融业务实训　会计信息化实验

高等职业教育财经类专业群

岗课赛证

智能财税　　　　金税财务应用
财务共享服务　　业财一体信息化应用
财务数字化应用　数字化管理会计
智能估值　　　　智能审计
财务机器人应用